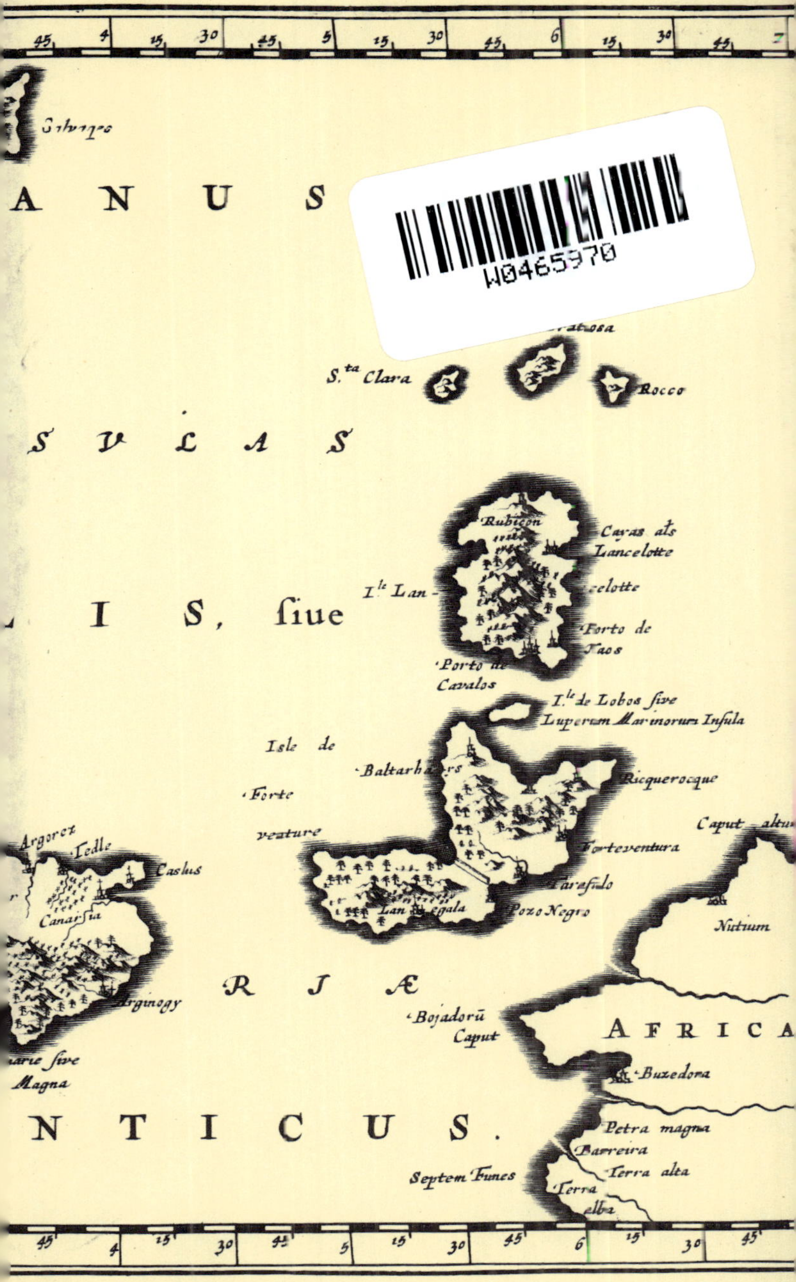

A N U S
S.ta Clara
Rocco
S V L A S
I S, ſiue
Rubicon
Cayas als Lancelotte
I.le Lan-
-celotte
Porto de Jaos
Porto de Cavalos
I.le de Lobos ſive Luperum Marinorum Inſula
Isle de
Baltarhaers
Forte
veature
Ricquerocque
Forteventura
Tarafalo
Pozo Negro
Lan egala
Caput altu
Nutium
Argoret
Tedle
Caslus
Canarſia
Arginogy
arie ſive Magna
R J Æ
Bojadorū Caput
AFRICA
Buzedora
N T I C U S.
Petra magna
Barreira
Terra alta
Terra alba
Septem Funes

Willi Kerl

Die Kanarischen Inseln

Landschaft
Geschichte · Kunst

WILLI KERL

Die Kanarischen Inseln

Landschaft

Geschichte · Kunst

Prestel-Verlag

Vorsatzkarte:
›Insulae Canariae‹; Nicolas Sanson
Die gantze Erdkugel (1679).

Frontispiz:
Blick vom Cruz de Tejeda auf Gran Canaria
zum Vulkan Pico del Teide auf Teneriffa

CIP-Titelaufnahme der Deutschen Bibliothek

Kerl, Willi:
Die Kanarischen Inseln :
Landschaft · Geschichte · Kunst / Willi Kerl
München : Prestel, 1990

Lithographie:
Wartelsteiner GmbH, Garching bei München
Satz, Druck und Bindung:
Passavia Druckerei GmbH Passau

ISBN 3-7913-1103-4

Inhalt

Vorwort

Kanarische Inseln – ein Name, der zum Träumen anregt: Strand und Meer, Sonne und weite Horizonte; vulkanische Eilande, die heute nicht mehr am Rand der Alten Welt liegen, sind sie doch in nur drei Flugstunden zu erreichen. Die zu Spanien gehörende Inselgruppe liegt weit draußen im Atlantischen Ozean, abseits der Hektik unserer Großstädte im ewigen Frühling des Golf- und Kanarenstroms und der Passatwinde – »Inseln der Glückseligen«, wie sie einst genannt wurden, ein Urlaubsparadies par excellence.

Teneriffa, La Palma, El Hierro, La Gomera, Gran Canaria, Fuerteventura und Lanzarote haben aber mehr zu bieten als nur Ferienfreude: Zum Beispiel grandiose geomorphologisch vielgestaltige Landschaften; eine Pflanzenwelt, die es zum Teil nur noch hier gibt und in anderen Teilen der Welt nicht mehr anzutreffen ist; Spuren der Ureinwohner der Inseln und Zeugnisse ihrer Kultur, die sich im Laufe der Jahrhunderte nach der Entdeckung mit der portugiesischen und spanischen Kultur immer mehr vermischte und bald (fast vollständig) verdrängt wurde. Dafür hat sich die Kultur der Eroberer, insbesondere ihre Architektur, auf den Inseln an vielen Orten besser erhalten als auf der iberischen Halbinsel. Die historischen Entwicklungslinien des Archipels zeichnet die Einleitung nach.

In den sieben Inselporträts werden auf Rundfahrten die Geologie, Geographie und Botanik der Eilande beschrieben; hochgestellte Ziffern im Haupttext verweisen auf die benutzten Quellen und weiterführende Spezialliteratur. Diese umfangreiche Kanaren-Biographie wird ergänzt durch Glossare zur Geschichte, Geologie, Botanik und Kunst. Die im praktischen Reiseteil des Bandes gegebenen Hinweise zu Land und Leuten, Essen und Trinken, Stränden und Öffnungszeiten, Auskunftstellen und Exkursionen geben dem Leser und dem Besucher der Inseln vor Ort eine bessere Orientierung. Die Stichworte im Anhang verweisen immer wieder auf den Haupttext.

Inseln am Rande der Alten Welt

In mythischer Frühzeit suchten Mittelmeervölker, unter anderen die Phönizier, im fernen Atlantik die ›Makaron nesoi‹ – die ›Inseln der Seligen‹. Diese griechische Bezeichnung kann auf den älteren phönizischen Namen des Stadtgottes von Tyros – Melkart – zurückgeführt werden[25], der in der Antike des öfteren mit Herakles gleichgesetzt wurde. Wenn es auch keine eindeutigen Beweise für eine Landung der Phönizier auf den Kanaren gibt, so bestehen doch unter den Historikern kaum Zweifel daran, daß diesem bedeutendsten antiken Seefahrervolk bereits im ersten vorchristlichen Jahrtausend zumindest einige der Kanarischen Inseln bekannt waren.

Man nimmt deshalb heute an, daß es zu Kontakten mit den Kanaren erst nach der um 1100 v. Chr. erfolgten Gründung des phönizischen Handelsstützpunktes Gadir kam, den die Griechen Gadeira und die Römer Gades nannten – Namen, die zu dem heutigen Cádiz führten[32, 33].

Zwei antike Autoren erwähnen die Phönizier namentlich im Zusammenhang mit einigen nicht näher bezeichneten Atlantik-Inseln jenseits der Meerenge von Gibraltar. So Diodor im ersten Jahrhundert vor Christi:

»Afrika gegenüber liegt eine durch ihre Größe bemerkenswerte Insel mitten im Ozean. Sie ist von Afrika für die Schiffahrt nur einige Tagesreisen entfernt. …

Die Phönizier, die … die Küsten jenseits der Säulen untersuchten und längs Afrika dahinsegelten, wurden durch heftige Winde weit in den Ozean hinausgetrieben.

Nachdem sie viele Tage umhergeirrt waren, gelangten sie schließlich an die genannte Insel.«

Ein anderer antiker Text, der nach Alexander von Humboldt fälschlich Aristoteles (384-322 v. Chr.) zugeschrieben wird, aus »De Mirabilibus auscultationitus« erwähnt die Phönizier als wilde und brutale Eroberer der Inseln:

*Das Castillo de San Miguel in Garachico
im Norden Teneriffas war einst im Besitz der Grafen von Gomera
und ist heute ein kleines Inselmuseum.*

Der spanische Edelmann Gadifer de la Salle (Bildmitte), Kampfgefährte Jean de Béthencourts, eroberte 1402 Lanzarote.

»Außerhalb der Säulen des Herakles, so sagt man, sei von den Karthagern im Meer eine menschenleere Insel aufgefunden worden, die eine Menge Wälder habe und überaus reich an schiffbaren Flüssen sei und mit Früchten prange; vom Festlande sei sie mehrere Tagesreisen entfernt; als die Karthager oft hinübersetzten und einige wegen der Fruchtbarkeit sogar vollends wohnen blieben, untersagten die karthagischen Behörden bei Todesstrafe, zu dieser Insel zu fahren; sie hätten alle Einwohner ausgerottet, damit sie die Kenntnis nicht verbreiteten und die Menge keine Verschwörung gegen sie anzettelte, wodurch sie die Insel in ihre Gewalt zu bringen und sie dem Glück der Karthager zu entreißen vermöchte.«

Die ersten historischen Daten, die sehr wahrscheinlich mit einer Entdeckung der Kanarischen Inseln in einen frühzeitlichen Zusammenhang gebracht werden können, betreffen zwei phönizische Schiffsexpeditionen entlang der afrikanischen Westküste.

Die ältere erfolgte im Auftrag des ägyptischen Königs Necho II. um 600 v. Chr. Sie habe nach Herodot (›Historien‹, IV, 42) vom Roten Meer aus um Afrika herumgeführt. Wenn sie stattgefunden hat, dann jedoch ohne nachhaltige Wirkung.

Sehr wahrscheinlich ist, daß der Karthager Hanno auf den Kanaren war. Aufgrund seines in Heidelberg in griechischer Übersetzung vorhandenen schiffstagebuchähnlichem Periplus (Beschreibung u. a. von Inseln im Altertum) weiß man, daß er gegen Ende des 6. vorchristlichen Jahrhunderts bis zu einem hohen Berg gelangt war, den er »Götterwagen« nannte. Aufgrund der Entfernungsangaben könnte es der Kamerunberg gewesen sein, der in der Sprache der Eingeborenen noch heute den im Periplus erwähnten Namen trägt. Manche Historiker haben die große Erhebung auf den Kapverden, andere entlang der afrikanischen Küste gesucht. Humboldt plädierte für den Teide auf Teneriffa.

Eine dem kanarischen Archipel ziemlich angemessene Lagebeschreibung gab der griechische Geograph und Astronom Strabon (64 v.–19 n. Chr.): »Die Inseln der Seligen, welche zwischen Maurusien, dem äußeren Lande gegen Westen, und der westlichen Spitze Iberiens liegen …« (›Geographika‹ I, 3). Wenig später legte der Mathematiker und Astronom Klaudios Ptolemaios (85-160) aus Alexandria in seiner ›Geographischen Anleitung zur Anfertigung von Landkarten‹ als erster den Nullmeridian durch die Kanarischen Inseln, die er »Fortunatae Insulae« nannte.

Wiederentdeckung der vergessenen Inseln

In nachantiker Zeit geriet der Archipel für mehr als ein Jahrtausend in Vergessenheit. Wenn auch die Weltkarte des arabischen Kartographen am sizilianischen Hof des Normannenkönigs Roger II. (1130-1154), Edrisi (Idrisi), »im Westen bis zu den Kanaren reichte«, ging »deren Kenntnis damals freilich wohl nur auf Ptolemäus' Werk zurück«[22]. Die von dem Araber wahrscheinlich vor 1147 geschilderten Erlebnisse arabischer Seeleute auf einigen Atlantik-Inseln könnten sich bei großzügiger Textauslegung jedoch aus mehreren Gründen auf die Kanarischen Inseln beziehen.

Zwischen 1281 und 1292 scheiterte südlich des Kaps Juby ein Versuch der beiden für das genuesische Handelshaus Doria arbeitenden Brüder Vivaldi, Indien auf dem Seeweg um Afrika zu erreichen. Für die Vermutung, daß man dabei Kanarische Inseln berührt haben könnte, spricht lediglich die Tatsache, daß das Felseneiland Alegranza den hispanisierten Namen eines Doria-Schiffes trägt. Ob die damals mindestens 13 bis 24 Jahre alte Galeere, die bereits am 1. Juni 1268 als »galea, quae vocatur Allegrantia« urkundlich erwähnt wurde, an der gefahrvollen Fahrt teilgenommen hat, von der niemand zurückkehrte, ist nicht erwiesen.

Die im Jahr 1339 von dem Mallorquiner Angelino Dulcert gezeichnete Karte ist die erste, welche zweifelsfrei von der tatsächlichen Wiederentdeckung eines Teiles des Kanarischen Archipels – den Ostinseln – Kenntnis gibt. Auf ihr erhielt Lanzarote neben dem Wappen von Genua den Namen »Insula de Lauzarut marucolus«: Eine Bezeichnung, die ähnlich auch auf anderen Karten bis ins 15. Jahrhundert hinein auftaucht.

Aufgrund alter Familienaufzeichnungen seiner französischen Nachkommen soll der Genuese *Lanceloto Malocello* – von dessen Namen es mehr als ein Dutzend verschiedene Schreibweisen gibt – seine Kanarenexpedition 1312 begonnen haben, nachdem im gleichen Jahre Cherbourger Seeleute von einer unbekannten Insel zurückgekehrt waren, auf die sie der Sturm verschlagen hatte. Nach angeblichen Abschriften verlorengegangener portugiesischer Dokumente soll er im Dienste Alfonsos IV. von Portugal im Jahr 1336 auf Lanzarote gelandet und über zwanzig Jahre geblieben sein.

Nach einem Boccaccio (1330-1375) zugeschriebenen Bericht rüstete Portugal im Jahr 1341 eine Expedition zu atlantischen Inseln aus, die aufgrund zahlreicher in ihm erwähnten Fakten die Kanaren gewesen sein müssen, die damals als einzige im Nordatlantik bewohnt waren. Es handelt sich hierbei um das erste schriftliche Zeugnis über die dort lebenden Menschen, das seiner Bedeutung und Anschaulichkeit wegen hier ausführlich zitiert sei:

»Am 1. Juli dieses Jahres liefen zwei Schiffe, die vom portugiesischen König mit allem Bedarf ausgestattet waren, und mit ihnen ein gut armiertes, mit Florentinern, Genuesen, kastilischen Spaniern und anderen Spaniern bemanntes kleines Schiff aus der Stadt Lissabon aus und gewannen die hohe See. Sie führten Pferde, Waffen und verschiedene Kriegsmaschinen, um Städte und Schlösser einnehmen zu können, mit sich und begaben sich auf die Suche nach diesen Inseln, die nach allgemeinem Urteil wiederaufgefunden worden waren. Von gutem Winde begünstigt, landeten sie dort am 5ten Tage. Ende November kehrten sie heim und brachten eine folgendermaßen zusammengesetzte Ladung mit sich: zunächst 4 Menschen, Bewohner der Inseln, dazu eine große Menge Ziegenfelle, Talg, Fischtran, Robbenfelle, rotes Färbholz, das fast wie Verzino färbt, wenngleich diejenigen, die sich darauf verstehen, behaupten, dies sei unzutreffend, ferner Baumrinde zum Rotfärben, rote Erde und ähnliche Dinge.

Der Steuermann der Expedition, Niccoloso da Recco aus Genua, erklärte auf Befragen, der Archipel liege fast 900 Meilen von der Stadt Sevilla entfernt. Aber von dem Ort an gerechnet, der heute Kap St. Vincent heißt, sind die Inseln dem Festland sehr viel näher, die erste der entdeckten Inseln etwa 140 Meilen. Es war eine kulturlose Steinmasse, aber reich an Ziegen und anderen Tieren und voll von nackten Männern und Frauen, die durch ihre Sitten und Gewohnheiten Wilden ähnelten.

Der Regenbaum von El Hierro; Altkanarier sammeln Kondenswasser.

Er fügte hinzu, daß er und seine Begleiter hier den größten Teil ihrer Ladung von Häuten und Talg einnahmen, daß sie aber nicht gewagt hätten, tiefer ins Land einzudringen. Sie seien noch an einer zweiten Insel vorbeigefahren, die viel größer als die erste war, und hätten zahlreiche Bewohner bemerkt, die ans Ufer eilten, um mit ihnen zusammenzutreffen. Auch diese Männer und Frauen waren fast nackt. Einige von ihnen schienen den anderen zu befehlen und waren mit Ziegenfellen bekleidet, die mit safrangelben und roten Farben angemalt waren. Aus der Ferne schienen diese Felle sehr fein und zart und sehr kunstvoll mit Darmfäden zusammengenäht zu sein. So weit man aus ihrem Gebaren erkennen kann, haben sie einen Fürsten, dem sie viel Respekt und Gehorsam bezeigen. Alle diese Insulaner ließen durch Zeichen erkennen, daß sie mit den Schiffsleuten Handel zu treiben und in Verkehr zu treten wünschten. Als sich jedoch die Schaluppen der Küste näherten, verstanden die Seeleute nichts von ihrer Sprache, und an Land zu gehen getrauten sie sich nicht. Ihre Sprache ist sehr weich, ihre Redeweise lebhaft und überstürzt wie das Italienische. Als die Insulaner merkten, daß sie nicht landen wollten, versuchten einige schwimmend zu ihnen zu gelangen. Vier von diesen hielt man an Bord zurück; es sind dies diejenigen, die man mitgebracht hat.

Als sie längs der Küste dahinsegelten, um die Insel zu umfahren, fanden sie die Nordseite viel besser kultiviert als die Südseite. Sie sahen eine große Zahl von kleinen Häusern, Feigen- und andere Bäume, Palmen, die aber keine Frucht trugen, und noch andere, Gärten mit Kohl und Gemüse. Sie beschlossen, hier an Land zu gehen. 25 Seeleute begaben sich bewaffnet ans Ufer, durchsuchten die Häuser und fanden in dem einen etwa 30 ganz nackte Menschen, die beim Anblick der Waffen erschraken und sogleich flohen. Die Schiffsleute drangen nun ins Innere vor …

Die Insel schien ihnen stark bevölkert und gut kultiviert. Sie bringt Gras, Getreide, Früchte, vornehmlich Feigen, hervor …

Von dieser Insel fortfahrend, sahen sie mehrere andere in 5, 10, 20 oder 40 Meilen Entfernung. Sie wandten sich einer dritten zu, auf der sie hohe, grade zum Himmel aufragende Bäume in großer Zahl bemerkten. Dann fuhren sie an einer anderen vorbei, die sie überreich an Vögeln und vortrefflichem Wasser fanden. Auch gab es dort viel Holz und wilde Tauben, die sie aßen, nachdem sie sie mit Stockschlägen und Steinwürfen erlegt hatten. Sie waren größer als die unsrigen, haben jedoch den gleichen oder einen noch besseren Geschmack. Sie sahen auch viele Falken und andere Raubvögel. Aber sie wagten sich nicht ans Land, da es ihnen ganz öde erschien.

Sie erblickten dann noch eine Insel vor sich, deren felsige Berge sich zu ungeheuren Höhen erhoben und fast ganz mit Schnee bedeckt waren.

Es regnet dort immer. Der Teil aber, den man bei klarem Wetter sehen kann, erschien ihnen sehr angenehm, und sie hielten ihn für bewohnt. Sie erblickten noch mehrere weitere Inseln, von denen einige bewohnt, andere öde waren zusammen 13, und je weiter sie vordrangen, um so mehr sahen sie. Das Meer zwischen ihnen ist ruhiger als an unseren Küsten und hat guten Ankergrund, obwohl die Inseln wenig Häfen besitzen; doch sind sie alle gut mit Wasser versehen. Unter den 13 Inseln, die sie anliefen, waren 5 bewohnt, doch sind sie nicht alle gleich stark bevölkert. Auch berichten sie, die Sprache der Bewohner sei so fremdartig, daß sie insgesamt nichts verstehen, und es gebe keine Art Fahrzeug. Nur schwimmend könne man von einer Insel zu anderen kommen.

Eine der von ihnen entdeckten Inseln wies etwas so Wunderbares auf, daß sie nicht landeten. Sie sagen, auf ihr sei ein Berg, der sich nach ihrer Schätzung 30 Meilen oder noch mehr erhebt und den man sehr weit sehen kann. Auf dem Gipfel zeigte sich etwas Weißes, und diese Weiße sah wie eine Festung aus, wie überhaupt der ganze Berg felsig ist. Ein sehr spitzer Felsen auf dem Gipfel ist mit einem Mast von Schiffsgröße ausgestattet nebst einer Rahe mit großem lateinischem Segel. Dieses Segel, das vom Winde geschwellt wird, hat die Form eines nach oben gewandten Wappenschildes und entfaltet sich rasch. Bald senkt sich der Mast von selber langsam wie auf den Galeeren, bald richtet er sich wieder auf, schlägt abermals um und erhebt sich von neuem. Sie umfuhren diese Insel und sahen das Wunder sich von allen Seiten wiederholen. Im Glauben, es sei die Wirkung eines Zaubers, wagten sie nicht an Land zu gehen.«[22]

Am 15. November 1344 verlieh Papst Clemens VI. in Avignon dem französischen Botschafter beim Heiligen Stuhl, *Luis de la Cerda*, Urenkel König Alfonsos X. von Kastilien, auf dessen eigenen Wunsch die Kanarischen Inseln als erbliches Lehen »gegen eine jährliche Abgabe von 400 Gulden guten, reinen Goldes von Florentiner Gewicht«, wie es in dem Verpflichtungsschreiben heißt. In zwei weiteren Bullen gewährte der Papst allen Teilnehmern an der Eroberung und Missionierung vollkommenen Ablaß. Auch wenn die Monarchen Portugals und Kastiliens letztlich zustimmten, legten beide dennoch Rechtsvorbehalte ein. So betonte Alfonso IV. von Portugal seinen generellen Besitzanspruch mit der Behauptung, daß »die unseligen Schößlinge des Unglaubens« die »Inseln der Fortuna« »inutiliter« besäßen. Im einzelnen begründete er seine Forderung damit, daß die Inseln Portugal am nächsten lägen und ihre »ersten Entdecker« aus seinem Lande gekommen wären. Alfonso XI. von Kastilien machte einen historisch überkommenen Besitztitel seines Landes auf die geographisch zu Afrika gehörenden Inseln geltend, indem er sich auf die frühere Herrschaft der Westgoten in Kastilien und im Norden des afrikanischen Kontinents bezog. Erst nachdem Luis de la Cerda um 1348 verstorben war, ohne sein Reich jemals betreten zu haben, und als auch die Erben ihr Besitzrecht nicht ausübten, kam Pedro von Aragón der an ihn einige Male vom Papst gerichteten Bitte nach, bei der Eroberung der Inseln zu helfen. Doch die aragonesischen Expeditionen der Jahre 1352, 1369 und 1386 blieben erfolglos. Kaperfahrten mit Menschenraub machten seitdem für mehr als ein Jahrhundert jeglichen Missionierungsversuch unmöglich.

Schon für die antike Welt hielten die Kanarischen Inseln einen wichtigen Rohstoff zur Farbherstellung bereit. Rot ist die Gewebeflüssigkeit des auf den Kanaren, den Kapverden und den Inseln der Madeira-Gruppe heimischen Drachenbaumes DRACAENA DRACO. Als ›Drachenblut‹ war der Saft dieses bis zu 20 m hohen tertiären Liliengewächses einst ein begehrter Grundstoff in der Farbenherstellung und der alchimistischen Heilkunde.

So werden die oben zitierten Zeilen des angeblichen Aristoteles-Textes verständlicher. Die Karthager waren demnach an den Kanarischen Inseln als Rohstofflieferanten für ihre Purpurfarbenherstellung sehr interessiert. Sie sollen deshalb sogar Greuelmärchen verbreitet haben von kochenden Gewässern und Schiffe verschlingenden Ungeheuern.

Im 15. Jahrhundert spielte ein Rohmaterial zur Herstellung roten Farbstoffes wieder einmal eine wichtige Rolle in der Geschichte der Kanarischen Inseln. Denn unter dem Herrn des alten französischen Färberortes Grainville-la-Teincturière, *Jean de Béthencourt*, gelang es im Jahr 1402, Lanzarote als erste der Inseln zu besetzen, auf denen sich die begehrte Färberflechte Orseille *(Roccella tinctoria)* fand, deren Handelsmonopol er sich persönlich vorbehielt. Ein Jahr später bat Béthencourt, der wegen des Desinteresses der französischen Krone sein Unternehmen auf eigene Faust begonnen hatte, den kastilischen König Enrique III. um Unterstützung, wobei er ihn als Lehnsherrn anerkannte. So konnte Béthencourt bis zum Januar des Jahres 1404 Fuerteventura und gegen Ende des gleichen Jahres El Hierro

Jean de Béthencourt (1360-1422)

erobern und schon wenige Monate danach 160 männliche und 29 weibliche französische Siedler ins Land holen.

Als Jean de Béthencourt 1405 nach Frankreich zurückkehrte, ernannte er seinen Neffen *Maciot de Béthencourt* zum Statthalter. Nachdem die Engländer während des Hundertjährigen Krieges im Jahr 1415 erneut die Normandie besetzt hatten und die Versorgung der Kanarischen Inseln dadurch erheblich erschwert worden war, verkaufte Maciot auf Wunsch seines Onkels und im Einvernehmen mit dem kastilischen Lehnsherrn drei Jahre später die bereits eroberten und die noch zu erobernden Inseln des Kanarischen Archipels und fungierte nun dort als Beauftragter des neuen Besitzers. Nach einem Weiterverkauf blieb ab 1430 nur noch Lanzarote unter seiner Verwaltung.

Als sich nach dem Tode des letzten Inselherrn dessen Schwiegersohn im Jahre 1445 auch Lanzarote direkt unterstellen wollte, rief Maciot de Béthencourt die Portugiesen zu Hilfe. Sie hielten die Insel zwei Jahre lang besetzt, bis sie von der einheimischen Bevölkerung vertrieben wurden. Maciot flüchtete mit ihnen und verkaufte die Kanaren an Portugal.

Einen nach der damaligen Rechtsauffassung korrekten Anspruch auf Teile der Insel La Gomera erwarb sich Portugal im Jahr 1468: Der kastilische König Enrique IV. hatte 1464 einem seiner portugiesischen Verwandten ein ›Recht auf Eroberung‹ zugebilligt, das dann an den Bruder des portugiesischen Königs übertragen worden war. Dieses ›derecho a conquista‹ wurde zwar bald wieder annulliert, doch die portugiesischen Expeditionstruppen blieben, denn ihr Befehlshaber heiratete die Tochter des spanischen Inselbesitzers. Und nun bemühten sich – wenn auch vergeblich – der spanische Schwiegervater und der portugiesische Schwiegersohn gemeinsam, die noch nicht eroberten Inseln zu unterwerfen. Größere Erfolge bei den Versuchen, sich des Archipels zu bemächtigen, stellten sich jedoch erst ein, nachdem im Jahre 1477 die letzten privaten spanischen Inselherren ihre Besitzrechte auf die noch nicht unterworfenen Inseln Gran Canaria, La Palma und Teneriffa gegen eine Entschädigung an die spanische Krone abgetreten hatten. Nun landeten nur wenige Monate später Truppen der Reyes Católicos auf Gran Canaria, das nach fünf Jahren erbitterten Widerstandes schließlich durch verräterische Kollaboration eines der beiden altkanarischen Herrscher erobert wurde. Im Mai 1493 folgte nach siebenmonatigem Kampf und spanischem Wortbruch La Palma und im September 1496 nach heftiger, zwei Jahre andauernder Gegenwehr auch Teneriffa.

Zwei Jahre zuvor war von Spanien und Portugal das *Abkommen von Tordesillas* unterzeichnet worden. Darin wurde die 1493 von dem katalanischen Papst Alexander VI. Borja 100 Leguas (etwa 600 km) westlich der Azoren und der Kapverden festgelegte Demarkationslinie zwischen beiden Interessenssphären um 270 Leguas nach Westen verschoben, wodurch Brasilien in den portugiesischen Einflußbereich gelangte.

Im Gegenzug blieb der das ganze Jahrhundert hindurch von mehreren Päpsten bestätigte Rechtstitel Kastiliens auf die Inseln, die seit dem Vertrag von Alcáçovas (1479) als Enklave in der portugiesischen Zone lagen, im päpstlichen Schiedsspruch und im Staatsvertrag unberührt. Damit hatte Portugal seine fast zwei Jahrhunderte andauernden Bemühungen um den Besitz des Kanarischen Archipels endgültig aufgegeben.

Die kanarische Urbevölkerung und die Spanier

Wenn auch bei der stellenweise mit großer Erbitterung, List und Wortbruch durchgeführten Unterwerfung der Inseln zahlreiche Ureinwohner umkamen und viele andere der ›modorra‹ erlagen, einer typhusähnlichen Seuche, so blieb doch die Masse der Bevölkerung am Leben. Schon bald nach der Eroberung wurde die Sklaverei unterbunden; die Unterworfenen sahen sich als gleichberechtigte Bürger in die neue spanisch-kanarische Gesellschaft eingegliedert.

Diese – zumindest in der damaligen Zeit – ungewöhnliche Art der Behandlung eines besiegten Volkes wurde den Spaniern durch mehrere Umstände erleichtert: Auf den Kanarischen Inseln ging es nicht um die Rückeroberung spanischen Staatsgebietes. Darum fielen hier die während der Reconquista oft von heftiger Leidenschaft bestimmten nationalen und religiösen Probleme weitgehend weg. Auf den Kanaren hatten es die Spanier zudem mit Menschen europäischer Herkunft zu tun, die ihnen somit innerlich näherstanden als die afrikanischen Mauren. Da andererseits die heidnischen Kanarier – ganz im Gegensatz zu den auf relativ hoher Kulturstufe stehenden islamischen ›moros‹ – noch in steinzeitlichen Verhältnissen lebten, erkannten sie ihre neuen Herren mit staunender Bewunderung an. Sie ließen sich leichter christlich taufen und nahmen dann meistens Vor- und Nachnamen ihrer spanischen Paten an, woraus sich erklärt, daß es so wenige Personennamen altkanarischer Herkunft gibt. So vermischte sich die einheimische Bevölkerung bald völlig mit den Zuwanderern. Dabei duldeten die spanischen Behörden nicht nur Ehen zwischen Spaniern und Kanariern, sondern förderten sie durch bevorzugte Landzuteilungen.

Teneriffa – Die Erhabene

Unser Flug nach Teneriffa nähert sich dem Ziel. Steil ragt unter uns die Insel wie ein riesiger Klotz mit dem gewaltigen schneebedeckten Kegel des majestätischen Pico del Teide aus dem Meer; eine Urlandschaft in fast viertausend Meter Höhe liegt unter uns: Noch erkennen wir kaum etwas von der landschaftlichen Vielfalt, die uns auf dieser von jeher beliebtesten Kanareninsel erwartet: grandiose Talkessel und tiefe Barranco-Schluchten mit üppigen Resten tertiärer Lorbeerwälder, Baumerika- und Pinienforsten auf den höher gelegenen Vegetationsstufen; historisch bedeutende Orte; modernes pulsierendes Urlaubsleben an künstlich aufgeschütteten Stränden und riesigen Meeresschwimmbecken in bizarren Lavaküsten; und immer noch stille, abgelegene Winkel in bergigem Hochland, ein Eldorado für Wanderer und Naturfreunde.

Etwa 3000 m ist der Ozean hier tief. Die bis zu mehr als 700 m abfallenden und von gewaltigen Schluchten zerrissenen Küsten scheinen mit dem 3718 m hohen Teide, der höchsten Erhebung im Atlantik, eine kompakte Einheit zu bilden und somit den oft beträchtlichen Unterschied zwischen absoluter und relativer Höhe aufzuheben.

Über die mögliche Ableitung des Namens ›Tenerife‹ aus der Sprache der Guanchen lesen wir bei Espinosa (1594): »Soweit ich informiert bin, bedeutet ›tener‹ Schnee und ›fe‹ Berg; so heißt Tenerife ›beschneiter Berg‹, was dasselbe ist wie ›Nivaria‹.« Die von dieser Schreibweise abweichende Form ›Tenerifa‹ – später meist ›Teneriffa‹ geschrieben – findet sich zuerst bei Martin Behaim[27].

Der Süden – Die sonnige Badeküste und ihr Hinterland

Die Inseln am ehemals mythischen Rand der Alten Welt sind näher gerückt. Nach vierstündigem Direktflug aus Deutschland landet man auf dem 1978 eröffneten *Großflughafen »Reina Sofía«* –

Am Rand der Caldera de Las Cañadas auf Teneriffa

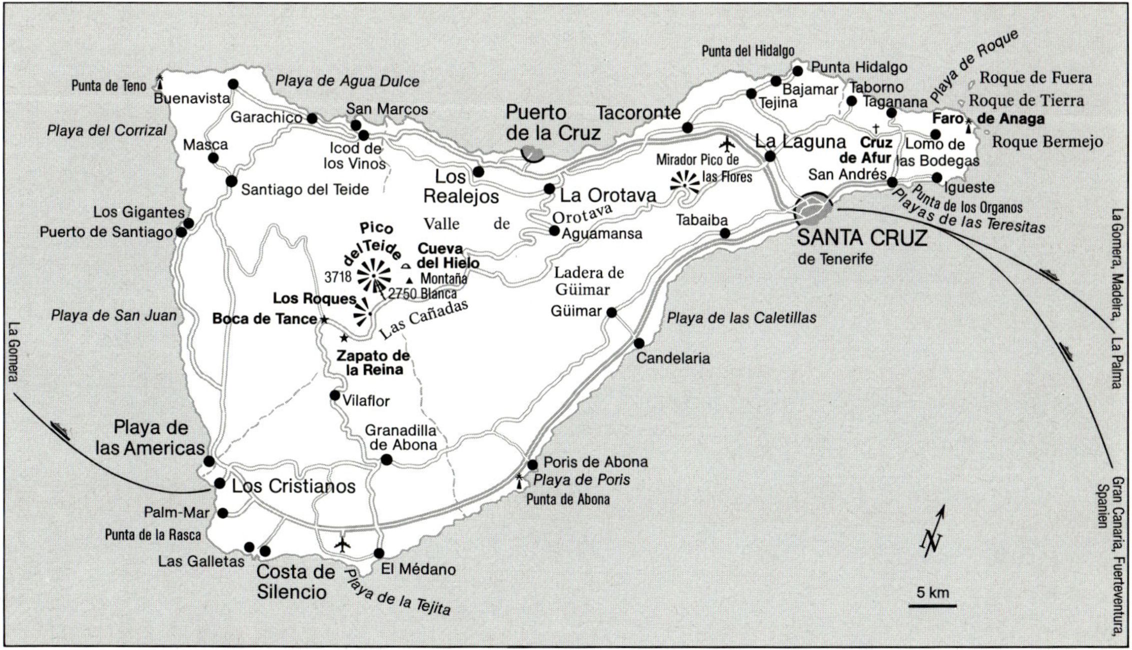
La Gomera, Madeira, La Palma
Gran Canaria, Fuerteventura, Spanien
Roque de Fuera
Roque de Tierra
Roque Bermejo
Playa de Roque
Faro de Anaga
Punta del Hidalgo
Punta Hidalgo
Bajamar
Tejina
Taborno
Taganana
Lomo de las Bodegas
Igueste
Cruz de Afur
San Andrés
La Laguna
Punta de los Organos
Playas de las Teresitas
SANTA CRUZ
de Tenerife
Tacoronte
Puerto de la Cruz
Mirador Pico de las Flores
Tabaiba
Playa de las Caletillas
Candelaria
La Orotava
Orotava
Aguamansa
Valle de
Ladera de Güimar
Güimar
Poris de Abona
Playa de Poris
Punta de Abona
Los Realejos
Cueva del Hielo
Montaña Blanca
2750
Las Cañadas
Pico del Teide
3718
Los Roques
Boca de Tance
Zapato de la Reina
Vilaflor
Granadilla de Abona
El Médano
Playa de la Tejita
Costa de Silencio
Las Galletas
Punta de la Rasca
Palm-Mar
Los Cristianos
Playa de las Americas
La Gomera
Playa de San Juan
Puerto de Santiago
Los Gigantes
Santiago del Teide
Icod de los Vinos
San Marcos
Garachico
Masca
Playa del Corrizal
Buenavista
Punta de Teno
Playa de Agua Dulce
5 km
N

meist kurz »Tenerife Sur« genannt –, wo nach weiterem Ausbau dereinst täglich vierzig- bis fünfzigtausend Passagiere abgefertigt werden sollen – etwa dreimal soviel wie gegenwärtig.

Trotz des Ansturms auf die gesamte Insel, der gepflegten Strandpromenade und mehrerer Hotels und Apartmenthäuser hat sich das nahe Fischerdorf *El Médano* noch wenig auf den Tourismus umgestellt. Das mag auf den ersten Blick verwunderlich erscheinen. Denn bei El Médano – was zu deutsch ›Die Düne‹ heißt – hat sich aus mürbem rötlich-gelbem Sandstein, der stellenweise noch auffällig in 10 m mächtigen Schichten lagert, das größte natürliche Sandstrandgebiet der Insel gebildet. Jeweils mehr als 1 km erstrecken sich hier zwei schöne, doch durch Fluglärm beeinträchtigte Strände: Zwischen dem Ort und Montaña Roja (171 m), einem vulkanischen Schlackenkegel, liegt die etwa 50 m breite *Playa del Médano.* Wegen des hier stärker als an anderen Küstenstreifen des südlichen Inselteiles wehenden Windes wird sie weniger zum Baden aufgesucht, ist aber zu einem beliebten Treffpunkt der Surfer geworden. Zum Baden eignet sich besser die nicht so windige, 200 m breite *Playa de la Tejita* jenseits der Punta Roja.

Weiter westlich, zu beiden Seiten der Punta de la Rasca, sind entlang der oberen Ränder bizarrer Lavasteilhänge und an künstlich aufgeschütteten Flachküsten moderne Touristenzentren entstanden. Das erste größere Urbanisationsgebiet auf unserem Weg nach Westen ist die überwiegend steilwandige *Costa del Silencio* bei dem Dorf *Las Galletas.* Da es dort außer zwei kleinen dunklen Sandbuchten keine größeren Strände gibt, badet man zumeist in hoteleigenen Schwimmbecken oder auch in durch Dämme abgeschirmten kleinen Meeresbuchten, zu denen lange Treppen die Hänge hinabführen. Angesichts des rapiden Wachstums der mit allem Komfort ausgestatteten Touristenanlagen ist dieser schöne Landstrich freilich keine ›Küste des Schweigens‹ mehr.

Still ist es noch in der von Reiseunternehmen nicht angebotenen Feriensiedlung Palm-Mar bei dem windgeschützt an einer kleinen dunklen Sandbucht liegenden Dörfchen *La Arenita* – ›Das Sandkorn‹.

Auch in dem zur Gemeinde *Arona* gehörenden Küstendorf *Los Cristianos,* wo mehrmals täglich das Fährschiff nach La

Gomera anlegt, spürt man noch einen Hauch des historisch gewachsenen Ortskerns. Hier ziehen allabendlich die vom Fang heimkehrenden Fischer schaulustige Urlauber an. Die zur Gemeinde Adeje gehörende Touristenurbanisation Playa de las Américas hingegen wurde erst 1966 im freien Gelände nach Reißbrettvorlagen angelegt. Hier entstanden – großzügig geplant – öffentliche Alleen und Grünanlagen sowie hoteleigene Parks mit großen Süßwasserschwimmbecken. Durch künstlich aufgeschütteten Sand wurden aus unwirtlichen, von Lavazungen und dunklen Lapilliablagerungen durchsetzten Flachküsten feinkörnige Badestrände geschaffen und weit ins Meer reichende Deiche gebaut, um die Bodenabschwemmung zu mindern und die Badenden vor hohem Wellengang zu schützen.

Barranco del Infierno

»Dieser Barranco del Infierno ist den Botanikern wie den Geologen gleich sehr zu empfehlen«, schrieb 1825 Leopold von Buch. – Etwa zwei Stunden Fußmarsch benötigt man von Adeje (250 m) bis zum Ende dieser ›Schlucht der Hölle‹ (550 m). Je weiter wir uns vom Ort entfernen, um so tiefer und enger wird diese gewaltige, in ihren Schichten gut aufgeschlossene Erosionsrinne. Mehr als 300 m stürzen die Felswände jäh hinab, kommen uns seitlich bedrohlich näher und hängen da und dort gefährlich über. Langsam weicht hier, wo kein Sonnenstrahl mehr zu Boden dringt, die vom Küstenstreifen her vertraute Trockenvegetation anderen, an feuchtere Standorte gebundenen Pflanzen, unter denen auch Lokalendemiten nicht fehlen. An schmalen Uferkanten entlang klettern wir über glitschige Steine, umgehen vorsichtig wirbelnde Strudellöcher und stehen schließlich vor dem Katarakt. Aus etwa 80 m Höhe stürzt über mehrere Stufen das Wasser in die Tiefe. Welch ein für die Kanaren fremdartiges Bild!

1 *Steilküste im Süden Teneriffas*

2 *Nächste Doppelseite: Das Wahrzeichen Teneriffas – die Felsgruppe Los Roques vor dem Vulkan Pico del Teide*

Testudo Burchardii – Fossile Riesenschildkröte aus dem Tertiär

Im März 1925 machte man in einem Steinbruch unweit des südöstlichen Randes des alten Ortskerns von Adeje den für Geologen und Zoologen gleichermaßen sensationellen Fund von Knochenresten einer etwa 50 cm langen tertiären Landschildkröte. Auf dieser über 300 km vom Festland entfernten Insel! Oscar Burchard, nach dem die Schildkröte benannt worden ist, beschreibt 1927 die Fundstelle von der Höhe des Lomo Seco aus, des schmalen Bergrückens, der den wasserführenden Barranco del Infierno von dem trockenen Barranco Seco trennt. Sie liegt am Fuße dieses ›Trockenen Rückens‹, »eines durch jahrtausendjährige Denudation reduzierten nord-südlich gerichteten Tuffstromes«.

Gut ein Jahr später fand man im gleichen Bergrücken Knochen einer etwa 80 cm langen Landschildkröte. Beide Funde, bis heute die einzigen dieser Art auf den Kanaren, haben die Diskussion über den kontinentalen oder ozeanischen Ursprung des Archipels aufs neue belebt.

Adeje – Ein geschichtsträchtiger Ort

Ende des 16. Jahrhunderts schrieb Alonso de Espinosa: »Vor vielen Jahren waren diese Insel und deren Menschen einem einzigen König untertan, dem von Adeje.« Der Grund dafür, daß das im niederschlagsarmen Süden auf einem Tuffhang gelegene Adeje einst Sitz eines einheimischen Herrschers über die gesamte Insel war und dann eine der ersten Siedlungen der Spanier auf Teneriffa wurde, ist der nahe, das ganze Jahr hindurch rinnende Bach des Barranco del Infierno. Schon kurze Zeit nach der Eroberung machte der Inselgouverneur die Zuteilung von Berieselungswasser vom Bau von Zuckermühlen abhängig. So gab es im Süden dann auch bald drei im benachbarten Granadilla und zwei

Vorhergehende Doppelseiten:

3 *Pinienwald und bizarre Felsenküste Teneriffas*

4 *Der Sand der Playa de las Teresitas, nördlich der Inselhauptstadt Santa Cruz, wird durch eine aufgeschüttete Barriere vor der Brandung geschützt.*

5 *Links: im Botanischen Garten in Puerto de la Cruz*

in Adeje, wo sich der Zuckerrohranbau bis zur letzten Jahrhundertwende – und damit am längsten auf Teneriffa – gehalten hat.

Die ersten Bauten errichteten die Spanier dort, wo gemäß einer Landvergabeurkunde aus dem Jahre 1508 die primitive Festung Abyyo der Ureinwohner gestanden hatte, die sich *guan* (= Person) *chinet* (= Teneriffas) nannten – was korrumpiert zu Guanche wurde. Um sich gegen Piratenüberfälle schützen zu können, durfte Pedro de Ponte, Sohn eines schon früh hier ansässig gewordenen genuesischen Handelsherrn, mit königlicher Genehmigung vom 2. Mai 1555 eine sogenannte *casa-fuerte* erstellen lassen, ein ›befestigtes Haus‹ mit Zuckermühle und Lagerräumen, mit herrschaftlichem Wohngebäude und Unterkünften für die Negersklaven, deren Zahl nach George Glas (1764) später auf tausend angewachsen sein soll. Baluarte – etymologisch vom deutschen ›Bollwerk‹ stammend – und Turm, das wehrhafte Hauptstück der burgähnlichen Anlage, waren im 16. Jahrhundert zeitweise mit siebzehn Geschützen bestückt. Heute ist in der casa-fuerte ein historisches Museum eingerichtet.

Zwei Jahre vor der Baubewilligung war der Süden der Insel zweimal von französischen Piraten überfallen worden, unter anderem auch von dem gefürchteten François Le Clerq, den die Spanier wegen seines künstlichen Beines ›Pie de Palo‹, ›Stelzfuß‹, nannten. 1566 landete ein im Dienste von John Hawkins stehender Freibeuter bei Adeje und raubte eine Ermita aus. Nachdem 1583 ein Angriff englischer Piraten auf Zuckermühlen im benachbarten Granadilla an der Küste abgewehrt werden konnte, plünderten 1586 englische Korsaren den Besitz der Pontes in Adeje.

Die für den südlichen Inselteil über mehr als ein Jahrhundert so bedeutsame Familie de Ponte wurde schon früh mit Ehren überhäuft. Im Jahre 1537 hatte Kaiser Karl V. in seiner Eigenschaft als spanischer König Pedro de Ponte zum Regidor, zum Ratsherrn der Inselverwaltung, ernannt; 1555 wurde er erblicher ›alcaide‹, eine Art Burgvogt, doch noch ohne die von ihm – gegen Bezahlung – gewünschte Verleihung der Gerichtsbarkeit, die erst ein Jahrhundert später seinen Nachkommen durch König Philipp IV. gewährt wurde. Nach dem Tod des Inselgouverneurs bestimmten die übrigen Regidores 1562 Ponte als dessen interimistischen Nachfolger, weil er »ein so vornehmer, angesehener Herr« sei, »so gut, so weise, so reich und so reinen Gewissens«.

Ungeachtet dieser lobesvollen Charakterisierung wurden Pontes geschäftliche und freundschaftliche Beziehungen zu dem englischen Piraten John Hawkins fortgesetzt. Sie bestanden seit 1560, als der Freibeuter mit dem 1558 von der Hanse geraubten Lübecker Schiff ›Peter‹ bei Adeje anlegte, und sie dauerten, bei mehrmaligem Aufenthalt in der casa-fuerte, wenigstens bis zum Jahr 1567. Dabei ging es in der Hauptsache um den damals so wichtigen Export von kanarischem Wein und Zucker, aber auch den für Ausländer und Nichtkatholiken verbotenen Handel mit den spanischen Kolonien in Amerika, zu dem die Pontes dem englischen Korsaren durch die Vermittlung eines spanischen Lotsen verhalfen. Vor allem der Verkauf von Negersklaven spielte eine Rolle; sie wurden auf dem 800-t-Schiff ›Jesus of Lübeck‹ transportiert, das der englische König Heinrich VIII. 1545 von der Hanse erworben hatte.

Die zweischiffige *Pfarrkirche Santa Ursula* entstand im 17. und 18. Jahrhundert durch Um- und Zubauten aus einer im 16. Jahrhundert errichteten Ermita. Genaue Daten sind 1913 bei dem Brand der Kirchenarchive verlorengegangen. Pilaster und Säulen mit Basen und Kapitellen toskanischer Ordnung und kastenförmige hölzerne Mudéjar-Deckenkonstruktionen kennzeichnen die beiden ungleichen Schiffe. Mit polychromem Täfelwerk in der Art des portugiesischen Emanuel-Stils sind – als Kuppelersatz – die oktogonalen Pyramidenstumpfdecken der Kapellen verkleidet. Hölzerne Flechtgitter – sogenannte ›celosías‹, die als andalusisch-arabische ›Eifersuchtsblenden‹ noch heute an einigen kanarischen Balkonen zu finden sind – schirmen in dieser Kirche die Sitzplätze der Grundherren von Adeje ab. Die Skulptur der Santa Ana ist wahrscheinlich aus der Hand eines deutschen Meisters des 17. Jahrhunderts, die der Virgen del Rosario von Fernando Estévez (1788-1854) aus Orotava, dem bedeutendsten Künstler Teneriffas. Der sich über beide Kirchenschiffe hinziehende geometrische Sgraffito-Fries ähnelt dem an der casa-fuerte.

Vilaflor – Beliebter Ausflugsort am Rande der Pinienwälder

Das gerne von Wanderern aufgesuchte blumenreiche Dorf liegt, malerisch von Weinbergen und Obstbäumen umsäumt, 1400 m über dem Meeresspiegel. Es ist somit die höchstgelegene geschlossene Siedlung des Kanarischen Archipels. Auf den mit hellem Bimsstein bedeckten Terrassenfeldern kann man manchmal noch Dromedare den Pflug ziehen sehen.

Aus den lichten Pinienwäldern der Umgebung ragen einige ungewöhnlich mächtige Bäume heraus. Hier steht die gewaltigste Pinie Teneriffas: Sie ist fast 60 m hoch und hat einen Stammumfang von 8 m. Etwa dreißig Minuten oberhalb des Ortes steht die moderne Abfüllanlage für einen Sauerbrunnen, den schon George Glas (1764) und Leopold von Buch (1825) wegen seiner Heilwirkung lobten.

Die *Pfarrkirche San Pedro Apóstol* verdankt ihre Entstehung der Familie Soler, deren Zuckermühlen im benachbarten Granadilla standen, während sich das Wohnhaus mit großer Portikusfassade in Vilaflor befindet. Pedro Soler legte 1550 den Grundstein zu der Kirche, die seinen Vornamen trägt. Seine Nachkommen bauten im 17. Jahrhundert die neue Hauptkapelle, in deren Gurtbogen sie ihr Familienemblem, die Sonne, einmeißeln ließen. Das Dachwerk ist in dem auf den Kanaren so stark verbreiteten Mudéjar-Stil gestaltet: kastenförmig über dem einzigen Schiff und achteckig über der Hauptkapelle mit schöner Kassettendecke und halbkreisförmigem Triumphbogen. Die Statue des San Pedro wird dem Baumeister und Bildhauer der spanischen Renaissance, Diego de Siloé (um 1495-1563), zugeschrieben.

Der Westen – Zwischen Höllenschlucht und Giganten

Noch ausgeprägter als im Süden Teneriffas ist die Trockenlandschaft im Westen der Insel. An den mittleren Berghängen des breiten Streifens zwischen der Caldera de Las Cañadas und dem Atlantik – wo sich schon die Guanchen niedergelassen hatten, wie zahlreiche Wohn- und Bestattungshöhlen zeigen – machen sich die Dörfer, umgeben von Tomaten- und Kartoffelfeldern und Bananenplantagen, wie kleine Oasen aus.

Das Meeresufer ist in diesem Abschnitt meist schroff. Die wenigen Sandbadebuchten sind mit zerriebener dunkler Lava bedeckt. Dennoch ist in den Barranco-Mündungen und entlang der Küstenstraße eine Kette kleiner Touristenurbanisationen entstanden, die bei dem Fischerdorf *Puerto de Santiago* in einer grandiosen Landschaft ausläuft. Am nördlichen Ende der weiten

Meeresbucht ragen – gewaltigen Kaimauern gleich – die Felswände *Los Gigantes* fast 500 m hoch aus dem Meer auf. Hier legte man 1977 einen Yachthafen an, wodurch einer der drei kleinen Badestrände verlorenging. Der beliebteste Strand liegt südlich des Ortes, wo sich Lavazungen wirr ins Meer schieben. Nur knapp 200 m lang und 70 m breit ist diese *Playa de la Arena:* So müssen Meerwasserschwimmbecken und hoteleigene Piscinas weitere Bademöglichkeiten in diesem kleinen Ort bieten, der mehr und mehr durch Touristensiedlungen erweitert wird.

Die Teno-Halbinsel

Das Teno-Bergland wird gegen die Hauptmasse der Insel durch das große tektonische Tal zwischen Puerto de Santiago und Garachico abgegrenzt. Es gehört zusammen mit dem Anaga-Gebirge und Teilen des Adeje-Lorenzo-Berglandes zu den drei ältesten Regionen Teneriffas. Da es zudem von Ablagerungen jüngerer Vulkanausbrüche im großen und ganzen freigeblieben ist, haben Verwitterung und Erosion hier außerordentlich tiefe Täler geschaffen. An ihren steilen Hängen und schroffen Abstürzen sind auf diese Weise natürlich geschützte Lebensräume für zahlreiche endemische und andere seltene Pflanzen entstanden. Das gilt vor allem für die Hunderte von Metern steil abfallenden Basaltwände mit zahlreichen vulkanischen Gängen und Tuffschichten in dem großen Kessel um das etwa 600 m hoch gelegene Dörfchen *Masca*. Mehrere Lokal-Endemiten tragen Mascas wissenschaftlichen Namen wie z. B. LOTUS MASCAENSIS.

Die Restbestände an Lorbeer- und Heidebuschwald auf dem nahen *Monte de Los Silos* sind zwar nicht so artenreich wie manche Reliktwälder auf der Anaga-Halbinsel; sie bergen aber dennoch die wichtigsten Vertreter dieser immergrünen Vegetationsstufe zwischen 500 und 1000 m.

Garachico – Hafenstadt im Schatten des Vulkans

Nach der Unterwerfung Teneriffas wurden die Pfründe verteilt. Während sich der Eroberer der Insel, der Adelantado Alonso Fernández de Lugo, das landwirtschaftlich reichste Gebiet der

Insel, das Orotava-Tal, zur persönlichen Nutzung vorbehielt, gewährte er den drei genuesischen Handelsherren, die sein militärisches Unternehmen mitfinanziert hatten, das Gebiet des alten Guanchen-Reiches Daute, das heißt die Halbinsel Teno mit Garachico an ihrem östlichen Rand.

Bereits 1501, knapp fünf Jahre nach der Eroberung der Insel, legte Cristóbal de Ponte aus Genua, Vater des späteren Burgvogts von Adeje, die erste Zuckermühle des Bezirks Daute an. Er ließ bald danach eine Ermita errichten, begann 1520 mit dem Bau einer zunächst einschiffigen Kirche – die des Vornamens seiner Frau wegen der Santa Ana geweiht wurde – und gründete 1524 das Franziskanerkloster Nuestra Señora de los Angeles. In der erst von seinem Sohn Pedro vollendeten Capilla Mayor sollte er einst seine letzte Ruhestätte finden.

Rund hundert Jahre später, 1637, legte ein anderer Cristóbal de Ponte den Grundstein für das fünfte Kloster in Garachico. Zu dieser ungewöhnlich hohen Zahl an Monasterien, von denen eines zur Errichtung einer Latein- und Kunstschule verpflichtet worden war, kamen im 16. und 17. Jahrhundert mehr als ein Dutzend Ermitas, von denen gut die Hälfte durch Stiftungen der Familie de Ponte entstanden.

Schon zu Anfang des 16. Jahrhunderts hatte man begonnen, oberhalb der Zuckerrohrpflanzungen Weinberge anzulegen. Bei der ständig steigenden Weinausfuhr machte sich bereits im Jahr 1513 ein deutlicher Fässermangel bemerkbar. Mehrere tausend pipas – die pipa zu 450-480 Liter – wurden gegen Ende des gleichen Jahrhunderts jährlich über den Hafen Garachico vor allem nach Amerika und England exportiert.

Zum noch besseren Schutz des schon durch eine Lavazunge zum offenen Meer hin abgeschirmten Hafenbeckens begann man 1575 mit dem Bau des Castillo de San Miguel. Diese Befestigungsanlage war nach der casa-fuerte in Adeje die zweite auf der Insel. Vier Jahre später wurde sie, obwohl erst zum Teil fertig, mit drei Bronzegeschützen bestückt.

Hatte schon vor ihrer Errichtung der gefürchtete französische Seeräuber François Le Clerq – auf den Kanaren Pie da Palo, ›Stelzfuß‹, genannt – 1553 mehrmals weitab des Hafens gekreuzt, ohne einen Landungsversuch zu unternehmen, so ließ danach, 1599, selbst der berüchtigte holländische Korsar van der Does davon ab; der englische Pirat Walter Raleigh konnte sich erst durch Geiselnahme auf hoher See die Einfahrt zur Proviantaufnahme erzwingen.

Im Jahr 1510 hatte es in Garachico kaum zehn Häuser gegeben. Achtzig Jahre später konnte Leonardo Torriani, der italienische Festungsbaumeister Philipps II., schon berichten: »Wenngleich diese Stadt nicht mehr als 400 Häuser besitzt, ist sie die reichste; sie hat vor allen anderen Orten der Inseln den größten Handel.«

Bei allem wirtschaftlichen Wohlstand gab es schwere Heimsuchungen: Von 1601 bis 1605 wütete eine Epidemie mit zahlreichen Todesopfern unter der Einwohnerschaft. Am 11. Dezember 1646 zerstörte eine gewaltige Überschwemmung 80 Häuser und 40 im Hafen ankernde Schiffe. Sie kostete über 100 Menschen das Leben. Zwölf Jahre später suchte eine Heuschreckenplage das landwirtschaftliche Hinterland heim; 1692 zerstörte eine Feuersbrunst 8 und 1687 sogar 109 Häuser. Immer wieder hatte sich die Stadt dank ihres Handelshafens bald erholen können. Erst die verheerenden Folgen des letzten Schicksalsschlages bedeuteten das unwiederbringliche Ende einer zweihundertjährigen wirtschaftlichen Blüte: Im Mai des Jahres 1706 brach etwa 7 km südlich des Ortes die Erde auf. Ein breiter Lavastrom wälzte sich am achten Tage ganz besonders mächtig aus mehreren Öffnungen der Montaña Negra über große Teile der Stadt hinweg. Glutflüssiges Magma und schwere Feuersbrünste richteten dabei erhebliche Zerstörungen an und verschütteten die Hälfte des Hafens, der damit seine Bedeutung als wichtigster Umschlags- und Bunkerplatz der Insel verloren hatte.

Obwohl die Lavamassen 1706 an der damals einschiffigen *Iglesia de Santa Ana* haltmachten, wurde sie durch Brand so schwer beschädigt, daß sie von 1714-1721 völlig neu aufgebaut werden mußte. 1798 erhielt die nunmehr dreischiffige Kirche zwei Statuen – Santa Ana und San Joaquín – des kanarischen Bildhauers José Luján Pérez (1756-1815). Drei Gemälde des Retabels des ›Cristo de la Misericordia‹ werden Bartolomé Esteban Murillo (1618-1682) zugeschrieben.

Das im ersten Drittel des 17. Jahrhunderts erbaute *Dominikanerkloster Santo Domingo oder San Sebastián*, das 1706 von der Naturkatastrophe verschont blieb, dient heute als Krankenhaus und Altenheim. Von kulturhistorischem Interesse ist die Fassade mit ihren überdachten Balkonen unter der Traufe.

Als eines der schönsten Beispiele alter Wohnhausarchitektur auf Teneriffa gilt der nach 1652 erbaute und während des Lavaausbruchs des Jahres 1706 schwer beschädigte ›Wohnhauspalast‹ – *Casa palacio* – der Grafen von La Gomera.

Icod de los Vinos und der Kanarenwein

Nur kurze Zeit nach der Eroberung ließ der Inselgouverneur, der sich persönlich große Teile des sogenannten Tales von Icod angeeignet hatte, dort Zuckerrohrplantagen anlegen. Bald wurden in deren oberen Randzonen auch Reben angepflanzt, darunter die auch noch heute so sehr geschätzten Malvasía-Weinstökke, die über Madeira aus der Umgebung der peloponnesischen Stadt Monemwasia kamen. Zur Kennzeichnung als Zentrum des wichtigsten Weinanbaugebietes der Insel erschien bereits 1554 in einem Dokument der Ortsname Icod kommentarlos mit dem Zusatz ›de los Vinos‹.

Gegen Ende des 16. Jahrhunderts war die Weinproduktion Teneriffas auf fast 14000 l gestiegen. Damit hatte der Weinbau den Platz der unrentabel gewordenen Zuckerrohrkultur eingenommen. Er blieb – mit den weitab höchsten Erträgen auf dieser Insel – bis zur Mitte des 19. Jahrhunderts der wichtigste Wirtschaftsfaktor des Archipels.

Schon aus dem Jahr 1519 sind Handelsbeziehungen mit England bekannt. Das 1583 erschienene Buch ›A pleasant description of the Fortunate Ilandes‹ des englischen Weinhändlers Thomas Nichols ist das erste Druckwerk, das sich exklusiv mit den Kanarischen Inseln beschäftigt. Frühzeitig gelangte der Kanarenwein auch auf das europäische Festland. Heute fast vergessen sind die Lobesworte von so unterschiedlichen Naturen wie Defoe, Voltaire, Goldoni, Casanova, Scott und Verne. Unvergänglich werden sicherlich die Aussprüche Shakespeares bleiben, der als Poeta laureatus jährlich ein Faß Kanarenwein als Ehrensold bezog. Die an Doll Tearsheet gerichteten Worte der Wirtin im zweiten Teil des Schauspiels ›King Henry IV.‹ mögen beispielhaft nicht nur für Textstellen stehen, die sich mit der Bezeichnung ›canary‹ direkt auf dieses Getränk beziehen, sondern ebenso für Zitate, in denen des öfteren auch ›sack‹ mit ›canary‹ gleichgesetzt werden kann: »Ihr habt zuviel Kanarien-

Der weltbekannte El Drago (Drachenbaum) in Icod de los Vinos war den Guanchen heilig, da sein rötlicher Saft als Substanz für ein magisches Heilgetränk diente.

sekt getrunken, und das ist ein verzweifelt durchschlagender Wein, der würzt Euch das Blut, ehe man eine Hand umdreht.«

William Shakespeare wußte, wovon er seine Bühnenfiguren sprechen ließ; Wein von den Kanarischen Inseln war in England beliebt.

Da der Weinexport nach England und der sich daraus entwikkelnde Import englischer Wirtschaftsgüter seit langem fast völlig in der Hand englischer, auf Teneriffa ansässiger Kaufleute lagen, zerschlugen 300 bis 400 Kanarier in einer Sommernacht des Jahre 1666 die im nahen Hafen Garachico zur Verschiffung nach England gestapelten Fässer. Der in Strömen die Straßen hinunterfließende Wein löste, wie Viera y Clavijo (1731-1813), der bedeutendste kanarische Historiker, schrieb, »eine der seltsamsten Überschwemmungen aus, die in den Annalen der Welt zu lesen« seien.

Kunst in Icod. – Die nach dreijähriger Arbeit 1770 neben dem damaligen Franziskanerkloster ›Espíritu Santo‹ fertiggestellte *Capilla de Nuestra Señora de los Dolores* enthält im Presbyterium das eindrucksvollste der wenigen Beispiele portugiesischer Rokoko-Täfelwerkdecken auf den Inseln. In der Struktur im wesentlichen der auf den Kanaren so oft angewandten Mudéjar-Technik gleich, weist diese Pinienholzdecke – neben anderen unterscheidenden Merkmalen – in leuchtenden Farben eine bis dahin ungewohnte graziöse Ornamentik auf mit zierlichen Rocaille- und spielerisch stilisierten Laubwerk- und Blumenmotiven. Auf den Pendentifs, die den Übergang vom quadratischen Grundriß des Raumes zum oktogonalen Pyramidenstumpf ermöglichen, befinden sich Gemälde mit den vier Evangelisten. Die darüber nebeneinanderliegenden acht Paneele sind korbbogenförmig gestaltet und stellen mit lateinischen Bibelinschriften versehene allegorische Szenen dar, die sich zum größten Teil auf Marientugenden angesichts der Leiden und der Auferstehung Christi beziehen.

Wir sehen – um zwei erläuternde Beispiele zu geben – den durch eine schwarz gekleidete Frau mit einem Herzen in der Hand versinnbildlichten Witwenstand oder das durch einen Greis mit flackernder Kerze vor der untergehenden Sonne symbolisierte Alter. In ähnlicher Weise werden dargestellt:

Schmerz, Barmherzigkeit, Liebe, Reinheit, Stärke, Traurigkeit, Einsamkeit und schließlich, in einem gemeinsamen Feld, Schönheit, Freude, Betrübnis und Zuspruch. Geschnitzte, mit Blumen gefüllte Vasen schmücken die Zwickel zwischen den Bögen, gemalte, von Putten umgeben, die sich nach oben parallel anschließenden acht kleineren Trapeze. Das Oktogon der kuppelartigen Decke zeigt im Scheitel ein die Trinität symbolisierendes Dreieck, das Engel umschweben.

Die hölzerne Kassettendecke der 1776 errichteten Capilla de Animas in der *Pfarrkirche San Marcos* ist der der Capilla de los Dolores recht ähnlich. Abweichend von der üblichen oktogonalen Mudéjar-Decke über einem rechteckigen Grundriß besteht diese pyramidenstumpfartige Konstruktion aus nur vier schrägliegenden Deckenfeldern. Durch eine geschickte Dekoration wird hier der Eindruck eines Rundbaus erweckt. In einigen bemalten Feldern sind monumentale Fenster dargestellt, in anderen mit Girlanden geschmückte Bögen, die in ihren Schlußsteinen Rocaille-Medaillons zeigen und auf kleinen, mit Blumengewinden ornamentierten Säulen ruhen. Gemalte Engel und Putten und zierliche Schnitzarbeiten fügen sich harmonisch in das Gesamtbild dieser kunstvoll gestalteten Decke ein.

Die in ihren Anfängen aus dem frühen 16. Jahrhundert stammende und im Laufe der Zeit fünfschiffig ausgebaute San-Marcos-Kirche birgt Kunstschätze von internationaler Geltung: ein Gemälde der Santa Ana von Bartolomé Esteban Murillo (1618-1682), die Skultpuren eines Christus von Alonso Cano (1601-1667), eines San Diego von Pedro de Mena (1628-1688) und einer Gruppe ›San José mit dem Kind‹, die Juan Martínez Montañés (1568-1649) zugeschrieben wird. Die Statue der Virgen del Rosario ist ein Werk des produktiven heimischen Künstlers Fernando Estévez (1788-1854), der auch die Skulptur des San José in der Iglesia de Nuestra Señora de las Angustias schuf.

In Icod gibt es noch verschiedene Arten von *Balkonen* aus dem widerstandsfähigen Holz der kanarischen Pinie. Zu den ältesten gehören kleine kastenförmige Vorsprünge unterhalb der Traufe, die nach arabischer Manier durch hölzerne Flechtgitter sichtgeschützt gegen die Straße hin abgeschirmt sind. Eindrucksvolle Exemplare dieser von Andalusien übernommenen ›ajimeces‹ finden wir an der *Casa de los Evora*, am ehemaligen *Franziskanerklo-*

ster und in der *Capilla de los Dolores.* Zahlreicher sind in Icod die auch in vielen anderen Orten des Archipels verbreiteten Balkone, die, zwischen Brüstung und Dach offen, sich über einen längeren Abschnitt der Hausfront hinziehen.

Das Orotava-Tal

Das von mehr als 350 m mächtigen Basalt-, Brekzien-, Tuff- und Ascheschichten überlagerte Valle de La Orotava erstreckt sich zwischen Atlantik und Cañadas sowie zwischen den beiden rund 300 m hohen Steilhängen Ladera de Tigaiga im Westen und dem von ihr etwa 11 km entfernten Murallón de Santa Ursula im Osten. Einige Geologen betrachten diese grob 60 km^2 große Region im wesentlichen als Senkungszone,[8] andere hauptsächlich als Erosionsgebiet[9].

In dieser ertragreichsten landwirtschaftlichen Region Teneriffas, dem wichtigsten der neun ehemaligen Guanchen-Reiche der Insel, liegen die kulturhistorisch bedeutenden Orte Los Realejos, Puerto de la Cruz und La Orotava.

Los Realejos: Die heutige Pfarrkirche *Iglesia de Santiago Apóstol* steht dort, wo schon der Befehlshaber des spanischen Expeditionsheeres, Alonso Fernández de Lugo, in seinem letzten ›kleinen Truppenlager‹ (realejo) ein Gotteshaus errichten ließ. Der gegenwärtige Bau stellt, bis auf den aus dem 18. Jahrhundert stammenden Turm, im wesentlichen eine der letzten Manifestationen andalusischer Mudéjar-Architektur des 17. Jahrhunderts auf den Kanaren dar. Diese im Archipel so häufig anzutreffende Stilrichtung kommt besonders wirkungsvoll in der 1667 erbauten Capilla Mayor zur Geltung, die über einer rechteckigen Grundfläche mit einer achteckigen Kassettendecke abschließt. Die die Mudéjar-Kunst charakterisierenden Stalaktiten, die traubenartig aus der Mitte herabhängen, weisen hier auch schon barocke Züge auf.

Altstadt von La Orotava. Die Architektur des Ortes im sehr fruchtbaren gleichnamigen Tal ähnelt der von La Laguna.

Die Gotik zeigt sich in derselben Kirche in dem ›Tríptico de Santiago‹, dem Werk eines unbekannten Meisters der Antwerpener Schule des 16. Jahrhunderts. Das Mittelbild des Triptychons veranschaulicht den in weites rotes Tuch gekleideten Apostel Jakobus den Älteren mit Wanderstab und Kalebasse in der linken und Buch in der rechten Hand vor einer Meeresbucht. Auf dem linken Flügelbild sehen wir die Frau des Fischers Zebedäus vor einem Burgberg kniend ihre Söhne Jakobus und Johannes anflehen. Das rechte Bild stellt Christus mit den Aposteln dar.

Unterschiedliche Stilrichtungen kennzeichnen Architektur und Ausstattung der in der ersten Hälfte des 16. Jahrhunderts gegründeten und in der Folgezeit mehrmals erweiterten *Iglesia de la Concepción* in *El Realejo Bajo*, die am 5. November 1978 völlig ausbrannte. Ihr aus Geldmangel immer wieder verzögerter Wiederaufbau soll 1990 abgeschlossen werden.

An der Evangelienseite befindet sich über dem in der Renaissance und im Barock auf den Kanaren so bevorzugten Rundbogenportal ein schlichtes, mit Akroterien bekröntes Frontispiz. Die tragenden Pilaster schließen mit Kapitellen ab, die an den Emanuel-Stil anklingen, wenn auch die portugiesischen Steinmetzen aus dem spröden Vulkangestein der Insel nicht die gleichen detaillierten Feinheiten herausarbeiten konnten wie aus dem Material ihrer Heimat. Ähnlich, doch ohne Giebeldreieck, ist das Portal der Epistelseite gestaltet. Hingegen wölbt sich über dem Eingang zur unteren Sakristei ein gedrückter spätgotischer Sattelbogen. Hier schließen sich an die beiden schmalen, mit zierlichen Kapitellen endenden Pilaster je eine konkave und je zwei konvexe Bogenlinien nach oben an, wodurch der Eindruck eines gerafften Vorhangs entsteht.

Das Äußere dieser Kirche ähnelt der mit plateresken und mudejarischen Stilelementen gestalteten Iglesia del Salvador in Ayamonte, dem südlichen Grenzübergangsort nach Portugal.

Das Innere, das sachgetreu restauriert wird, barg zwei Mudéjar-Decken, von denen die zwischen 1697 und 1708 über der rechteckigen Capilla Mayor fertiggestellte gerne als die schönste der Insel bezeichnet wurde. Die das horizontale Oktogon schrägliegend umgebenden Trapeze waren mit Kassetten ausgefüllt, aus deren Zentren vergoldete Rosetten herausragten. Aus der Deckenmitte sowie von den Pendentifs hing je ein Pinienzapfen-Stalaktit herab, das zum christlichen Sinnbild für das Leben gewordene alte assyrische Fruchtbarkeitssymbol.

Das 1563 von Francisco de Soto aus Las Palmas angefertigte und vor der Zerstörung bewahrte Prozessionskreuz ist die erste platereske Arbeit eines kanarischen Künstlers, dessen Name uns erhalten geblieben ist. Es hat die Form eines lateinischen Kreuzes mit vergoldeten Mudéjar-Filigranmedaillons der vier Evangelisten.

Von künstlerischem Wert waren auch das barocke Retabel der Virgen del Rosario, die Skulpturen des heiligen Michael von der Hand eines unbekannten deutschen Meisters des 16. Jahrhunderts und die der Virgen de Candelaria des Sevillaners Juan Martínez Montañés. Gerettet wurden lediglich die Fernando Estévez zugeschriebene Statue der Virgen del Rosario und das Standbild einer Dolorosa.

Touristenzentrum Puerto de la Cruz: Der Kristallisationskern dieser mit 10 km² flächenmäßig kleinsten Gemeinde des Archipels, die sich innerhalb weniger Jahre zu einem der stärksten ganzjährigen touristischen Ballungsräume Spaniens entwickelt hat, ist das Mündungsgebiet des Barranco de Martiánez.

Im Jahr 1977 schuf der Lanzaroter Künstler von internationalem Rang, César Manrique, an der Mündung des Barranco ein ungewöhnliches, etwa 60 000 m² umfassendes Meeresschwimmbad, die *Costa de Martiánez* am Lido de San Telmo. Hinter hohen Dämmen gegen das hier meist stark bewegte Meer geschützt liegen künstliche Seen und Teiche. Mehr als 33 000 m² umfaßt das größte dieser riesigen Badebecken, der Lago Martiánez, dessen Name – pars pro toto – häufig für den ganzen Schwimmbäderkomplex gebraucht wird. An den im Osten und Westen angrenzenden kleinen Lavasandstränden – der Playa de San Telmo und der Playa de Martiánez – ist das Baden wegen des hohen Seegangs gefährlich, bevor nicht weit ins Meer reichende Schutzdämme errichtet worden sind.

Da die schmale Küstenebene des kleinen Stadtbezirks fast überall dicht bebaut ist, zieht sich der Touristenort mit seinen in üppigen Park- und Gartenanlagen stehenden Hotelpalästen, Apartmenthäusern und Pensionen mehr und mehr die steilen

Hänge hinauf. Nur 130 Fremdenbetten gab es 1951 in Puerto de la Cruz, nahezu 29000 waren es 1988. Wenn auch unten am Rande des alten Stadtkerns immer wieder niedrige Gebäude Hochhäusern weichen müssen, hat das Viertel um die schattige Plaza del Charco seinen ursprünglichen Charakter architektonisch noch weitgehend bewahrt. So zeigen viele der zwei- bis dreistöckigen Häuser noch kanarische Balkone und Kassettentüren aus dem harten Holz der heimischen Pinie. Allerdings wurden aus den Erdgeschoßwohnungen meist Geschäfte und Gaststätten und aus den Fahrstraßen Fußgängerzonen, in denen man an kleinen Tischen oder an langen Tafeln auf groben, rücklehnenfreien Bänken sitzt, um eine Erfrischung zu sich zu nehmen.

Am Ostrand dieses Fußgängerbereichs steht die 1626 für den Schutzheiligen der Seeleute erbaute *Ermita de San Telmo*. Die Kapelle wurde 1778, 1826 und 1968 gründlich überholt, zuletzt unter maßgeblicher Beteiligung deutscher Künstler.

Am westlichen Ende der nach ihr benannten Straße stoßen wir auf die *Iglesia de Nuestra Señora de la Peña de Francia*. Schon 1603 als Ermita begonnen, wurde sie zwischen 1681 und 1697 als dreischiffige Pfarrkirche neu errichtet. Sie birgt außer schöner Deckenkassettierung einige bemerkenswerte Kunstwerke: die Statuen des Santo Domingo de Guzmán und der Virgen de los Dolores von José Luján Pérez sowie die Holzplastik des San Pedro Arrepentido von Fernando Estévez und das kunstvolle polychrome Schnitzwerk eines unbekannten Meisters der Sevillaner Schule des 18. Jahrhunderts: El Gran Poder de Dios.

Auf unserem Weg nach Norden kommen wir nach wenigen Minuten zur *Punta del Viento* – zum Kap des Windes –, von wo wir die Wellen haushoch an den Felswänden aufspritzen sehen. Nun sind es nur noch einige Schritte bis zu dem neuen, 1973 fertiggestellten *Ayuntamiento*, dem Rathaus, mit schönen traditionellen kanarischen Holzbalkonen. In der gleichen Richtung weitergehend, stoßen wir nach einem Häuserblock auf den alten *Mercado* und stehen in der nächsten Straße schließlich vor der *Antigua Casa de la Real Aduana*, dem ältesten Haus der Stadt. Das 1620 am Hafen errichtete Gebäude trägt diesen Namen, weil in ihm von 1706 bis 1833 die Königliche Zollverwaltung untergebracht war. Heute erhält man dort Reiseandenken und Informationen über die Insel in Schrift, Bild und Ton.

Kirche in Puerto de la Cruz, der drittgrößten Stadt der Insel

Der kleine, heute recht unbedeutende Fischerhafen, der aufgrund der Dünung und mehrerer vor seiner Einfahrt liegenden Untiefen nur von Leichtern oder Booten unter ortskundiger Führung angelaufen werden sollte, ist alljährlich im Juli Schauplatz eines großen kirchlichen Ereignisses. Hier beginnt die *Procesión Marítima* als Höhepunkt eines sich über mehrere Tage hinziehenden vielseitig gestalteten Volksfestes. Dabei werden die Standbilder der Schutzpatronin des Ortes – Virgen del Carmen – und des Schutzpatrons der Fischer – San Telmo – in Booten entlang der Küste des Stadtgebiets gefahren, nachdem sie von der Iglesia de Nuestra Señora de la Peña de Francia und der Ermita de San Telmo in feierlichem Zug durch die Straßen getragen wurden.

Zu einem anderen großen Volksfest in Puerto de la Cruz ist in den letzten zwei Jahrzehnten der *Karneval* geworden, während die alten folkloristischen Trachtentänze mit Gesang- und Timple-Begleitung inzwischen zu einer kommerziellen Angelegenheit großer Hotels geworden sind.

Am westlichen Ortsrand steht auf dem Peñón genannten Felsufer das 1655 erbaute *Castillo de San Felipe*, in welchem sich, touristisch werbewirksam, bis zum Jahr 1988 ein Restaurant befand. Es soll nun zu einem Kulturhaus werden. Das Baden an dem unterhalb des kleinen Festungswerkes liegenden kurzen Lavasandstrand ist ohne einen weit ins Meer reichenden Schutzdamm gefährlich.

Grob einen Kilometer vom Castillo entfernt, liegt im westlichen Ortsteil Punta Brava der über 50 000 m^2 große *Loro Parque* mit mehr als 1300 Papageien 230 verschiedener Arten. In diesem nach dem verstümmelten karibischen Wort für Papagei benannten Park werden auch Flamingos, Kolibris, Kraniche und Pelikane sowie Galapagos-Schildkröten, Schimpansen und Delphine gehalten. Von der Playa de Martiánez aus gibt es einen regelmäßigen, kostenlosen Zubringerdienst zu diesem vielbesuchten Gehege.

Am südöstlichen Ortsrand von Puerto de la Cruz liegt der 1788 eingerichtete *Jardín de Aclimatación de La Orotava*. Er war nach den Mißerfolgen bei der Kultivierung amerikanischer und asiatischer Tropengewächse in den königlichen Parks von Madrid und Aranjuez als Zwischenstation zu ihrer allmählichen Akklimatisierung angelegt worden. Heute wachsen auf dem etwa 2 ha großen Gelände zahlreiche Pflanzen aus vielen Teilen der Welt. Mehr als 200 werden in dem offiziellen Führer – den es auch in guter deutscher Übersetzung gibt – näher beschrieben.

Außer exotischen Vögeln in Bauern kann man auch freifliegende graugrüne Kanarienvögel, SERINUS CANARIENSIS, sehen, wenn auch ihr Hauptverbreitungsgebiet in den fruchtbaren Ackerzonen des nördlichen Inselteiles liegt. Ihr Gesang ist nicht so wohlklingend wie der ihrer in Käfigen Mitteleuropas gezüchteten gelben Verwandten. Die ebenfalls frei im Botanischen Garten lebende Mönchsgrasmücke, SYLVIA ATRICAPILLA OBSCURA, nennt man gerne die ›kanarische Nachtigall‹.

Südlich des Botanischen Gartens, schon im Gemeindebezirk von La Orotava, doch durch eine nur fünf Minuten dauernde kostenlose Busfahrt mit Puerto de la Cruz verbunden, liegt die zur Besichtigung freigegebene Bananenschulplantage *Bananera El Guanche* mit Video-Informationszentrum, Gaststätte und Souvenirladen. Dort stehen auf einem Terrain von mehr als 12000 m² nicht nur Bananenstauden, sondern auch Tausende anderer tropischer und subtropischer Pflanzen.

Mirador de Humboldt – 1799 war Alexander von Humboldt auf Teneriffa; 1804 schrieb er: »Nachdem ich die Ufer des Orinoco entlang gefahren bin, die peruanischen Gebirge und die herrlichen Täler Mexikos gesehen habe, muß ich gestehen, daß ich nirgends einem abwechslungsreicheren, harmonischeren und bezüglich der Vegetation und Felsengruppierungen anziehenderen Bild begegnet bin.«

Ein ähnliches Bild, wie es sich Humboldt von dem heute nach ihm benannten Felsen darbot, könnte auch der letzte Guanchen-Herrscher des Orotava-Tales, Bencomo, Mencey von Tacra, von seiner Wohnhöhle oberhalb des Miradors gehabt haben. Enthusiastisch stellte um 1588 auch der Chronist Espinosa fest, daß der Boden dieser Senke der »beste und ertragreichste« auf den Kanarischen Inseln sei, »weil dort alles gedeiht und angebaut wird, was man sich nur wünschen kann«.

Wer jedoch, von den obigen, auf dem Gedenkstein des Aussichtspunktes festgehaltenen Worten des deutschen Gelehrten beeindruckt, zum erstenmal selbst über die Weite des Orotava-Tales hinwegblickt, wird vielleicht ein wenig enttäuscht sein. Denn der heutige Zustand entspricht nicht mehr der natürlichen Bewachsung der von Alexander von Humboldt definierten Vegetationsstufen. Statt der einstigen pflanzlichen Vielfalt erstrekken sich nun an den unteren Hängen ausgedehnte Bananenplantagen. Wohltuende Abwechslung in das monotone Grün dieses Abschnitts bringen im wesentlichen nur die geschlossenen Siedlungen und vielen Einzelgehöfte mit ihren hohen kanarischen Palmen, der Blütenfülle ihrer Gärten und den in der Sonne glitzernden offenen Wassertanks.

Wie schon im 16. Jahrhundert, als noch Zuckerrohrkulturen den Bereich der heutigen Bananenpflanzungen einnahmen, liegen auch in der Gegenwart Rebflächen oberhalb der 400-m-Höhenlinie.

*Der Naturforscher und Universal-
gelehrte Alexander von Humboldt (1769-1859) kam
im Juni 1799 auf den kanarischen Archipel.*

An diese regenarme ursprüngliche Sukkulentenzone schließt sich, sanft ansteigend, ein mehrfach gegliederter Mittelabschnitt an. Er ist in seinem unteren Grenzstreifen entlang der 500-m-Isohypse, wo im Jahresdurchschnitt schon 400 mm Niederschläge fallen, auch häufig an dem Wechsel vom Flach- zum Walmdach zu erkennen. Diese ohne menschliche Eingriffe immergrüne Bergzone, die sich bis zu 1200-1500 m erstreckende ›Monte-Verde‹-Höhenstufe, liegt zum großen Teil gewöhnlich in Wolken und ist daher verhältnismäßig feucht. Sie besteht heute hauptsächlich aus terrassierten Getreide-, Kartoffel- und Gemüsefeldern und lichten Mandelbaumpflanzungen.

Von den hier zur Zeit der Conquista in 500-1000 m Höhe gelegenen Barrancos verbreiteten Lorbeerwäldern hat sich ein nennenswerter Restbestand noch bei Aguamansa erhalten. Hier stehen in der sich nach oben anschließenden Fayal-Brezal-Vegetationszone auch Relikte einst größerer Kastanienhaine.

Den Abschluß des Orotava-Tales bildet in Höhenlagen zwischen 1500 und 2000 m und stellenweise auch einige hundert Meter darüber hinaus die Region der Pinien mit dem kahlen Gipfel des Teide im Hintergrund.

Schon bald nach der Eroberung als zweitwichtigste Stadt Teneriffas und Hauptort des bedeutendsten landwirtschaftlichen Gebiets der Insel gegründet, hat sich *La Orotava* außerhalb der stark befahrenen Durchgangsstraße zur Caldera de Las Cañadas bis heute eine Atmosphäre relativer Stille und gepflegter Tradition bewahrt. Der Ortskern der kleinen Mittelstadt wurde von der spanischen Regierung zum ›Conjunto Histórico-Artístico‹ erklärt und von der Europäischen Gemeinschaft in die Liste der erhaltenswerten europäischen Kulturgüter aufgenommen. Zwei alljährlich wiederkehrende Volksfeste tragen die staatliche Auszeichnung »Von nationalem touristischen Interesse«: die abwechslungsreichen Veranstaltungen im Juni zu Ehren des San Isidro (Romería de San Isidro) und die Feierlichkeiten zu Fronleichnam. Die in der Corpus-Christi-Woche an der Iglesia de Nuestra Señora de la Concepción angelegten kunstvollen Blumenteppiche und ähnliche Pflasterbilder aus bunten Teidesanden vor dem Rathaus sind – neben denen von La Laguna – die schönsten auf Teneriffa.

Dennoch ist La Orotava bisher vom organisierten Dauertourismus freigeblieben. Hier sieht man noch in vielen alten und neuen Häusern blumenreiche Patios, wohngartenartige Innenhöfe, die öfters von Balkongalerien eingefaßt sind. Andere Gebäude haben – häufig zusätzlich – an der Straßenseite schöne offene und überdachte kanarische Balkone aus dem dunklen Holz der heimischen Pinie. Ein eindrucksvolles Beispiel ist in der Calle de Viera die um die Wende zum 17. Jahrhundert entstandene *Casa de Mesa* mit ihrer wuchtigen Kassettentür, die von gerieften Wandsäulen mit Kapitellen korinthischer Ordnung eingefaßt wird.

Mehrere architektonisch interessante Bürgerhäuser stehen in der Straßenreihe Colegio – San Francisco – Dr. Domingo González García. In der Calle del Colegio sind zwei Gebäude sehenswert: Die aus der Mitte des 17. Jahrhunderts stammende *Casa de los Monteverde* weist neben barocken auch charakteristische Merkmale der Renaissance-Architektur auf. Das wuchtige Portal flankieren geriefte Wandsäulen auf attischen Basen, die mit korinthischen Akanthus-Kapitellen abschließen. Der über dem breiten Architrav auskragende Balkon mit hölzerner Balusterbrüstung wird von einem mit Akroterien besetzten Giebeldreieck bekrönt, die an der Spitze einen Engelkopf und an den seitlichen Ecken eine Vase darstellen. Eine Gedenktafel über der Tür besagt, daß Besitzer dieses Hauses im Jahr 1847 die Initiatoren der kunstvollen Blumenteppiche zu Fronleichnam waren.

Das zweite beachtenswerte Haus in derselben Straße ist die *Casa de Lercaro.* Mit der überreichen barocken Dekoration seiner hölzernen Fenstereinfassungen, den wuchtigen spanisch-maurischen Kassettenläden und dem prächtigen überdachten Holzbalkon unter der Dachtraufe sticht es aus seiner Umgebung hervor. Das Innere prunkt mit kostbaren Mudéjar-Artesonados.

In der Verlängerung der Straße, der Calle de San Francisco, steht das große Doppelhaus *Casas de los Balcones*, das in zwei Bauabschnitten zwischen 1632 und 1670 entstand. Während die Gitter der kleinen Balkone am ersten Stockwerk aus Eisen bestehen, sind die sich über die ganzen Fassaden unter der Dachtraufe hinziehenden geschlossenen Balkongalerien aus heimischem Pinienholz. Heute wird in diesem Gebäude handwerkliche Kleinkunst ausgestellt und verkauft.

Dem Haus der Balkone gegenüber liegt der schlichte Renaissancebau *Casa de Molina.* Die beiden Pilaster an der quadratischen Rahmung des Kassettenportals mit der Jahreszahl 1590 haben Basen und Kapitelle toskanischer Ordnung. Die Postamente und der Fries über dem scheitrechten Sturz sind mit Sonnenornamenten versehen. Darüber befindet sich ein offener, von hölzernen Balustern eingefaßter Balkon vor einer von Wandpfeilern gerahmten Fenstertür.

In der Verlängerung der Calle de San Francisco, der Calle del Dr. Domingo González García, können wir noch einige alte *Wassermühlen* sehen.

An der *Plaza de la Constitución* – von der einheimischen Bevölkerung meist ›la Alameda‹ genannt – finden wir die *Iglesia de San Agustín* und das *ehemalige Augustinerkloster*. Sie wurden 1694 nach dreiundzwanzigjähriger Bauzeit fertiggestellt. Außer an den aus dunklen Quadersteinen bestehenden Eckpfeilern ist die dreischiffige Basilika weiß verputzt. Die Fassade gliedert sich in drei Portale mit drei darüberliegenden Rundbogenfenstern. Der Haupteingang wird von zwei Pilastern mit Palmwedelkapitellen flankiert, auf denen ein Korbbogen mit Rosettenfries und gesprengtem Dreiecksgiebel ruht. Ein gesprengter Volutengiebel mit einem herausragenden schlanken Kreuz bekrönt das Fenster zum Chor. Im Inneren der Kirche sind prächtige achtseitige Artesonados über rechteckigen Grundflächen sehenswert. Wie sonst kaum irgendwo auf den Kanaren besteht ein solcher pyramidenstumpfartiger Raumabschluß über der Vierung statt aus schönen geschnitzten Kassetten hier fast gänzlich aus kunstvoll verflochtenen hölzernen Bändern. In dem kleinen horizontalen Deckenachteck sehen wir ein buntes Madonnenrelief (Nuestra Señora de la Gracia).

Das rechts neben der Kirche stehende ehemalige Kloster ist völlig aus dunklen Quadersteinen errichtet worden. Über dem halbkreisförmigen Eingangstor liegt ein großes viereckiges Fenster zwischen zwei Nischen mit den Marmorreliefs des San Agustín und der Virgen de la Gracia. Über dem Fenster befindet sich das Emblem der Augustiner. Der Glockengiebel schließt mit einem triumphbogenartigen Aufbau ab, bekrönt von einem lateinischen Kreuz zwischen zwei Akroterien.

Die zum Monumento Nacional erklärte *Iglesia de Nuestra Señora de la Concepción*, wohl die bedeutendste Kirche der Insel, hat eine längere Vorgeschichte: Der erste Bau aus dem Jahr 1516 wurde schon 1546 durch einen festeren und größeren ersetzt. Nach baulichen Veränderungen im 17. Jahrhundert erlitt die Kirche in den Jahren 1704 und 1705 durch Vulkanausbrüche bei Güímar so starke Beschädigungen, daß trotz wiederholter Reparaturen (1728, 1739) schließlich 1758 völlige Einsturzgefahr drohte und ein Neubau anstand (1768-1788).

Obwohl der Initiator des spanischen Klassizismus, Ventura Rodríguez (1717-1785), noch vier Jahre vor der Beendigung der Bauarbeiten Änderungspläne vorlegte, ist der barocke Grundcharakter dieser Kirche an vielen Stellen unverkennbar. Den kurvigen Bewegungseffekt demonstrieren an der Haupteingangsfront das leicht vorspringende Mittelschiff und das gewellte Dachgesims. Der Kontrast zwischen Hell und Dunkel, der Vertikalgliederung und dem zentralen Bauteil wird durch die Verwendung von verschiedenfarbigem Gestein und Verputz deutlich. Den Vertikaleffekt verstärken im dominierenden Mitteltrakt drei übereinanderliegende schmale Wandöffnungen, die von dünnen Pilastern flankiert werden. Die hohe Eingangstür rahmt ein Korbbogentor, dessen Schlußstein großes barockes Muschelwerk schmückt; darüber ein Eisengitterbalkon, auf der Unterseite reich mit Akanthus-Ornamenten bedeckt, vor einer Rundbogentür. Über den Kapitellen der unteren Pilaster wurden zu Ehren der Spender Reliefs der Kanarischen Inseln und Cubas angebracht. Zwei wuchtige barocke Voluten rahmen die obere Hälfte der Balkontür. Auf ihnen ruhen zwei das Rundbogenfenster und die darüberliegende Madonnennische flankierende Wandpfeiler.

Wenig von der Hauptfront zurückgesetzt, stehen zu beiden Seiten zwei schlanke, 24 m hohe Türme auf quadratischem Grundriß, die in der Höhe vom Dachgesims des Hauptbaus durchbrochene oktogonale Glockentürme bilden. Als beherrschendes Zentralelement überragt eine wuchtige Kuppel mit schmaler Laterne die Kirche.

Die drei Schiffe werden durch Säulen korinthischer Ordnung von außerordentlichem Formenreichtum voneinander getrennt. Statt der auf den Kanaren so stark verbreiteten Mudéjar-Decken bildet hier das im Archipel seltene Halbtonnengewölbe den oberen Raumabschluß über Mittelschiff und Abseiten, während über der Vierung auf verstärkten Pendentifs die Kuppel ruht.

La Orotava, Turm der Iglesia de Nuestra Señora de la Concepción

Auf dem Postament des Pfeilers an der Evangelienseite ist Christi Gebet im Garten Gethsemane und das Relief einer Bananenstaude dargestellt, auf dem des Pfeilers an der Epistelseite Jakobs Traum und eine Zypresse. Der schöne achtseitige Pyramidenstumpf-Artesonado über der Sakristei stammt wahrscheinlich aus dem Presbyterium der alten Kirche.

Zu den wertvollsten Kunstschätzen gehören fünf Skulpturen von Fernando Estévez (1788-1854), dem in La Orotava geborenen und nach seinem Meister José Luján bedeutendsten kanarischen Bildhauer: San Blas, Santa Lucía, Santo Tomás de Villanueva, La Candelaria und San Pedro. Der Apostel Petrus, der die Attribute des Pontifex maximus in der Hand hält, ist eins seiner besten Werke; einer der beiden Engel zu seinen Füßen trägt die päpstliche Mitra, der andere hat den Hahn bei sich. Von künstlerischem Wert sind auch die Skulpturen der Dolorosa und des San Juan Evangelista von Luján Pérez.

Der älteste Kunstschatz der Kirche ist eine um 1520 in spätgotisch-manuelinischem Stil gefertigte Monstranz, an der im Jahr 1811 einige Veränderungen vorgenommen wurden.

Eine andere Arbeit von Fernando Estévez – einen Franziskus von Assisi – befindet sich im *Hospital de la Santísima Trinidad*, dem alten, im 16. Jahrhundert gegründeten Kloster San Lorenzo.

Zwei Schnitzwerke von Luján, eins von Estévez und eins des andalusischen Bildhauers Pedro Roldán (1624-1700) – der ›Señor de la Columna‹ – finden sich in der aus der Mitte des 18. Jahrhunderts stammenden *Iglesia de San Juan del Farrobo.*

Symmetrische Ausgewogenheit und sparsame Verwendung des Dekors kennzeichnen das zwischen 1870 und 1895 errichtete klassizistische *Rathaus.* Die dunklen Stockwerks- und Kranzgesimse betonen an beiden zweistöckigen Flügeln des langgestreckten Baus die horizontale Gliederung. Die Vertikale wird durch den höheren Mitteltrakt hervorgehoben, den zwei Lisenen ähnliche Wandverstärkungen zu den Seitenflügeln begrenzen. Eine besondere Rolle spielt die Zahl drei in der Gesamtgliederung der Fassade: Vertikal wird sie deutlich in dem dreistöckigen zentralen Bauteil mit drei Eingangstorbögen, drei Fenstertüren vor drei Balkonen und drei Fenstern; in der Horizontalen zeigt sie sich an den beiden seitlichen Trakten, wo die Haus-

und Balkontüren von jeweils drei Fenstern flankiert werden. Die Schmuckformen beschränken sich auf schlichte Fensterbekrönungen im Obergeschoß der Seitenflügel und auf das Giebeldreieck in der Gebäudemitte. Als einziger Dekor wurden 1912 im Giebelfeld das Stadtwappen und allegorische Darstellungen der Justiz, der Landwirtschaft, der Geschichte und der Erziehung aus weißem Zement eingefügt. Das erst 1905 verliehene Wappen zeigt im Zentrum den im Jahr 1868 auf dem Grundstück der Familie Franchy durch ein Unwetter zerstörten Drachenbaum, dem damals wohl ältesten und größten der Kanarischen Inseln überhaupt, von dem Humboldt die 1766 von F. d'Ozonne angefertigte Zeichnung veröffentlichte und von dem es Abbildungen von Jobin (1819) und Williams (18[illegible]7) gibt. Vier Orangen – die goldenen Äpfel der Hesperiden – symbolisieren in seinem Rahmen die vier Hauptorte des Orotava-Tales. Die Krone der Reyes Católicos steht für die Eingliederung des Gebietes in das spanische Reich.

Caldera de Las Cañadas

Etwa 300 m hoch liegt die Stadt La Orotava, Ausgangspunkt unserer nächsten Exkursion, über 2000 m das Ziel, die Caldera de Las Cañadas. In vielen Kehren und Kurven führt eine Asphaltstraße hinauf. Wir gehen zu Fuß. Auf ausgetretenen Pfaden haben wir zwischen 300 und 400 m über NN bald die obere Grenze des Bananenbaus hinter uns gelassen. An terrassierten Mais-, Kartoffel- und anderen Ackerflächen vorbei, steigen wir immer steiler bergan. Fast unvermittelt hüllen uns dann dichte Nebelschwaden ein. Wir haben die Passatwolkenzone erreicht, die sich im allgemeinen zwischen 800 und 1200-1500 m erstreckt. Hier liegt, 1050 m über dem Meeresspiegel, *Aguamansa*, das ›gebändigte Wasser‹. »Die Quelle Aqua mansa, in zwei großen Becken gefaßt, treibt mehrere Mühlen und wird dann in die Weingärten des anliegenden Geländes geleitet«, schrieb Alexander von Humboldt nach seinem Besuch im Jahr 1799. Noch

Nächste Doppelseite: die Felsgruppe Los Roques in der Caldera de Las Cañadas im Zentrum Teneriffas

über ein halbes Jahrhundert später konnte Karl von Fritsch befriedigt berichten: »Wie wohltätig war im oberen Theile des Val Taoro das Bachesrauschen und der Waldesschatten von Agua mansa.« Heute sind die wenigen noch nicht versiegten Bäche Teneriffas, in wirtschaftlich-nüchterner Weise total gebändigt, in zementierte Rinnen und Rohre gefaßt.

Nach einem kurzen Abstecher zu dem fast 100 m hoch aufragenden Basaltsäulenkomplex *Los Organos* – ›Die Orgeln‹ – stehen wir bald an einem der paßartigen Zugänge zur Caldera de Las Cañadas, dem Höhepunkt einer Kanarenreise.

El Portillo de la Villa, ›Die kleine Pforte der Stadt‹, ist seit alters der Zugang von der Stadt Orotava aus. Hier, 2020 m über dem Meeresspiegel, wo auch die von La Laguna kommende Höhenrückenstraße endet, beginnt mit der Wanderung durch den gewaltigen Bergkessel und der sich anschließenden Besteigung des Pico del Teide, des höchsten Berges Spaniens, seit mehr als einhundertfünfzig Jahren immer wieder das großartigste Erlebnis jeder Reise durch den Kanarischen Archipel.

Entsprechend der Bedeutung, die die Caldera de Las Cañadas mit dem Teide nicht nur für die Wissenschaft, sondern auch für den Tourismus besitzt, hat man an ihrer nördlichen ›Pforte‹ nicht nur Gaststätten und Andenkenläden eingerichtet, sondern auch ein *Centro de Visitantes*. Hier werden die Besucher über die wichtigsten Fakten der 1954 auf 13500 ha zu einem der neun spanischen Nationalparks erklärten Caldera informiert, der in zugängliche und verbotene Zonen unterteilt ist.

Durch den etwa 3 km breiten Portillo de la Villa, den bedeutendsten der tiefen Einschnitte *(cañadas)* in den Ringwall der Caldera, wälzten sich einst die Laven des Pico Viejo und des Teide und füllten diesen Durchbruch, zusammen mit örtlichem Vulkanismus, auf weiten Strecken auf. »Hinter diesem Engpaß, zwischen zwei Basalthügeln, betritt man die große Ebene des Ginsters (Los Llanos de Retama)«, schreibt Alexander von Humboldt 1799.

Geologisch ist die Caldera de Las Cañadas aus dem Prä-Caldera-Vulkan hervorgegangen, der mindestens 7000 m hoch gewesen sein könnte[2, 8]. Möglicherweise waren die drei großen altbasaltischen Regionen Teneriffas – die Halbinseln Anaga und Teno mit etwa 16 bzw. 7 Millionen Jahre alten Gesteinen[1] sowie das Gebiet um Adeje – anfangs selbständige Inseln, bevor sie durch das Aufsteigen des Riesenkegels zu einem einzigen Komplex zusammengeschweißt wurden.

Nach der Kalium-Argon-Altersbestimmung könnte die Caldera de Las Cañadas vor etwa zweihunderttausend Jahren entstanden sein[1]. Später wölbten sich auf ihrem Grunde die Vulkankegel Pico Viejo und Pico del Teide mit mehreren Parasitärkratern auf und ebneten den Boden dieser Hohlform zum großen Teil ein. Die Caldera-Umwallung ist, mit Ausnahme des schmalen, sich zur Nordküste erstreckenden Tigaiga-Massivs, nur noch in ihrem südlichen und südöstlichen Abschnitt in der Form eines unteren Ellipsenbogens deutlich erhalten geblieben. Dort überragt sie, steil abfallend, zerrissen und zerhackt, den Boden des 2000 bis 2200 m über dem Meeresspiegel liegenden Kessels um 200-500 m. Über die Länge des von Nordosten nach Südwesten verlaufenden größten Durchmessers schwanken die Angaben zwischen 15 und 20 km. Die Nord-Süd-Erstreckung wird mit 9 km angegeben, die Flächenausdehnung mit etwa 200 km².

Das von der Höhenlage abhängige Klima und die von ihm entscheidend beeinflußte Veränderung des Bodens haben hier zu einer ganz spezifischen Vegetation geführt. Leitpflanze der Höhenstufe ist die Retama del Teide. Die graugrünen, vom Sommer bis zum Frühling unbelaubten Büsche dieses bis zu 2 m hohen Kanaren- oder Teide-Ginsters SPARTOCYTISUS SUPRANUBIUS syn. NUBIGENUS, bestimmen zwischen 2000 und 2700 m über NN auf weiten Flächen das Vegetationsbild der Caldera und der unteren Hänge ihrer Vulkankegel.

Diese hauptsächlich in porösem Tuff- und Bimssteinboden wachsenden Kanarenendemiten, die es sonst nur noch auf La Palma gibt, müssen sich extremen Boden- und Klimabedingungen anpassen. So hat man in dem am Rande der Cañadas auf der Montaña de Izaña 2367 m hoch gelegenen Observatorium jährlich 171 wolkenfreie Tage und 3376 Sonnenstunden gezählt, die 74% der möglichen Einstrahlung entsprechen. Von den spärlichen 300 mm Niederschlägen, die hauptsächlich in Form von Schnee und Regen fallen, verdunstet etwa die Hälfte. Zu diesen vegetationsfeindlichen Fakten kommen eine mittlere relative Luftfeuchtigkeit von lediglich 43% und eine mittlere Jahrestemperatur von nur 9° sowie starke Temperaturschwankungen, die innerhalb von 24 Stunden mehr als 16° betragen können.

Die Niederschlagsarmut und die Durchlässigkeit des Bodens werden vor allem durch eine tiefe Wurzelbildung kompensiert, die intensive Sonneneinstrahlung und der trockene Wind durch frühzeitiges, die Verdunstung minderndes Abwerfen der an sich schon kleinen Blätter ausgeglichen und die eisige Winterkälte durch schützende Schneeverwehungen abgemildert.

Von April bis Juni sind die rutenartigen Zweige mit zahllosen rosa Knospen und duftenden weißen Schmetterlingsblüten bedeckt, die die für diese Zeitspanne in die Cañadas gebrachten Bienen anlocken. Schon Leopold von Buch schrieb 1825 begeistert über den dort gewonnenen Honig und die Retama: »So rein und durchsichtig ist die Masse, so aromatisch und köstlich ist der Geschmack. Wahrlich, wer diesen Strauch europäischen Bienen zuführen könnte, würde sich kein kleineres Verdienst um die Menschen erwerben, als der, welcher ihnen den Weinstock brachte und die Obstbäume.« Noch heute heißt eine Stelle in der Nähe des Besucherzentrums, wo im Frühsommer Bienenkörbe aufgestellt werden, *Estación de la Cera*, ›Wachsstation‹.

Vielerorts gesellt sich zur Retama del Teide ein anderer widerstandsfähiger endemischer Strauch, der im März im Lavageröll goldgelb blühende Codeso del Pico, ADENOCARPUS VISCOSUS, dessen eigentliche Vegetationsstufe unterhalb der Retama-Zone zwischen 1700 und 2000 m liegt.

Schließlich blüht in der subalpinen Gebirgsregion im Mai eine endemische Natterkopfart, die Tajinaste roja, ECHIUM WILDPRETII syn. BOURGAEANUM, die mit ihren kerzenförmigen, übermannshohen roten Blütenständen gerne als Vordergrund für Teide-Fotos gewählt wird.

Unser Weg führt entlang des von tiefen Cañadas durchbrochenen östlichen Caldera-Walls über dünn mit Retama-Büschen bewachsene helle Tuff- und Bimssteinflächen, die da und dort von dunkelgrauen und rötlich-braunen Lavaströmen durchzogen werden. Wenige Kilometer vor dem Parador liegt, 2350 m über dem Meeresspiegel, die Talstation der 1971 fertiggestellten *Teide-Seilbahn.* In fünf bis acht Minuten überbrückt sie auf einer Strecke von 2,5 km einen Höhenunterschied von mehr als 1200 m. Nur noch in den frühen Morgenstunden kann man jetzt die tiefe Stille erleben, die einst zu jeder Tageszeit ein wohltuendes oder auch bedrückend-lähmendes Charakteristikum dieser abgelegenen Landschaft war.

Etwa 470 m hoch muß man vom Parador aus auf holprigen Wanderpfaden steigen, um auf den Gipfel der *Montaña de Guajara*, der höchsten Erhebung des Cañadas-Ringgebirges, zu gelangen. Der Ausblick ist lohnend. Das vor mehr als hundert Jahren dort installierte astronomische Observatorium hatte hingegen nur kurzen Bestand.

Wandert man über den *Guajara-Paß* (2450 m) durch kahles Lavagelände und junge Aufforstungen den äußeren Caldera-Rand einige Kilometer nach Südosten abwärts, kommt man zur sogenannten Mondlandschaft, zum *Paisaje lunar*. Hier sind durch windbewegten Sand aus mächtigen Ablagerungen weiß-lich-gelber Tuffe, hellen Bimssteins, dunkler verfestigter Aschen und Lapilli haushohe Pyramiden entstanden, die teilweise zur Konservierung der Feuchtigkeit des Ackerlandes abgebaut wor-den sind.

Wenige hundert Meter nordwestlich des Parador stehen die bräunlichen wildzerrissenen *Roques de García* – meistens kurz ›Roques‹ genannt – mit rötlichen und gelblichen, grünlichen und grauen Agglomerat-Tuffeinlagen. Diese verfestigten vulka-nischen Auswurfprodukte haben durch chemische Verwitterung und durch die abschleifende Tätigkeit des vom Winde getriebe-nen Sandes stellenweise bizarre Formen angenommen. Der markanteste Block, der 30 m hohe *Roque Cinchado*, den man auch ›Arbol de Piedra‹ – ›Steinerner Baum‹ – nennt, dient als beliebtes Vordergrundmotiv für Teide-Fotos. Seit 1979 ist die-ses eindrucksvolle Naturdenkmal auf den 1000-Pesetas-Schei-nen abgebildet.

Die Roques erstrecken sich auf einer Länge von grob 2 km sichtbar nach Norden, bis sie unter den breiten Kegelhängen des Pico Viejo und des Teide dem Blick entschwinden. Durch diese Felsenreihe wird die Caldera in zwei Becken unterteilt. Weil das kleinere, das westliche, zudem noch fast 200 m tiefer als das östliche liegt, sprechen einige Geologen von der Möglichkeit zweier ehemaliger Calderen.

Zur gleichen Felskette gehören auch die nahe der südlichen Zufahrt zum Parador liegenden *Azulejos*, die ihren Namen den grünlich-blauen Farbtönen verdanken, die die phonolithischen Ergußgesteine unter Einwirkung von Wärme und Feuchtigkeit angenommen haben.

Auf unserem Wege entlang des Innenrandes der Caldera-Umwallung stoßen wir in dieser wüstenhaften Landschaft un-weit des Straßenknicks nach Westen auf eine natürliche *Trink-wasserstelle*. Etwa 100 m südlich des Kilometersteins 50,7 steht das skurrile, an einen riesigen schräggestellten Damenschuh erinnernde Lavagebilde *Zapato de la Reina*, ›Schuh der Königin‹.

An der *Boca de Tauce*, der wichtigsten Öffnung der Caldera nach Süden, gabelt sich die Landstraße. Wir nehmen die innerhalb des Cañadas-Kessels nach Nordwesten führende Strecke, um dann nach einigen Kilometern den Schichtvulkan *Pico Viejo* (3134 m) zu besteigen. Auf seiner Westflanke kommen wir zunächst zur *Chahorra*, einer Ansammlung kleinerer, linear angeordneter Parasitärkrater. Die größte der elliptischen Eruptionsöffnungen, aus denen im Sommer 1798 drei Monate lang die Lava in breiten Strömen über den südwestlichen Teil der Caldera floß, mißt 200 x 100 m und ist 170 m tief.

Zum Gipfel des Teide

Wir beginnen den Aufstieg auf die höchste Erhebung im Atlantik, die Unamuno den »gigantischen Wachtturm Spaniens« nennt, an der *Montaña Blanca* (2750 m), dem mit hellem Bimsstein bedeckten ›Weißen Berg‹, dem größten Nebenkrater des Teide.

Ein gewundener Pfad führt uns zunächst über den *Lomo Tieso*, den beide Berge verbindenden ›Festen Rücken‹. An großen vulkanischen Bomben vorbei, die im Volksmund ›Huevos del Teide‹, ›Teide-Eier‹, heißen, sind wir nach ein bis eineinhalb Stunden an zwei windgeschützten Rastplätzen ausländischer Bergwanderer vergangener Jahrhunderte angelangt (»… denn keine anderen Menschen unternehmen eine solche Tour als die Ausländer und einige arme Leute der Insel, die sich ihren Lebensunterhalt mit Schwefelholen verdienen.« George Glas, 1764).

Der erste Rastplatz, in etwa 2850 m Höhe, ist die *Estancia de los Alemanes*. Von dem anderen, auf dem schon die Engländer vor George Glas ihr Lager aufschlugen, möge ein Auszug aus dem detaillierten Bericht Alexander von Humboldts einen ersten Eindruck vermitteln:

»Dieser Platz, der mehr als 2982 m über der Küste liegt, heißt Estancia de los Ingleses, ohne Zweifel, weil früher die Engländer den Pik am häufigsten besuchten. Zwei überhängende Felsen bilden eine Art Höhle,

Die berühmten Felsformationen beim Vulkan Pico del Teide; er ist der höchste Berg der atlantischen Inseln.

die Schutz gegen den Wind bietet … Obgleich es Sommer war, und der schöne afrikanische Himmel über uns, hatten wir doch in der Nacht von der Kälte zu leiden. Das Thermometer fiel auf 5° … Je tiefer die Temperatur sank, desto mehr bedeckte sich der Pik mit dicken Wolken. Bei Nacht stockt der Zug des Stromes, der den Tag über von den Ebenen in die hohen Luftregionen aufsteigt, und in dem Maße, als sich die Luft abkühlt, nimmt auch ihre das Wasser auflösende Kraft ab. Ein sehr starker Nordwind jagte die Wolken; von Zeit zu Zeit brach der Mond durch das Gewölk, und seine Scheibe glänzte auf tief dunkelblauem Grunde; im Angesicht des Vulkans hatte diese nächtliche Szene etwas wahrhaft Großartiges. Der Pik verschwand bald gänzlich im Nebel, bald erschien er unheimlich nahe gerückt und warf wie eine ungeheure Pyramide seinen Schatten …« Alexander von Humboldt, 1799

Wie die meisten Bergwanderer unserer Zeit, verbringen wir jedoch die Nacht vor der Gipfelbesteigung in der jugendherbergsmäßig eingerichteten Berghütte *Refugio Altavista*, dem 3260 m hoch gelegenen ›Refugium Hohe Aussicht‹. Knapp zweieinhalb Stunden haben wir von der Montaña Blanca bis hierher zu Fuß gebraucht. Etwa die gleiche Zeit benötigen die Maultiere, um Personen und Gepäck hierher zu transportieren.

Ein besonderes Interesse hat immer wieder die etwa zwanzig Minuten entfernte *Cueva del Hielo*, die ›Eishöhle‹, gefunden, »die in 3367 m Höhe liegt, also unter der Grenze des ewigen Schnees in dieser Breite« (Alexander von Humboldt).

Humboldt kommt in seinen Untersuchungen über die Entstehung und Konservierung des Eises zu folgendem Schluß: »Während des Winters füllt sich die Höhle mit Schnee und Eis, und da die Sonnenstrahlen nicht über den Eingang hinaus eindringen, so ist die Sonnenwärme nicht imstande, den Behälter zu leeren …« Vorher heißt es: »Die natürliche Eisgrube des Piks hat übrigens nicht jene senkrechten Öffnungen, durch welche die warme Luft entweichen kann, während die kalte Luft am Boden ruhig liegen bleibt.« Als sich in unserer Zeit im oberen Teil der Höhle bei Bauarbeiten Risse bildeten, wurde die Eiskonservierung stark beeinträchtigt. Drei Stunden brauchte Humboldt, um die steile Strecke in dem mit scharfkantigen und brüchigen Lavatrümmern bedeckten Gelände zwischen der Eishöhle und der Rambleta zu bewältigen. Nur knapp die Hälfte der Zeit benötigt man heute auf ausgetretenen Pfaden.

Die *Rambleta*, die den Berg in grob 3500 m Höhe ringförmig umgebende schmale Stufe, ist der Wall des ehemaligen Gipfelkraters, der einen Durchmesser von 1500 m hatte. Aus seiner Mitte schob sich später der spitze Kegel *El Pitón*, ›das Horn‹, als oberster Teil des heutigen Teide empor.

Für alle, die sich den beschwerlichen Aufstieg nicht zumuten wollen oder können, ist die Rambleta-Stufe die höchste, ohne Mühe zu erreichende Stelle des gigantischen Berges; hier liegt die Endstation der Seilbahn. Nur noch 140-160 m unterhalb des Gipfelkraters, kann man – nach einer Übernachtung im Rambleta-Hotel – schon in dieser Höhe einen sehr eindrucksvollen Sonnenaufgang erleben.

Hier läßt sich im Frühling auch ein ungewöhnliches klimatisches Phänomen wahrnehmen: die seltsamen Restformen des von den Hoch-Anden her als *nieve penitente* bekannten ›Büßerschnees‹. Die langen parallelen Reihen gleichförmiger, dem Sonnenhöchststand zugeneigter Schmelzfiguren – die auf dem Teide nur mehrere Dezimeter groß und durch Lavastaub dunkel gefleckt sind – erinnern an Scharen gebeugt dahinziehender Pilger. Der Grund für die Entstehung dieses als ›Penitentes‹ in die internationale geologische und meteorologische Fachsprache übernommenen Zackenschnees, liegt – bei geringer Luftfeuchtigkeit und wärmeren Winden – im wesentlichen in der starken Einstrahlung der im Zenit stehenden Sonne auf den Schnee und der durch sie bewirkten schnellen Teilverdunstung.

Der obere Abschnitt des Teide, der spitze Kegel El Pitón, wird wegen seiner Form und der weithin sichtbaren Flächen weißen Bimssteingruses, die aus der Ferne dem Schnee täuschend ähnlich sein können, auch *Pan de Azúcar*, ›Zuckerhut‹, genannt. An seinem Fuß sehen wir Felsspalten, aus denen stoßweise Wasserdampf kommt. Man nennt sie *Narices del Teide*, ›Nasenlöcher des Teide‹.

Immer steiler windet sich der Pfad nach oben. Bis zu 40° beträgt die Steigung dieses Kegels. Immer wieder rutscht der lockere Boden unter den Füßen weg. Oft muß man sich bei dem heftigen Wind, der in diesen Höhen als Antipassat aus Südwesten kommt, mit den Händen einen Halt suchen.

Endlich ist nach vielen Verschnaufpausen der Gipfel erreicht! Der erste Eindruck in der kurzen Morgendämmerung ist enttäu-

schend: Durch eine Lücke im Osten des gratartigen Walles, dem alten Austritt eines Lavaflusses, blicken wir in einen elliptischen Krater von nur 80 und 60 m Durchmesser. Welch ein Mißverhältnis zur gewaltigen Größe des Gesamtberges!

Ohne Schwierigkeiten steigen wir auf den 30-40 m tiefliegenden hellen Boden hinunter. Hinter dem steilen Kraterwall kann man sich wohl gegen den starken Wind schützen, doch kaum gegen die große Kälte. Knapp 3 °C zeigt das Thermometer hier. Über 23° maßen wir bei unserem Aufbruch in Puerto de la Cruz. Wir wärmen uns die klammen Hände an kleinen Klüften, aus denen schwach Wasserdampf entweicht, der in 25-40 cm Klufttiefe Temperaturen über 80 °C aufweist. Aus anderen Spalten, an deren Rändern sich gelbe Kristalle abgesetzt haben, werden zischend Schwefelgase ausgestoßen. Solche Exhalationen von Wasserdampf und Schwefelgasen – Fumarole und Solfatare – sind Zeichen eines ausklingenden Vulkanismus.

Zuverlässige Daten über die Eruptionen des Gipfelkegels sind nicht verbürgt. Den Guanchen müssen Ausbrüche des Teide oder seiner Nebenkrater bis zur Eroberung der Insel durch die Spanier bekannt gewesen sein. Denn nach Espinosa (1594) »nannten sie die Hölle ›Escheyde‹«, Teide. Unklar bleibt Columbus' Eintragung in seinem Bordbuch, nach der er zwischen dem 12. August und dem 2. September 1492 »aus der gewaltigen Bergkette der Insel Teneriffa hohe Flammen emporlodern« sah.

Das größte Erlebnis einer Teide-Besteigung, die Beobachtung des Sonnenaufganges aus fast 4000 m Höhe über dem Atlantik, ist nur von kurzer Dauer. Sobald die Sonne wie ein roter Ball am Horizont in den tiefblauen, wolkenfreien Himmel aufsteigt, breitet sich der Schatten des Teide als ein langes, spitzes Dreieck auf dem Wasser aus. Während man an manchen Tagen nur die nahen Inseln La Gomera und La Palma sieht, haben wir das Glück, in der reinen, durchsichtigen Luft, die die Entfernungen so sehr zu verkürzen scheint, auch El Hierro und Gran Canaria und für kurze Zeit sogar Fuerteventura und Lanzarote zu erkennen, bis die beiden östlichen Inseln im aufkommenden Dunst unseren Blicken wieder entschwinden.

Der dreißig Meter hohe Pilzfelsen vor dem Teide.

Unterhalb der Cañadas breitet sich ein weißes, watteähnliches Wolkenmeer aus, das an einigen Stellen immer wieder aufreißt und für kurze Zeit den Blick auf Dörfer und Städte freigibt, zu denen wir nun zurückkehren.

Beim Abstieg stoßen wir schon nach wenigen Metern auf einige graublättrige, dem Boden angepaßte Exemplare des schönen Pik- oder Teide-Veilchens, VIOLA CHEIRANTHIFOLIA. Obwohl diese im Juli violett blühende und angenehm duftende Blume von recht zartem Habitus zu sein scheint, vermag sie dennoch die extremen klimatischen Bedingungen intensiver Sonneneinstrahlung bei Tag und starker Abkühlung bei Nacht sowie äußerster Trockenheit im Sommer und monatelang liegenden Schnees im Winter ohne Schaden durchzustehen. Wenn man diesen Lokalendemiten vereinzelt auch auf den Cañadas-Bergen Montaña de Guajara und Montaña Blanca findet, so bezeichnet man mit ihm doch gerne die obersten 500 m des Teide-Kegels als letzte der kanarischen Vegetationszonen.

Außer dem seltenen Bergveilchen trägt auch der schönste Vogel des Archipels den Namen des Teide, der vom Aussterben bedrohte Pinzón azul del Teide, FRINGILLA TEYDEA. Da dieser blaue Teide-Fink sich von Insekten und den Samen der Retama-Büsche und der Pinien ernährt, umfaßt sein Habitat nicht nur die Caldera, sondern auch die sich abwärts anschließenden Nadelwälder, vor allem auf dem zentralen Höhenrücken, der Cumbre Dorsal.

Cumbre Dorsal – Der zentrale Höhenrücken

Die *Cumbre Dorsal* – auch *Cumbre de Pedro Gil* genannt – erstreckt sich als ein schmaler Rücken in der Mitte des nur 15-20 km breiten nordöstlichen Inselteils von den Ausläufern des Cañadas-Ringwalles bis zur Meseta de Los Rodeos. Nach Nordosten an Höhe langsam abnehmend, liegt die etwa 25 km lange Cumbre im Südwesten oberhalb und im Nordosten innerhalb der Passatwolkenzone.

Wegen der meist wolkenfreien, durchsichtig-klaren Luft entstand auf der am Südwestrande des Höhenzuges liegenden Montaña de Izaña (2367 m) im Jahr 1909 Spaniens höchstgelegenes *Observatorium.* 1963 wurde dort der erste kanarische

Fernsehturm errichtet und 1964 in der Sternwarte das erste deutsche Teleskop installiert, dem am 29. Juni 1985 zwei weitere in Anwesenheit des deutschen Bundespräsidenten und des spanischen Königs folgten.

Im niedrigeren nordöstlichen Abschnitt der Cumbre Dorsal liegt einer der wenigen größeren Wälder der Insel: der *Bosque de La Esperanza*, wo der nach Teneriffa strafversetzte General Franco im Forstbezirk Las Raíces (1075 m) 1936 den Spanischen Bürgerkrieg begann.

Die Laven, Schlacken, Agglomerate und Aschen des Höhenzuges sind von zahlreichen vertikalen Gängen – erstarrten magmatischen Spaltenfüllungen – durchsetzt, welche die versickerten Niederschläge in der Tiefe stauen. Dieses Sickerwasser verdankt seinen Ursprung auf den 500-1600 m hoch gelegenen Teilen der Bergkette, die mit Niederschlagsmengen von 800 bis über 1000 mm jährlich die niederschlagsreichste Region der Insel ist, nicht allein dem Regen, sondern in erheblichem Maße auch den Nebelniederschlägen der Passatwolken. Die Hilfe, welche die dem Passatluv in Höhen zwischen 500 und 1000 m ausgesetzten Lorbeerwaldrelikte und die sich hier bis 1300 m über dem Meeresspiegel anschließenden Erika-Mischwälder bei der teilweisen Umwandlung der sie einhüllenden Wolken zu tropfbarem Wasser leisten, ist beträchtlich.

In stärkerem Maße tragen jedoch die als nächste Vegetationshöhenstufe folgenden großen Wälder der kanarischen Pinie, PINUS CANARIENSIS, mit ihren bis zu 30 cm langen, dichten Nadelbüscheln zu dieser Art der Wassergewinnung bei. Sie können bei einem jährlichen Eigenbedarf von etwa 500 l Wasser die vierfache Menge den Wolken entziehen.

Fast 90% des auf Teneriffa verbrauchten Süßwassers werden durch sogenannte *Galerías* gewonnen. Mit mehr als 1100 solcher bis zu 7 km fast waagerecht in 200-1200 m Höhe bis zu 7 km Länge in die Hänge getriebenen Stollen, die in den letzten Jahrzehnten täglich 2-5000000 hl Wasser lieferten, steht Teneriffa mit großem Abstand an der Spitze des Archipels.

Nächste Doppelseite: Ziegenhirt und Herde bei Santiago del Teide, im Hochtal zwischen dem Teide-Massiv und dem Teno-Gebirge

La Laguna – Das alte geistige Zentrum der Insel

Es gibt keine andere kanarische Großstadt, die mit ihren zahlreichen Bauwerken verschiedener Stilepochen ein so starkes Fluidum glanzvoller Vergangenheit ausstrahlt wie La Laguna. Für den Entschluß der spanischen Eroberer, die in dieser Gegend ihre entscheidenden Siege errangen, auf der hier knapp 600 m hohen Hochfläche innerhalb der sich bis zur Nordküste erstrekkenden breiten Senkungszone die Hauptstadt anzulegen, gab es gute Gründe: die zentrale Lage in geringer Höhe zwischen zwei verhältnismäßig leicht zu erreichenden Meeresküsten mit Ankermöglichkeiten bei den beiden größten späteren Häfen Santa Cruz und Puerto de la Cruz; das ziemlich ebene Gelände, auf dem sich die vielerorts auf den Kanaren notwendige Terrassierung der Ackerfelder großenteils erübrigte; ferner die bei mehr als 560 mm Jahresniederschlag weitgehend überflüssige künstliche Bewässerung sowie die unter geringen täglichen und jahreszeitlichen Schwankungen jährlich erreichte Durchschnittstemperatur von 16°, welche zwei Ernten im Jahr ermöglicht, und schließlich ein ursprünglich etwa 0,5 km^2 großer See, den damals die besten Wiesen und Weiden Teneriffas umgaben. Doch schon zu Beginn des 16. Jahrhunderts, als die Spanier die nahen Wälder für ihre Zuckermühlen stark dezimiert hatten, wurde der Wasserzufluß aus dem Anaga-Gebirge ständig schwächer, bis der See im 18. Jahrhundert völlig ausgetrocknet war. Heute stehen Häuser auf dem flachen Grund, und nur noch der Name der am Christophorus-Tag des Jahres 1497 gegründeten ersten Stadt der Insel – San Cristóbal de La Laguna – erinnert an das ehemals einzige stehende Gewässer des Archipels.

Bereits 1550 zählte der Ort über fünftausend Einwohner. Fast drei Jahrhunderte hindurch blieb er Sitz der Inselverwaltung. Nachdem 1723 der Militärbefehlshaber des Archipels seine Dienststelle von La Laguna nach Santa Cruz verlegt hatte, folgten im gleichen Jahrhundert und in den beiden ersten Jahrzehnten des folgenden weitere Ämter, bis Santa Cruz 1823 nicht nur Hauptstadt der Insel, sondern auch der Provinz geworden war.

Theater der alten Inselhauptstadt La Laguna

TEATRO LEAL
BALLET del ATLANTICO
PRESENTA
PASION DE
J. S. BACH
21·22 MARZO 20,30 H.
TEATRO LEAL
CAROCA
PRESENTA
LAS CUCARACHAS
DE GUILLERMO GENTILE
4·5·6 ABRIL · 20.30 H
TEATRO LEAL
PRESENTA
EXIT
12 — ABRIL 22.30H
TEATRO LEAL
IVAL
NACIONAL
ATRO
LA LAGUNA

Kirchen und Kunst in der ehemaligen Inselhauptstadt

Die *Iglesia de Nuestra Señora de la Concepción*, älteste Kirche von La Laguna, liegt in der Villa de Arriba, dem oberen und ältesten Teil der Stadt, unweit der ersten – heute verschwundenen – Gotteshäuser: einer mit Palmwedeln gedeckten Hütte und einer steinernen Kapelle.

Das neue Gebäude wurde 1543 nach einer Bauzeit von 32 Jahren fertiggestellt. Von seiner ursprünglichen Struktur ist wenig übriggeblieben. Widrige Umstände zwangen im Laufe der Jahrhunderte mehr als ein dutzendmal dazu, baufällig gewordene Teile der bereits 1527 als dreischiffig erwähnten Kirche wieder instandzusetzen oder sie im Wettbewerb mit der im unteren Stadtbezirk gelegenen Iglesia de los Remedios durch Erweiterungen oder Zubauten umzugestalten.

Schon 1571, 38 Jahre nach dem Bau des ersten primitiven Turms, begann man, an seiner Stelle einen neuen zu errichten. Er mußte 1630, als bereits am obersten Stockwerk gearbeitet wurde, aus statischen Gründen erneuert werden. Ein Vierteljahrhundert später, drei Jahre nach seiner Fertigstellung, wurde er durch einen verheerenden Sturm so stark beschädigt, daß er 1692 abgetragen werden mußte. Der 1694 begonnene Wiederaufbau, nunmehr siebengeschossig und in wuchtig-grober Gestalt, erstreckte sich bis in unsere Zeit hinein.

Nachdem am Gesamtbau bereits im 17. Jahrhundert mehrmals größere Reparaturen notwendig geworden waren, stürzten im Januar 1718 während eines heftigen, vier Tage anhaltenden Unwetters die Bogen der Vierung und einige Pfeiler ein. Als nach der 1720 beendeten Instandsetzung abermals Einsturzgefahr drohte, begann man 1738, eine neue Kirche zu errichten, wobei die aus dem 16. Jahrhundert stammenden Räume und spätere Zubauten im großen und ganzen zunächst erhalten blieben. Finanzielle Schwierigkeiten verzögerten jedoch den Fortgang der Arbeiten erheblich, so daß sie nicht planmäßig zu Ende geführt werden konnten. Schon 1781 mußten die seit 1738 entstandenen Gebäudeteile sowie die Hälfte der 1737 fertiggestellten Capilla Mayor wegen grober Statik- und Materialfehler abgerissen werden. Die Wiederherstellung erfolgte von 1785 bis 1802 nach Plänen des in La Laguna geborenen Klerikers irischer

Abstammung, Diego Nicolás Eduardo, des Architekten aus Leidenschaft, der mit den Entwürfen für die Fassaden der Kathedrale von Las Palmas 1781 den romantischen Klassizismus auf den Kanarischen Inseln eingeführt hatte. Doch stärker als die klassizistischen Elemente an der Außenfront und im Inneren fällt das gotische Gewölbe über der Capilla Mayor auf, das er – archaisierend – anstelle der achtteiligen Mudéjar-Kassettendekke anlegte und das die folgende Katastrophe im wesentlichen überstand: Obwohl die Kirche 1872-1873 und – nach dem Einsturz einer Wand – sogar noch 1971 gründlich renoviert worden war, lösten sich am 12. November 1972 zwei Säulen der Evangelienseite, so daß auch das Mittelschiff in sich zusammenbrach.

In dem wiederhergestellten Gotteshaus verdienen einige Kunstwerke unsere Aufmerksamkeit: die Plastiken von Fernando Estévez, ›El Señor y las lágrimas de San Pedro‹ (›Der Herr und die Tränen des Heiligen Petrus‹), ›Jésús Preso‹ (›Die Gefangennahme Christi‹) und sein letztes Bildwerk, ›Nuestra Señora de la Inmaculada Concepción‹ (›Die Madonna der Unbefleckten Empfängnis‹) sowie die Statuen von José Luján, ›Nuestro Señor del Huerto‹ (›Christus im Garten Gethsemane‹) und die ›Predilecta‹ (›Die Bevorzugte‹) genannte Dolorosa, die ›Schmerzensreiche Madonna‹.

Auch die heutige *Kathedrale* hat eine bewegte Baugeschichte hinter sich. Zu Anfang des 16. Jahrhunderts stand an ihrer Stelle eine kleine Kapelle, die Ermita de Nuestra Señora de los Remedios, ›Mutter von der immerwährenden Hilfe‹. Sie wurde in den nächsten zwei Jahrhunderten unter mancherlei Widrigkeiten zu einer Kirche mit fünf nahezu gleich hohen Schiffen im Mudéjar-Stil erweitert.

Bereits 1691, knapp 70 Jahre nach seiner Errichtung, mußten wesentliche Teile des vom Einsturz bedrohten linken Glockenturms erneuert werden. Reformen, vor allem an der Capilla Mayor und dem Chor, kennzeichneten das 18. Jahrhundert. 1813 begann man unter Verwendung von Plänen des führenden Baumeisters des ›Neoclasicismo‹ – des spanischen Klassizismus –, Ventura Rodríguez, nach dem Vorbild der Kathedrale von Pamplona eine klassizistische Hauptfassade zu errichten. 1825, sechs Jahre nachdem die Kirche Kathedrale geworden war, konnten der aus vier Säulen mit toskanischen Kapitellen bestehende Portikus und der die Fassade links begrenzende Südturm fertiggestellt werden. Zehn Jahre später wurden die Arbeiten aus Geldmangel unterbrochen. Erst 1882 begann man, das mit dem Frontispiz abschließende zweite Stockwerk aufzusetzen. 1897 mußte die Kirche wegen Einsturzgefahr geschlossen werden. Der Wiederaufbau – nunmehr in neogotischem Stil, doch unter Respektierung der klassizistischen Eingangsfront – zog sich bis zum Jahr 1915 hin. Erst 1916 war mit der Fertigstellung des rechten Zwillingsturmes der Gesamtbau der Kathedrale beendet.

Zu den wertvollsten Kunstwerken der Kathedrale gehören die sieben Tafeln des Remedios-Retabels, die dem Antwerpener Mitarbeiter Tintorettos, Marten de Vos (um 1532-1603), zugeschrieben werden.

Von Juan Carreño de Miranda (1614-1685), dem Hofmaler Carlos' II. , des letzten spanischen Königs aus dem Geschlecht der Habsburger, stammt das Gemälde ›La Santa Cena‹, ›Das Heilige Abendmahl‹.

Beachtenswerte Werke der Bildhauerkunst unbekannter Meister sind die Marienfigur ›Nuestra Señora de los Remedios‹ aus dem Ende des 15. Jahrhunderts, der ›Cristo de la Columna‹ aus der Genueser Schule des 18. Jahrhunderts und ein Gekreuzigter des heimischen Bildhauers Fernando Estévez, aus dessen Werkstatt wir auf Teneriffa schon so viele Holzplastiken kennengelernt haben. Die helle Marmorkanzel aus dem 18. Jahrhundert schuf der Genuese Bocciardo.

Das bedeutendste Kunstwerk ist die im *Museum der Kathedrale* aufgestellte Statue ›Virgen de la Luz‹, eine 1,32 m große vergoldete und polychrome Schnitzarbeit aus ›kanarischem Ebenholz‹, dem zu den Lorbeergewächsen gehörenden Barbusano. Während der Körper beim Jesuskinde trotz des Kleidchens noch erkennbar ist, treten die Konturen bei der Madonna ganz hinter dem weichen Faltenwurf des Gewandes zurück. Um so deutlicher wird die Symbolik ihrer Hände: Mütterlich-fürsorgend trägt die Linke das Kind, das ein Vögelchen umfaßt, während die Rechte, die ursprünglich eine Lilie hielt, ihm in behutsamschützender Geste entgegengestreckt wird. Eindrucksvoll wie die Hände wirken auch das anmutig-milde und leicht melancholische Antlitz der Madonna und das zarte Gesicht des Jesuskindes. Beide tragen eine schwere Krone auf dem Haupt, die sie nicht zu belasten scheint. Dieses Schnitzwerk wird als eine Arbeit des um 1560 in Sevilla schaffenden Bildhauers Juán Bautista Vázquez d.Ä. angesehen.

El Cristo de La Laguna, die monumentale Holzplastik im *Convento de San Miguel de las Victorias*, ist eines der bedeutendsten Kunstwerke des Archipels, allein schon durch den Namen aus der Reihe der Christusfiguren von La Laguna herausgehoben. Bis auf die 1630 vorgenommene Silberverkleidung des Kreuzes ist diese Schnitzarbeit aus flandrischer Eiche ein sevillanisches gotisches Werk aus dem Ende des 15. Jahrhunderts, das um 1520 aus der Ermita de la Vera Cruz der andalusischen Stadt Sanlúcar de Barrameda nach Teneriffa gebracht wurde.

Die realistische Darstellung des fast lebensgroßen Christus wird durch einige Details besonders deutlich: die durch das Gewicht des Körpers stark heraustretenden Armsehnen und Rippen; die offenen blutenden Leibeswunden; der natürliche Faltenwurf; die grob ans Kreuz genagelten Füße und die daraus resultierende verzerrte Haltung der dürren Beine. Ergreifend und von außergewöhnlicher Ausdruckskraft ist das Haupt mit dem Dornenkranz, den strähnig herabfallenden Haaren und dem blutbefleckten, schmerzerfüllten Antlitz.

Das zwischen 1575 und 1577 erbaute *Convento de Santa Clara*, das 1697 zum großen Teil durch eine Feuersbrunst zerstört und bis 1700 weitgehend wiederaufgebaut wurde, fällt durch den wuchtigen, das übrige Gebäude jedoch nur wenig überragenden Aussichtsturm auf. Denn ihn krönt seit 1717 ein besonders geräumiger ›ajimez‹, ein durch geflochtene Sichtschutzgitter geschlossener Aufbau maurisch-andalusischen Stils, der den beiden Balkonen des Nonnenklosters Santa Catalina de Sena in La Laguna sehr ähnlich ist.

Im Innern der einschiffigen Kirche betrachten wir die achtteilige Mudéjar-Decke über dem Presbyterium mit dem Bildnis der namengebenden Heiligen Clara im Mittelfeld. Zwei Ölgemälde von Juan Carreño de Miranda (1614-1685) und eine Plastik des ›Señor del Huerto‹, des betenden Christus im Garten Gethsemane von José Luján Pérez (1756-1815), sind Werke bekannter Künstler in diesem Gotteshaus.

An der kleinen einschiffigen *Kirche des Hospitals Nuestra Señora de los Dolores*, die in ihrer heutigen Gestalt aus der zweiten

Hälfte des 17. Jahrhunderts stammt, findet das schöne Barockportal unser besonderes Interesse. Die den Rundbogen einfassenden schlanken kannelierten Doppelpilaster ruhen rechts und links auf einem Postament mit reich ornamentierter quadratischer Schauseite und enden in kleinen wulstigen Kapitellen. Über dem sparsam gegliederten Figurenfries liegt ein verkröpfter Dreiecksgiebel mit bekrönenden schlichten Akroterien.

Die 1527 als einschiffige Kirche des ehemaligen Dominikanerklosters begonnene *Iglesia de Santo Domingo* wurde 1602 durch die Kapelle der Evangelienseite und 1604 durch die der Epistelseite erweitert. Andere Kapellen kamen nach und nach hinzu, so daß 1660 aus ihnen ein zweites Schiff gebildet wurde. Beide Schiffe und der Altarraum schließen mit einer kastenförmigen Mudéjar-Kehlbalkendecke ab. Rechts vom Altar, über der Capilla de la Virgen de los Dolores, befindet sich ein achtflächiger Artesonado aus andalusischen Kassetten. Eine der Form nach ähnliche Decke sehen wir auf der anderen Seite über der Capilla del Cristo de la Humildad y Paciencia, bestehend aus bunt ornamentiertem portugiesischem Täfelwerk (1942-1948). Die polygonalen Basen und die Kapitelle der schlanken Chorsäulen demonstrieren den portugiesischen Emanuel-Stil, während die üppigen Blattwerkkapitelle der den Rundbogen des Hauptportals tragenden Pilaster den spanischen Isabel-Stil kennzeichnen.

Wurden im 16. Jahrhundert fast nur einstöckige Häuser gebaut, so im folgenden mehr und mehr zweigeschossige. Die Zahl der Fenster – ›Guillotine-Fenster‹ portugiesischer Herkunft – war im oberen Stockwerk oft merklich größer als im Erdgeschoß. Den Patio faßte man gerne doppelseitig durch offene oder geschlossene balkonartige Galerien aus kanarischem Pinienholz ein. Ein sehenswertes Beispiel aus dem Ende des 16. Jahrhunderts ist die wegen ihres manieristischen Portals und ihrer schönen Artesonados von der Inselverwaltung als Kulturhaus eingerichtete *Casa de Lercaro*.

Zwischen 1664 und 1681 entstand der *Palacio Episcopal*, die ehemalige Residenz der Grafen vom Valle de Salazar, mit der schönsten barocken Wohnhausfassade des Archipels. Wenn hier auch die den barocken Bewegungseffekt demonstrierenden Kurven und Krümmungen kaum ausgeprägt sind, wird doch die besondere Betonung der Vertikalen und der Gebäudemitte in der Gliederung der Schauseite deutlich: durch das von Wandsäulen flankierte Portal und die in der gleichen Weise eingefaßten Fenster des zweiten Stockwerks sowie dem darüberliegenden bizarr ornamentierten Wappennischengiebel. Die barocke Variationsfreude kommt außerdem in den Fensterbekrönungen zum Ausdruck, im Erdgeschoß durch wucherndes kleinteiliges Blattwerk und im Obergeschoß durch akroterienverzierte Dreiecksgiebel.

An der gleichen Straße steht das heute als höhere Schule dienende *ehemalige Augustinerkloster*, in welchem von 1744-1747 die erste kanarische Universität untergebracht war, die nach mehreren jahrelangen Unterbrechungen des Lehrbetriebes in anderen Gebäuden ab 1913 etappenweise wieder eröffnet wurde. Von der zu Anfang des 16. Jahrhunderts erfolgten Kloster-Gründung kündet noch ein wenig der geräumige Patio, für den Miguel de Unamuno dichterische Worte fand. Von der nach gründlichen Reformen im 18. Jahrhundert neugestalteten Kirche steht neben dem 1963 völlig ausgebrannten und noch nicht wieder hergestellten Kirchenschiff unbeschädigt der aus dunklen Hausteinen errichtete schlanke Turm.

Im 18. Jahrhundert passen sich in den ›casas señoriales‹ – den ›herrschaftlichen Häusern‹ – die Fenster des zweiten Stockwerks denen des Erdgeschosses meist symmetrisch an. Die sich entlang eines später aufgesetzten dritten Stockwerks erstreckende Balkongalerie aus Flechtwerk war ursprünglich zur Belüftung des Kornbodens gedacht.

Aus dem 18. Jahrhundert sehenswert sind die *Casa de Montañés*, die dreistöckige *Casa de Ossuna* mit Balkongalerie aus Pinienholz und der *Palacio de Nava* mit einer Fassade aus Renaissance- und Barockelementen sowie einer portugiesischen Mudéjar-Decke im Treppenflur.

Im 19. Jahrhundert werden durch Sichtblenden geschlossene Balkone und Hebefenster seltener. Auch in der Profanbaukunst setzt sich stärker der ›estilo neoclásico‹ durch, der in Deutschland im wesentlichen dem Klassizismus entspricht. Die Gliederung der Fassade ist nun betont schlicht. Als Wandöffnungen für Portale, Türen und Fenster bevorzugte man Rechtecke oder

Flachbogen. Offene Balkone zur Straße hin wurden nun öfters auf steinernen Karniesen angelegt und manchmal auch durch Eisengitter eingefaßt, während man die balkonartigen Galerien auf einer Seite des Innenhofes durch eine Fensterwand schloß. Den oberen Abschluß des Hauses bildete jetzt häufig die ›Azotea‹, ein von niedrigen Mauern umgebenes Flachdach.

Von schlichter Eleganz ist die 1822 errichtete klassizistische Fassade des *Ayuntamiento-Gebäudes*, die den aus dem 16. Jahrhundert stammenden Portikus ablöst. Über jedem der fünf Rundbogen des zweigeschossigen Baues befindet sich ein zweiteiliges Rechteckfenster. Die beiden mittleren Pilaster fassen einen fensterbreiten Aufbau in Form einer Ädikula mit Wappennische und Segmentgiebel ein, der rechts und links von Rollwerk in gegenläufigen Kurven gerahmt wird. Die vier übrigen Wandpfeiler schließen oberhalb des schmuckfreien Flachdachgesimses mit schlichten vollplastischen Akroterien ab. Im Innern finden Wandgemälde, die die Kapitulation der Guanchen zum Thema haben, und der 1964 angefertigte Mudéjár-Artesonado im Sitzungssaal unsere besondere Aufmerksamkeit.

In dem an den Straßen la Carrera und Obispo Rey Redondo gelegenen Teil des Gebäudes befindet sich das im 16. Jahrhundert aus rotem Tuff gemeißelte platereske Portal der *Casa del Corregidor* – des ›Hauses des Vogts‹.

Die mit dem Rathaus verbundene *Casa de los Capitanes* stammt aus der zweiten Hälfte des 17. Jahrhunderts. Sie umschließt einen sehenswerten kanarischen Patio.

Kunstvoll sind die Straßenteppiche aus bunten vulkanischen Sanden, die zu Fronleichnam die lange Calle de Obispo Rey Redondo zwischen dem Rathaus und der Iglesia de la Concepción und der parallelverlaufenden Calle de San Agustín bedecken.

Der Norden

Das Gebiet der alten Guanchen-Reiche von Tacoronte und Tegueste erstreckt sich als ein 3-4 km breiter Geländestreifen zwischen der Nordküste und der Cumbre Dorsal. Es wird im Südwesten von der Ladera de Santa Ursula begrenzt, einem Bergrücken, der auch »Murallón« (Große Mauer) genannt wird. Im

Unbewohnbare kleine Felsen vor der Küste

Nordosten dehnt sich dieses ehemalige Siedlungsgebiet der Altkanarier bis an den Rand des Anaga-Gebirges aus.

Zwei Ortsnamen in diesem ehemaligen Guanchen-Reich erinnern an zwei besonders blutige Schlachten während der mehr als zwei Jahre dauernden Kämpfe um den Besitz der Insel: An die am 31. Mai 1794 erlittene schwere Niederlage der Spanier bei der sich fast über ein Jahrhundert hinziehenden Eroberung des kanarischen Archipels gemahnt der Name *La Matanza*, ›Das Gemetzel‹. Zu den wahrscheinlich mehr als 900 Toten der spanischen Truppen gehörte auch der spanische Soldat, der sich die rote Generalspelerine umhängen mußte, damit der Oberbefehlshaber unerkannt fliehen konnte. An den endgültigen Sieg der Spanier am 24. Dezember des folgenden Jahres erinnert der Nachbarort *La Victoria*.

Kunstwerke in Tacoronte

Das polychrome Barockschnitzwerk ›El Cristo de los Dolores‹ in der 1662 gegründeten *Kirche des ehemaligen Augustinerklosters* wird einem Schüler von Gregorio Fernández (1566-1636), dem Hauptvertreter der Valladolider Schule, zugeschrieben. Der nur mit einem Lendentuch bekleidete Christus – mit sichtbaren Wundmalen auf Hand und Fußrücken – steht gleichsam als lebendiger Sieger über den Tod aufrecht neben dem Kreuz, wobei sein linker Arm den Schaft umfaßt, während die rechte Hand mit gespreizten Fingern die klaffende Stichwunde am Herzen verdeckt.

Als Symbol des göttlichen Lichtes überspannt ein goldener Strahlenkranz sein Hinterhaupt, während ein dorniges Zweiggeflecht seilartig Stirn und Schläfen umschließt. Schulterlang fällt das dunkle gelockte Haar und rahmt ein bärtiges Gesicht mit leicht geöffnetem Mund und umflorten Augen, die verloren in die Ferne blicken – ein Schmerzensmann, der, in dieser Haltung nicht biblisch verbürgt, den andächtigen Betrachter mitleiden lassen soll.

Die im 16. Jahrhundert begonnene und im wesentlichen im 18. Jahrhundert beendete *Iglesia de Santa Catalina* wurde 1957 umfassend renoviert. Von der ursprünglichen Beschaffenheit zeugt nur noch wenig. So sind auch die schönen Kassettendecken nach Mudéjar-Art ein Werk unserer Zeit. Die Plastiken der Santa Catalina und des San Lorenzo hingegen sind barock im Stile von Pedro Duque Cornejo (1677-1757), dem Schüler des großen Sevillaners Pedro Roldán (1624-1700).

Drei beliebte Touristenzentren

Zwischen Tacoronte und den Ausläufern des Anaga-Gebirges liegen drei gerne von Familien und älteren Leuten aufgesuchte Badestellen, wo in den achtziger Jahren – bei geringen Schwankungen – kaum 1% des Teneriffa-Tourismus registriert wurde.

Playa de San Marcos, westlich von Icod de los Vinos

Im Ortsteil *Mesa del Mar* der Gemeinde Tacoronte liegt geschützt in einer Bucht ein etwa 500 m langer und 100 m breiter Lavasandstrand.

Ein an anderer Stelle angelegtes großes Meerwasserschwimmbecken wurde durch die aufgewühlte See mehrmals – zuletzt im Frühjahr 1980 – stark beschädigt. Nach dem letzten Wiederaufbau hat man begonnen, einen weit ins Meer reichenden Schutzdamm anzulegen.

Knapp 10 km nordöstlich liegt die zu La Laguna gehörende Teilgemeinde *Bajamar*. Ihre durch ein Unwetter im April 1977 zerstörte Meeresschwimmbeckenanlage wurde in größerem Umfang wieder aufgebaut.

Das etwa 3 km entfernte Kap *Punta del Hidalgo*, mit 28° 35′ N und 16° 19′ W die Nordwesthuk der Insel, trägt diesen Namen, weil dort der Sohn eines Guanchen-Herrschers, ein Hidalgo, einen Bezirk verwaltete. Man badet in der gleichnamigen Ortschaft entweder in hoteleigenen Pools, in einem großen im Meer errichteten öffentlichen Schwimmbecken oder im offenen Atlantik an dem zwischen beiden Ortschaften liegenden 1 km langen steinigen Lavasandstrand *El Arenal*.

Wanderungen auf der Anaga-Halbinsel

Der geologische Aufbau und die exponierte Lage zum feuchten Nordost-Passat sowie die von beiden Faktoren abhängige Flora und in ihrer Folge auch die Fauna machen das Anaga-Gebirge zu einem interessanten Ausflugsgebiet von großer Naturschönheit. Durchschnittlich 700-900 m hoch, erstreckt es sich östlich der rund 500 m hohen transversalen Paßsenke von La Laguna über die 20-25 km lange und 6-15 km breite Halbinsel gleichen Namens und erreicht im *Cruz de Taborno* mit 1024 m seinen Kulminationspunkt.

Dieses Mittelgebirge besteht im wesentlichen aus einer mächtigen Aufeinanderfolge von 1-20 m dicken, bis zu 16 Millionen Jahre alten Basaltlavadecken und zwischengelagerten Schichten vulkanischer Aschen, Schlacken, Tuffen und anderen Lockermaterials. Sie sind – stellenweise in relativ geringen Abständen von nur 5-20 m – mit vielen vertikalen vulkanischen Gängen durchsetzt.

Jünger als das sie umgebende Material und somit der Verwitterung erst kürzere Zeit ausgesetzt, bilden diese Spaltenfüllungen noch kantige Zacken und schroffe Grate. Weil zudem größere Hochebenen, vulkanische Kegelberge und Kraterwälle fehlen, nimmt der nach Norden und Süden durch zahlreiche scharten- und kesselartige Barrancos tief eingeschnittene Längsrükken für das Auge stellenweise alpine Formen an, verstärkt durch die Nähe des Meeres, die den Unterschied zwischen absoluter und relativer Höhe nahezu aufhebt.

Ähnlich wie in den Bergen der Teno-Halbinsel und des kleinen altbasaltischen Gebietes bei Adeje ist auch hier der Verfall des anstehenden Gesteins besonders stark fortgeschritten. Das ist einer der Gründe für die nach Art und Dichte für kanarische Verhältnisse ungewöhnlich reiche Vegetation dieser nordöstlichen Inselregion. Ein anderer Grund ist die dichte Wolkendekke des fast das ganze Jahr hindurch meist in Höhen zwischen 700 und 1500 m über die Nordabdachung und den Kamm des Gebirges streichenden Nordost-Passats, dessen untere Begrenzung – örtlich und jahreszeitlich variabel – sogar bis zu 500 m absinken kann. Daher gibt es in den kurzen dem Passat ausgesetzten Schluchten der Nordtäler die meisten und bedeutendsten Lorbeerwaldrelikte und Baumerika-Mischwald-Bestände Teneriffas. Durch sie kommen zu den 600-1200 mm jährlichen Niederschlags mindestens weitere 2500 mm hinzu, die diese Wälder den Wolken beim Durchkämmen entziehen. Der feuchte Nordost-Passat beeinflußt selbst die Sukkulentenzone der Südhänge und macht sie zum Standort der meisten Kanaren-Endemiten, die in den unteren Geländeabschnitten allerdings mehr und mehr durch die weiträumige Anlage von großen Bananenplantagen gefährdet werden.

Der Mercedes-Wald

Zur Vorbereitung unserer Exkursionen durch die Lorbeerwälder, die sich auf Teneriffa mit 10% ihres ursprünglichen Bestandes am besten innerhalb des Archipels erhalten haben und in ihrer Gesamtheit seine größten und artenreichsten sind, besuchen wir den ›Schulwald‹ bei Las Mercedes.

Hier stehen, durch Namensschilder gekennzeichnet, neben anderen immergrünen Hartlaubgewächsen die vier *Lorbeerarten*, die der Pflanzenformation in der Vegetationsstufe zwischen 500 und 1000 m den Namen gaben: der bis zu 20 m hohe kanarische Lorbeerbaum, LAURUS AZORICA syn. CANARIENSIS, der bis zu 25 m hohe, äußerst rare kanarische ›Ebenholz‹-Baum Barbusano, APOLLONIAS BARBUJANA syn. CANARIENSIS, der wegen seines rotbraunen Holzes knapp gewordene kanarische ›Mahagoni‹-Baum Viñático, PERSEA INDICA, der bis zu 35 m groß werden kann, und der übelriechende knorrige Til, OCOTEA FOETENS. Außer diesen vier Charakterbäumen stehen hier der zu den Ölbaumgewächsen gehörende Palo Blanco, PICCONIA EXCELSA, dessen hartes Holz einst zum Hufbeschlag verwendet wurde, und der makaronesische Endemit ACEBIÑO MOCÁN, VISNEA MOCANERA, das einzige Teestrauchgewächs der Kanaren.

Hier sehen wir auch die zur Brezal-Fayal-Formation gehörende Baumerika ERICA ARBOREA – von den Spaniern ›brezo‹ genannt –, den Gagelbaum, MYRICA FAYA, und den kanarischen Erdbeerbaum ARBUTUS CANARIENSIS, die in den höher gelegenen Bereichen mit den Lorbeerwaldgewächsen so stark untermischt sind, daß beide Formationen zusammen als ›Monte Verde‹, ›Grüner Berg‹, bezeichnet werden, eine Vegetationszone, die wir bereits auf der Teno-Halbinsel kennengelernt haben.

Nordöstlich des Rastplatzes ›Llano de los Viejos‹ liegt in der Nähe der Kapelle *Cruz del Carmen* der gleichnamige Aussichtspunkt. Von dort aus gibt es mehrere schöne Wanderstrecken in das Gebiet nördlich der Kammstraße.

Eine empfehlenswerte Route führt ein paar Kilometer durch dichten Lorbeerwald auf den Berg *Moquinal* (794 m). Unterhalb unseres sich nach Bajamar fortsetzenden Wanderpfades liegt der landwirtschaftlich genutzte *Barranco de la Goleta* mit seit dem 17. Jahrhundert selten gewordenen Zuckerrohrfeldern und behaglich eingerichteten Höhlenwohnungen.

Eine größere Höhlenwohnsiedlung unserer Zeit ist das oberhalb einer tiefen Schlucht in den Fels gebaute Dorf *Chinamada*. Man erreicht es ebenfalls durch eine am Cruz del Carmen beginnende kurze Lorbeerwaldwanderung auf halbem Wege nach Punta del Hidalgo über die von Apfelsinenplantagen umgebene Ortschaft *Las Carboneras*.

Von Cruz del Carmen zum Pico del Inglés: Vom Aussichtspunkt Cruz del Carmen knapp 2 km nach Nordosten, kommen wir zu der höchsten Erhebung der Anaga-Halbinsel, dem *Taborno*

(1024 m). Seinen Namen tragen auch der von ihm auslaufende tiefe Barranco sowie das etwa 3 km nördlich auf einem schmalen Grat liegende Dörfchen und der 706 m hohe meeresnahe Basaltlavaberg – vier Stellen, die wir durch üppigen Lorbeerwald, über karges Berggelände, ausgedehnte Weiden und kleine Terrassenfelder erwandern wollen.

Einer der Höhepunkte der Anaga-Bergwanderungen ist der als *Pico del Inglés* bekannte Berg *Cruz de Afur* (1000 m). Der Ausblick über die Weite der Halbinsel und die ihr vorgelagerten Felseilande Roques de Anaga ist überwältigend. Besonders eindrucksvoll wird die Besteigung am frühen Morgen, wenn die Passatwolken die Sicht noch nicht behindern.

Das Taganana-Tal: Der kleine gleichnamige Ort ist vornehmlich auf drei schönen Wanderwegen zu erreichen. Der einsamste führt von dem zwischen dem *Mirador des Pico Inglés* und dem *Roque de los Pasos* gelegenen Forsthaus über die porphyrischen Bergzacken des *Roque El Fraile* (705 m).

Weite Ausblicke gewährt der zweite Weg, die Serpentinen der *Vueltas de Taganana*, die wichtigste Landverbindung zu dem abgelegenen Dorf.

Am bequemsten, aber auch am längsten ist der Zugang auf der kurvenreichen Landstraße von dem 700 m hohen Phonolithberg *Montaña del Bailadero*, einer alten Kultstätte der Guanchen, die wegen der Schreie der Opferlämmer ursprünglich ›Baladero‹ – ›Blökplatz‹ – hieß, doch schon bald unsinnig zu ›Bailadero‹ – ›(Hexen-)Tanzplatz‹ – wurde.

Das weit auseinandergezogene Weindorf *Taganana* liegt an den unteren Hängen des nach ihm benannten gewaltigen Tales, welches zu den eindrucksvollsten Landschaftsformen Teneriffas zählt. Breit auseinanderstrebende endemische Kandelaber-Euphorbien (EUPHORBIA CANARIENSIS), riesige, bis zu 1 m Durchmesser große Aeonien-Rosetten und da und dort ein sonst seltenes 2 m hohes ECHIUM SIMPLEX charakterisieren die landwirtschaftlich nicht genutzten Flächen zwischen den Terrassenfeldern, während in den höher gelegenen Schluchten Lorbeerwaldreste

Nächste Doppelseite: Im Nordosten der Insel; Playa de las Teresitas und San Andrés; im Hintergrund das Anaga-Gebirge

stehen. Im Westen wird der Talrand von den ›Cumbrecillos‹ – den ›Kleinen Höhen‹ – bekrönt, jüngeren, durch die Verwitterung zu Graten und Zacken verformten Lagergängen, welche hier die alten Basaltdecken durchdringen.

An der Steilküste des westlichen Abschnittes sehen wir einen mächtigen, beim Aufstieg in der Erdkruste steckengebliebenen und dabei erstarrten Magma-Körper, der schon Leopold von Buch beeindruckte. Wuchtig überragt den Ort der kahle, schon stark zersetzte phonolithische *Roque de las Animas* (706 m) mit seiner auffälligen Gratzacke. Die nördliche Bergflanke, eine fast 300 m nahezu senkrecht zum Meer abfallende, unzugängliche Felswand, ist ein Refugium für zahlreiche wildwachsende Drachenbäume, DRACAENA DRACO, von denen jedoch keiner die Größe des riesigen im Dorf stehenden Exemplars erreicht.

Der Bereich von Taganana war schon zur Zeit der Guanchen besiedelt, wie ein Höhlenkomplex mit Versammlungsplatz (tagóror) in der Nähe der Kirche zeigt. In den Bestattungshöhlen fand man menschliche Skeletteile, Keramikscherben, Pfrieme, messerartige Obsidiansplitter und aus Knochen verfertigte Angelhaken.

Ein flämisches Triptychon in Taganana

In der *Kirche Nuestra Señora de las Nieves* von Taganana befindet sich seit dem 13. August 1580 ein gotisches Triptychon aus der Brügger Schule des frühen 16. Jahrhunderts. Die in lebhaften Farben gehaltenen Gemälde, die 1967 restauriert wurden, sind besonders minuziös in der Darstellung menschlicher Gestalten, die, außer dem neugeborenen Jesuskind, alle in weite großfaltige Gewänder gehüllt sind, welche nur Gesicht und Hände freilassen.

Die mittlere Tafel zeigt einen verfallenen Stall, der rechts und links im Hintergrund ein Stückchen Landschaft mit hohem Himmel freigibt. Zentraler Blickpunkt ist die versonnen ihr Kind betrachtende Maria, dem die drei Weisen aus dem Morgenland anbetend ihre Gaben darbringen. Hinter ihr steht Josef in weitem, rotem Gewand. Hier dargestellt als Mann reiferen Alters, hebt er wie segnend die Arme.

Der linke Flügel des Retabels zeigt die Anbetung des auf weißem Linnen liegenden Jesuskindes durch seine vor ihm kniende Mutter und die Hirten. Im Mittelgrund führt Josef, eine Laterne vor sich haltend, einen Esel über das nächtliche Feld. Über beiden Szenen schweben drei Engel mit dem Text des Großen Gloria, dem Lobgesang bei der Verkündigung der Geburt Christi nach dem Lukas-Evangelium 2, 14: »Gloria in excelsis Deo.«

Das rechte Flügelbild stellt die Beschneidungszeremonie dar. Teilnahmsvoll kreuzt Maria, die einzige Frau im Raum, die Hände vor der Brust, während die Männer dichtgedrängt stehend zuschauen.

Auf unserem Weg von Taganana zur Küste kommen wir am Roque de las Animas vorbei an den steinigen Strand *Playa del Roque*, der auch als Playa de San Roque bezeichnet wird. Von dort geht es weiter nach Osten durch das auf dem 80 m hohen Stumpf eines alten Aschenkegels zusammengedrängt liegende Dörfchen Almáciga zur *Baja Negra*, die man auch Baja de Santiago nennt.

Was sich hier – gleichermaßen eindrucksvoll bei Niedrigwasser und bei Flut – zwischen der Playa de Almáciga und der Playa de Benijo auf einer Fläche von 2500 m² unseren Blicken darbietet, ist ein Bild wilder Naturschönheit mit zahlreichen bizarr geformten Klippen, die wirr durcheinander aus dem Wasser ragen.

Auf unserem Weg nach Nordosten kommen wir über die etwa 200 m über dem Meeresspiegel gelegene Häuseransammlung *El Draguillo* – ›Das Drachenbäumchen‹ – und die Wüstung *Las Palmas* zum nördlichsten Punkt der Insel.

Die *Roques de Anaga*, zwei Basaltfelseninselchen, liegen fast exakt auf der geographischen Länge der Nordhuk der Insel. Der küstennahe 177 m hohe *Roque de la Tierra* – auch Roque de Dentro, ›Binnenfels‹, genannt – ist ein wichtiger Standort wildwachsender Drachenbäume. Der 2 Seemeilen entfernte *Roque de Fuera*, der ›Außenfels‹, stellt ein Echsenrefugium dar. Dort entdeckt man unter anderem die 35 cm lange GALLOTIA GALLOTI, welche in der Bedrängnis quiekende Laute ausstößt. Und dort gibt es den auf den Inseln Teneriffa, La Gomera und El Hierro heimischen Skink, CHALCIDES VIRIDANUS, der lebendige Junge zur Welt bringt, und dort kann man den bis zu 14 cm langen Mauergecko der westlichen Kanaren, TARENTOLA DELALANDII, sehen, der beim Sonnenbad fast schwarz und in der Nacht kreideweiß sein kann.

Noch etwa 3 km sind es vom Roque de Dentro bis zum *Faro de Anaga*, dem 1863 fertiggestellten Leuchtturm, der einen halben Kilometer von der Punta del Roque Bermejo, dem ›Rotbraunen Fels‹, entfernt, 100 m oberhalb des Meeres steht. Von dort blikken wir hinüber zur knapp 4 km südöstlich gelegenen *Punta de Anaga*, der Nordost-Huk von Teneriffa, wo ein Ausläufer des Anaga-Gebirgskammes ziemlich abrupt an der Küste abbricht.

Knapp 4 km lang ist das *Valle del Roque Bermejo*, das wir neben einem Bach bis zur kleinen Ortschaft *Chamorga* aufwärts gehen. Tief öffnet sich das nach Nordosten gerichtete kurze Tal dem feuchten Passat, dessen Wolken die Hänge bedecken und so eine relativ üppige Vegetation bewirken.

Auch die Talschlüsse der beiden anderen großen nach Osten verlaufenden Barrancos, des *Valle de Anosma* und des *Valle de Ijuana*, liegen etwa 3 km von unserem nächsten Ziel entfernt, dem Monolithen *Roque Anambre* (864 m).

Um wiederum eine schöne Aussicht genießen zu können, machen wir auf unserer Wanderung von *Chamorga* nach *Igueste* einen kleinen Umweg durch den Lorbeerwald zum *Mirador Cabeza del Tejo*.

Unsere weitere Route führt uns vom Roque Anambre über den Mirador de las Chamuscadas und den 910 m hohen *Chinobre*, den höchsten Berg im östlichen Anaga-Gebirge, zum Rastplatz im *Parque Forestal*. Von dort sind es knapp 4 km bis zum *Friedhof von Las Bodegas*, wo die Särge nach spanischer Sitte in gemauerten Fächern reihenweise übereinander stehen.

Unser nächstes Ziel ist das von seinen früheren Bewohnern verlassene *Felsendorf Las Casillas*.

Auf unserem weiteren Weg nach Süden stoßen wir – vor allem im *Barranco de Igueste* – immer wieder auf die großen Rosetten des SEMPERVIVUM CANARIENSE SYN. AEONIUM CANARIENSE, die hier am trockeneren unteren Südhang des Anaga-Gebirges nicht so langstielig und in den Blüten nicht so kräftig gelb sind wie an den dem feuchten Passat ausgesetzten Felswänden. Hingegen ist die meeresnahe *Cumbre de Igueste* eine von der Luftfeuchtigkeit begünstigte Höhe mit seltenen endemischen Pflanzen.

Von Igueste aus machen wir eine Bootsfahrt in die *Ensenada de Zapata*, die im Nordosten von der etwa 1 km langen Punta de Antequera und im Südwesten von der Punta del Roquete eingefaßte 1,25 Seemeilen breite Meeresbucht. In ihr liegt, meist windgeschützt, ein grob 600 m langer schwarzer Badestrand, der gerne von Einwohnern der Inselhauptstadt aufgesucht wird.

Auf unserer Fahrt von Igueste nach Santa Cruz kommen wir hinter den gewaltigen säulenförmig abgesonderten Basaltfelsen *Los Organos* – ›Die Orgeln‹ – zur *Playa de las Teresitas*. Hier hat man mit großem Aufwand aus einer wellengepeitschten und mit Steinen durchsetzten dunklen Lavasandküste einen bis 100 m breiten und fast 1,5 km langen geschützten Badestrand geschaffen, indem man weit im Meer einen langen Damm aufschüttete und das flache Ufer mit goldgelbem Sand aus der spanischen Sahara bedeckte, bevor man sie aus dem spanischen Staatsverband entließ. Der geplante Ausbau zu einem großen Touristenzentrum ist über das Anfangsstadium noch nicht hinausgekommen.

Das an der Mündung zweier größerer Barrancos liegende Fischerdorf *San Andrés* ist ein von der Natur begünstigter kleiner Verkehrsknotenpunkt mit seiner an den Talrändern verlaufenden Bergstraße ins Zentrum des Anaga-Gebirges und der durch den Ort führenden Küstenstraße sowie einer Mole für Fischereifahrzeuge.

Schon zweimal zuvor war an der Stelle, wo die heutige Ruine des nach 1773 erbauten Befestigungsturmes steht, ein solches Verteidigungswerk errichtet worden: um 1706 und nach 1740, weil die erste Anlage bei einem heftigen Unwetter durch die Wassermassen des Barrancos zerstört worden war. Als Nelson im Juli 1797 versuchte, die Insel zu überfallen, waren in dem mit vier Geschützen bestückten Rundturm 43 Mann stationiert. In unserer Zeit hat sich San Andrés einen Namen in der Pflege heimatlicher Folklore gemacht.

Santa Cruz de Tenerife – Die Inselhauptstadt

Die spanische Geschichte von Santa Cruz beginnt etwa dreißig Jahre vor der Eroberung mit der Errichtung eines Befestigungswerkes. Es entstand in der strategisch vorteilhaft gelegenen Ankerbucht am Fuße des vor den Nordost-Winden schützenden Anaga-Gebirges, wo es zugleich den Weg in dem relativ leicht passierbaren östlichen Küstenstreifen nach Süden sicherte, als auch – über die mühelos erreichbare Hochebene von La Laguna – den Zugang zur Westküste und ihrem reichen landwirtschaftlichen Hinterland.

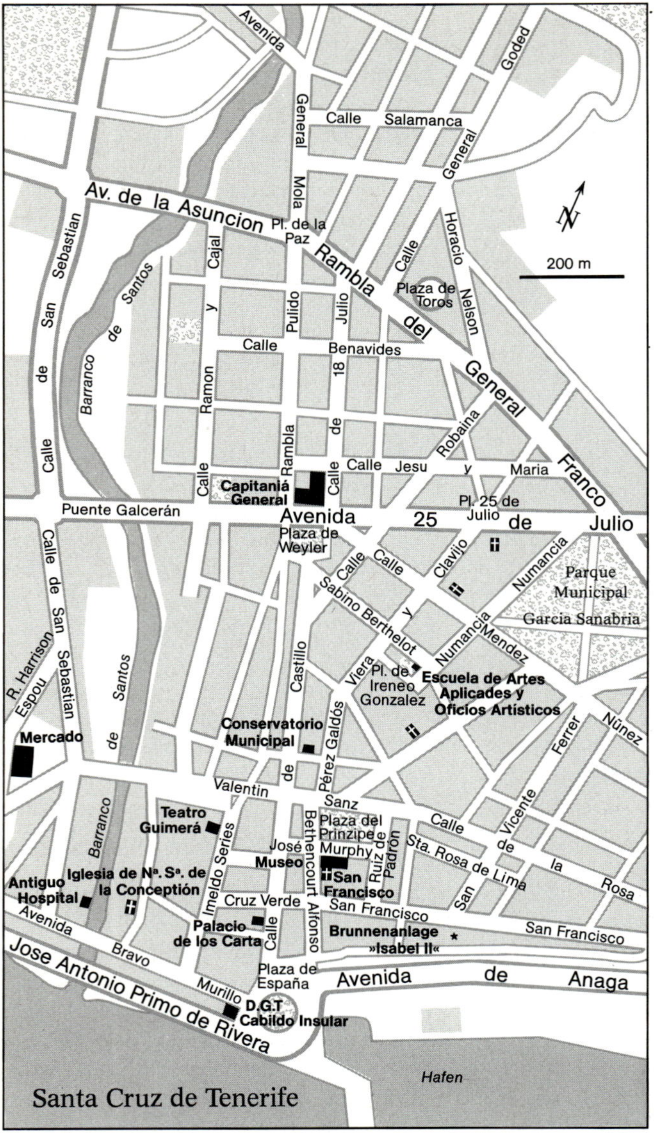

Avenida
General
Calle
Salamanca
Goded
General
Mola
Av. de la Asuncion
Pl. de la Paz
Rambla
del
General
Franco
Horacio
Nelson
Calle
Plaza de Toros
200 m
Calle de San Sebastian
Barranco de Santos
Ramon y Cajal
Pulido
18 de Julio
Calle
Benavides
Rambla
Robaina
Calle
Jesu
y
Maria
Calle
Capitaniá General
Calle
Puente Galcerán
Avenida
25
de
Julio
Pl. 25 de Julio
Plaza de Weyler
Calle
Calle
Clavijo
Numancia
Parque Municipal Garcia Sanabria
Sabino Berthelot
y
Numancia
Mendez
Calle de San Sebastian
R. Harrison
Espou
Barranco de Santos
Castillo
Viera
Pl. de Ireneo Gonzalez
Escuela de Artes Aplicades y Oficios Artísticos
Núñez
Ferrer
Conservatorio Municipal
Pérez Galdós
Mercado
de
Valentin
Sanz
Calle
Vicente
de
la
Rosa
Teatro Guimerá
Barranco
Imeldo Series
Bethencourt Alfonso
Plaza del Prinzipe
Ruiz de Padrón
Sta. Rosa de Lima
José
Murphy
Museo
San Francisco
Antiguo Hospital
Iglesia de Nª. Sª. de la Conception
San
Cruz Verde
San Francisco
San Francisco
Avenida
Bravo
Palacio de los Carta
Calle
Brunnenanlage »Isabel II«
Jose Antonio Primo de Rivera
Murillo
Plaza de España
Avenida
de
Anaga
D.G.T Cabildo Insular
Hafen
Santa Cruz de Tenerife

Nachdem das kleine Fort von den Guanchen wieder zerstört worden war, fielen die Spanier mit mehr als tausend Mann ein. Der Befehlshaber der Landetruppen pflanzte im Mai des Jahres 1494 an der Stelle der heutigen Ermita de San Telmo das christliche Kreuz auf, woran der Name der späteren Ortschaft Santa Cruz de Tenerife erinnert. Nach dem Sieg über die Guanchen wurden die Befestigungsanlagen verstärkt, um die Ankerbucht gegen Franzosen, Niederländer und Briten zu schützen, die im Laufe der nächsten drei Jahrhunderte immer wieder versuchten, sich der aus Amerika kommenden Schatzschiffe zu bemächtigen.

Im Jahr 1555 konnten Angriffe von französischen Galeonen und Galeassen abgewehrt werden. Ein Jahr später kaperten Franzosen eine spanische Karavelle im Hafen. 1587 wurde eine Landung unbekannter und 1589 ein Überfall englischer Piraten vereitelt. Von April bis Juni 1591 erbeuteten die Engländer acht spanische Schiffe; 1592 und 1598 hatten sie bei ihren Kaperfahrten keinen Erfolg.

Dem bis dahin schwersten Angriff waren die Besatzungen der Hafenbefestigungen am 30. April 1657 ausgesetzt. Mehrere Stunden lang lagen sie unter dem Beschuß der aus mindestens 33 Schiffen bestehenden Flotte des englischen Admirals *Robert Blake.* Der Kampf endete für die Spanier mit 50 Toten, 120 Verwundeten und 8 zerstörten Schiffen. Auf englischer Seite sollen nach eigenen Angaben 60 Mann gefallen und 200 verwundet worden sein. Nach Aussagen von Holländern, die unter Blakes Kommando standen, hätten die englischen Verluste 400-700 Tote und Verwundete betragen. Der Admiral erhielt für dieses Unternehmen u.a. ein in Gold und Diamanten gefaßtes Porträt des Lordprotektors Oliver Cromwell.

Am 6. November 1706 näherten sich 13 Schiffe des englischen Konteradmirals *John Jennings* der Stadt. Vor der Hafeneinfahrt wurden nacheinander die französische, die schwedische und eine blaue – seine eigene – Flagge gehißt. Als Jennings nach zweistündigem Schußwechsel 37 Landungsfahrzeuge absetzte und erst dann die englischen Farben zeigte, wurden die Boote so heftig unter Feuer genommen, daß sich die Angreifer ergeben mußten.

Doch kein anderes Ereignis seit der Eroberung des Archipels durch die Spanier hat einen so nachhaltigen Eindruck hinterlassen wie die Abwehr des Überfalls des englischen Admirals *Horatio Nelson* auf Santa Cruz de Tenerife am 25. Juli 1797, eine Tat, der bis in die Gegenwart alljährlich würdevoll gedacht wird.

Dem Angriff der englischen Flotte, deren Gros aus 4 Linienschiffen, 3 Fregatten, 1 Kutter und 1 erbeuteten spanischen Kauffahrteischiff mit

LINEAS PINILLOS

insgesamt 379 Geschützen bestand, ging am 22. Juli ein Landungsunternehmen nordöstlich der Stadt an der Playa del Bufadero und im Valle Seco voraus. An ihm nahmen 1000-1300 Mann teil, die sich wegen der Ungunst des Geländes noch am gleichen Tage im Schutz der Dunkelheit fast geschlossen wieder einschiffen mußten.

Ein weiteres militärisches Mißgeschick widerfuhr den Engländern während der am frühen Nachmittag des 24. Juli einsetzenden Beschießung des Castillo del Paso Alto, bei der von 43 abgegebenen Schüssen nur einer traf.

Trotz des heftigen Abwehrfeuers aus den 67 Geschützen der 20 kleinen Festungswerke an der Bucht von Santa Cruz gelang es englischen Landungsbooten, kurz nach Mitternacht bis zur Mole vorzustoßen. Als der Admiral als dritter an Land sprang, wurde sein rechter Unterarm so schwer verletzt, daß die Hand wenig später an Bord amputiert werden mußte.

Von drei Landungsköpfen aus konnten in den Morgenstunden des 25. Juli einige hundert Engländer ins Innere der Stadt vordringen. Nachdem die Spanier dreimal vergebens zur Übergabe aufgefordert worden waren, kapitulierten Nelsons Truppen gegen 10 Uhr vormittags selbst. Ihre Bedingungen wurden akzeptiert: Gefangenenaustausch, Rückgabe der Landungsboote und der Wunsch, ›that the troops belonging to His Britannic Majesty shall embark with all their arms of any kind‹. Dafür versprachen sie, keine der Kanarischen Inseln mehr zu belästigen.

In den Kämpfen um Stadt und Hafen fielen 23 Spanier. Nach Nelsons Angaben fanden 226 englische Soldaten den Tod; nach verschiedenen zeitgenössischen spanischen Schätzungen sollen es 300, 500 oder 800 gewesen sein.

Nachdem die Landungstruppen wieder eingeschifft worden waren, ließ Admiral Nelson einen Dankesbrief an den spanischen Generalkommandanten überbringen, in welchem es u.a. heißt: »I cannot quit this Island without returning Your Excellency my sincerest thanks for your kind attention to myself and your humanity to those of our wounded who were .. under your care ..«; er hoffe, eines Tages seinen Dank persönlich abstatten zu können und bitte um die Ehre, ein Faß Bier und einen Käse anzunehmen. Der spanische Befehlshaber antwortete nicht minder höflich und sandte einige Fäßchen Kanarenwein.

Der Hafen der Hauptstadt – seit 1812 – Santa Cruz de Tenerife an der Nordostküste der Insel; im Hintergrund die schützenden Ausläufer des Anaga-Gebirges

Als die Behörden in der Mitte des vorigen Jahrhunderts das heute in dem zu einem Militärmuseum ausgestalteten Castillo del Paso Alto stehende Geschütz El Tigre aus Teneriffe zu verlagern planten, erhob sich in der Bevölkerung heftiger Protest. Denn man schrieb dem bronzenen ›Tiger‹ die Verwundung Nelsons zu, wenngleich die Militärs die Verletzungen des Admirals auch durch Geschosse anderer Batterien für möglich halten.

Aus Dankbarkeit für den am Tage des Heiligen Jakobus d. Ä. – des Schutzpatrons Spaniens – errungenen Sieg wurde der Apostel am 26. Juli 1797 in der Iglesia del Pilar feierlich zum Schutzheiligen des Ortes proklamiert und der Ortsname zu ›Santa Cruz de Santiago de Tenerife‹ erweitert.

Nach der Abwehr des Nelson-Überfalls erhielt Santa Cruz durch königliches Dekret vom 27. November 1797 den Rang eines Stadtwesens mit eigener Gerichtsbarkeit und den Namenszusätzen ›noble, invicta y leal‹, ›edel, unbesiegt und treu‹. Als Symbol für die drei abgeschlagenen Großangriffe der englischen Admirale Blake, Jennings und Nelson wurden dem Wappen drei Löwenköpfe beigefügt.

Zwei Jahrhunderte lang hatten lediglich einige Fischerhäuser an der Bucht gestanden. Doch nachdem 1723 die Generalkommandatur von La Laguna nach Santa Cruz verlegt worden war, folgten bald andere Dienststellen nach, und aus dem Fischerdorf wurde 1823 die Hauptstadt der Insel und des Archipels. Als dieser 1927 in zwei selbständige, Madrid unmittelbar unterstellte Provinzen aufgeteilt wurde, blieb Santa Cruz Verwaltungssitz der westlichen Inseln Teneriffa, La Palma, La Gomera und El Hierro. Seit 1983 ist die Stadt Tagungsort des Parlamentes der aus beiden Provinzen gebildeten Comunidad Autónoma de Canarias, der ›Autonomen Gemeinschaft der Kanaren‹.

Die Herstellung von Gütern für den täglichen Bedarf und den Tourismus spielen zwar eine wichtige Rolle im Wirtschaftsleben der Stadt, die 1989 über 200000 Einwohner zählte. Entscheidend für den wirtschaftlichen Aufschwung sind jedoch die ausgedehnten Hafenanlagen mit dem von ihnen abhängigen Industrie- und Dienstleistungsgewerbe. Sie liegen, mit kurzen Unterbrechungen, an einem flachen Küstenabschnitt von mehr als 10 km Länge zum größten Teil nordöstlich des Ortszentrums.

Ihre Kaiflächen nehmen etwa 1500000 m^2 ein. Alljährlich legen dort Schiffe aus aller Welt mit einer Gesamtmenge von 30-40 Millionen Bruttoregistertonnen an und machen Santa Cruz zu einem der wichtigsten Bunkerhäfen Spaniens.

Sehenswürdigkeiten in Santa Cruz

Die im Laufe der Jahrhunderte mehrmals erweiterte Hauptkirche der Stadt, *Iglesia de Nuestra Señora de la Concepción*, wird erstmals 1499 erwähnt. Auf der Skizze des Festungsbaumeisters Torriani aus dem Jahr 1588 ist sie als schlichtes einschiffiges Gotteshaus mit einigen Zubauten dargestellt. 1652 durch einen verheerenden Brand fast bis auf die Grundmauern zerstört, wurde sie beim Wiederaufbau um zwei Seitenschiffe erweitert, die vom Mittelschiff durch Säulen toskanischer Ordnung getrennt und durch Mudéjar-Decken abgeschlossen wurden. Als man zu Anfang des 18. Jahrhunderts nochmals zwei Schiffe und mehrere Dependancen anfügte, entstand über der Capilla Mayor eine barocke portugiesische Deckentäfelung.

Der Deckenspiegel – das waagerechte achteckige Zentrum dieses einem Pyramidenstumpf ähnelnden Raumabschlusses – und die ihn in geschickter Komposition nach unten konzentrisch umgebenden schrägen Deckenfelder zeigen in kräftigen Farben Motive des vierten und fünften Kapitels der Offenbarung Johannis: Gott ist auf seinem Thron von 24 weißgekleideten Ältesten mit goldenen Kronen umgeben. Vor ihnen steht das blutende Lamm, das das Buch mit den sieben Siegeln geöffnet hat. Auf 24 Paneelen sieht man im unteren Teil jeweils einen Thronsessel und einen Ältesten, der sich vor dem Lamm anbetend zu Boden geworfen hat und ihm eine Harfe und eine Schale mit Weihrauch entgegenhält. Ihre Kronen werden von zwei über ihnen schwebenden Engeln zu Gott getragen. Der große, über zwei Paneele hinweg gemalte Engel fragt, wer die sieben Siegel des Buches lösen könne. Auf sieben Tafeln sehen wir – so wie vor Gottes Thron – je ein brennendes Lämpchen, Symbol der sieben Gaben des Heiligen Geistes.

Der durch den Amerikahandel reich gewordene Fischersohn italienischer Vorfahren Matías Rodríguez Carta aus Santa Cruz de La Palma ließ 1740 als seine letzte Ruhestätte die schöne, nach ihm benannte Capilla de los Carta erbauen, eine kleine quadratische Kapelle mit oktogonaler kuppelähnlicher Decke und einem barocken Zedernholzretabel mit den vier Evangelisten. Eine weitere Schenkung des gleichen Capitán Rodríguez Carta ist die 1736 installierte italienische Marmorkanzel mit Jaspis-Inkrustationen. Nachdem der ebenfalls von ihm gestiftete Turm 1776 wegen Baufälligkeit abgerissen werden mußte, begann man, nach dem Vorbild der gleichnamigen Kirche von La Laguna an der Nordseite einen neuen schlanken Turm aus grauen Basaltquadersteinen zu bauen und ihn mit überdachten kanarischen Holzbalkonen zu versehen. Doch schon 1783 wurden die Arbeiten für fünf Jahre ausgesetzt. An der dann folgenden Fertigstellung wirkte der Kleriker und Architekt Diego Nicolás Eduardo aus La Laguna mit.

Die kleine spätgotische Marienfigur, die Virgen de la Consolación, holte der in der Kirche bestattete Inselgouverneur Alonso Fernández de Lugo aus Andalusien. Die Plastiken der Dolorosa und des San José sind Werke von José Luján Pérez. Die Marienstatue Nuestra Señora de la Concepción schuf Fernando Estévez.

Das heutige Gebäude der nach 1688 als Kirche des Franziskanerklosters gegründeten *Iglesia de San Francisco* datiert aus dem letzten Drittel des 18. Jahrhunderts. Besondere Beachtung verdient an der Eingangsfront das schöne Barockportal im mittleren der geschweiften Knickgiebel des dreischiffigen Baus. Es wird von zwei im spanischen Barock häufig vorkommenden schraubenförmig gewundenen Säulen – columnas salomónicas – eingefaßt, auf denen als Bekrönung ein gesprengter Segmentgiebel mit bauplastischem Madonnenschmuck ruht.

Im Inneren gilt unsere besondere Aufmerksamkeit den farbenprächtigen portugiesischen Täfelwerkdecken. Die acht schrägen Felder der nach Mudéjar-Art kastenförmig angelegten Holzdecke über der rechteckigen Capilla Mayor sind vor wolkigem Hintergrund mit großen Heiligenfiguren in weiten Faltengewändern bemalt. Im oktogonalen Deckenspiegel ist die Krönung Mariens dargestellt.

Eine besonders schöne portugiesische Deckentäfelung befindet sich im Presbyterium der von 1760 bis 1763 neben der Kirche der Franziskaner erbauten *Capilla de la Orden Tercera*, eines Ordens irischer Flüchtlinge auf Teneriffa.

Die achteckige pyramidenstumpfartige Decke ist der der Franziskanerkirche sehr ähnlich. Sie ruht auf vier hölzernen Pendentifs, auf denen die vier Evangelisten abgebildet sind. Jedes der acht Deckenfelder wird durch vergoldete und polychrome Leisten eingefaßt. In ihnen werden vor wolkigem Hintergrund allegorisch die Haupttugenden der Heiligen des ›Dritten Ordens‹ dargestellt und in kurzen Texten charakterisiert. Der Deckenspiegel zeigt den von Engeln umgebenen Heiligen Geist.

Auf dem gleichen ehemaligen Klostergelände – zu dem auch die gegenüberliegende Plaza del Príncipe gehörte – steht das Gebäude der *Stadtbibliothek* und das *Museo de Bellas Artes*, wo in sechzehn Sälen – neben einigen flämischen Gemälden des 16. Jahrhunderts – hauptsächlich Werke spanischer Maler des 18. und 19. Jahrhunderts gezeigt werden.

Von den sehenswerten Bauwerken im Stil des romantischen spanischen Klassizismus wurden vier von Manuel Oraá y Arcoche, dem vormaligen Direktor für öffentliche Arbeiten in Navarra, entworfen: das Konservatorium, das Stadttheater, die Kunstschule und das ehemalige Hospital ›Nuestra Señora de los Desamparados‹.

Das für das Conservatorio Municipal errichtete Bauwerk – in welchem heute das Parlamento de Canarias untergebracht ist – steht in der nach dem 1848 auf Teneriffa geborenen und bereits mit 36 Jahren verstorbenen Komponisten der ›Cantos Canarios‹, Teobaldo Power, benannten Straße. Die Fassade des einstöckigen Gebäudes ist wie ein antiker griechischer Tempel gestaltet. Vier aus kurzen Trommeln zusammengesetzte Säulen, flankiert von zwei Halbsäulen, stützen das Hauptgesims mit dem Triglyphenfries, dessen Metopen mit schlichten Rosetten geschmückt sind. Die Bauplastik im Tympanon des Frontispiz wird im wesentlichen durch das von Laubwerk eingefaßte Emblem der sieben kanarischen Hauptinseln bestimmt.

Das *Stadttheater* erhielt seinen Namen nach dem 1849 als Sohn eines katalanischen Vaters in Santa Cruz de Tenerife geborenen und vom neunten Lebensjahr an in Barcelona lebenden Dramatiker und Lyriker *Angel Guimerà*.

Sein bekanntestes Werk, das unter dem Einfluß von Gerhart Hauptmann und Hermann Sudermann leidenschaftlich geschriebene katalanische Versdrama ›Terra baixa‹, benutzte Eugen d'Albert als Vorlage für seine Oper ›Tiefland‹. Zu den bis zu seinem 20. Lebensjahr in spanischer Sprache verfaßten Arbeiten gehören Lieder auf den Teide und die ›Glücklichen Inseln‹, zu denen er aus gesundheitlichen Gründen nicht wieder zurückkehren konnte.

Das Theater wurde 1851 auf dem Terrain des abgetragenen Dominikanerklosters errichtet, in welchem Nelsons Landungstruppen am 25. Juli 1797 kaptituliert hatten. Im Gegensatz zu dem prächtigen hufeisenförmigen Inneren wurde das Äußere aus Geldmangel erheblich schlichter als geplant ausgeführt, wenn auch Balkone über den sieben Türen sowie in Stein gemeißelte Symbole der Künste und Girlanden in den sieben Rechtecken der dritten Etage die Monotonie der Fassade etwas auflockern.

Bei der an der Plaza de Ireneo González gelegenen *Escuela de Artes Aplicadas y Oficios Artísticos* – der Schule für angewandte Künste und Kunstgewerbe – sind das schlichte Frontispiz mit der von den Skulpturen Merkurs und Minervas eingefaßten Uhr und den Karniesen zwischen den Stockwerken die wesentlichen Schmuckelemente. Der einer freien architektonischen Gestaltung hinderliche trapezoide Umriß des Terrains zwang zu einer geschickt gelungenen Aufgliederung in Baukörper, Patio und Garten, um für die Räume möglichst viel Tageslicht zu erhalten.

Die fast völlig dekorfreie Hauptfassade des *Antiguo Hospital de Nuestra Señora de los Desamparados* mit den 51 Fenstern und 5 Fenstertüren wird in ihrer strengen Linienführung durch die kleinen Balkone in der zweiten Etage des Mittelrisalits und der Eckrisaliten aufgelockert. Die die Caritas symbolisierende Bronzeplastik auf dem Frontispiz wurde erst acht Jahre nach dem Tod des Architekten angebracht.

Das 1879/80 durch den Baumeister Domingo Sicilia errichtete klassizistische Gebäude der *Capitanía General* an der Plaza del General Weyler lenkt unsere Aufmerksamkeit durch die

Der schwarze Strand und die leuchtend weiße Basilika des Wallfahrtsortes Candelaria in der Nähe der Inselhauptstadt

Harmonie seiner Linien auf sich. Eine ausladende Freitreppe führt zu dem von Pilastern eingefaßten kleinen Portal mit dem darüberliegenden Ehrenbalkon. Das Giebelfeld zeigt das spanische Wappen.

Das kleinste klassizistische Bauwerk der Stadt ist die 1845 eingeweihte *Brunnenanlage ›Isabel II‹* mit sechs toskanischen Säulen und fünf löwenkopfförmigen Wasserspeiern in den Interkolumnien.

Wie die aufgehende Sonne erstreckt sich der Kern der Stadt um die am Hafen gelegene repräsentative *Plaza de España*. Schon von See her fällt das riesige *Monumento a los Caídos* auf, das Denkmal zu Ehren der Gefallenen des Spanischen Bürgerkrieges. Im Inneren des steinernen Kreuzes gelangt man im Fahrstuhl zu einer überdeckten Aussichtsplattform, die einen weiten Blick über die Stadt gewährt.

Am Südrand des Platzes liegt der *Palacio Insular* mit der Inselverwaltung und dem *Archäologischen Museum*, das die Inselfunde der Guanchen-Kultur beherbergt.

An den westlichen Abschnitt der Plaza de España schließt sich die *Plaza de la Candelaria* mit drei sehenswerten Bauwerken an. Am Eingang dieses von Bäumen eingefaßten schmalen Platzes sehen wir auf einem haushohen Obelisken aus Carrara-Marmor – eine genuesische Arbeit des 18. Jahrhunderts – die Statue der Schutzheiligen der gesamten Kanarischen Inseln, die *Virgen de Candelaria*, mit überlebensgroßen Skulpturen von vier Guanchen-Menceys an den Ecken des auf einem wuchtigen Sockel ruhenden Postaments.

Im *Casino de Tenerife* betrachten wir das große Wandgemälde ›Friso isleño‹ des 1895 in Cuba geborenen und auf La Gomera aufgewachsenen expressionistischen Künstlers gomerischer Eltern José Aguiar. Geschaffen in dem seltenen, aus der Antike übernommenen Malverfahren der Enkaustik, stellt es Szenen aus dem Volksleben der Insel Teneriffa dar. Ähnliche Motive bringt hier in kräftigen Farbtönen bei vorherrschender kurviger Linienführung und überdimensionaler Darstellung der hervorzuhebenden Details auch der 1887 in Las Palmas geborene und für seine Heimatstadt und die Inseln so bedeutsam gewordene Maler Néstor in seinem modernen Wandgemälde, das 1935 nach mehr als einjähriger Arbeit beendet wurde.

Kuppel der der Inselheiligen Virgen de Candelaria geweihten Basilika, die erst 1958 fertiggestellt wurde

Ein weiteres sehenswertes Gebäude an diesem Platz ist der *Palacio de los Carta*, den Matías Rodríguez Carta, der 1743 in der nach ihm benannten Kapelle der Iglesia de la Concepción seine letzte Ruhestätte fand, im Jahr 1730 errichten ließ. Hinter der vornehm-schlichten Fassade aus dunklen vulkanischen Quadersteinen verbirgt sich ein geräumiger Patio – ein blumengeschmückter Innenhof – mit einer schönen Balkongalerie aus dunkelbraunem kanarischen Pinienholz.

In dem mehr als 6 ha großen *Stadtpark ›García Sanabria‹*, der seinen Namen nach dem in den zwanziger Jahren unseres Jahrhunderts amtierenden Bürgermeister trägt, gibt es einen kleinen botanischen Garten, Spielanlagen, eine riesige Blumenuhr und viele moderne Skulpturen aus einem internationalen Bildhauerwettbewerb des Jahres 1973.

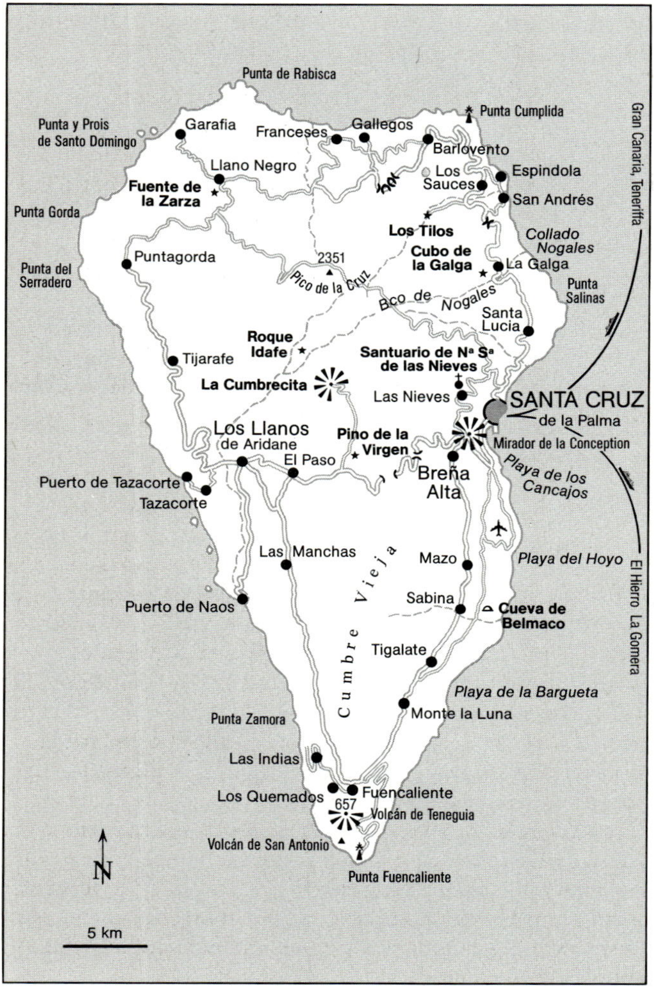
Punta de Rabisca
Punta Cumplida
Punta y Prois de Santo Domingo
Garafia
Franceses
Gallegos
Barlovento
Llano Negro
Los Sauces
Espindola
Fuente de la Zarza
San Andrés
Punta Gorda
Los Tilos
Collado Nogales
Cubo de la Galga
Puntagorda
2351
La Galga
Punta del Serradero
Pico de la Cruz
Punta Salinas
Bco de Nogales
Santa Lucia
Roque Idafe
Tijarafe
Santuario de Nª Sª de las Nieves
La Cumbrecita
Las Nieves
SANTA CRUZ de la Palma
Los Llanos de Aridane
Pino de la Virgen
Mirador de la Conception
El Paso
Breña Alta
Playa de los Cancajos
Puerto de Tazacorte
Tazacorte
Las Manchas
Mazo
Playa del Hoyo
Cumbre Vieja
Sabina
Cueva de Belmaco
Puerto de Naos
Tigalate
Playa de la Bargueta
Monte la Luna
Punta Zamora
Las Indias
Los Quemados
Fuencaliente
657
Volcán de Teneguia
Volcán de San Antonio
Punta Fuencaliente
N
5 km
Gran Canaria, Teneriffa
El Hierro La Gomera

La Palma – Isla Bonita

Schon nach wenigen Flugminuten von Teneriffa kommt schemenhaft La Palma in Sicht, die mit 728 km² drittkleinste, in ihrer wirtschaftlichen Bedeutung jedoch drittwichtigste der sieben kanarischen Hauptinseln. Wie der Rücken eines mächtigen Wals scheint sie in der Ferne aus dem Meer aufzusteigen.

Doch je näher wir kommen, um so mehr verflüchtigt sich dieses kompakte Bild. Wenn sie schließlich vollends unter uns liegt, hat die Insel die Form eines großen grünen Herzens. Kräftig grün sind auf dieser relativ wasserreichen vulkanischen Insel die jahrhundertealten Pinienwälder in dem gewaltigen zentralen Gebirgskessel der Caldera. Auf ihrer mehr als 2000 Meter hohen Abdachung ziehen sich im schluchtenreichen Norden immergrüne Laub- und Nadelwälder hinauf. Dicht bewaldet sind auch die steilen, von tiefen Barrancos zerfurchten Hänge der von der östlichen Caldera-Umrandung nach Süden auslaufenden Cumbre Nueva. Westlich dieses Höhenzuges erstrecken sich die großen Bananenplantagen des weiten Aridane-Beckens, die durch die tiefe Schlucht des Barranco de las Angustias bewässert werden. Östlich der Wasserscheide liegen auf einer langen breiten Hochebene der Vega von Breña Alta, fruchtbare Ackerfelder und Obstbaukulturen. Wie zartgrüne Tupfen auf vulkanischem Grund wirken die lichten Pinienwälder und kleinen Weinberge an den zahlreichen Schlackenkegeln der Cumbre Vieja, die, zusammen mit der Cumbre Nueva, die südliche Inselhälfte in zwei nahezu gleiche Teile gliedert.

›La Isla Verde‹, ›grüne Insel‹, wird La Palma gern von den Kanariern genannt, neidlos-liebevoll auch ›La Isla Bonita‹. Und diese ›schöne Insel‹ – wohl die schönste des ganzen Archipels – wollen wir nun in ihrer landschaftlichen Vielfalt kennenlernen.

Wir landen auf dem 1970 an der wolken- und nebelfreien Südostküste bei Mazo errichteten Flugplatz, der die oberhalb der Hauptstadt stillgelegte Piste vorteilhaft ersetzt. Früher nur im interinsularen Verkehr zu erreichen, ist er heute für Direktflüge aus Europa ausgebaut.

Homers ›Elysische Gefilde‹

Aber dir bestimmt, o Geliebter von Zeus, Menelaos,
Nicht das Schicksal den Tod in der rossenährenden Argos,
Sondern die Götter führen dich einst an die Enden der Erde,
In die elysische Flur, wo der bräunliche Held Radamanthus
Wohnt und ruhiges Leben die Menschen immer beseligt:
Dort ist kein Schnee, kein Winterorkan, kein gießender Regen,
Ewig wehn die Gesäusel des leiseatmenden Westes,
Welche der Ozean sendet, die Menschen sanft zu kühlen.

Odyssee, vierter Gesang

6 *Blick von Roque de los Muchachos in die Caldera de Taburiente auf La Palma*

7 *Nächste Doppelseite: Blühende Mandelbäume in der Nähe von El Paso*

8 *Bucht der Inselhauptstadt Santa Cruz de La Palma*

Kaum 10 km sind es vom Flugplatz bis zur kleinen Inselhauptstadt, die sich in einer Meeresbucht an die Hänge der bewaldeten Cumbre schmiegt. Doch wo die Straße kurz davor nach links abbiegt, ist das anmutige Bild plötzlich verschwunden. Eine gewaltige Gebirgswand versperrt den Blick. In einem 400 m langen Tunnel durchqueren wir diese südliche Umwallung des durch Passat und Brandung nach Nordosten offenen quartären Tuff- und Aschenkraters *Caldereta de la Concepción*. Dann liegt das knapp 17000 Einwohner zählende Städtchen unmittelbar vor uns. Für Leopold von Buch bot sich in den zwanziger Jahren des vorigen Jahrhunderts ein ähnliches Bild: »Santa Cruz de La Palma liegt höchst malerisch auf den Felsen. Die Häuser scheinen übereinander zu stehen, und der Pinar senkt sich vom steilen Gebirge herunter bis nahe an die Stadt.« Nur ein schmaler Saum erstreckt sich zwischen dem Meer und dem etwa 350 m hohen Rest der Kraterwand, an der man aus den achten Etagen einiger Häuserblocks in die nächst höhere Straße gelangen kann.

Nach rechts blicken wir auf den kleinen Hafen, dessen erste moderne Anlegestelle 1587 nach Entwürfen von Leonardo Torriani, dem italienischen Festungsbaumeister des spanischen Königs Philipp II., errichtet wurde. An der *Plazoleta del Muelle*, dem ›Molenplätzchen‹, gabelt sich die vom Tunnel herführende Zufahrt in die drei einzigen längeren Straßen, für die auf dem schmalen Küstenstreifen noch Raum ist.

Die größte dieser drei Straßen ist die einseitig bebaute *Avenida Marítima*. An mehreren Stellen dem Meer abgerungen, vermittelt sie dem Schiffsreisenden einen ersten Eindruck von der kleinen aufstrebenden Inselhauptstadt. Schon von weither sichtbar ist der wie ein moderner Belfried wirkende eckige Turm des aus zwei Baukörpern unterschiedlicher Größe bestehenden Regierungsgebäudes. Hohe Wohn- und Büroblocks verdrängen in dieser großzügig mit Grünflächen, Bäumen und Blumen ausgestatteten Promenade mehr und mehr die kleinen alten Eigenheime mit ihren hölzernen Balkonen.

Die sich meist über zwei Stockwerke hinziehenden überdachten und an der Straßenseite oberhalb der Brüstung offenen –

oder später verglasten – Vorbauten hatten unter dem Einfluß portugiesischer Zuwanderer die während des Überfalls durch die Piraten des Franzosen François Le Clerq im Juli 1553 zerstörten einstöckigen andalusischen Kastenbalkone ersetzt, welche zur Straße hin völlig abgeschlossen waren. Mehrere dieser portugiesischen Balkone sind nicht in dem schönen natürlichen Rotbraun der kanarischen Pinie gehalten, sondern – weniger gefällig – in grünlichen oder graublauen, von feuchter Meeresluft und dörrender Sonne ausgeblichenen Tönen. Der pompösen hölzernen Balkonfront an dem in der gleichen Straße gelegenen modernen staatlichen Parador fehlt jedoch das solchen Werken schlichter altkanarisch-portugiesischer Volkskunst eigene Fluidum.

Fast am Ende der schmalen Hauptstraße, die gemeinhin Calle Real, offiziell jedoch Calle O'Daly heißt, liegt zur Linken die *Plaza de España*, kirchlicher und administrativer Mittelpunkt der Inselhauptstadt. Wie alle solche Plätze auf den Kanarischen Inseln ist auch er für den Fahrzeugverkehr gesperrt, und gleich anderen Stellen dieser auf engem Raum eingezwängten Stadt hat auch hier das bergige Gelände Form und Ausdehnung bestimmt. Die längste Gerade der kleinen asymmetrischen Plaza wird allein von der Pfarrkirche eingenommen. Auf der ihr schräg gegenüberliegenden Seite stehen reiche, zumeist aus dem 18. Jahrhundert stammende Bürgerhäuser mit Balkonen im modifizierten portugiesischen Mudéjar-Stil mit kunstvoll geschnitzten Kassettentüren. Daneben – nur durch die Calle Real unterbrochen – sehen wir das schöne Rathaus. Hölzerne Bänke an den schlanken Königspalmen, OREODOXA REGIA, auf den Kanaren wegen ihres starken Wasserbedarfs so selten, laden zu kurzer Rast ein. Hier im Herzen der einstmals bedeutenden Stadt drängt sich uns ihre Geschichte gleichsam auf.

Am 3. Mai 1493 war die Insel nach acht Monate dauernden Kämpfen durch Wortbruch des spanischen Conquistadors Alonso Fernández de Lugo erobert worden. Bestimmend für die Wahl der nun zu errichten-

Alte Holzbalkone in der Avenida Marítima in Santa Cruz

PESTANA

den Haupt- und Hafenstadt war die von Bergen geschützte Meeresbucht. Aufgrund des relativ großen Wasserreichtums der Insel und der dadurch ermöglichten intensiveren Nutzung des Bodens entwickelte sich der Ort bald zur blühendsten Stadt des Archipels. Schon 1502 errichtete man mit Hilfe portugiesischer Einwanderer aus Madeira in Tazacorte, Argual und wenig später auch in Los Sauces Rohrzuckermühlen; damit wurde La Palma neben Teneriffa in kurzer Zeit zu einer gewichtigen ›Zuckerinsel‹ für den europäischen Markt. Frühzeitig führten madeirische Zuwanderer auch kretische Malvasia-Reben ein. Der schwere, mehrmals von Shakespeare zitierte Wein wurde schnell zu einem weiteren gewinnbringenden Exportartikel.

Besonders intensiv war in Europa der Handel mit Flandern, der bedeutendsten Wirtschaftsregion des Reiches und Heimat des habsburgischen Erben des spanischen Throns, Carlos I., des späteren Kaisers Karl V. Flandrische Erfahrungen in der Weberei und Spitzenherstellung wurden auf La Palma eigenständig weiterentwickelt, so daß die Insel bald führend in der Seidenfabrikation und der Herstellung kunstvoller Calados- und Bordado-Handarbeiten wurde, wobei man sich auch geschickt mexikanische Fertigkeiten zunutze machte. Von den engen Bindungen der Insel zu den Spanischen Niederlanden im 16. Jahrhundert zeugen heute noch kostbare Gemälde flämischer Meister in mehreren Kirchen der Stadt.

Aufgrund der intensiven Handelsbeziehungen mit Flandern und anderen europäischen Ländern stießen zu den Siedlern aus Kastilien, Andalusien, Katalonien und Portugal schon frühzeitig Geschäftsleute aus Flandern, England, Frankreich und Italien. Manch einer dieser nichtspanischen Zuwanderer, welche zum großen Teil ihre Familiennamen hispanisierten, gelangten in der kosmopolitisch eingestellten Bürgerschaft bald zu Wohlstand und Ansehen.

Zu denen, die sich in ihrer neuen Heimat durch aktive Mitarbeit am öffentlichen Leben sowie durch großzügige Schenkungen an die Kirche besondere Achtung erworben hatten, gehörte auch der Kölner Jacob Groenenborch. Als Geschäftsmann unter dem Namen Groenenberghe zunächst nach Antwerpen verzogen – und deshalb auf La Palma zu den Flamen gezählt –, kaufte er 1513 als Jácome de Monteverde für eine deutsche Gesellschaft die Zuckermühlen von Tazacorte und trug damit wesentlich zur Steigerung der Zuckerexporte bei. Einer seiner Söhne wurde Generalkapitän der Insel, ein anderer Regidor. Er selbst, der unter anderem die Hauptkapelle des kunsthistorisch so bedeutenden Franziskanerklosters der ›Inmaculada Concepción‹ in Santa Cruz de La Palma gestiftet hatte, starb nach rund zwanzigjährigem Wirken auf La Palma an Leib und Seele gebrochen in einem Sevillaner Geheimgefängnis der spanischen Inquisition.

Doch nicht allein Schiffe für den Zucker- und Weinexport liefen die Insel an, sondern auch die zwischen dem spanischen Mutterland und seinen neuen amerikanischen Kolonien verkehrenden Gold- und Silberflotten. Hier konnten die auslaufenden und heimkehrenden Schiffe noch einmal gründlich überholt und mit frischem Proviant versorgt werden. Allein viertausend Tonnen Malvasía-Wein nahm man alljährlich als Truppenverpflegung nach Amerika mit. In Santa Cruz de la Palma wurde auch bereits ein Teil der wertvollen Frachten aus den ›Indias‹ gelöscht und, das örtliche Gewerbe fördernd, zu kostbarem Schmuck und Kirchengerät verarbeitet.

Die kontinuierlich wachsende strategische und wirtschaftliche Bedeutung der Stadt sollte ihr jedoch eines Tages jäh zum Verhängnis werden. Denn als der mit mehreren schwerbestückten Seglern im Juli 1553 von einer Kaperfahrt von den Antillen zurückkehrende französische Seeräuber François Le Clerq – wegen eines hölzernen Beines meist ›Jambe de Bois‹ oder spanisch ›Pie de Palo‹ genannt – im Hafen von Santa Cruz de la Palma keine Schatzschiffe vorfand, befahl er, die Stadt auszurauben. Ohne auf wirksamen Widerstand des nur durch einen kleinen Wehrturm notdürftig befestigten Ortes zu stoßen, gingen fünfhundert bis siebenhundert Piraten unter dem Feuerschutz ihrer Schiffe an Land. Angeführt von einem hugenottischen früheren Mitbürger, plünderten sie neun Tage lang systematisch Kirchen, Klöster und Wohnhäuser und brannten die Stadt bei ihrem Abzug nieder.

So blieb das Jahr 1553 bis heute entscheidend für das äußere Bild der Altstadt, die in kurzer Zeit wieder völlig neu errichtet wurde. Noch im gleichen Jahr begann man mit dem Bau der Befestigungswerke. Nach und nach entstanden Kirchen, Kapellen und Klöster, größer und schöner als zuvor. Höher und geräumiger wurden auch die nun massiv erbauten Häuser, oft ausgestattet mit schmucken hölzernen Balkonen nach portugiesischer Art und manchmal – trotz der Enge des schmalen ansteigenden Küstensaums – gar mit Patios, den auf den Kanaren so beliebten wintergartenähnlichen Innenwohnhöfen.

Hatte Santa Cruz de la Palma bereits vor seiner Zerstörung neben Sevilla und Antwerpen zu den drei einzigen Städten des Reiches gehört, denen von Karl v. das alleinige Recht zum Handel mit den neuentdeckten ›indischen‹ Gebieten verliehen worden war, so erlangte die schnell wieder aufblühende Stadt nun auch administrativ den ersten Platz unter den kanarischen Städten. Nachdem im Jahr 1558 das oberste Gericht für die spanischen Kolonien in Amerika auf der Insel La Palma seinen Dienstsitz eingerichtet hatte, bestimmte 1564 ein Dekret Philipps II., daß sich nun auch alle nach Amerika fahrenden Schiffe in Santa Cruz de la Palma registrieren zu lassen hätten, weil die Insel ›die wirtschaftlich bedeutendste‹ sei.

Mit Hilfe staatlicher Subventionen blühte unter Anleitung andalusischer und portugiesischer Fachleute auch der Schiffsbau wieder auf. Zwei auf La Palma erstellte Galeonen nahmen 1571 mit palmarischer Besatzung an der großen Seeschlacht von Lepanto teil.

Noch einmal schien die Stadt in eine ernstliche Gefahr zu geraten, als sie der englische Pirat Francis Drake zu besetzen versuchte. Philipps II. Festungsbaumeister berichtete darüber:

»... am 13. November 1585 erreichte der Engländer Francis Drake, der von der Königin von England mit 30 Schiffen und 4000 Mann Fußvolk ausgeschickt war, um die Seegestade Amerikas zu plündern, die Hauptstadt dieser Insel, nachdem er den Kanal durchschifft und in Spanien an der Küste Galiziens eine Stadt ausgeraubt hatte. Als er landen wollte, wurde er von der Artillerie der drei Forts, die dort oberhalb des Strandes liegen, so wohl empfangen, daß er unter Verlusten den Hafen verlassen mußte.«

Zwar wurde die Stadt – von einigen weniger bedeutsamen Angriffen abgesehen – von nun an durch Piratenüberfälle nicht mehr ernsthaft in Gefahr gebracht. Dennoch begann sich ihr wirtschaftlicher Aufstieg merklich zu verlangsamen. Wenn La Palma auch wegen seines relativ größeren Wasserreichtums bis ins 19. Jahrhundert hinein neben Teneriffa die landwirtschaftlich bestentwickelte Insel des Archipels blieb, so verlor doch die kanarische Rohrzuckererzeugung durch die von den Kanariern auf den Antillen geschaffene Konkurrenz für den europäischen Markt immer stärker an Bedeutung. Kriegerische Verwicklungen des Mutterlandes lähmten allmählich auch den einst blühenden Weinhandel mit England. Zudem mußten immer wieder Sonderrechte mit den größeren und volkreicheren Inseln Teneriffa und Gran Canaria geteilt und schließlich gar völlig an sie abgegeben werden. Bereits 1587 hatte Las Palmas, wie Torriani schrieb, mit achthundert Häusern die Größe von Santa Cruz de la Palma erreicht. War die Einwohnerzahl der Hauptstadt in den letzten vierhundert Jahren nur etwa um das Vierfache gestiegen, so hatte sich die von Las Palmas nahezu verhundertfacht.

Auf der Plaza de España, dort, wo heute der 1588 errichtete schlanke Brunnenaufbau steht, befand sich vor 1553 das alte Rathaus. Das neue *Rathaus*, das – wie die Inschrift auf einem der Quadersteine zeigt – nach vierjähriger Bauzeit im Jahr 1563 durch unbekannte Meister fertiggestellt wurde, liegt der sich nach Osten öffnenden Plaza gegenüber an der Hauptstraße. Es ist nicht nur das eindrucksvollste Zeugnis profaner Renaissance-Architektur im Archipel, sondern das schönste kanarische Rathaus überhaupt.

In die Vorhalle gelangt man durch vier auf gerieften Säulen toskanischer Ordnung stehenden Halbkreisbögen. Die sparsam mit Zierformen versehenen Kapitelle der kurzen monolithischen Schäfte stehen auf Postamenten, von denen einige plateresk ornamentiert sind. Die linke Hälfte des mit einem dorischen Profil abschließenden Obergeschosses nimmt ein großes gekuppeltes Rundbogenfenster ein, das von Pilastern mit ionischen Kapitellen eingefaßt wird. Die rechte obere Fassadenseite wird von zwei hochrechteckigen Fenstern durchbrochen, die je eine schlanke dienstartige Marmorsäule unterteilt. Plastische Ornamente zieren die schmalen Friese an den Fensterstürzen. Die aus waagerecht vorspringenden Platten bestehenden Gesimse bilden den unteren Abschluß der leicht auskragenden Fensterumrahmung. Die Fensterflächen sind durch Bleisprossen in kleine quadratische Felder untergliedert. Wappen der Habsburger und der Stadt, ein Medaillon des Königs Philipp II. und Wasserspeier fügen sich gefällig und harmonisch in die nach Renaissance-Normen wohlproportionierte und sparsam dekorierte Fassade ein.

Um so prunkvoller erscheint das Innere des Gebäudes. Kostbar ist die Verkleidung des Treppengeländers in der Eingangshalle. Zierlich gedrechselte Baluster stehen hier unter dem Handlauf vor schlichten Muschrabije-Flechtgittern auf kunstvoll geschnitzten Kassetten aus rötlichbraunem kanarischem Pinienholz. Gediegen kassettiert sind auch die hohen Raumdecken im Flur, im Sitzungssaal und im Amtszimmer des Bürgermeisters.

Wandausfüllende Kolossalgemälde in der Treppenhalle und in den Repräsentationsräumen zeigen historische Szenen und Bilder aus dem Leben palmarischer Bauern und Fischer unserer Zeit von dem in Valladolid geborenen expressionistischen Kunstlehrer auf Teneriffa, Mariano de Cossío (1892-1960).

Das Deckengemälde im Salón de Actos, ›La Verdad venciendo el error‹, ist ein Werk des heimischen Künstlers Manuel Gonzáles Méndez (1843-1909), für den bei gedämpftem Licht zarte Farbtönungen auf dunklem Untergrund charakteristisch sind. Die Palmeros nennen ihn gerne den größten kanarischen Maler.

Dem Rathaus schräg gegenüber liegt die dreischiffige *Pfarrkirche ›El Salvador‹* mit dem eindrucksvollsten Renaissance-Por-

tal der Kanarischen Inseln. Das hohe Halbkreisbogentor aus rötlichem vulkanischem Gestein umschließt eine wuchtige Kassettentür aus kanarischem Pinienholz. Sie wird von zwei auf Postamenten stehenden Säulenpaaren eingefaßt. Die zu zwei Dritteln kannelierten Schäfte sind an ihrem unteren Ende mit Medaillons und Blattwerk verziert. Über den Kapitellen schließt sich der große dreieckige Fronton an, auf dem drei mit ionischen Kapitellen versehene figurenbesetzte Pilaster stehen – fast so, als habe sich der Baumeister streng an das im 16. Jahrhundert in Spanien vielbeachtete Werk über die Renaissance-Architektur von Diego de Sagredo, ›Medidas de lo Romano …‹ (1526), gehalten. Über die Zeit vor dem großen Brand im Juli 1553 liegt lediglich eine Erklärung von dem städtischen Amtsschreiber aus dem Jahr 1518 vor. In ihr verpflichtete sich ein Ratsherr zur Übernahme der Kosten für die Errichtung der Kapelle ›San Juan Bautista‹, die, nachdem sie in den späteren Kirchenbau eingefügt wurde, an der Schmalseite nur noch 1,25 m mißt.

Das Mittelschiff wird zu beiden Seiten von Halbkreisbogen eingefaßt, die auf schlanken Rundpfeilern toskanischer Ordnung mit achtseitigen Basen ruhen, eine in Spanien selten, in Portugal und der Grenzprovinz Huelga jedoch häufiger angewendete Konstruktionsform. Einer der aus mehreren Trommeln bestehenden Pfeiler trägt die Inschrift ›Se terminó esta obra año de 1588‹ (›Diese Arbeit wurde im Jahr 1588 beendet‹). Das Baptisterio entstand 1602. Sein Taufstein ist eine Renaissance-Arbeit aus Carrara-Marmor. Im Altarvorraum liest man an einem Pfeiler ›Erecta 1609‹ und in der Kapelle del Carmen die Jahreszahl 1632.

Einmalig auf der Insel ist das gotische Gewölbe über der Sakristei im unteren Teil des 1567 errichteten viereckigen Turms. Der zentrale Schlußstein dreier sich kreuzender Gewölberippen zeigt das in Stein gehauene Medaillon des ›Salvador‹, des ›Erlösers‹. Rechts und links, an den Enden der kurzen Querrippe, sehen wir in gleicher Größe je einen Cherub und auf den beiden anderen Seiten, in den Schnittpunkten der Diagonalrippen mit

Renaissanceportal der »Erlöserkirche« El Salvador an der Plaza España gegenüber dem Rathaus in Santa Cruz de La Palma

der kurvenförmigen Umbindung, je zwei Blumenmusterrosetten.

Die trogartigen Mudéjar-Decken sind hier nicht – wie sonst häufig auf den Kanaren – nach alter andalusischer Art mit eingetieften Kassetten verkleidet, sondern wurden erst in den Jahren 1894-1897 mit frisch in portugiesischer Manier vielfarbig bemalten Täfelchen überzogen.

Bedeutende Werke der bildenden Kunst sind in dieser Kirche das Retabelgemälde ›Verklärung Christi auf dem Berge Tabor‹ von Antonio María Esquivel (1806-1857) und die Skulpturen ›El Señor del Perdón‹, ›Virgen del Carmen‹ und ›San Pedro‹ des produktiven Bildhauers Fernando Estévez (1788-1854) aus La Orotava.

Zwei besonders schöne Mudéjar-Holzdecken befinden sich in der *Iglesia de San Francisco*, der Kirche des ehemaligen Franziskanerklosters. Über der quadratischen Grundfläche der 1565 erbauten Kapelle der Epistelseite ruht auf vier Trompen ein achteckiges kuppelähnliches Klostergewölbe. In der zunächst verwirrend scheinenden Vielfalt der mit Renaissance-Motiven ornamentierten Kassetten erkennt man bei näherer Betrachtung bald eine sinnvolle geometrische Ordnung mit sich regelmäßig wiederholenden arithmetischen Zahlenkombinationen, eine in der arabischen Kunst beliebte Gestaltungsweise. Um über dem quadratischen Grundriß der Kapelle eine möglichst naturgetreue Kuppel aus geradem Gespärre zu erreichen, hat man die Decke so konstruiert, daß acht Kassettenstreifen aus je sechs vertieften quadratischen Feldern radial auf ein kleines, nahezu kreisrund wirkendes regelmäßiges Achteck zulaufen. Das dem Schlußstein einer echten Kuppel entsprechende Oktogon zeigt als Schnitzwerk die Krönung Mariens durch die Heilige Dreifaltigkeit.

Etwas gleichförmiger ist die trogartige Deckenkonstruktion über der Sakristei. Sie besteht aus schachbrettartig angelegten Kassetten mit je einer zentralen Rosette. Um keine Monotonie in der Struktur aufkommen zu lassen, hängt aus der Deckenmitte ein mozarabischer Abhängling herab.

Die dreischiffige Kirche hat die Form eines lateinischen Kreuzes. Wenn ein solcher Grundriß auch im ehemaligen maurischen Königreich Granada öfters anzutreffen ist, so ist er jedoch nicht typisch für den niederandalusischen Mudéjar-Stil und somit bei den älteren kanarischen Kirchen ursprünglich nicht häufig. Da an diesem Gotteshaus im 16., 17. und 18. Jahrhundert mehrere Zu- und Umbauten vorgenommen wurden, weist es auch manche neoklassizistischen Bauelemente auf.

Als Klosterkirche wurde die *Iglesia de Santo Domingo* in der zweiten Hälfte des 16. Jahrhunderts an der Stelle des auf Veranlassung des Eroberers der Insel, Alonso Fernández de Lugo, erbauten Ermita de San Miguel errichtet. Kirchenschiff und Seitenkapellen schließen mit Mudéjar-Decken ab. Auch in diesem schlichten Gotteshaus gibt es Bildwerke von Fernando Estévez: ›El Nazareno‹, ›La Dolorosa‹ und ›Nuestra Señora del Rosario‹. Außer der Darstellung des Heiligen Abendmahles von Ambrosius Francken (1544–1618) sehen wir Gemälde der Brügger Schule aus dem 16. Jahrhundert.

Das kleine, hoch oberhalb der Stadt im Schatten alter Bäume gelegene einschiffige *Santuario de Nuestra Señora de las Nieves* wurde bereits 1517 erstmals erwähnt. Seine gegenwärtige Gestalt erhielt es jedoch nach mehreren baulichen Veränderungen erst gegen Ende des 17. Jahrhunderts. In der zweiten Hälfte unseres Jahrhunderts wurde die kleine Basilika um mehrere Zubauten erweitert. Auf ihrer der Plaza abgewandten Seite fügte man 1978 das *Museo Insular de Arte Sacro* mit schönen kanarischen Holzbalkonen an. Dieses prachtvoll ausgestattete Museum sakraler Kunst enthält zahlreiche Gemälde, mehrere flämische Bildwerke des 16. Jahrhunderts, viele kostbare Kultgegenstände und Schmuckstücke. Altarkapelle und Sakristei ergänzen den Kirchenbau. Jenseits der Plaza steht das Haus des Rektors des Santuario, ein Exerzitiengebäude mit Räumen für Jugendgruppen und ein historisches Archiv. Gaststätten- und Souvenirsbetrieb fehlen ebensowenig wie öffentliches Telefon, Parkplätze und ein großer Versammlungsplatz.

An dem 1672 errichteten schlichten Glockengiebel sehen wir einen in unserer Zeit erneuerten kanarischen Balkon über dem schmucklosen Rundbogenportal. Kunstvoll ist das von Wandsäulen auf hohen Postamenten eingefaßte und von einem gesprengten Dreiecksgiebel bekrönte Portal an der Plaza-Fassade.

Über dem prunkvoll ausgestatteten Kirchenschiff befindet sich eine mit gemaltem Bandelwerk ornamentierte Mudéjar-Decke aus der Mitte des 17. Jahrhunderts.

Doch den Einheimischen bedeutet dieses Gotteshaus mehr. Denn in ihm steht auf einem Thron aus schwerem mexikanischem Silber das im 14. Jahrhundert in Flandern entstandene polychrome Terrakotta-Bildwerk der Schutzherrin der Insel, der *Virgen de las Nieves*, nur 82 cm groß. Ihr kostbares Gewand ist mit edlen Steinen besetzt. ›Die reichste Frau der Insel‹ wird sie scherzhaft genannt. Nach kanonischem Zeremoniell im Jahr 1930 durch einen Kardinal gekrönt, wurde sie 1952 durch Papst Pius XII. formell als Patronin der Insel anerkannt. Sie ist ›Alcaldesa Honoraria Perpetua‹ von Santa Cruz de la Palma (1942), Los Llanos de Aridane (1964) und Fuencaliente (1982). Die spanische Königin ist seit 1977 ihre Camarera de Honor.

An zwei Feiertagen gedenkt man alljährlich festlich der Inselpatronin: zu Weihnachten und zur ›Fiesta de las Madres‹, die am letzten Sonntag im Mai als Abschluß des Marienmonats stattfindet. Das größte Ereignis zu Ehren der Virgen de las Nieves ist seit 1680 alle fünf Jahre ›La Bajada de la Virgen‹, der ›Abstieg der Jungfrau‹. Dann wechseln kirchliche Veranstaltungen ab mit historischen Spielen, Platzkonzerten, Volksmusik und Volkstanz, mit Wahlen von Fest- und Blumenköniginnen, sportlichen Wettkämpfen, Kinderbelustigungen aller Art, Tanz im Freien und nächtlichem Feuerwerk.

Die ›Bajada‹ der Schutzpatronin führt entlang des historisch bedeutsamen *Barranco de las Nieves*. Von dem im Winter schneebedeckten Pik gleichen Namens, der 2172 m hohen ›Schneespitze‹ der Caldera-Umrandung herkommend, ist dieser gewaltige Geländeeinschnitt seit jeher nicht nur für die Wasserversorgung der Stadt von großer Bedeutung; sein Unterlauf ist auch heute noch ein wichtiger Zugang ins bergige Landesinnere. Hier, in der Cueva Carias, residierte der letzte einheimische Herrscher. In der gleichen Wohnhöhle richtete auch der erste spanische Statthalter zunächst die Inselverwaltung ein. Daneben erbaute

Vier Kilometer oberhalb von Santa Cruz de La Palma liegt die Wallfahrtskirche Santuario de Nuestra Señora de las Nieves

man nach dem verheerenden Piratenüberfall des Jahres 1553 das Castillo de la Virgen und am offenen Atlantik, die Barranco-Mündung zangenartig umfassend, das große *Castillo Real.* Zwischen beiden Kastellen steht seit 1945 eine Nachbildung der ›Santa María‹, des Flaggschiffes von Columbus mit einem kleinen regionalen *Marinemuseum.*

Von der Ost- zur Westküste

Kaum haben wir die letzten Häuser von Santa Cruz hinter uns gelassen, geht es in vielen Windungen die steilen Hänge hinauf. Am *Mirador Buena Vista* machen wir halt. Fast 400 m tief blicken wir hinunter auf die kleine Inselhauptstadt. Dahinter, fern im Atlantik, ragt der Pik des Teide, von einem Wolkenkranz umgeben, nahezu 4000 m in den Himmel hinein.

Am verlassenen alten Flugplatz vorbei, machen wir einen Abstecher in die fruchtbare Ebene von Breña Alta mit ihren palmenumstandenen Landhäusern inmitten großer Obstgärten und weiter Getreidefelder. In der ›Kleinen Ebene‹, ›El Llanito‹, suchen wir die beiden ganz nahe beieinanderstehenden großen Drachenbäume ›Los Gemelos‹, ›Die Zwillinge‹, auf.

In vielen Windungen geht es dann bergan. Kurz vor dem Tunnel durch die Cumbre Nueva verlassen wir die Landstraße, um zu Fuß den Kamm zu erreichen. Je höher wir nun steigen, desto dichter wird der Wald mit seinen haushohen Erika-Büschen, und um so dichter werden auch die Passatwolken. Dann sind wir völlig von ihnen eingehüllt. Eine erfrischende Kühle umfängt uns. Von den flechtenbehangenen Bäumen tropft das Kondenswasser und versickert im farnkrautbesetzten Boden. Auf der Höhe des Kammwegs bricht plötzlich die Sonne hervor. In grellem Licht liegt vor uns das weite Aridane-Tal. Im tiefblauen Atlantik erkennen wir die dunklen Umrisse der fast 100 km entfernten Insel El Hierro. Hinter uns breitet sich ein zartes, weißes Wattemeer aus: Wir stehen über den Wolken – ein un-

Insel-Schutzpatronin Virgen de las Nieves, eine 82 Zentimeter große Terrakottafigur »Unserer lieben Frau vom Schnee«

vergeßlich-eindrucksvolles Bild! Nordwärts schweift unser Blick über die 1801 m hohe La Cumbrecita hinweg auf die wildzerklüfteten oberen Felswände der Caldera de Taburiente. Nach Süden gewandt, schauen wir auf rotbraune und grauschwarze Aschenkegel erloschener Vulkane, weiter westlich auf die hochaufgetürmten Lavamassen aus dem Jahr 1949 bei Las Manchas. Abwärts erreichen wir nun den Rastplatz *Refugio Forestal* in dem lichter gewordenen Wald auf dem dem feuchten Passatwind abgekehrten Cumbre-Hang.

Wir nähern uns dem Städtchen *El Paso*, dem einzigen Ort auf den Kanaren, in welchem noch Seidenraupen gezüchtet werden. In Heimarbeit hergestellte Wäschestücke und Tücher aus El-Paso-Seide sind seit 1513 begehrte Geschenkartikel.

Knapp 2 km vom östlichen Stadtrand entfernt liegt die Kapelle *Ermita de la Virgen del Pino.* Sie trägt ihren Namen nach der nahen, der Jungfrau Maria geweihten riesigen Pinie.

Vorbei an Mandelbaumhainen geht es nun auf sanfter abfallenden Hängen zu dem weit auseinandergezogenen Landstädtchen *Los Llanos de Aridane*, den ›Aridane-Ebenen‹. Von hellen gitterartigen Mauern windgeschützt eingefaßt, reihen sich hier Bananenplantagen an Bananenplantagen. In hochwandigen großen Becken glitzert das aufgespeicherte Caldera-Wasser, das diese Zone zum bedeutendsten Anbaugebiet des wichtigsten Exportgutes der Insel machte.

Nur wenige Kilometer vom Ortszentrum von Los Llanos de Aridane entfernt liegt die einstige Meeresklippe des Time, westlicher Ausläufer der Caldera-Umrandung. Zunächst in steilen Windungen abwärts und wieder aufwärts, dann in fast schnurgerader Linie langsam ansteigend, führt unser Weg zum 594 m hohen *Mirador El Time.*

Große Bananenplantagen an der Westküste La Palmas in der Nähe von Puerto de Naos

Caldera de Taburiente und Barranco de las Angustias

Leopold von Buch, der 1824 den Begriff ›Caldera‹ in die geologische Terminologie einführte, entwickelte am Beispiel der Caldera de Taburiente seine Theorie vom sogenannten Erhebungskrater, der sich während des Emportreibens ursprünglich horizontaler Lava- und Tuffdecken durch hervorquellende vulkanische Gasmassen gebildet hätte, wobei dessen »zentraler Teil zusammengebrochen oder durch gewaltige Explosionen ausgeschleudert sei«[12]. Leopold von Buch schreibt an anderer Stelle: »Seitdem die canarischen Inseln wieder bekannt geworden sind, hat man stets von der großen Caldera von Palma, wie von einem Naturwunder geredet. Nicht zu Unrecht, – denn dies ist es, was diese Insel besonders und vor andern auszeichnet, und was sie zu einer der merkwürdigsten und der belehrendsten des Oceans macht. Keine entwickelt nämlich so sehr und so deutlich die Form, mit welcher basaltische Inseln aus der Tiefe hervortreten, und keine erlaubt, so weit so tief in ihr Inneres zu dringen.«

Leopold von Buchs oben vertretene Auffassung wurde durch den Altmeister der englischen Geologie, Charles Lyell, widerlegt[13]. Er sah in der Erosion – nach vorangegangener vulkanischer Tätigkeit – den wichtigsten Faktor bei der Bildung dieser gigantischen Hohlform. Eine Hypothese, die auch durch neuere Forschungen bis heute nicht widerlegt wurde.

Im Caldera-Boden tritt an einigen Stellen der Basalt-Komplex – die älteste Formation der Insel – zutage[14]. Sein Alter wird auf etwa 35 Millionen Jahre geschätzt[16]. Er ist aus Kissenlaven aufgebaut[16], wie sie beim Ausstoß hochtemperierter Gesteinsschmelze unter Wasser durch plötzliche Abkühlung entstehen. Bis zu 1 m mächtige Strukturen mit stellenweise zwischengelagerten marinen Sedimenten findet man hier in Höhen von 160 bis 600 m.[7]

Von jüngeren Ablagerungen aus Bergstürzen, Erdrutschen und anderen Massenbewegungen sowie fluviatilen Sedimenten des Alluviums abgesehen, besteht der von Ganggesteinen durchsetzte Caldera-Boden aus einer »Sukzession von vulkanischen Decken«[4]. Sie sind sie die hauptsächlich aus jungen Ergußgesteinen, verfestigtem vulkanischem Trümmergestein sowie aus

Tuffen, Schlacken, Aschen und anderen Lockermassen bestehende Caldera-Umwallung zwischen 1 und 1,6 Millionen Jahre alt.[I]

Die Caldera de Taburiente wird durch den bis zu 900 m tief in einem »tektonischen Graben«[II] verlaufenden Barranco de las Angustias entwässert. Über 250 m mächtig sind in dieser gewaltigsten Schlucht der Insel die von Lavadecken durchsetzten Schotterlagen, in die sich der Caldera-Ausfluß im Verlaufe mehrerer Landhebungen und -senkungen terrassenbildend eingeschnitten hat[5, II].

Wenn auch die meisten der hier sedimentierten Konglomerate terrestrischen Ursprungs sind, gibt es dennoch bis zu 50 m mächtige Einheiten basaltischer Kissenlaven, was auf ein wahrscheinlich mittelmiozänes Eindringen des Meeres hinweist[17].

Die Maultiere für unsere Exkursion in die Caldera sind bestellt, eins je Person und eins für das Gepäck. Denn wir werden, ausgehend von Los Llanos de Aridane, zwei Tage unterwegs sein. Bei Sonnenaufgang geht es los. In der Frische des Morgens wollen wir bereits ein gutes Stück unseres beschwerlichen Weges hinter uns gebracht haben.

Verschlafen liegt der kleine Ort da. Außer den bereits auf uns wartenden Maultierführern haben wir noch keine Menschenseele in den stillen Straßen getroffen. Sorgfältig wird unser Gepäck in groben Säcken auf dem Rücken eines Mulis angeschnallt und die Festigkeit der Riemen und Stricke immer wieder überprüft. Wie wichtig das ist, sollen wir bald mit erschreckender Deutlichkeit zu spüren bekommen. Wir sitzen auf. Welch seltsames Gefühl für einen Reiter! Wie gemächlich diese langrückigen, linkisch wirkenden Tiere mit uns dahintrotten! ›Arda, mulo‹, ›Geh, Muli! Vorwärts, Muli!‹. Immer wieder hören wir diese antreibenden Worte, die einzigen, die der campesino für sein Reittier übrig hat.

Nächste Doppelseite: Wolkenmeer unter den Ostwänden der Caldera de Taburiente; im Hintergrund ist die Insel Teneriffa zu erkennen.

Von Argual geht es in steilen Windungen abwärts in den Barranco de las Angustias. Auf der geröllübersäten Talsohle vermitteln uns riesige, glatt geschliffene Felsblöcke einen ersten Eindruck von der gewaltigen transportierenden und erodierenden Kraft des fließenden Wassers, das sich seit Aberjahrtausenden auf diesem Wege aus der Caldera de Taburiente ins Meer ergießt. Auf schmalem Pfad geht es auf der anderen Seite steil wieder hinauf. Je mehr wir uns der Caldera nähern, desto tiefer werden die schroffen Abstürze entlang unseres Weges, desto deutlicher spüren wir auch die Berechtigung des Namens dieser manchmal schier grundlos erscheinenden Schlucht der ›quälenden, beklemmenden Ängste‹, die sich bis zu 900 m tief in das Inselmassiv eingeschnitten hat. Solche gefahrvollen Saumpfade kann man wirklich nicht ohne ortskundige Führer gehen. An besonders schmalen Stellen, an denen steile Felswände uns an den Abgrund drängen, möchte man absitzen, so wie man es bei den starken Steigungen zu tun pflegt. Doch hier rät der Führer unseres kleinen Maultiertrupps dringend ab. Wir könnten schwindelnd und strauchelnd die tiefe Steilwand hinabstürzen, die Mulis jedoch nicht. Nur richtig festhalten müßten wir uns. Und wie sicher passieren sie dann mit uns die gefahrvollen Wegverengungen! Wiederum zwingt uns das zerrissene Gelände mal vom Steilufer weg, mal zum Abgrund hin, bis wir endlich erneut die Talsohle erreicht haben. Unheimlich wirkt die Schlucht von hier unten! Lange Felsvorsprünge hängen drohend über uns. Beängstigend scheinen sich die schroffen Hänge manchmal fast zusammenzupressen, so als müßte man jeden Augenblick von ihnen erdrückt werden. Doch dann bricht auf einmal die Sonne herein. In buntem Farbenspiel treten an den seitlichen Aufschlüssen die uralten Lavamassen zutage: Hier wild eingerissen und in dicken, graubraunen Schichten schräg angehoben, da von blauschwarzen jüngeren Lavastreifen unregelmäßig überzogen, dort wirr durchdrungen von Resten zerbröckelnder Schlacken und Tuffen. Das glatt geschliffene schmutzig-gelbliche Flußbett ist auf weiten Strecken von blaßgrünen Moosen überwachsen. Große, halbkugelförmige Erosionsmulden sind voller Schotter, die Kanten gewaltiger Felsbrocken abgerundet. Mit welcher Wucht muß das Wasser hier im Winter zu Tal stürzen! Nur die schmale seitlich gemauerte Rinne vermag es jetzt zu füllen.

Immer steiler steigt das enge Flußbett an. Und immer höher erheben sich auch die Uferwände. Dort, wo sie fast zusammenstoßen, vereinigen sich, tief eingeschnitten, zwei solcher Schluchten. Wir lassen unsere Begleiter mit den Mulis die letzte Strecke allein weiterziehen und erklimmen mühsam das steile Ufer. Dann atmen wir erleichtert auf: Befreit von der bedrükkenden Enge, breitet sich nun eine weite Mittelgebirgslandschaft vor uns aus. Dichte Pinienwälder bedecken die oft sanft geneigten Hänge. In den Tälern glitzert da und dort das Wasser eines plätschernden Baches. Und so, als wollte man diese Idylle vor der Unbill der Welt behüten, reckt sich schützend die gigantische, von vulkanischen Gängen durchzogene graue Felsmauer der Caldera-Umrandung um die ganze Weite der anmutigen Landschaft auf. Bis zu 2000 m von nach oben lichter werdenden Pinienwäldern bedeckt, ragen ihre kahlen Gipfel – morgens meistens von zarten Wolken umspielt – in fast gleichbleibender Höhe mehr als 2300 m in den Himmel hinein. Über 1000 m tief ist der Absturz zur Basis.

Vor uns steht der schlanke *Monolith Idafe*. Sein Sturz würde nach dem Glauben der Ureinwohner Unheil bringen. Deshalb legten sie dort zum Verzehr ungeeignetes Fleisch als Opfergaben nieder. Über diese Zeremonie haben sich zwei ihrer wenigen überlieferten Sätze erhalten: »Yguida y iguan Idafe? – Sagt man, daß der Idafe stürzt? – Que guerte y guan tanc – Gib ihm das, was du mitbringst, und er wird nicht stürzen.«[24]

An der Biegung eines Hohlweges wuchert üppig hohes Farnkraut. Der Boden ist feucht. In der Böschung steckt schräg ein kurzes Bambusrohr, in seiner Länge halbiert; frisches Wasser läuft darin, das erste Quellwasser auf unserer Inselfahrt. Quellen und ganzjährig fließende Bäche sind auf den Kanarischen Inseln eine Seltenheit. Hier in der Caldera gibt es mehrere. Aber auch sie führen im Sommer nur wenig Wasser. Eisenhaltig-gelbliches Mineralwasser rinnt im *Barranco del Almendro Amargo*, dem Tal der ›Bitteren Mandel‹.

Auf einer grasbewachsenen Ebene steht einsam das kleine Gehöft eines Tabakpflanzers. Unter hohen Maronenbäumen finden die Mulis Schutz vor der Sonne. Sie werden sofort getränkt und gefüttert. Wir erhalten ein Glas Wasser als Willkommenstrunk. Auf der aus groben Feldsteinen hergerichteten Feuerstelle am Giebel des kleinen Wohnhauses steht ein großer gußeiserner Topf mit dem Hauptgericht. Es gibt Gofio-Klöße, zubereitet aus leicht geröstetem Maismehl. Die Ureinwohner, die den erst von den Spaniern aus Mexiko eingeführten Mais noch nicht kannten, verwendeten Weizen oder Gerste zur Herstellung des Gofio, immer noch Grundnahrungsmittel vieler Kanarier auf dem Lande. Weizen-Gofio mit Milch und Honig hatten wir als bekömmliche Frühstückskost bereits bekommen. Unter schattigen Bäumen nehmen wir an einer langen Tafel Platz. Zu den Gofioklößchen gibt es Ziegenfleisch, als Vorgericht selbstgemachten Ziegenkäse, Feigen und Oliven und vorzüglichen, für den Eigenbedarf gekelterten Wein. Lange zieht sich solch ein Essen bei den Kanariern hin. Hast ist ihnen fremd. Nach dem Mahl sucht sich jeder ein schattiges Plätzchen zur alltäglichen Siesta.

Ausgeruht geht es nach einer Stunde weiter, dem Ende unseres Ausflugs entgegen. Unter einer großen Pinie machen wir schließlich halt. Hier wollen wir übernachten und dann am frühen Morgen wieder unseren Heimweg antreten.

Früher als gewünscht, wachen wir am nächsten Morgen vor Kälte auf. Die Stelle, an der wir gestern das Bachwasser zum Baden angestaut hatten, ist nicht zu sehen. Dichter Nebel füllt das Tal. Erst als wir die Caldera auf unserem Heimweg schon fast wieder verlassen haben, beginnt er sich langsam zu lichten.

Der Norden – Immergrüne Waldregion Los Tilos

Bald nachdem wir den Parador der Inselhauptstadt hinter uns gelassen haben, führt die Landstraße zunächst in vielen Windungen entlang der Steilküste mit ihren zahlreichen lohnenden Aussichtspunkten. Erst von hier oben kommt die scharfkantigsteile Caldereta in ihrer herben Schönheit so recht zur Geltung. Sich weit nach Nordosten öffnend, scheint sie die kleine Stadt schützend umfassen zu wollen.

Je weiter wir nach Norden kommen, um so breiter wird der durch alte Lavazungen leicht verflachte Hang der Küstenzone. Verwitterte Ablagerungen vulkanischer Trümmer- und Aschenmassen schufen hier im Laufe der Zeit einen fruchtbaren Boden. Windgeschützt ziehen sich hinter weißen durchbrochenen Mauern auf breiten bewässerten Terrassen ausgedehnte Bananenplantagen bis zu 300 m das Gelände hinauf.

Zwischen Tenagua und Santa Lucía, an einem scharfen Straßenknick, stehen wir an einem durch ein Kameraschild markierten Aussichtspunkt. Weit ins Meer hinein erstreckt sich unter uns die Landzunge Punta Salinas, östlichster Punkt und einzige Saline der Insel.

Bei El Granel durchqueren wir den *Barranco de Los Nogales*, die ›Schlucht der Nußbäume‹, durch die man, wenn man schwierige Pfade nicht scheut, zum Meer gelangen kann. Die *Playa de Los Nogales* genannte Bucht wird gerne zum Angeln und Unterwasserfischfang aufgesucht.

Auf der Weiterfahrt sehen wir links der Straße einen beliebten Ausflugsberg, den 437 m hohen bewaldeten Vulkankegel *Cubo de La Galga*. Gleich hinter der kleinen Ortschaft, die ihm den Namen gab, stoßen wir auf zwei fast parallel verlaufende, üppig bewachsene Barrancos mit einigen jahrhundertealten Bäumen, OREODAPHNE FOETENS. In einem langen Tunnel durchfahren wir den beide trennenden Bergrücken und gelangen nach *Andrés y Sauces*. Bei den kleinen Küstenortsteilen *San Andrés* und *Puerto Espíndola* hat sich die schon bald nach der Eroberung durch die Spanier eingeführte Zuckerrohrkultur in bescheidenem Umfang erhalten. Heute wird hier Rum hergestellt. Baden kann man in aus Lavazungen gebildeten Meeresbuchten, die geschmackvoll zu blumenumstandenen Schwimmbecken ausgebaut wurden.

Immergrüne Waldregion Los Tilos

Der Name dieses unter dem Schutz der UNESCO stehenden tertiären Reliktwaldes im Barranco del Agua bei Los Sauces ist irreführend. Denn nicht der ›Tilo‹, die ›Linde‹, ist sein Charakterbaum, sondern der zu den Lorbeergewächsen gehörende Til, OCOTEA FOETENS. Der kanarischen Weide, SALIX CANARIENSIS, verdankt der nahe Ort Sauces seinen Namen.

Dünne Wasserfäden rinnen an den Stämmen auf den moosbedeckten Boden hinunter. Flechten hängen von den Ästen herab. Übermannshoch sind die Farne, die unter dem immergrünen Laubdach wuchern. Diese üppige Vegetation wird im wesentlichen dadurch hervorgerufen, daß sich die vom Nordost-Passat mitgeführten feuchten Luftmassen an den hohen Talwänden des luvwärts gerichteten Barrancos stauen, wo die Lorbeergewächse die feuchtigkeitsschwangere Luft zu tropfendem Wasser kondensieren. Eine solche Wasseranreicherung des Bodens führt, zusammen mit den vom Inselrelief abhängigen erhöhten Niederschlägen, die mit 586 mm in zwanzigjährigem Durchschnitt ermittelten Werten fast doppelt so hoch wie auf Gran Canaria sind, zu verstärkter Quellbildung, welche zudem durch den geologischen Bau des Untergrundes gefördert wird.

Das Plätschern der von sattem Grün gesäumten Wasserfälle wird von dem Gesang zahlreicher Vögel begleitet. Hier gibt es nicht nur Schwärme von tschilpenden Steinsperlingen, PETRONIA PETRONIA MADEIRIENSIS, und spanischen Haussperlingen, PASSER HISPANIOLENSIS. Hier hört man auch das schrille Tschiri-tschiri endemischer palmensischer Finkenvögel, FRINGILLA COELEBS PALMAE, oder das Ssiit-ssiit der aschgrauen kanarischen Bergstelzen, MOTACILLA CINEREA CANARIENSIS, und das Tschiliitschilii der auf Madeira und den Kanaren endemischen Stelze ANTHUS BERTHELOTII und das Zilp-zalp-zilp der fliegerschnäpperartigen Zilpzalpe, PHYLLOSCOPUS COLLYBITA CANARIENSIS, und das Tschii-tschii des als Subspezies endemischen Teneriffa-Wintergoldhähnchens, REGULUS REGULUS TENERIFFAE. Auf den Kanaren und Madeira endemisch ist auch der Segler APUS UNICOLOR und auf La Palma beschränkt die Unterart der Blaumeise, PARUS CAERULEUS PALMENSIS. Und bis hierher dehnt sich das Verbreitungsgebiet der europäischen Amsel, TURDUS MERULA, aus.

Von ganz besonderer ornithologischer Bedeutung sind in den Lorbeer- und Baumheidewaldresten des Nordostens der Insel zwei vom Aussterben bedrohte Lorbeertaubenarten. Nur noch auf La Palma, Teneriffa und Gomera haben sich die wenigen Exemplare der auf den Kanarischen Inseln endemischen COLUMBA JUNONIAE und des makaronesischen Endemiten COLUMBA BOLLII erhalten.

Einige Kilometer nördlich der nicht mehr zu Los Tilos gehörenden vogelreichen Landschaft von Los Sauces entdecken wir in den zerklüfteten Felswänden von Kap Punta Salvajes Brutkolonien der Alpenkrähen, PYRRHOCORAX PYRRHOCORAX, die sonst nirgendwo im kanarischen Archipel vorkommen.

Unser nächstes Ziel ist die Ackerbauhochebene um das Dorf *Barlovento.* Im Osten wird dieses Gebiet durch den mächtigen Barranco de Herradura, die ›Hufeisenschlucht‹, begrenzt, im Westen durch den Barranco del Palmito und im Süden durch die 796 m hoch gelegene Laguna de Barlovento, eine 200 m tiefe kesselartige Senke, deren 10 ha großer Boden landwirtschaftlich

Blick vom Aussichtspunkt La Cumbrecita auf die Cumbre de los Andenes im Norden von La Palma

genutzt wurde. Seit Mitte der siebziger Jahre ist die Laguna de Barlovento bei einer Tiefe von 12 m das größte Süßwasserreservoir der Provinz.

In dem Ortsnamen Barlovento ist das aus dem Skandinavischen abgeleitete französische Wort ›lof‹ enthalten. Die besondere Bedeutung des Windes in dieser luvwärts gewandten Region äußert sich nicht nur in den nach Nordosten offenen Aschenkegeln, sondern auch in den vom Nordost-Passat mitgeführten feuchten Luftmassen. Da diese durch die hohe Umwallung der Caldera de Taburiente zum abkühlenden Aufsteigen gezwungen werden, ist die Hochebene um Barlovento außerordentlich niederschlagsreich. (Während die mittleren Jahreswerte in den Küstenorten Santa Cruz de La Palma 545 mm, in Puerto de la Cruz auf Teneriffa 352 mm und in Las Palmas de Gran Canaria 232 mm betragen, werden für Barlovento 800 mm geschätzt.) Die meisten Regentage – im Durchschnitt zehn bis fünfzehn – fallen bei starken monatlichen und jährlichen Schwankungen in den Winter.

In Barlovento stehen Landschaft und Brauchtum noch in einem recht unverfälschten naturhaften Zusammenhang. Hier tanzt man in schmucken Trachten den althergebrachten Erntedanktanz ›baile de trigo‹ – den ›Weizentanz‹. Hier fertigt man aus kräftigen Getreidehalmen hübsche Strohflechtarbeiten an und stellt noch die im 17. Jahrhundert an europäischen Fürstenhöfen so geschätzten Calado-Lochstickereiarbeiten her.

Etwa 200 m Höhenunterschied haben wir zwischen Barlovento und der kleinen Ortschaft *Los Gallegos* zu überwinden. Etwa 4 km ist die Luftlinienentfernung, mehr als doppelt so lang der Fahrweg. Einigemal erblicken wir das Dörfchen unter uns und glauben, ihm ganz nahe zu sein; doch immer wieder müssen wir weit in den Oberlauf der Barrancos hinein, um die meerwärts breiter und tiefer werdenden Täler zu umfahren. Nur knapp 2 km beträgt die Luftlinienentfernung zwischen dem nach den nordwestspanischen Galiziern benannten Ort und dem jenseits der beiden parallelverlaufenden Barrancos gelegenem Dorf *Los Franceses*, ›Die Franzosen‹; fast 12 km lang ist die beide Ortschaften verbindende Landstraße.

Weiter auf dem Weg nach Westen, fahren wir nun in Höhen von 700 bis nahezu 1000 m fast ständig durch dichte Wälder.

Aus einer Steilwand am Wege sprudelt eine Quelle in ein offenes gemauertes Becken. Trotz des üppigen Pflanzenwuchses ringsum, in dem übermannshohes Farnkraut besonders auffällt, ist es frei von Blättern, so daß das auf den Kanaren so kostbare Wasser ungehindert in die angeschlossenen Leitungsrohre laufen kann. In einem Seitenweg liegt der Zugang zu einer ›galería‹, einem hier über 1 km weit in den Berg getriebenen Stollen zur Trinkwassergewinnung, von denen es – im Vergleich zu Teneriffa – auf La Palma nur wenige gibt. Bei der kleinen Ortschaft *La Mata* haben wir schließlich den Barranco mit der *Fuente de la Zarza* erreicht.

An der Quelle und der etwa 20 m entfernten Höhle wurden, teils total zerstört, teils stark beschädigt, Petroglyphen in Form von Spiralen, konzentrischen Kreisen, parallelen Halbkreisbögen und leicht gekrümmten parallelverlaufenden Linien zu unbekannter Zeit in den Fels geritzt. Archäologen haben Ähnlichkeiten mit Petroglyphen in Ägypten, in der Bretagne und in Irland festgestellt[20, 31].

Nach etwa zehn Minuten Fußweg sind wir in der Nähe der Wegekreuzung oberhalb der weiten Ackerbauebene *Llano Negro*, der ›Schwarzen Ebene‹, mit dem kleinen Dorf gleichen Namens in ihrer Mitte. Dahinter blickt man auf vulkanische Schlackenberge, von denen einer in seinem Namen gleichfalls auf dieses relativ ebene Gelände hinweist: die 945 m hohe Erhebung *Las Llanadas*, die ›Flachländer‹. Von dieser mit vulkanischen Auswurfmassen bedeckten Hochebene fällt das Gelände 20-30° steil zum nur wenige Kilometer entfernten Meer hin ab. Auf der Landstraße nach Garafía überwinden wir diesen gewaltigen Höhenunterschied ohne Schwierigkeiten in kurzen, breit ausgebauten Kurven und langgestreckten Schleifen, die immer wieder hindernde Bergrücken wegverkürzend durchschneiden.

Bei einem kleinen Drachenbaum, mit dem sich nun die Küstenregion ankündigt, steigen wir aus. Wir blicken auf Garafía und das von weißen Wellenkämmen besetzte Meer. Hatten wir bisher auf unserer Fahrt durch bewaldete Berge und Täler kaum etwas vom Wind verspürt, so bläst er uns jetzt scharf ins Gesicht. Der ständig wehende Nordost-Passat hat die in dieser Höhenzone noch vereinzelt wachsenden Pinien leicht nach Südwesten gekrümmt und an ihren Nordostseiten keine Zweige aufkom-

Das Observatorium auf dem Roque de los Muchachos

men lassen. Auch *Santo Domingo de Garafía*, wie der kleine Ort offiziell heißt, liegt in einer großen Ackerbauebene, die hauptsächlich mit Weizen, Gerste und Mais bestellt wird. Auf den zementierten Bänken der Plaza, im Schatten weitausladender indischer Lorbeerbäume, halten die alten Männer des Dorfes am Sonntag ihr Schwätzchen; die jüngeren stehen dicht gedrängt, diskutierend in den beiden kleinen seitlichen Bars.

Auf einem etwa 3 km langen kurvenreichen Weg steigen wir zu der tief in die Steilküste eingeschnittenen Mündungsbucht des *Barranco de Fernando* hinab. Zur Rechten ziehen sich schmale, kurze Terrassen mit abgeernteten Getreidefeldern weithin den Hang hinunter. Hier und da sieht man einen kleinen Drachenbaum in der kahlen Landschaft. Lange Reihen leuchtendgrüner Agaven klammern sich an die Steilwände des Barranco, der zu der einsamen Bootsanlegestelle *Puertito de Santo Domingo* führt. Gleich einem schützenden Bollwerk sind der Bucht nordostwärts drei kleine Felseninseln vorgelagert, an denen sich die vom Passat getriebenen Wellen hoch aufspritzend brechen.

Mehr als 400 Höhenmeter sind wir vom Zentrum Garafías bis hierher hinabgestiegen. Doppelt so hoch müssen wir wieder hinauf, um die Landstraße nach Las Tricias zu erreichen.

In *Las Tricias*, das von dem Dorf *Puntagorda* nur durch den stellenweise äußerst steilwandigen Barranco de Izcagua getrennt ist, verwaltungsmäßig aber noch zu Garafía gehört, machen wir halt, um von dort den *Roque de los Muchachos* zu besteigen.

Auf mehreren Wegen kann man im Nordwesten zu diesem 2423 m hohen ›Fels der Burschen‹, der höchsten Erhebung der Insel, gelangen. Für Autofahrer gibt es eine Fahrstraße; eine andere führt von der Hauptstadt dorthin. Durch das einsam gelegene Dörfchen *Montaña del Arco* geht es in vielen Windungen höher und höher die mit Pinien bewachsenen Berge hinauf. Immer lichter wird der Wald, bis wir die Andenes, die ›Zugänge‹ zur Caldera, erreichen.

Halbkreisförmig, wie es scheint, breitet sich vor uns die kahle 2000 m hohe Gipfelregion mit dem 1987 errichteten Observatorium aus. So wirken die relativen Höhen des Roque de los Muchachos und der Reste parasitärer Krater in der Caldera-Umwallung von hier aus recht gering. Die Caldera sehen wir erst, wenn wir kurz davorstehen. Wie Leopold von Buch (1825), überblikken wir »die entsetzliche Tiefe in ihrem ganzen Umfang: Abgründe, wie sie Wenige ihres Gleichen auf der Erdfläche finden«.

Die gewaltige seitliche Öffnung der Caldera, der Barranco de las Angustias, wirkt von hier oben aus nur wie ein schmaler, sich verengender Streifen, in welchem sich die hohen Talwände aneinanderzuschieben scheinen. Weit schweift unser Blick an diesem fast wolkenfreien Tag über große Teile der Insel. In der Ferne am Horizont sieht man die Inseln Teneriffa, La Gomera und El Hierro.

Nachdem wir die Pinienwälder verlassen haben, blicken wir auf das 600 m hoch gelegene Dorf *Puntagorda*, wo man am Cruz de la Reina Grundmauern prähistorischer Unterkünfte entdeckt hatte. Welch eine armutige Landschaft breitet sich hier vor uns aus: Weiß getünchte Häuser schmiegen sich im Schatten alter Bäume in die flachen Täler des sanft nach Osten ansteigenden

Geländes. Besonders schön ist es hier im Winter, wenn oberhalb der grünen Felder und Weiden ein zarter rosaweißer Schimmer blühender Mandelbäume die Hänge überzieht. Nach der Mandelernte gibt es als köstliche Spezialitäten ›almendrados‹ und ›queso de almendra‹. Außer Mandeln sind Äpfel, Feigen, Wein und Getreide die wichtigsten Erzeugnisse dieser sich bis nach *Tijarafe* erstreckenden Region.

In Heimarbeit und Kleinbetrieben werden in Tijarafe Hüte aus Roggen- und Weizenstroh hergestellt sowie Palmblatt-Arbeiten und Weinfässer. Im Ortsteil Tajodeque fand man Schriftzeichen-Gravierungen.

Nach knapp 9 km haben wir den Time erreicht, von dem wir dann in langen Schleifen zum Hafen von Tazacorte hinunterfahren, wo wir unsere Rundreise beenden.

Tazacorte ist die jüngste palmarische Stadtgemeinde und die älteste spanische Siedlung der Insel. Ohne zunächst auf Widerstand zu stoßen, begann hier Fernández de Lugo, nach diplomatischer Vorbereitung durch eine Kanarierin, mit spanischen Soldaten und eingeborenen Kriegern bereits unterworfener Inseln seinen halbjährigen Eroberungsfeldzug auf La Palma, nachdem ein erster Landungsversuch ein Jahr zuvor fehlgeschlagen war. Er landete am 29. September 1492 – zur gleichen Zeit, als Columbus auf seiner ersten Amerika-Fahrt die Insel passierte – am Tag des Erzengels Michael, ein Grund, der Insel den Namen ›San Miguel de La Palma‹ zu geben, den sie offiziell noch heute trägt.

In Tazacorte errichteten die Spanier die erste Kapelle auf La Palma, die im Laufe der Jahrhunderte völlig umgestaltete Ermita de San Miguel. Hier schlugen Spanier und Kanarier gemeinsam französische Korsarenangriffe ab. Von hier aus fuhren zu Beginn des 16. Jahrhunderts die ersten Schiffe mit Zuckerrohrpflanzen zu den neuen spanischen Kolonien in Mittelamerika. Tazacorte war anfangs auch der Ausfuhrhafen für die späteren Bananenplantagen des Aridane-Tals. Heute werden die Bananen auf Lastwagen zu dem größeren Hafen der Inselhauptstadt transportiert, während in Tazacorte nur noch kleinere Fischereifahrzeuge anlegen.

Puerto de Tazacorte an der Westküste La Palmas

Die sich an die Mole anschließende kurze und schmale *Playa El Roque* liegt vor der hohen Felswand des Time, der hier abrupt im Atlantik endet. Hin und wieder ragen kopfgroße glattgeschliffene Steine aus dem feinen Sand. Bei unserem letzten Besuch war die gleiche Stelle über und über davon besät. Wie sehr das durch die seltenen, dann aber meist heftig wehenden Westwinde aufgewühlte Meer den kleinen Strand doch zu verändern vermag!

Obwohl Tazacorte schon vor Beginn des Massentourismus auf Teneriffa und Gran Canaria von den Palmeros gerne ›Klein-Paris‹ genannt wurde, gab es im Frühjahr 1990 lediglich zweihundert Gästebetten. So ist die 1989 kaum mehr als siebentausend Einwohner zählende Kleinstadt immer noch ein beliebter Bade- und Vergnügungsort der einheimischen Bevölkerung, die noch zu herzlicher Gastfreundschaft fähig ist.

Cueva Bonita

Der alte Fischer in der kleinen Hafenbar in Tazacorte meint, daß das Meer heute ruhig genug sei, um eine Bootsfahrt in die *Cueva Bonita* zu wagen. Daß dies bei hohem Wellengang unmöglich ist, sollen wir sogar an diesem fast windstillen Tag schon gleich zu spüren bekommen. Denn kaum hat unser kleines Motorboot abgelegt, schlägt ein hoher Brecher klatschend gegen die kurze, glitschige Kaimauer. Doch geschickt nutzt unser Steuermann den Vor- und Rücklauf der Wellen aus, und wir gelangen ohne Schwierigkeiten ins offene Meer.

Das flache Aufschüttungsgebiet an der Mündung des Barranco de las Angustias liegt bald hinter uns. An hoher Steilküste entlang geht es nach Norden. Von einem der vorgelagerten Roques, kleinen vulkanischen Klippen, die hier die Gewalt der manchmal recht heftigen Wogen ein wenig mildern, winken uns Angler zu.

Immer wenn wir eine Brandungs- oder Lavablasenhöhle erblicken, meinen wir, die Cueva Bonita erreicht zu haben. Doch erst nach fünf Seemeilen sehen wir in der Steilwand zwei große nebeneinanderliegende Öffnungen an der Meeresoberfläche, die beiden Einfahrtstore in unsere Cueva. Fast 10 m breit ist das eine, über 10 m breit das andere.

Es ist Flut. Ob wir bei dem hohen Wasserstand mit unserem Boot auch hineinkommen werden? Doch bei Ebbe wäre die Fahrrinne im Höhleneingang zu flach gewesen. Je mehr wir uns der Steilküste nähern, um so bedrohlicher wirken die tosend gegen die seitlichen Eingangswände schlagenden Wellen, um so deutlicher sehen wir, wie sie sich mit unheimlicher Wucht durch die uns so eng erscheinende Öffnung pressen. Ob bei solchen Wassermengen noch genügend Raum für unser Boot bleibt? Doch jäh schwindet all unsere Skepsis; denn eine starke Welle hebt es und schleudert es mit sanftem Schwung tief in die Höhle hinein. Unwillkürlich ziehen wir die Köpfe ein. Der Fischer aber lächelt und streckt die Arme in die Höhe. Wie überraschend groß ist doch der Abstand zu der uns so gefährlich niedrig erschienenen Decke! Das eindringende Licht spiegelt sich im klaren Wasser, in welchem bunt glänzende Fische hin und her huschen, und läßt die da und dort von langen Flechten überzogenen Wände in grünen, grauen, gelblichen und rötlichen Farben schillern. Wie sehr zu Recht doch diese ›Schöne Höhle‹ ihren Namen trägt!

Der Süden

Auf dem Weg von Los Llanos und El Paso nach Süden durchschneidet die Landstraße bei *Las Manchas* hoch aufgetürmte spröde Lavamassen. Hier hatten 1949 die Ausbrüche dreier Vulkane nach einer 237 Jahre währenden Ruhepause auf der Insel schwere Verwüstungen angerichtet. Während aus dem zum älteren Vulkan Namboroque gehörenden Hoyo Negro (1900 m) nur gewaltige Aschenmassen und große Mengen an Gasen, Dampf und siedendem Wasser ausgestoßen wurden, quollen aus dem 350 m entfernten Duraznero (1700 m) und vor allem aus dem an der unteren Flanke des Vulkans Birigoyo (808 m) aufgebrochenen Nebenkrater Llano del Banco mächtige Lavaströme, die sich, auf ihrer Strecke alles vernichtend, bei Puerto de Naos ins Meer wälzten.

Kleinere zerklüftete Lavazungen schieben sich auch hier über den breiten, kilometerlangen Strand, dessen feinkörnige vulkanische Sande sich an windgeschützten Stellen bis zu 70° erwärmen können. Der Tourismus hat den Platz entdeckt und baut ihn aus.

Der von der Cumbre Nueva durch den 1415 m hohen Cumbre-Paß getrennte Gebirgszug *Cumbre Vieja* ist das etwa 16 km lange Rückgrat des südlichen Inselteiles. Sein von durchschnittlich 1800 m im Norden auf 700 m im Süden an Höhe abnehmender Kamm und die westliche und östliche Abdachung sind von zahlreichen quartären Kratern bestückt. Von ihnen waren fünf größere und einige kleinere in historischer Zeit tätig: 1646, 1677, 1712, 1949 und 1971.

Die Gemeinde *Fuencaliente* – ›Heiße Quelle‹ – umfaßt den spitzwinklig sich verengenden Südzipfel der Insel. Bezieht sich der Name des Dorfkerns auf die 1677 von einem Lavastrom verschüttete warme Heilwasserquelle, so der des nordwestlichen Vorortes *Las Indias* auf die jenseits des Atlantik gelegenen neuentdeckten ›indischen‹ Gebiete und schließlich *Los Quemados*, ›die Verbrannten‹, auf den bis in unser Jahrhundert hinein in diesem Bereich tätigen Vulkanismus. Bis hierher fraßen sich auch die Flammen des verheerenden Waldbrandes im Juli 1978.

Schwere Schäden richtete das Feuer auch an den Weinbergen an. Die auf vulkanischen Auswurfmassen windgeschützt in breiten Rillen oder kleinen Mulden gezogenen Reben machen dieses sonnige und niederschlagsarme Gebiet zum Zentrum der palmarischen Weinproduktion. Weit über zwei Millionen Liter werden Jahr für Jahr hier gekeltert. Wenn auch der Lanzaroter Malvasía-Wein wegen der dort noch günstigeren klimatischen Bedingungen dem von Fuencaliente meistens vorgezogen wird, lassen wir uns auch hier in dem größten Rebenanbaugebiet der Insel La Palma den schon von Shakespeare gepriesenen schweren Edelwein zum Mittagessen munden. Als Vorgericht gibt es ›caldo canario‹, eine kanarische Weinsuppe, die sich im 17. Jahrhundert an europäischen Fürstenhöfen großer Beliebtheit erfreute.

Der 1 km südlich des Ortszentrums gelegene, fast kreisrunde *Vulkan San Antonio* ist das Wahrzeichen der südlichen Inselhälfte. Nachdem wir ein lichtes Pinienwäldchen durchquert haben, geht es ohne größere Mühen den sanft ansteigenden Hang hinauf. Etwa 500 m beträgt der obere Durchmesser des hauptsächlich aus rötlich-schwarzen Aschenmassen bestehenden Kraterwalles. Von seinem 650 m hohen, nahezu ebenmäßigen Rand blicken wir mehr als 50 m tief den steil abfallenden Innenhang hinab. Auf dem sich unten vor uns ausbreitenden Kraterboden hat man Pinien angepflanzt. Über neun Wochen lang dauerten die verheerenden Ausbrüche um die Wende zum Jahr 1678. Sie sind uns in einer recht ausführlichen zeitgenössischen Schilderung überliefert, aus der Leopold von Buch (1825) kommentierte Auszüge bringt.

So wie beim Ausbruch des San Antonio waren auch den sich über fünf Wochen hinziehenden Eruptionen der *Teneguía-Vul-*

kane im Jahr 1971 dumpfe, grollende Erdstöße vorausgegangen, die an manchen Stellen vier, an anderen sechs Tage lang anhielten. Danach brachen mit großem Getöse breite Spalten in alten Lavadecken auf, aus denen langsam glutflüssiges Magma quoll, das sich beim ersten Teneguía-Vulkan zunächst mit einer Geschwindigkeit von 2 m je Minute fortwälzte. Heftigere Eruptionen an den sich schnell erweiternden Öffnungen setzten ein, dann neue in nächster Nähe und andere in weiterem Umkreis. Große Gesteinsbrocken und gewaltige Lapilli- und Aschenmassen wurden hinausgeschleudert und rotglühende Lavafontänen Hunderte von Metern emporgestoßen. Neue Krater brachen auf, an deren Ausgängen Temperaturen bis zu 1100°C gemessen wurden. Die aus den größten Ausbruchstellen hervorquellende Lava ergoß sich nun mit einer Geschwindigkeit von 120 m/min. in breiten Strömen zischend und brodelnd in den Atlantik.

Bis zu 300 m schiebt sich die Pinienwaldzone im Pinar von Fuencaliente nach unten. Zwischen 800 und 1200 m liegt deren untere Begrenzung im feuchteren Nordteil der Insel. Noch weiter abwärts erstreckt sich der Pinar bei dem Dorf *Montes de Luna*. Wenn man auf der Fahrt nach Nordosten dieses größte palmarische Lavagebiet durchquert hat, gabelt sich bei *Tigalate* die Straße. Wir nehmen den landschaftlich schöneren Höhenweg mit weitem Blick über Weinberge und Meer auf der einen Seite, bewaldete Hänge der Cumbre Vieja auf der anderen und Aschenkegel zur Rechten und zur Linken. In *La Sabina*, Ortsteil des durch kunstvolle Bordado- und Calados-Handarbeiten bekannten Dorfes *Mazo*, machen wir halt. An der stark beschädigten *Cueva de Belmaco* in Sabina, die bereits von Viera y Clavijo (1752) beschrieben worden war, fallen rätselhafte Felsritzungen auf: Wir sehen, 2 bis 3 cm tief eingeritzt, einige Spiralen – ähnlich denen bei der Fuente de la Zarza – und in fast senkrechter Reihung mehrere kleinere, deren Windungen von Figur zu Figur an Zahl zunehmen. Außerdem gibt es wohlgeformte und unregelmäßige Schlangenlinien, längere und kürzere Geraden, ausgezogene und punktierte Ellipsen- und Kreisbögen, mehrere gleichgroße Kreise und einige nicht deutbare Darstellungen. Ähnliche Spiralgravierungen findet man in der Bretagne und in Irland sowie in Nordafrika[35, 36]. Alle Auslegungsversuche blieben bisher erfolglos.

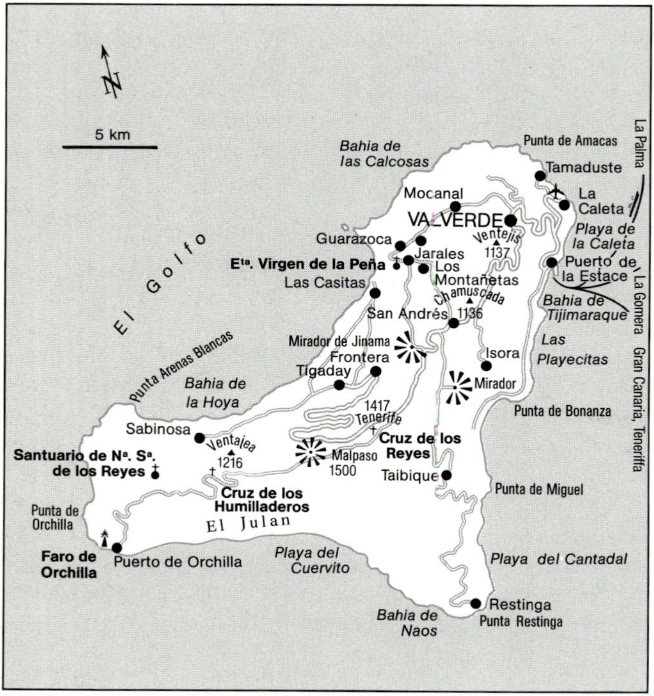
5 km
Bahia de
las Calcosas
Punta de Amacas
Tamaduste
La Palma
La
Caleta
Mocanal
VALVERDE
Playa de
la Caleta
Ventejis
1137
Guarazoca
Jarales
Eta. Virgen de la Peña
Los
Montañetas
Puerto de
la Estace
Las Casitas
Chamuscada
1136
Bahia de
Tijimaraque
La Gomera
San Andrés
El Golfo
Mirador de Jinama
Frontera
Isora
Las
Playecitas
Gran Canaria, Teneriffa
Punta Arenas Blancas
Tigaday
Mirador
Bahia de
la Hoya
1417
Tenerife
Punta de Bonanza
Sabinosa
Ventajea
1216
Malpaso
1500
Cruz de los
Reyes
Santuario de Na. Sa.
de los Reyes
Taibique
Cruz de los
Humilladeros
Punta de Miguel
El Julan
Punta de
Orchilla
Faro de
Orchilla
Puerto de Orchilla
Playa del
Cuervito
Playa del Cantadal
Restinga
Punta Restinga
Bahia de
Naos

El Hierro – Die stille Insel

Einerseits armselige Weiden, karge Felder und viel Ödland in dem einförmigen, von Schlacken- und Aschenkegeln durchsetzten Hochland, andererseits überwältigende Ausblicke auf die von Obstbaum- und Bananenplantagen bedeckte Tiefebene des Golfo, Lorbeerwald an Steilhängen, windzerzauste Sadebäume im Süden, Pinienforst im Inselzentrum – das ist El Hierro, ein schlichtes, doch einladendes Eiland für den, der in ganzjährig mildem Klima Einsamkeit und Stille und Kontakt zu einer gastfreundlichen Bevölkerung sucht.

Mit 27° 37′ nördlicher Breite und 18° 10′ westlicher Länge ist El Hierro die südlichste und zugleich westlichste der Kanarischen Inseln.

Nach dem Muster des Geographiewerkes von Claudius Ptolemäus hatte man den Nullmeridian auf mittelalterlichen Karten durch den kanarischen Archipel laufen lassen, der bis zur Entdeckung der Azoren (1432) als das am weitesten nach Westen vorgeschobene Gebiet der damals bekannten Welt galt. Im Jahr 1634 wurde dieser Längengrad in Paris – präziser – durch die fernste der Kanaren, El Hierro, gezogen. Er bildete bis 1882 die Grundlage des Koordinatensystems in Spanien und zum Teil auch noch bis 1918 im Kaiserreich Österreich-Ungarn, wo man ihn auch später noch gelegentlich neben dem Meridian von Greenwich finden konnte.

Vergleicht man El Hierro, die mit knapp 278 km² kleinste der sieben kanarischen Hauptinseln, mit einem vorn leicht angehobenen kurzen Stiefel, dann beträgt die Entfernung von der Stiefelspitze (Punta de Orchilla) bis zur Außenkante des Absatzes (Punta de la Restinga) etwa 20 km und von dort bis zum Ende des Schaftes (Punta Norte) ungefähr 25 km, während der Durchmesser des Stiefelschaftes zwischen der großen Bucht des Golfo und der kleineren der Playas kaum mehr als 7 km mißt. Die Küstenlänge beträgt grob 95 km.

Nähert man sich der Insel im Flugzeug von Teneriffa (89 km) oder von La Palma (65 km) oder mit dem Schiff von La Gomera

(61 km), so fällt auf, daß El Hierro – im Gegensatz zu den übrigen drei westlichen Inseln und Gran Canaria – ohne allmählichen Übergang ins Landesinnere und wegen der geringen Ausdehnung, der spärlichen Niederschläge und der mächtigen Schichten poröser vulkanischer Lockermassen auch ohne tief eingekerbte Barrancos besonders schroff aus dem Meer aufragt. Mehr als 1000 m hebt sich das von zahlreichen relativ niedrigen Aschen- und Schlackenkegeln übersäte Hochplateau aus nahezu horizontal lagernden basaltischen Laven, Tuffen und Aschen über die Wasseroberfläche hinaus, und mehr als 4000 m geht es steil in die Tiefe des Ozeans.

El Hierro, ursprünglich ein fast kreisrunder Schildvulkan, ist vor etwa drei Millionen Jahren als jüngste der Kanarischen Inseln entstanden[10] und wird heute gerne als ›Insel der tausend Vulkanberge‹ bezeichnet.

9 *Blick vom Mirador Virgen de la Peña auf die Bucht von El Golfo im Nordwesten El Hierros*

10 *Nächste Doppelseite: pittoreske Lavalandschaft bei La Restinga an der Südspitze der Insel*

11 *Der Glockenturm der Pfarrkirche von La Frontera im Westen El Hierros steht abseits vom Kirchenschiff auf einem Vulkankegel.*

Die wenigen den Steilhängen vorgelagerten flachen Küstenabschnitte lassen für Siedlungen keinen Raum. So stehen auch nur ein paar Wohn- und Verwaltungsgebäude an dem einzigen Passagier- und Handelshafen der Insel, dem in einer windgeschützten Bucht liegenden *Puerto de la Estaca*, dem ›Hafen des Pflocks‹, an dessen 1960 fertiggestellten 600 m langen Mole, an der dreimal wöchentlich die kleinen Schiffe des interinsularen Linienverkehrs anlegen. Und so befindet sich auch die Inselhauptstadt nicht – wie die Hauptstädte der übrigen Kanaren – direkt am Meer, sondern auf 500-600 m Höhe im Landesinnern.

Der auf relativ kurzer Strecke zu überwindende Höhenunterschied war noch für Francis Drake, der am 16. November 1585 mit fast dreitausend Mann in der Bucht landete, ein wichtiger Grund für den Verzicht auf die geplante Plünderung der Hauptstadt. Heute führt statt eines beschwerlichen Pfades eine breite, 9 km lange Landstraße kurvenreich nach oben. *Valverde*, ›Grünes Tal‹, nennt sich anspruchsvoll auf dieser trockenen Insel der kleine Ort, dessen niedrige Häuser sich aufgelockert die Hänge der Vulkanberge hinaufziehen.

Bereits 1405 durch Jean de Béthencourt auf dem Terrain der prähistorischen Siedlung Amoco gegründet, ist Valverde, dessen Gemeindebezirk das ganze nördliche Hügelland und das zentrale Hochplateau, das heißt fast die Hälfte der Inselfläche mit mehr als einem Dutzend Ortsteilen umfaßt, eine kleine Stadt mit meist nur langsam gewachsenen wie auch stagnierenden oder gar rückläufigen Einwohnerzahlen geblieben. So lebte 1989 nur die Hälfte der knapp viertausend Einwohner der Gesamtgemeinde im namengebenden Hauptort.

Die Pfarrkirche Nuestra Señora de la Concepción, von der man bei günstiger Witterung eine weite Aussicht hat, wurde – im wesentlichen zwischen 1767 und 1776 – an derselben Stelle errichtet, wo von 1544 bis zur Mitte des 18. Jahrhunderts das gleichnamige zweitälteste Gotteshaus der Insel gestanden hatte. Kirchengrundriß und Deckenkonstruktion zeigen – wie in so vielen kanarischen Sakralbauten – andalusischen Mudéjar-Einfluß, zu dem barocke und klassizistische Stilelemente in der schlichten Innenausstattung kommen.

Der Baumriese Garoé

Ein eindrucksvolles Beispiel für die Kondensierung eines Teiles der Passatwolken zu tropfbarem Wasser muß bis vor etwa dreihundert Jahren der sogenannte Heilige Baum Garoé unweit der Hauptstadt gewesen sein. Früher meist ins Reich der Sage verwiesen, besitzen wir heute mehrere zeitgenössische Berichte über die Existenz dieses gewaltigen, 15 m hohen Baumes, dessen Stamm Torriani (1590) als so dick beschreibt, daß ihn »vier Männer kaum zu umfassen« vermochten. Der Kronenumfang betrug nach Abreu Galindo (1633) fast 35 m. Mehrere pipas Kondenswasser zu je 480 l soll man täglich in zwei großen Zisternen aufgefangen haben, genug, um Menschen und Tiere der Insel ausreichend zu versorgen.

Die Ableitung des Namens ›Hierro‹ von ›hero‹, einem Wort, mit dem man dort eine Zisterne bezeichnete und mit dem Ptolemäus eine der atlantischen Inseln benannte, ist umstritten. Mit größerer Wahrscheinlichkeit liegt der Ursprung des Inselnamens in ›esero‹, was in der Sprache der vorspanischen Bevölkerung, der Bimbaches, soviel wie ›Felsen‹ und ›stark‹ bedeutete.

Die beiden Geistlichen des französischen Eroberers Béthencourt, Bontier und Le Verrier (1402/06), priesen die Verdauungskraft dieses Wassers – »das beste Trinkwasser, das man finden kann«. Torriani (1590) bezeichnet den wasserspendenden Baum, von dessen Art man »auf den drei westlichen Inseln eine große Menge findet«, als *tiglia*, »die die Berge liebt und hart und knotig und duftend ist, deren Laub geädert und dem des Lorbeers ähnlich und deren Frucht halb Birne, halb Eichel ist; sie hat verschlungene Zweige, entlaubt sich nie und wächst zu großer Höhe«. Auch Abreu Galindo (1633) hebt in seiner von George Glas (1764) übernommenen ausführlichen Beschreibung des Arbol Santo hervor, daß dessen Blätter denen des Lorbeers ähnlich seien, daß aber niemand wisse, zu welcher Art der Baum gehöre, lediglich, daß er ›til‹ heiße. Leopold von Buch (1825) schreibt von einem großen »Til-Baum, Laurus foetens«, einem Lorbeergewächs, das heute den wissenschaftlichen Namen Ocotea foetens führt und mit tilo, der Linde, nichts zu tun hat.

Über das Ende dieses wuchtigen Baumes, differieren die Jahreszahlen nach alten Berichten zwischen 1610, 1612, 1619, 1625 und 1689.

Auf der Fahrt durch den Norden der Insel gilt unser besonderes Interesse vier Fundstellen der auf den Kanaren so seltenen *Petroglyphen*, die – wie die des übrigen Archipels – nach Herkunft, Alter und Bedeutung noch nicht zweifelsfrei bestimmt werden konnten. Von einst drei unterschiedlichen Gruppen prähistorischer Felsritzungen bei *La Caleta* in der Nähe des 1972 angelegten kleinen Flugplatzes Los Cangrejos existiert nur noch ein erheblich zerstörter Komplex. Stark von der Verwitterung angegriffen sind auch die schriftähnlichen Gravuren von *La Candía* und dem *Barranco de la Tejeleita* in derselben Gegend. Darunter befinden sich Zeichen, die an libysche und numidische Inschriften aus der Zeit der römischen und punischen Herrschaft in Nordafrika erinnern[21], sowie solche, die dem Tifinagh – der libyschen Schrift des heutigen Berberstammes der Tuareg – ähneln[21, 29, 31]. Im *Barranco del Cuervo* im Nordwesten setzen sich die Felsritzungen aus Spiralen, Labyrinthen, geometrischen und schriftähnlichen Zeichen des »libysch-berberischen Typus«[34] sowie anderen Gravuren zusammen, von denen eine eine Ziege darstellen könnte.

In einer kesselartigen Senke der Nordostküste liegt 1 km nördlich des Flugplatzes das Fischerdorf *Tamaduste*. Dort sehen wir eine geologische Besonderheit dieser Insel: den auf dem Kliff stehenden 97 m hohen *Lavapfropfen La Campana*, eine freigelegte Schlotfüllung.

In der flachen *Bucht La Ría*, einer vom offenen Meer durch eine Barriere abgeschirmten Küstenplattform, bietet sich die auf El Hierro seltene Chance, im Atlantik zu baden. Die Verwirklichung des seit Jahren gehegten Planes, dort ein Touristenzentrum einzurichten, ist bis 1990 über den Bau von einigen Apartments nicht hinausgekommen.

Auf unserem Weg durch den Norden der Insel kommen wir an der dem Schutzpatron Spaniens geweihten *Ermita de Santiago* vorbei, die vor ihrer Wiedererrichtung (1719) im 15. und 16. Jahrhundert bis zum Bau der Iglesia de Nuestra Señora de la Concepción (1544) die erste Pfarrkirche Hierros war – wenn man von der Höhlenkapelle Cueva de la Pólvora absieht. Künstlerisch ist das einschiffige kleine Gotteshaus ohne Bedeutung; im Volksleben der Insel spielt es jedoch eine wichtige Rolle; denn an seinem Portal werden während der Viehmesse am Sterbetag des Schutzheiligen der Landleute, Isidor, feierlich die Nutztiere gesegnet.

Immer wieder sehen wir in der hügeligen Landschaft bei Mocanal einzelne Bauerngehöfte inmitten ärmlich bestellter Tomaten- und Paprikafelder und Rebenkulturen, die zum Schutz gegen die ausdörrende Sonne – ähnlich wie auf Lanzarote – mit einer Lapillischicht bedeckt sind.

Von *Erese* aus machen wir einen Abstecher in das von seinen Bewohnern verlassene Dorf *Las Montañetas.* Die verfallenen Häuser und verwilderten Obstbäume geben uns ein eindrucksvolles Bild von dem Wassermangel auf dieser ›Isla de la Sed‹, dieser ›Insel des Durstes‹. Wenn die Niederschläge auf Hierro mit 390 mm jährlich auch etwas stärker fallen als auf Gran Canaria (370 mm), so sind sie im Vergleich zu Mitteleuropa dennoch recht schwach und versickern zu schnell in dem porösen Schlakkenboden, der weite Teile der Insel mit einer dicken Schicht bedeckt. So sind auch die Barrancos nicht allein wegen der geringen Ausdehnung der Insel und des schwachen Gefälles auf dem Hochplateau flach geblieben, sondern auch wegen der schnellen Versickerung.

Da die Bevölkerung mehr als auf jeder anderen Kanarischen Insel in der Landwirtschaft tätig ist und der Großteil der übrigen direkt oder indirekt von diesem Wirtschaftszweig abhängt, sind immer wieder viele Menschen der Trockenheit wegen abgewandert, früher hauptsächlich nach Venezuela und Cuba und in jüngster Zeit besonders zu den aufblühenden Touristeninseln Teneriffa und Gran Canaria. In den Jahren 1960-1970 sank die Einwohnerzahl auf 5500 und stieg bis 1990 auf über 7600 an.

El Golfo – Eine der schönsten Landschaften der Kanaren

Knapp 1 km südlich des Dorfes Guarazoca stehen wir auf der 1989 von César Manrique neugestalteten Aussichtsplattform des *Mirador Virgen de la Peña* (720 m), ›Jungfrau des Felsens‹ – am nordöstlichen Rande des Golfo. In einem steilwandigen sichelförmigen Bogen von mehr als 25 km dringt die 130-200 m über dem Meeresspiegel liegende Einbuchtung bis zu 3 km in das 1200-1500 m hohe Inselmassiv ein. Nach Ansicht vieler Geolo-

Blick vom Mirador de Jinama auf die Felsenküste bei La Frontera

gen ist diese grandiose Landschaft der Rest einer großen Caldera, die vor etwa zweihunderttausend Jahren infolge von vulkanischen Explosionen, tektonischen Einbrüchen und Erosion entstand.

Am Mirador de la Peña, knapp 700 m oberhalb der Ortschaft Las Casitas, setzen wir unsere Wanderung entlang des nach Süden ansteigenden Golfo-Steilrandes Acantilado de Tibataje fort, bis wir nach einigen Kilometern die schlichte *Ermita de la Caridad* erreicht haben. Von dem nahen, im Jahr 1965 an der Felskante angelegten *Mirador de Jinama* (1240 m), dem Aussichtspunkt mit der schönsten Fernsicht der Insel, blicken wir über die mehr als 1000 m unterhalb unserer Plattform liegenden Dörfchen und Felder in der Weite des von Lavazungen durchzogenen und von Aschenkegeln durchsetzten Golfo-Flachlandes und über die es halb umfassenden bewaldeten Hänge.

Im Gegensatz zu den übrigen westlichen Kanaren gibt es auf der Fayal-Brezal-Höhenstufe – dem sogenannten Heidebuschwald – nur wenige Exemplare der namengebenden Baumheide, ERICA ARBOREA. Hier, an den Golfo-Hängen, überwiegt das Hartlaubgewächs Haya, MYRICA FAYA, untermischt mit den uns von Teneriffa und La Palma vertrauten Lorbeergewächsen. Wir müssen öfters durch dichtes Unterholz mit üppig wuchernden Farnen hindurch. Hier stehen die Tüpfelfarne CETERACH AUREUM, NOTHOLAENA MARANTHSAE und POLYPODIUM SERRATUM sowie die Streifenfarne ASPLENIUM CANARIENSE und ASPLENIUM ADIANTUM NIGRUM.

In den Wäldern des Golfo-Hanges lebt das hübsche Madeira-Rotkehlchen, ERITHACUS RUBECULA MICRORHYNCHUS, und der wilde Kanarienvogel, SERINUS CANARIUS CANARIUS. Hier, wie im Pinienwald des Hochplateaus und an mehreren Stellen der Tiefebene, treffen wir auch den schmucken endemischen Hierro-Buchfink, FRINGILLA COELEBS OMBROSIA, an.

Hauptort des Golfo ist *La Frontera*, dessen Verwaltungsbezirk den ganzen südlichen Inselteil umfaßt. Dort steht am Fuße des gewaltigen Steilabfalls des Izique (1243 m) die Pfarrkirche Nuestra Señora de la Candelaria. Ihr dreischiffiges Hauptgebäude mit schlichter barocker Fassade wurde im ersten Drittel unseres Jahrhunderts anstelle der gleichnamigen Kapelle aus dem Jahr 1615 am Rande des rötlichen vulkanischen Schlackenkegels

El Campanario (375 m) erbaut. Den Glockenturm – den campanario – hingegen errichtete man wie zur Zeit der Piratenüberfälle weit abgesetzt auf der Höhe des nach ihm benannten Berges. Am westlichen Rande des Ortes besuchen wir die Lavastalaktitenhöhle der *Hoya Grande* – der ›Großen Grube‹.

Auf nahezu ebener Strecke geht es weiter nach *La Sabinosa* im Westen der Golfo-Landschaft. Das aus zwei rivalisierenden Ortsteilen mit zwei Plazas bestehende Dorf mit der Mineralwasserquelle Pozo de la Salud, dem ›Gesundheitsbrunnen‹, ist das Winzerzentrum der Insel. Über den Weinanbau bei dieser westlichsten Siedlung des Archipels heißt es bei Leopold von Buch (1825): »Alonzo de Lugo hatte das Verdienst, den Weinstock den Tropenclimaten am meisten genähert zu haben. Noch immer bleiben die einträglichen Weinberge von Golfo, auf der Insel Ferro, unter 27°48′ die südlichsten der nördlichen Halbkugel …« Nach Thomas Nichols, einem Engländer, der zwischen 1556 und 1561 auf Teneriffa wohnte, hat dessen Landsmann John Hill den ersten Weinstock auf Hierro gepflanzt.

Sabinosa ist zum Hauptort der Folklore geworden. Hier tanzt man nach den Schlägen der Trommel den einzigen althergebrachten pantomimischen Volkstanz der Kanaren, den *Baile vivo*, den ›lebhaften Tanz‹, bei dem der Tänzer die Gebärden der Tänzerin nachahmen und sie ihm in einem unbedachten Augenblick den Hut entreißen muß. Hier wird auch noch einer der schönsten kanarischen Tänze, der *Hierro-Tango*, gepflegt, ein Tanz zu Flöten, Trommel und großen Kastagnetten. Wenn auch bei den den Liedtext einschließenden Klangsilben wiederholt das Wort ›nai‹ vorkommt, das im Arabischen ›Flöte‹ bedeutet, ist die Herkunft ungeklärt.

Im südlichen Hochland

La Dehesa – ›Die Viehweide‹ – erstreckt sich zwischen dem Südwestrand des Golfo, dem Meer und der geneigten Ebene El Julan. Nur noch 672 m beträgt hier die höchste Erhebung in der Umwallung des Tieflandes, und nicht mehr als 200 m befinden wir uns auf dem Kap *Punta de la Dehesa* über dem Meeresspiegel. An manchen Stellen kann man dort das dumpfe Grollen der Hunderte von Metern weit in Lavahohlräume gepreßten Wassermassen hören und an anderen ihre Gischt in meeresfernen Erdspalten entdecken.

Recht gleichförmig ist das von einigen flachen Barrancos durchzogene Gelände, das lediglich durch verwitterte und noch glasig-glänzende Schlackenkegel aufgelockert wird.

Doch das, was es in der Art sonst nirgendwo auf den Kanarischen Inseln gibt, steht seit Urzeiten hier: der lichte Juniperus-Wald *El Sabinar*. Die oftmals grotesk gedrehten und zerklüfteten Stämme der Sadebäume, JUNIPERUS PHOENICEA, spanisch = sabina, die dem nahen Golfo-Dorf La Sabinosa den Namen geben, tragen meist wunderlich geformte Kronen, die, von klein auf durch den stetig wehenden Passat nach Südwesten niedergebeugt, oft den Boden berühren. Zahlreich sind die sie umflatternden Kolkraben, CORVUS CORAX TINGITANUS syn. CANARIENSIS, denen die Beeren dieser Zypressengewächse zur Nahrung dienen. Diese Vögel helfen so mit bei der Wiederaufforstung der im Jahre 1909 durch Brand vernichteten 1000 ha Waldes; denn die harten Sabina-Samen beginnen erst dann wirksam zu keimen, nachdem sie von den Raben unverdaut wieder ausgeschieden worden sind.

Vier nur wenige Kilometer auseinanderliegende topographische Objekte tragen hier im Westen der Insel den Namen der in Spanien Orchilla genannten Orseille: Am Ende der großflächig mit Euphorbien, EUPHORBIA OBTUSIFOLIA und E. BALSAMIFERA, durchsetzten Schlackenfelder steht auf einer Lavazunge des rezenten *Vulkans Orchilla* der *Faro de Orchilla*, der westlichste Leuchtturm des Archipels. Unweit östlich liegt die anspruchsvoll als *Puerto de Orchilla* bezeichnete Bootsanlegestelle und etwa 2 km nach Nordwesten die westlichste Landspitze der Kanaren, das Kap *Punta de Orchilla*. Wir wissen, daß die an den kanarischen Felsenküsten wachsende Orchilla-Färberflechte, ROCCELLA TINCTORIA, in der Antike und im Mittelalter ein begehrter Handelsartikel zur Produktion roter Farbstoffe war. Im Gegensatz zu Historikern, die Madeira, Lanzarote oder Fuerteventura als die antike Purpurinsel Junonia ansehen, wird auch El Hierro als solche für möglich gehalten[27].

Auf unserem Rückweg vom Leuchtturm legen wir den ersten Halt an dem Vulkanberg *Montaña de la Virgen* ein. Hier interessieren uns zunächst zwei Hirtenwohnhöhlen, die, wie man aus

Ermita de Nuestra Señora de los Reyes

dort gefundenen Holzgefäßen schließt, wahrscheinlich schon von den Bimbaches, den Ureinwohnern, benutzt wurden: die *Cueva de la Virgen* und die *Cueva El Caracol.* In der letzteren, der ›Schnecke‹, stand lange Zeit die 1546 von einem nach Cuba segelnden Schiff zurückgelassene Skulptur der späteren Schutzpatronin der Insel, der Virgen de los Reyes. 1577 wurde die Statue in einer kleinen Kapelle untergebracht, die sich dort befand, wo heute das *Santuario de Nuestra Señora de los Reyes* steht.

Der fernab jeglicher menschlicher Siedlung am Fuße des Berges gelegene Komplex mit Kapelle und Beherbergungsräumen für die Pilger ist – ähnlich wie in Fuerteventura, wo man sich bis ins 18. Jahrhundert hinein immer wieder verheerender Piratenüberfälle zu erwehren hatte – von einer Schutzmauer umgeben. Das im 18. Jahrhundert errichtete und in unserer Zeit gründlich überholte einschiffige Gotteshaus mit dem ungewöhnlichen kurzen Glockenturm an der linken Seite des Eingangsgiebels ist seit 1745 Ausgangspunkt einer nahezu über die ganze Insel führenden Prozession, die zu dem größten Volksfest auf El Hierro geworden ist. Alle vier Jahre findet die ›Bajada de la Virgen‹, das ›Herabsteigen der Jungfrau‹, statt. Ihr Weg führt zunächst zu dem nur wenige Kilometer entfernten *Cruz de los Humilladeros*, wo schon viele Menschen auf den feierlichen Umzug warten. Religiöse Zeremonien wechseln nun ab mit Volkstanz, Spiel und Gesang. Man trinkt den selbst gekelterten Wein und ißt dazu Brot, Schweinefleisch und quesadillas, eine Spezialität Hierros, zubereitet aus frischem Käse, Eiern, Mehl und Zucker.

Bevor der Zug eine Ortschaft erreicht, wird er von Abgesandten empfangen, die ihn nach Rhythmen von Kastagnetten, Trommeln und Flöten tanzend bis zum nächsten Dorf begleiten.

Auf der geneigten Ebene El Julan haben die auf den glatten Flächen zweier basaltischer Lavaströme entdeckten prähistorischen ›Los Letreros‹ immer wieder zu wissenschaftlichen Erörterungen angeregt. Sie setzen sich zusammen aus sich mehrfach wiederholenden Ovalen, durchstrichenen und durchkreuzten Kreisen, Ellipsen, unterteilten Rechtecken, Geraden, Kurven und anderen schwer zu definierenden Zeichen – vielleicht vierhundert –, die zum Teil den Hieroglyphen aus dem Norden der Insel, dem Barranco de Balos auf Gran Canaria und dem Hohen Atlas ähnlich sind. Viele Gravuren haben unter der Witterung gelitten, manche wurden durch Felssprünge zerstört oder von Sammlern herausgemeißelt. Einige Stücke liegen in den Museen von Santa Cruz de Tenerife und Las Palmas de Gran Canaria.

Östlich von Cruz de los Humilladeros vermeint man von der Atalaya de Binto bei klarem, windstillem Wetter manchmal die Insel San Borondón zu sehen: eine Luftspiegelung, die im Mittelalter Schiffsbesatzungen in Verwirrung gebracht hatte.

Der östlich dieses Aussichtspunktes liegende *Malpaso* (1501 m) mit der an seinem Fuße zu Ehren des kanarischen Landmannes errichteten mächtigen roten Skulptur einer Pflugschar des modernen kanarischen Künstlers Toni Gallardo ist die höchste Erhebung der Insel. Wenn dieser graue ehemalige Vulkan – der einst mehr als 2000 m hoch gewesen sein könnte –, langsam ansteigend, auch nur wenige hundert Meter über das Hochplateau hinausragt, so gewährt er bei günstigem Wetter dennoch einen eindrucksvollen Rundblick.

Die östlich des Cruz de los Reyes zwischen der Höhen- und der Golfo-Landstraße liegende *Montaña Tenerife II* (1416 m) erhielt diesen Namen wegen ihrer großen Ähnlichkeit mit dem Teide auf Teneriffa.

El Pinar

Nicht weit vom Cruz de los Reyes entfernt, steht oberhalb der Landstraße der Baumriese *Pino Verde*, die ›Grüne Pinie‹, deren Stamm drei Männer nicht zu umfassen vermögen. Auf den sich in Meterhöhe waagerecht über dem Boden ausbreitenden Ästen wachsen in einer dicken Schicht aus Staub und verrotteten Piniennadeln kleine Bäumchen und Waldblumen. Von den bemoosten Zweigen hängen lange graue Flechten herab.

Mehrmals konnten wir unterwegs, vor allem von den Höhen der Berge aus, Pinienaufforstungen sehen. An vielen Stellen waren die einzelnen Bäumchen zum Schutz gegen die Sonne von kleinen Mauern in mühseliger Arbeit eingefaßt worden. Und dennoch sind zahlreiche Jungpflanzen in dem durchlässigen Lapilliboden nicht angegangen. Auf unserem Weg nach Taibique werden wir nun einen natürlich gewachsenen alten Pinienwald kennenlernen, den mit rund 250 ha größten auf El Hierro. Heute stellt El Pinar nur einen kleinen Rest der Wälder dar, die noch zu Beginn des 15. Jahrhunderts, als Béthencourts Männer dort landeten, weite Teile der Insel bedeckten.

Flechtenbehangene dicke Pinien stehen hier in 800-1000 m Höhe auf leicht gewelltem vulkanischem Aschenboden. Zwischen den Bäumen wachsen Sonnenröschen, HELIANTHEMUM GUTTATUM, und mediterrane Kleearten. Bei den wenigen Felsblöcken sehen wir kanarische Orchideen, ORCHIS PATENS var. CANARIENSIS, und Schriftfarne, CETERACH OFFICINARUM var. CANARIENSIS. Wichtig für die Imkerei der Insel sind die zu den Bergminzen gehörenden aromatischen Lippenblütler MICROMERIA HYSSOPIFOLIA und MICROMERIA THYMOIDES, die große Flächen in Lichtungen und am Waldrand bedecken. Wie auf anderen Kanarischen Inseln gibt es auch hier Freizeitanlagen und einen ›Bailadero de las Brujas‹, einen ›Hexentanzplatz‹.

Wenn die Ortschaft *Taibique* mit knapp siebenhundert Einwohnern auch zu den drei größten der Insel gehört, zeigt sie dennoch das Gepräge eines verträumten Dörfchens. Hier, wo es noch einige strohgedeckte Häuser gibt, werden noch frühmorgens bimmelnd die Ziegen auf die Weide geführt. Hier setzen sich noch nachmittags die alten Männer zu einem Schwätzchen am Straßenrand zusammen. Und hier arbeiten noch heute Frauen an Spinnrocken und Webstuhl.

Die spätestens zu Anfang des 17. Jahrhunderts erstmals errichtete, 1817 neu aufgebaute und in der zweiten Hälfte unseres Jahrhunderts

gründlich renovierte einschiffige Pfarrkirche San Antonio Abad fällt auf durch ihren ungewöhnlichen freistehenden Glockenturm. Über dem nach der Art eines Triumphbogens gestalteten Erdgeschoß erhebt sich ein kubisches und darüber ein polygonales Stockwerk. Dieser Bau wurde zugleich als ein von außen schnell zu besteigender Wachtturm zum Melden drohender Piratenüberfälle benutzt, wie wir es in ähnlicher Form schon vom Golfo-Dorf La Frontera her kennen.

Südlich von Taibique dehnt sich die große *Restinga-Halbinsel* aus, eine Landschaft, in der zuerst die zahlreichen Vulkankegel auffallen, von denen einige der älteren teilweise aufgeforstet worden sind. An anderen Stellen werden die Hänge landwirtschaftlich genutzt. Dazwischen liegen weite Lavafelder, die vor allem in dem ›El Lajial‹ oder ›Los Lajiales‹ genannten Gebiet südlich des von Westen nach Osten verlaufenden Landstraßenknicks wunderliche Formen aufweisen. Wir sehen schön geformte Rippeln und Strick- und Fladenlaven, die sich beim Erkalten des gasarmen Gesteinsschmelzflusses gebildet haben.

In der gleichen Gegend stoßen wir nahe der zum Fischerdörfchen La Restinga führenden Straße unvermutet auf den tief in den Boden sich öffnenden Zugang zu der Lavahöhle *Cueva de Don Justo.*

Knapp drei Kilometer sind es bis zu dem Fischerdörfchen *La Restinga*, der südlichsten Ortschaft des Archipels. Auf den sich weit ins Meer schiebenden Lavamassen, die kleine steinige Strandbuchten schützend umfassen, wurden bis 1990 drei Pensionen und vier Appartements für die wenigen Besucher errichtet, die sich zu einem Kurzausflug von den großen kanarischen Touristeninseln hier einfinden.

Nordwestlich des Ortes liegt der fischreiche Meerbusen *Mar de las Calmas*, das windgeschützte ›Meer der Stille‹. In der in seinem südöstlichen Rande bei Restinga gelegenen *Bahía de Naos*, der ›Bucht der Schiffe‹, ankerte Columbus mit 3 ›naos‹, 12 Karavellen und einigen kleineren Fahrzeugen während seiner zweiten Amerikareise.

Nach Taibique zurückgekehrt, stehen wir 1 km östlich des Ortes unvermittelt an einem gewaltigen Steilabfall. Aus rund

Vielgestaltige Lavalandschaft in der Nähe von La Restinga

1000 m Höhe blicken wir hinunter in die halbkreisförmige Bucht *Las Playas.* Die Breite der Insel, an der Erosion und Abrasion weiterwirken, beträgt hier kaum mehr als 7 km und die des Hochlandes zwischen den Binnenrändern der beiden großen Einbuchtungen El Golfo und Las Playas nur noch gut 2 km. Besonders im nördlichen Abschnitt vor dem Passat geschützt, erstreckt sich die Bucht Las Playas in einem Durchmesser von knapp 4 km zwischen der *Punta de Bonanza* – dem ›Kap der günstigen Witterung‹ – im Norden und der *Punta de Miguel* im Süden. – Am Fuß der Steilhänge ist im Laufe der Jahrtausende aus Felstrümmern und Schwemmaterial ein schmales Strandgebiet entstanden. Hier steht der Parador ›Fin del Mundo‹.

Durch das zentrale Hochplateau nach Norden

Die zentrale Hochebene erstreckt sich zwischen Taibique und dem Barranco de Tiñor, der Grenze zum nördlichen Hügelland. Die zahlreichen Schlackenkegel ragen im allgemeinen kaum mehr als 100 m über das etwa 1000 m hohe Plateau hinaus. Auf dem sie umgebenden Tuff- und Lavagelände sehen wir zwischen Buschwerk-Flächen auch Acker- und Weideland, auf dem viele kreisförmige Trockenmauern auffallen, die man zum Schutz gegen Ziegenfraß um Feigenbäume errichtet hat.

Zu den größeren Ortschaften gehören *San Andrés* an der die Insel von Nordosten nach Süden und Südwesten durchquerenden Landstraße und das an dem östlich des Dorfes abzweigenden Stichweg gelegene *Isora.* Dort wurden in der Cueva del Agua – auch Cueva del Letime genannt – auf einer 5 m langen Fläche grobe geometrische und schriftähnliche Gravuren entdeckt. Auf unserem Weg nach Nordosten suchen wir dann in der *Hochebene von Honduras* eine auf Hierro seltene Säulenlavabank auf. Bei *Valverde* machen wir am Ventijía (1137 m) halt, dem einzigen bemerkenswerten Schichtvulkan auf El Hierro.

Damit beenden wir unsere Streifzüge durch die ›Insel der tausend Vulkane‹, die Insel der trockenen, vegetationsarmen Mesetas und der feuchten Lorbeerwälder an den Hängen der gewaltigen Eintiefung des Golfo, die Insel der rätselhaften Felsritzungen am Ende der antiken und mittelalterlichen Welt mit dem ersten europäischen Nullmeridian der Neuzeit.

Siesta während der Feldarbeit. Trotz des vulkanischen Ursprungs El Hierros – die Insel ist etwa zwei bis drei Millionen Jahre alt und damit die jüngste des kanarischen Archipels – und der damit zusammenhängenden Bodenbeschaffenheit aus basaltischem Gestein, das von Schlacke, Lavaasche und Malpaisen überdeckt ist, gibt es auf dem kleinen Eiland bescheidene Landwirtschaft. Die Herreños bauen Wein sowie Weizen an und ernten in ihren Obstplantagen Feigen, Pfirsiche und Mandeln.

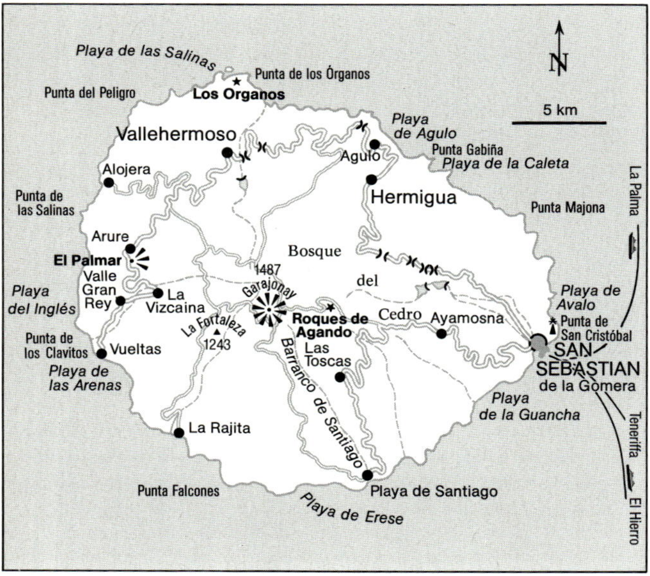

Playa de las Salinas
Punta de los Órganos
Punta del Peligro
Los Organos
N
5 km
Vallehermoso
Playa de Agulo
Agulo
Punta Gabiña
Playa de la Caleta
Alojera
La Palma
Punta de las Salinas
Hermigua
Punta Majona
Arure
El Palmar
Bosque del Cedro
1487
Garajonay
Valle Gran Rey
La Vizcaina
Playa del Inglés
Playa de Avalo
Roques de Agando
Ayamosna
Punta de San Cristóbal
La Fortaleza
1243
Punta de los Clavitos
Vueltas
Las Toscas
SAN SEBASTIAN de la Gomera
Playa de las Arenas
Barranco de Santiago
Playa de la Guancha
Teneriffa
La Rajita
Punta Falcones
Playa de Santiago
Playa de Erese
El Hierro

La Gomera – Die Columbus-Insel

Die von bis zu 800 m tiefen Barranco-Schluchten radial zerfurchte Insel läßt für die Anlage eines Flugplatzes keinen Raum; man kann sie nur per Schiff erreichen. Mehrmals täglich besteht eine Verbindung zwischen Los Cristianos auf Teneriffa und San Sebastián de La Gomera, bei der auch Autos mitgenommen werden. Wenn auch Badestrände in den wenigen breiteren Barranco-Mündungen knapp, klein und steinig sind, verfügt La Gomera im Nationalpark Garajonay über den schönsten Lorbeerwald der Kanarischen Inseln mit einem ständig wasserführenden Bach und vielen endemischen Pflanzen, was einen Besuch dieses schönen Eilandes in dem sonst so wasserarmen Archipel immer wieder lohnend macht.

Sie ist die einzige der großen Kanaren ohne auffallenden quartären Vulkanismus. Es gibt also keine Lavaströme, keine Aschenflächen, keine Vulkankegel und nur einen – kaum noch zu identifizierenden – Krater.

In den wenigen breiten Barranco-Mündungen liegen die größten Siedlungen. Während die Einwohnerzahl in der Vergangenheit aufgrund starker Abwanderung nach Süd- und Mittelamerika kaum anstieg, stagniert sie in unserer Zeit oft nicht nur, sondern nimmt ohne gewinnbringenden eigenen Massentourismus, doch bei günstigeren Verdienstmöglichkeiten auf den ganzjährigen Ferieninseln Teneriffa, Gran Canaria, Fuerteventura und Lanzarote in manchen Jahren sogar ab.

Der Name Gomera erscheint in der Schreibweise Gommaria zuerst auf der Karte des Mallorquiners Angelino Dulcert (1339). Torrianis These, diese Bezeichnung könnte vielleicht von Noahs Enkel Gomer (1. Mose, Genesis 10) hergeleitet werden, dessen Nachkommen angeblich Nordafrika besiedelt hätten, wird von modernen Historikern verworfen[28]. Wohl aber wird ein Zusammenhang mit dem Rifberberstamm der Ghomarer für möglich gehalten. Oder man denkt an Mallorquiner, die die Insel nach goma (= Gummi) benannten, weil sie dort Mastix-

Bäume, PISTACIA LENTISCUS, entdeckt hätten, deren Harz als wichtiger Bestandteil in unserer Zeit zur Kaugummiherstellung verwendet wurde.

Inselhauptstadt San Sebastián

Von dem kleinen Hafen führt eine Uferstraße entlang der von Basaltlava, Tuff und Labradorit durchsetzten Steilküste in die breite Mündungsbucht des Barranco de la Villa. Dort liegt am Rande des groben Kieselstrandes die *Plaza de los Conquistadores.* Am Nordostende dieses parkartigen Platzes steht das mit hölzernen kanarischen Balkonen ausgestattete moderne, schmucke Rathaus, an der Kopfseite des Platzes ein nüchterner acht Etagen hoher Wohnblock. Dahinter drängen sich talaufwärts die Häuser des alten Städtchens, das 1989 nur 4275 Einwohner zählte, während im gesamten Gemeindebezirk, der nahezu ein Viertel der Inselfläche umfaßt, annähernd 6000 registriert wurden.

Treffpunkt der Rentner und der Jugend ist die alte Plaza mit ihrem kleinen Rundrestaurant unter den weitausladenden Kronen ›falscher indischer Lorbeerbäume‹, FICUS MICROCARPA.

Im Gebäude der Inselverwaltung, des *Cabildo Insular*, betrachten wir das in der Technik der Enkaustik angefertigte Wandgemälde ›Romería de San Juan‹, in welchem der in Agulo auf Gomera aufgewachsene expressionistische Maler José Aguiar (1895-1975) Szenen aus dem Volksleben dargestellt hat.

Knapp 100 m² mißt die schlichte *Ermita de San Sebastián*, die zu Ehren des Schutzpatrons der Inselhauptstadt, um 1450 als wahrscheinlich älteste Kirche Gomeras errichtet wurde. Zweimal wurde die Ermita bei Piratenüberfällen zerstört – 1571 durch Franzosen, 1618 durch Algerier – und 1659 schließlich gründlich renoviert. Zwei Bauteile kennzeichnen besonders auffällig die unterschiedlichen architektonischen Phasen: die kleine Spitzbogentür der Epistelseite und der Rundbogen zur Capilla Mayor, dessen Halbsäulen mit ungleichen Kapitellen abschließen. Während das rechte – wie auf den Kanaren üblich – von schlichter toskanischer Ordnung ist, zeigt das linke vier plastische Pinienzapfen am Säulenhals. Dachkonstruktion und grüner Tonfliesenbelag in der Capilla Mayor entsprechen alter niederandalusischer Mudéjar-Tradition.

Die bedeutendste Kirche Gomeras, *Iglesia Parroquial de Nuestra Señora de la Asunción*, ist im wesentlichen ein Bau des späten 18. Jahrhunderts. Nur noch wenig zeugt von der 1490 erstmals erwähnten einschiffigen Ermita. An der Außenfront ist es das portugiesischen und niederandalusischen Gotteshäusern eigentümliche Hauptportal des aus rotem Werkstein errichteten Mittelschiffs: Die drei Spitzbogenarchivolten – die äußere und stärkere seilartig geflochten – und die sie stützenden Rundstäbe mit Kapitellen und polygonalen Basen kennzeichnen den spätgotischen Emanuel-Stil. Portugiesischen Einfluß scheint auch die schmale längliche Nische im Bereich zwischen Spitzbogen und modifiziertem Flachbogen zu zeigen. Wie fast alle Gebäude der Stadt, brannte auch die Kirche im Jahr 1599 während des Überfalls durch die achthundert Mann des Holländers van der Does aus. Die nach dem Überfall algerischer Piraten (1618) errichteten Seitenschiffe hat man in der zweiten Hälfte des 18. Jahrhunderts erneuert und Kapellen angefügt. Die durch den gotischen Triumphbogen des 15. Jahrhunderts mit dem Mittelschiff verbundene Capilla Mayor wurde so erweitert, daß, durch einen Flachbogen voneinander getrennt, zwei in sich geschlossene Raumteile mit eigenen Kassettendecken im Mudéjar-Stil entstanden. Bemerkenswert sind auch das barocke hölzerne Chorgitter, der gekreuzigte Christus des kanarischen Bildhauers José Luján Pérez sowie die über quadratischem Grundriß konstruierte kuppelartige Mudéjar-Täfelwerkdecke der Kapelle der Evangelienseite, in deren oktogonalem Zentrum die Marienkrönung dargestellt ist.

Die *Torre del Conde*, der wahrscheinlich zwischen 1447 und 1450 unter Hernán Peraza, dem ersten Inselherrn spanischer Herkunft auf Gomera, aus rotem vulkanischen Haustein erbaute und durch Philipps II. italienischen Festungsbaumeister Leonardo Torriani überholte dreistöckige Befestigungsturm mißt 5,2 x 5,9 m in der Grundfläche, ist 15 m hoch und hat nahezu 2 m dicke Wände. Er gilt als das bedeutendste nichtkirchliche gotische Bauwerk auf den Kanaren. Die Keilsteine über dem Eingang und die Spitzbogentür im zweiten Stockwerk sowie die Schießscharten und Pechnasen fallen besonders auf. Heute dient das 1984 gründlich überholte Bauwerk als archäologisches Museum.

Der Entdecker Amerikas machte auf den Kanaren Zwischenstation.

Columbus und Beatriz de Bobadilla

Mit besonderem Stolz bezeichnen die Einheimischen La Gomera gerne als ›La isla colombina‹, die ›Columbus-Insel‹. Wie auf Gran Canaria, so legte Columbus auch hier vor seinen vier Amerika-Fahrten dreimal an. Da Teneriffa und La Palma noch nicht erobert waren, boten unter den fünf übrigen Inseln des am Rande der Alten Welt gelegenen Kanarischen Archipels nur Gran Canaria und La Gomera für einen letzten Zwischenhalt günstige Voraussetzungen: außer geschützten Hafenbuchten in erster Linie ausreichende Niederschläge und somit genügend Trinkwasser, Proviant und Schiffsbauholz. Doch das, was La Gomera für Columbus besonders anziehend machte, soll die Inselherrin gewesen sein, Beatriz de Bobadilla. Sie spielt in der Geschichte der Insel eine herausragende Rolle. Zunächst Hoffräulein der Königin, war sie nicht nur »berühmt wegen ihrer Schönheit«, wie Philipps II. Festungsbaumeister Leonardo Torriani 1590 schrieb, sondern auch bekannt wegen der »Liebesaffären mit dem König« und Abenteuern mit vielen anderen Männern.

Begegnungen zwischen Beatriz de Bobadilla und Columbus vor dessen zweiter Amerika-Fahrt sind nicht belegt, aber sehr wahrscheinlich, und zwar sowohl auf dem spanischen Festland als auch auf den Kanarischen Inseln[18].

Ein Hinweis auf mögliche ältere Beziehungen gibt vielleicht auch der Augenzeugenbericht des Savonesers Michele Cuneo über den Gomera-Aufenthalt im Jahre 1493:

»Am fünften des Monats (Oktober) erreichten wir La Gomera, eine der kanarischen Inseln. Es würde zu lange dauern, das aufzuzählen, was wir an jenem Orte sahen, die Triumphe und die Salven der Bombarden und der Feuerwerfer. Und all das wurde getan wegen der Herrin des genannten Ortes, in die unser Herr Admiral einmal heiß verliebt war (›de la quale fu alias il nostro Signor Ammirante tincto d'amore‹).«

Als Columbus 1498 auf seiner dritten Amerika-Fahrt wiederum La Gomera anlief, war Beatriz de Bobadilla mit Alonso Fernández de Lugo, dem Eroberer von La Palma und Teneriffa, verheiratet.

Das Andenken an Columbus wird am Ort wachgehalten durch das kleine einstöckige *Columbus-Haus* in der Hauptstraße, durch das Museum für alte Indianerkulturen in der Torre del Conde und durch den *Brunnen des ehemaligen Zollgebäudes*, aus dem der Entdecker seine Schiffsbesatzungen mit Trinkwasser versorgte. Dort kann man die Inschrift lesen: »Con esta agua se bautizó América – Mit diesem Wasser wurde Amerika getauft«.

Aber mehr als das Taufwasser lieferte La Gomera. Nach der Las-Casas-Version des Columbus-Bordbuches wurden bereits 1493 nicht nur Apfelsinen-, Zitronen- und Melonenkerne sowie verschiedene Gemüsesamen von San Sebastián in die Neue Welt exportiert, sondern auch Ziegen, Schafe, Schweine und Hühner. Symbolhaft für die durch Columbus geschaffene Brückenfunktion der Kanarischen Inseln zwischen Europa und Amerika steht auch die Feuerschale auf der felsigen Landzunge bei der *Playa de la Cueva*, die 1968 die olympische Flamme für die Spiele in Mexiko aufnahm. Man gelangt zu dem steinigen ›Strand der Höhle‹ durch einen Tunnel in der Felswand des Lomo de la Villa, auf dessen Rückseite der Club Náutico eine geräumige Höhle geschickt in seine Anlagen einbezogen hat.

Mit Columbus verbunden ist auch der Name des wohl schönsten staatlichen Hotels auf den Kanarischen Inseln, des auf der anderen Seite des großen Barranco de la Villa gelegenen *Parador Colombino ›Conde de La Gomera‹*. Vom Rande der parkartig angelegten Hochfläche blickt man nach Nordosten auf den Leuchtturm an der Punta de San Cristóbal und auf die nach einem der beiden Anführer der Verschwörung gegen Hernán Peraza – den Ehemann der mit Columbus liierten Beatriz de Bobadilla – benannte Touristensiedlung *Hupalupa.*

Der Norden

Unweit der kurzen östlichen Steilküste stoßen wir auf unserem Weg nach Norden mehrmals auf schmale vulkanische Spaltfüllungen, von denen es tausende auf der Insel gibt. Bis zu 5 km lang sind diese ›Diques‹, die neben den sogenannten ›Roques‹ und ›Fortalezas‹ zu den drei wichtigsten magmatischen Erstarrungsformen auf La Gomera gehören. Zwischen einigen Millimetern und mehreren Metern schwankt ihre Mächtigkeit, die im allgemeinen 50-100 cm beträgt. Zu Gangmauern herausgewittert, werden sie von der Bevölkerung als ›Taparuchas‹ bezeichnet.

Nach etwa 2 km sind wir an der mit dunklen vulkanischen Sanden bedeckten Badebucht in der von hohen Felsen eingefaßten Mündung des *Barranco de Avalo.* Auf der oberen der beiden Stufen des hohen Kliffs *Acantilado de Avalo* wird deutlich die basaltische Säulenstruktur sichtbar.

Noch rund 2 km sind es von hier bis zur *Punta Llana*, dem ›Ebenen Kap‹, wo auf einem niedrigen Vorgebirge unterhalb der Steilküste die auch mit dem Boot zu erreichende *Ermita de Nuestra Señora de Guadalupe* liegt. Dieses vor 1542 begonnene und im 19. Jahrhundert durch Seitenkapellen erweiterte kleine Gotteshaus ist mit seinen zahlreichen Votivgaben der Patronin der Insel geweiht.

Doch zurück nach San Sebastián und von dort nach Norden. In langer Schleife geht es am Osthang des Barranco de la Villa – des durch Verwerfung entstandenen größten Tales der Insel – allmählich aufwärts. Nach Osten blicken wir auf die Silhouette Teneriffas, nach Westen über weite Bewässerungsfelder im Talgrund und schmale Ackerbauterrassen an den Hängen. Hier bestätigen sich Torrianis Worte, die er 1599 aufschrieb: »Alle Schönheit dieser Insel ist dem feuchten und frischen Nordwind zugekehrt.«

Die nach Nordwesten ansteigende Hochfläche vor uns ist – wie im trockenen Lee der drei anderen Westinseln und Gran Canarias – bis zu den zentralen Höhen ziemlich kahl. Erst nachdem wir in dem steiler werdenden Gelände nach vielen unübersichtlichen Kurven mehrere kleinere und den fast einen halben Kilometer langen Tunnel durch den etwa 900 m hohen Grat der Cumbre de la Carbonera durchfahren haben, ändert sich das Landschaftsbild merklich.

Von dieser schmalsten Wasserscheide Gomeras, die die beiden großen Talsysteme des Barranco de la Villa und des Barranco de Hermigua voneinander trennt und die durch Erosion und Bergstürze ständig schmaler wird, schweift unser Blick nach Westen über ein ausgedehntes bewaldetes Bergland und nach Nordosten über den tief eingeschnittenen Barranco de Monteforte, der sich, etwa 5 km von uns entfernt, mit dem Barranco de Liria zu dem gewaltigen grünen Tal von Hermigua vereinigt.

In langen Kehren und scharfen Windungen geht es den schon stark verwitterten steilen Südosthang zu dem mehr als 6 km langgestreckten Dorf *Hermigua* hinab. Auf der breiten Talsohle und zahlreichen Ackerbauterrassen werden bis zu 350 m und zum Teil noch höher hinauf hauptsächlich Bananen angebaut.

Im oberen Tal, in dem 235 m hoch gelegenen Ortsteil *Valle Alto*, besichtigen wir die Kirche Santo Domingo de Guzmán. Ursprünglich eine kleine, 1511 erstmals erwähnte Kapelle, wurde sie 1611 zu einem Dominikanerkloster erweitert und schließlich im gleichen Jahrhundert als Kirche für die weitere Umgebung neu gestaltet. Auffallende Elemente der verschiedenen Bauepochen sind die Halbkreisbogen, der gotische Triumphbogen, der Horizontalbogen zur Evangelienseite mit der Jahreszahl 1675, die Archivolten am Hauptportal, die Säulen toskanischer Ordnung sowie die Mudéjar-Decken.

Hermigua ist der bedeutendste Ort für gomerische *Volkskunst*. Hier kann man im ›Barrio del Convento‹, dem ›Kloster-Viertel‹, vor allem schöne Bordado-Lochstickereien und kunstvolle Webarbeiten erwerben sowie – als Besonderheit für diese Insel – die ›chácaras‹, übergroße Kastagnetten, die die jungen Männer beim Volkstanz ›baile del tambor‹ benutzen. Im gleichen Ortsteil gibt es auch die größte private Sammlung heimischer Gebrauchsgegenstände aus allen Teilen Gomeras.

Das Tal von Hermigua endet in einer breiten, von hohen Felswänden eingefaßten Bucht mit einem großen Meerwasserschwimmbecken. Einige hundert Meter südöstlich des Küstenvorsprungs *Punta Gabiña* liegt die mit großen Steinen durchsetzte dunkle *Playa de la Caleta*, der ›Strand der Rundbucht‹, der schönste der wenigen Badestrände der nördlichen Inselhäfte.

Von Hermigua aus geht es auf kurvenreicher Straße zu dem 2 km entfernten Bananendorf *Agulo*, wo der Maler José Aguiar die Anregungen für sein Wandgemälde im Gebäude des Cabildo in San Sebastián empfing. Mehr als 300 m überragen die basaltischen Felswände die wenigen Häuser auf der rund 200 m über dem Meeresspiegel liegenden Senke. Besonders eindrucksvoll wirkt der Steilabfall an dem brüsk hier endenden *Barranco de la Palmita*. Den *Roque El Cano* (646 m) erreichen wir von Agulo aus auf der 14 km langen kurvenreichen Ost-West-Straße oberhalb des Dorfes Vallehermoso. Fast 100 m hebt sich dieser von Norden einem gigantischen Bienenkorb ähnelnde phonolithische Fels – in der geologischen Fachsprache als ›Stiel‹ oder ›neck‹ bezeichnet – aus seiner verwitterten Umgebung heraus. Solche fast ausschließlich auf der nördlichen Inselhälfte anzutreffenden Monolithen aus langsam erkaltetem Magma wurden seit Beginn des Quartär durch Abtragung freigelegt.

Zu den *Organos* – den ›Orgeln‹ – gelangt man mit dem Boot, das man an dem kleinen Strand der Rundbucht des Puerto de Vallehermoso mieten kann. Sie liegen jedoch nicht an dem gleichnamigen Kap, sondern 2 km weiter westlich an der *Punta de las Salinas*.

In der vielfach ausgehöhlten 200 m hohen Brandungsküste ragen, in außerordentlicher Regelmäßigkeit eng aneinander stehend, zahllose magmatische Erstarrungssäulen auf. Sie sind mehr zylindrisch als prismatisch in der Form, der Durchmesser beträgt meist nur 1 m. Diese freigelegten Schlotfüllungen gehören zu den eindrucksvollsten der Welt.

12 *Bemooste Lorbeerbäume im Garajonay-Nationalpark*

13 *Nächste Doppelseite: Agulo im Insel-Norden;*
im Hintergrund Teneriffa mit dem Pico del Teide

14 *Palmen im Valle Gran Rey im Westen La Gomeras*

Fast 400 m unterhalb des Cano-Felsens laufen mehrere Barrancos mit ihren Seitenarmen fächerförmig zusammen. Am Rande des dadurch kesselartig erweiterten Tales liegt das Dorf *Vallehermoso.*

Oberhalb des Dorfes Vallehermoso stehen kanarische Pinien, PINUS CANARIENSIS, von denen es auf Gomera als einzige der fünf westlichen Inseln keinen größeren alten Waldbestand gibt. Statt dessen blicken wir auf Hänge, die mit den von Hierro her bekannten Sadebäumen, JUNIPERUS PHOENICEA, bewachsen sind.

Nach wenigen Kilometern kommen wir abseits der nach Südwesten führenden Landstraße zu dem kleinen Stausee ›La Encantadora‹ – ›Die Zauberhafte‹. Wir sind am Rande des in der Wolkenzone des Nordost-Passats liegenden Heidebuschwaldes mit Lorbeerwaldrelikten.

In einem weiten, nach Süden offenen Bogen umfahren wir die *Montaña de la Zarza* (1015 m), halten unterwegs an der Paßhöhe (880 m) an einem einsamen Restaurant oberhalb des Weilers *Epina* – wo es der Überlieferung nach einen Hexentanzplatz gegeben haben soll –, schauen dann am Ende des Waldes Hunderte von Metern hinunter auf das von einer hohen Felswand gelegene Tomatenanbaudörfchen *Alojera* und erreichen nach wenigen Kilometern *Arure.* Von einem Aquädukt am Ortsausgang blicken wir wiederum Hunderte von Metern in die Tiefe, hier auf die kleine Häuseransammlung *Taguluche.* Auf dem Aussichtspunkt *El Palmarejo* ist seit 1990 ein von César Manrique projektierter Mirador im Bau.

Der bis zu 800 m tiefe Barranco *Valle Gran Rey* ist eines der gewaltigsten Täler des kanarischen Archipels. Eindrucksvoll ist der 5 km lange Abschnitt unterhalb des Berges Cementerio (914 m) zwischen dem Ortskern des ebenfalls Valle Gran Rey genannten Dorfes und dem Meer. Auf den ausgedehnten Schutthalden am Fuße der steilen, stellenweise fast senkrechten Hänge liegen fruchtbare Ackerbauterrassen mit palmenumstandenen kleinen weißen Häusern. Je mehr wir uns der Küste nähern, um so zahlreicher werden die für die Wirtschaft dieses Tales so wichtigen Bananenpflanzen.

In Höhlen der den steinigen Sandstrand begrenzenden Felswände und in seiner weiteren Umgebung lebten in den achtziger Jahren Hunderte von Hippies, unter denen sich besonders viele

Deutsche befanden. Statt der Hippies gibt es nun in den wenigen seit 1988 entstehenden Touristenunterkünften die ersten Individualurlauber.

Die nördlich der Punta de la Calera am Fuße des 800 m hohen Acantilado de la Mérica gelegene dunkelsandige *Playa del Inglés* sollte, der offenen Brandung wegen, nur von geübten Schwimmern aufgesucht werden.

Zwei Meeresbuchten und ein Riff am Valle Gran Rey lassen uns an die Geschichte der Insel denken: der *Charco del Conde* und der *Charco de la Condesa* – Badestellen des früheren Grafenpaares der Insel – und der Fels *La Baja del Secreto*, wo der Mord an Hernán Peraza geplant worden sein soll. Am südlichen Ortsrand liegt die *Playa de las Vueltas*, der ›Strand der Umkehr‹. Von hier aus muß man wieder den Rückweg antreten, wenn man nicht das Postschiff zur Weiterfahrt über Santiago nach San Sebastián nehmen will. Denn eine Landstraße entlang der von tiefen Barrancos zerrissenen südlichen Steilküste gibt es nicht.

Der Süden

Der grob 5 km südöstlich von Valle Gran Rey bei dem alten Töpferdorf Chipude gelegene Berg *La Fortaleza* (1234 m) ist eine breitflächige freigelegte Schlotfüllung. Der festungsartige Fels überragt seine Umgebung um etwa 100 m. Er ist neben den spitz auslaufenden ›roques‹ und den Gangmauern ›taparuchas‹ das bemerkenswerteste Beispiel der drei für La Gomera so charakteristischen magmatischen Erstarrungsformen. Kreisförmig auf dem Plateau aufgestellte und zum Sitzen geeignete Steinblöcke lassen auf einen alten ›tagóror‹, einen Ratsplatz der Ureinwohner, schließen. Auf dem Weg von Chipude-Temocodá zur Südküste erreichen wir nach kurzer Fahrt *Agalán*. Unweit dieses kleinen Ortsteils von Alajeró steht auf einem leicht ansteigenden Hang der auf dieser Insel einzige wildwachsende Drachenbaum, DRACAENA DRACO, dessen Alter man nach wissenschaftlichen Untersuchungen auf etwa 500-600 Jahre schätzt.

Vorhergehende Doppelseite: die Steilhänge im fruchtbaren »Tal des Großen Königs« in der Nähe des Ortes Valle Gran Rey

Knapp 1 km südlich von Alajeró liegt eine für die südliche Inselhälfte einmalige vulkanische Erscheinungsform, die *Montaña del Calvario* (807 m), deren geologische Entstehung umstritten ist[6]. Sanft vom Norden her ansteigend, fällt der Berg brüsk nach Süden hin ab und gewährt einen weiten Ausblick über ein waldloses, von tiefen Barrancos durchzogenes Gelände. Von seinem Westfuß führt ein Pfad an die Küste zu den wenigen Häusern von *La Cantera*, von wo aus wir zwischen den Mündungen des Barranco de la Cantera und des Barranco de Quise den einzigen noch halbwegs erhaltenen Krater der Insel aufsuchen, den man anspruchsvoll ›*La Caldera*‹ (291 m) nennt.

Über *Alajeró* geht es dann auf kurvenreicher Strecke abwärts zur *Playa de Santiago*. Der mit feinem Sand durchsetzte Kiesstrand liegt in der etwa 1 km breiten Mündungsbucht zweier Barrancos: des von Alajeró kommenden *Barranco de la Jauta* und des im Inselzentrum entspringenden *Barranco de Santiago*, der, tief eingekerbt, auf knapp 10 km Entfernung Höhenunterschiede von fast 700 m überwindet.

Von den drei kleinen Stränden in den Barranco-Mündungen der sich nach Osten anschließenden Bucht eignet sich vor allem der mittlere, die *Playa del Medio*, zum Baden. Wie in Valle Gran Rey gab es auch hier Hunderte von Hippies. Und auch hier stehen nun einige Touristenunterkünfte für Feriengäste bereit.

Unseren Rückweg nach San Sebastián nehmen wir über die kurvenreiche Carretera del Sur. Da ein Straßenbau entlang der Küste trotz der kurzen Luftlinienentfernung von 20 km wegen vieler erforderlicher Brückenkonstruktionen über tief eingeschnittenen Barrancos zu kostspielig wäre, mußte man die Landstraße in weitem Bogen fast bis an die 900 m und höher gelegenen Talschlüsse im Inselinneren heranführen und damit die Strecke vervierfachen. In einem solchen Gelände erkennen wir den Wert der ›Silbo‹ genannten Pfeifsprache, mit der sich zwei Gomerer bei günstiger Witterung über fast 4 km hinweg verständigen können. Diese seltene Kommunikationsweise, die es – soweit bekannt – auf den übrigen Kanaren nie gegeben hat, stirbt nun auf La Gomera langsam aus.

Auf unserer Fahrt zur Inselhauptstadt geht es von der Lomada de Tecina zunächst nach Norden, bis wir bei dem Weiler *Las Toscas* die Abzweigung zu dem 3 km entfernten Ort *Benchijigua* erreichen. Wir umfahren die Montaña Blanca und kommen zu dem Weiler (Caserío) *Vegaipala*, von wo aus markierte Wanderwege ins bewaldete Inselzentrum führen. Beim Kilometerstein 17 sind wir an der *Degollada de Peraza* angelangt. Der Paß erhielt seinen Namen nach dem verhaßten Grafen von Gomera, Hernán Peraza, dem Ehemann der Beatriz de Bobadilla, weil dieser in einer nahen Höhle (Guahedun) vom Vater seiner Geliebten, der Guanchenprinzessin Iballa, ermordet wurde – ein Stoff, der auch literarisch Verwendung fand.

Südlich der Ortschaft *Ayamosna* überragt ein wuchtiger Basaltfelsen die kahle Landschaft, der *Sombrerito* (430 m) das ›Hütchen‹, eine freigelegte Schlotfüllung, die jedoch eher einem gedrungenen Rundturm mit Kegeldach ähnelt.

Nach wenigen Kilometern kommen wir zum *Lomo Higueral* (225 m), wo abseits der Straße auf einem 13 m hohen Sockel eine 5 m große Christus-Statue weit die Arme ausbreitet. Vom Mirador an ihrer Basis blicken wir über die kleine Inselhauptstadt, die wir auf kurvenreicher Strecke nach 4 km wieder erreichen.

Der Nationalpark Garajonay

Ein durch die Einbeziehung mehrerer Talschlüsse recht zerlappter, 3974 ha großer Distrikt des zentralen Hochlandes wurde im Jahr 1978 zum jüngsten der neun spanischen Nationalparks erklärt. Der nur wenig aus dem reliefarmen Plateau herausragende Basaltberg *Garajonay* ist mit 1487 m die höchste Erhebung der Insel. Seine Benennung soll aus einer Verbindung der Namen der Gomera-Prinzessin Gara und des armen Burschen Jonay aus Teneriffa entstanden sein, die sich aus unerfüllter Liebe hier den Tod gaben.

Wenige Kilometer nordwestlich des Garajonay liegt *La Laguna Grande.* Von dem ellipsenförmigen Krater mit 150 m langer Hauptachse ist kaum noch etwas zu erkennen. Die von vulkanischen Gangmauern durchsetzten Reste des alten Tuffwalles sind stark verwittert. Die leichte Vertiefung im Zentrum, in der das Regenwasser im Winter über 1 m hoch stehen konnte – daher der Name ›Laguna‹ – ist verschwunden. Nur noch die Lapillibedeckung, die mächtigste und ausgedehnteste auf Gomera, erinnert an die vulkanische Tätigkeit auf dieser Insel. Heute ist die

1240 m über dem Meeresspiegel liegende kleine Ebene, die einst als mitternächtlicher Hexentanzplatz angesehen wurde, zu einer Freizeitanlage mit Restaurant und Grillplatz inmitten des waldreichen Teiles im zentralen Hochland geworden.

Die sich auf einer grob von Norden nach Süden verlaufenden Verwerfungslinie erhebende Felsengruppe *La Familia de los Roques* liegt 3 km östlich des Garajonay. Sie besteht aus drei gewaltigen, durch Abtragung freigelegten phonolithischen Schlotfüllungen, die, in ihrer Höhe nur wenig unterschiedlich, ihre Umgebung um 100 m und mehr überragen. Es sind der zuckerhutförmige *Roque de Agando* (1246 m) – der höchste und wuchtigste der Monolithen auf Gomera –, dann der etwas plumpere *Roque de la Zarza* (1023 m) und der nahezu kuppelförmige *Roque de Ojila* (1171 m).

El Cedro – Der schönste kanarische Lorbeerwald

Wir beginnen die Wanderung durch das üppige, etwa 4000 ha große Waldgebiet des Nationalparks Garajonay am Fuße der Montaña Quemada an der Kapelle *Ermita de Nuestra Señora de Lourdes.* Hier wird im August das größte Volksfest der Insel begangen, die *Romería del Cedro.*

Der bis zu 25 m hohe Cedro canario, die endemische kanarische Zeder JUNIPERUS CEDRUS, gab auch dem nahen kleinen Ort, dem gewaltigen Barranco und dessen Wald den Namen. Wegen des harten Edelholzes wurde an diesen langsam wachsenden Bäumen jahrhundertelang Raubbau getrieben, so daß auch hier – wie auf Gran Canaria und den westlichen Kanaren – nur noch geringe Bestände vorhanden sind.

Die Bäume und Sträucher, die das Waldgebiet unterhalb der Ermita in dem tiefen, sich breit dem feuchten Nordost-Passat öffnenden Tal charakterisieren, sind – neben der mehr und mehr in diesen Bereich vordringenden Baumerika und der MYRICA FAYA sowie dem ILEX CANARIENSIS – vor allem vier Lorbeerarten: der hier recht häufig anzutreffende kanarische Lorbeerbaum, LAURUS AZORICA syn. CANARIENSIS, der seltener gewordene Viñático, PERSEA INDICA, der heute äußerst rare Barbusano, APOLLONIAS BARBUJANA syn. CANARIENSIS, und der ebenfalls auf Gomera wenig verbreitete Til, OCOTEA FOETENS.

Charakteristisch sind auch zwei Geißblattgewächse: der auch hier gefährdete Sauco, SAMBUCUS PALMENSIS, und der häufigere Fallao, VIBURNUM RIGIDUM. Öfter sehen wir den wieder angepflanzten Palo blanco, PICCONIA EXCELSA. Weitere dieses Gebiet kennzeichnende Sträucher sind der zu den Kreuzdorngewächsen zählende Sanguino, RHAMNUS GLANDULOSA, und die kanarische Weide Sao, SALIX CANARIENSIS.

Bis zu 2500 l Kondenswasser je m^2 vermögen jährlich die Hartlaubgewächse in dem sich breit nach Nordosten öffnenden Kerbtal den Passatwolken zu entziehen. Moosbedeckt sind daher die dicken Stämme. Von den Ästen hängen lange Flechten herab. Dicht ist das von oft mannshohen Farnen durchsetzte Unterholz, vor allem in der Nähe eines der auf den Kanaren so äußerst raren Bäche.

Interessant ist auch die Vogelwelt dieses Lorbeerwaldes. Wenn auch der Kanarienvogel trockenere Gegenden bevorzugt, entdecken wir hier nicht nur die Teneriffa-Blaumeise, PARUS CAERULEUS TENERIFFAE, den hübschen kanarischen Buchfink, FRINGILLA COELEBS TINTILLON, der im Archipel die verschiedensten Namen führt: Pinzón vulgar de Tenerife, Chau-chau, Pájaro tórtolo, Pájaro del monte oder cochinero. Hier nisten nicht nur das Madeira-Rotkehlchen, ERITHACUS RUBECULA MICRORHYNCHUS, die Amsel, TURDUS MERULA CABRERAE, oder die Schnepfe Chocha Perdiz, SCOLOPAX RUSTICOLA, von den Einheimischen meist ›gallinuela‹ genannt, sondern auch die beiden in ihrer Existenz stark bedrohten Lorbeertauben Paloma rabiche, COLUMBA JUNONIAE, die bezeichnenderweise einmal COLUMBA LAURIVORA hieß, und die Paloma turqué, COLUMBA TROCAZ BOLLII, Vögel, deren Lebensraum der Mensch Jahrhunderte hindurch in gedankenloser Ausbeutung einengte.

Die häufig von Waldbränden bedrohte Bergregion beim zuckerhutförmigen 1246 Meter hohen Roque de Agando, der zu der Felsgruppe La Familia de los Roques im östlichen Teil des Garajonay-Nationalparks gehört

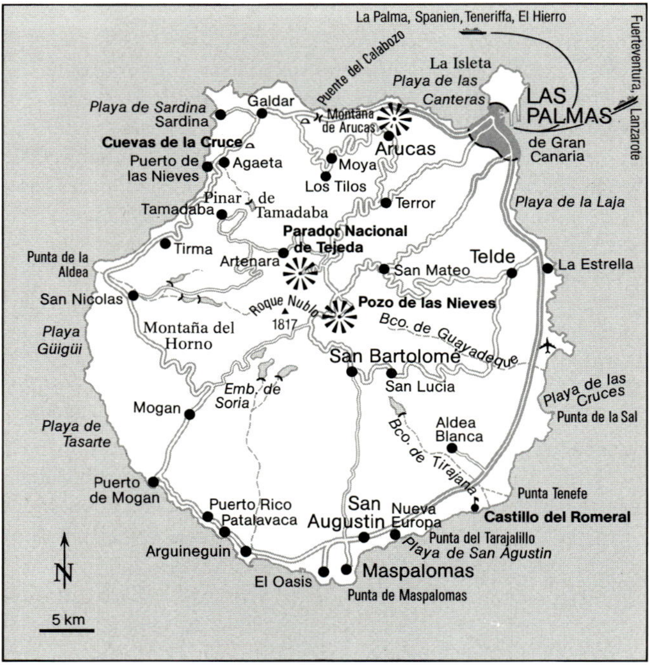

La Palma, Spanien, Teneriffa, El Hierro
Fuerteventura, Lanzarote
Puente del Calabozo
La Isleta
Playa de las Canteras
LAS PALMAS
de Gran Canaria
Playa de Sardina
Sardina
Galdar
Montaña de Arucas
Arucas
Cuevas de la Cruce
Puerto de las Nieves
Agaeta
Moya
Los Tilos
Pinar de Tamadaba
Tamadaba
Terror
Playa de la Laja
Parador Nacional de Tejeda
Tirma
Artenara
Punta de la Aldea
San Mateo
Telde
La Estrella
San Nicolas
Roque Nublo
1817
Pozo de las Nieves
Playa Güigüi
Montaña del Horno
Bco. de Guayadeque
San Bartolomé
San Lucia
Emb. de Soria
Playa de las Cruces
Punta de la Sal
Mogan
Playa de Tasarte
Aldea Blanca
Bco. de Tirajana
Puerto de Mogan
Punta Tenefe
Puerto Rico
Patalavaca
San Augustin
Nueva Europa
Castillo del Romeral
Punta del Tarajalillo
Playa de San Agustin
Arguineguin
Maspalomas
El Oasis
Punta de Maspalomas
N
5 km

Gran Canaria – Herzstück des Archipels

Kaum eine andere der Kanarischen Inseln weist so viele starke Kontraste auf: fruchtbare Ländereien im Luv des Nordost-Passats und vegetationsarmes Trockenland im Lee; chaotisch zerrissenes Hochgebirge und einförmige Tiefebenen; schwindelerregende dunkle Steilküsten mit donnernder Brandung und goldgelbe Wanderdünen an flachen Badestränden mit schwachem Wellengang; bedeckten Himmel für Langzeiturlauber im Insel-Norden und dreihundert Sonnentage jährlich im Süden; reiche archäologische Fundstätten, einsame, noch immer benutzte Höhlenwohnungen und pulsierendes Leben in der größten Stadt des Archipels mit dem bedeutendsten Versorgungshafen an der Schnittstelle der Schiffahrtslinien zwischen drei Kontinenten.

Las Palmas, die Hauptstadt der Insel und gleichnamigen Provinz, ist nicht allein das wirtschaftliche Zentrum der Kanaren, sondern seit 1990 auch Sitz einer großen Universität. So zeigt sich Gran Canaria heute als eine vom Tourismus geprägte Insel. Die Idylle, versteckt im Inneren der Insel, läßt sich noch finden, doch stille Badebuchten und kilometerlange leere Strände gibt es an den Küsten inzwischen nicht mehr.

Mit 1532 km^2 steht Gran Canaria der Fläche nach an dritter Stelle innerhalb des Archipels. Die Mitte der nahezu kreisrunden Insel, die man wegen der Vielfalt ihrer Landschaftsformen und Klimazonen gerne einen »continente en miniatura« nennt, nimmt die fast 2000 Meter hohe faszinierende Bergwelt am Cruz de Tejeda um das Zentralmassiv ein. Von ihm verlaufen tief eingeschnittene Barrancos radial zur Küste, die im Osten besonders flach ist und im Westen an vielen Stellen Hunderte von Metern steil abfällt.

Die durch das Hochgebirgsmassiv gebildete Klimascheide unterteilt die Insel in zwei große unterschiedliche Agrargebiete: Der feuchtere und damit landwirtschaftlich intensiv genutzte Norden wird gekennzeichnet durch zahlreiche Terrassenfelder und kleine Waldstücke im Mittelgebirge und ausgedehnte Bananenplantagen im Flachland. Der trockene, steppenartige Süden wird da und dort von großen Tomatenfeldern und oasenhaftem, aus dem Norden bewässertem Ackerland unterbrochen.

Die Herkunft des *Inselnamens* ist nicht zweifelsfrei geklärt. Nach einer der Hypothesen könnte er von den phönizischen Kanaanitern oder Kanaanäern abgeleitet sein, die vielleicht die Inselgruppe aufgesucht und dort aus Schnecken und Pflanzensäften Purpurfärbemittel hergestellt haben.

Wenig wahrscheinlich ist es, daß der Name auf das lateinische Wort ›canna‹ – Rohr – zurückgeführt werden kann, weil Schilfrohr wohl zu keiner Zeit charakterisch für das Landschaftsbild der Kanaren gewesen sein dürfte und Zuckerrohr erst um 1500 von den Spaniern eingeführt wurde.

Die am weitesten verbreitete Interpretation des Inselnamens wird am Flughafen in Gando und an der Plaza de Santa Ana zwischen der Kathedrale und dem Rathaus von Las Palmas in den Hunde-Monumenten deutlich. Sie symbolisieren die ›canes‹, die die Seefahrer des Königs Juba von Numidien und Mauretanien (um 25 v. Chr.) – des Sohnes von Marcus Antonius und Cleopatra – dort angetroffen hatten. »Canaria so genannt wegen der zahlreichen großen Hunde, die es beherbergt, von denen zwei Juva gebracht wurden«, schreibt Plinius der Ältere (24-79), in seiner Naturalis Historia (VI, 205). Schon der um 330 n. Chr. gestorbene afrikanische Schriftsteller Arnobius übertrug den Namen der zentralen Insel auf den ganzen Archipel.

Las Palmas

Aus der Geschichte des spanischen Vorpostens im Atlantik

Nachdem Jean de Béthencourt schon zu Beginn des 15. Jahrhunderts mehrere erfolglose Invasionsversuche auf Gran Canaria unternommen hatte und auch militärische Operationen seiner Nachfolger gescheitert waren, landete am 24. Juni 1478 Juan Rejón im Auftrag der spanischen Krone mit 630 Musketieren, 30 Reitern und einigen Geschützen an der Isleta. Er schlug an der Mündung des wasserführenden Barranco de Guiniguada sein Militärlager auf, das er der vielen Palmen wegen ›Real de las Palmas‹ nannte, Grundstock für die spätere Inselhauptstadt. Die Eroberung der ganzen Insel gelang jedoch erst fünf Jahre später

– am 29. April 1483 – seinem Nachfolger Pedro de Vera mit Hilfe des Herrschers des nördlichen Altkanarier-Reiches, des Guanarteme von Gáldar. Das Hotelviertel am südlichen Rande des Strandes Las Canteras trägt seinen Namen.

Schon 1485 wurde der Bischofssitz von der Iglesia de San Marcial de Rubicón auf Lanzarote nach Las Palmas in die alte Kirche Santa Ana verlegt, die den Platz der heutigen Kapelle San Antonio Abad einnahm. Zwei Jahre später lebten in dem Ort bereits siebenhundert Familien, eine Zahl, die damals etwa dreieinhalbtausend Einwohnern entsprach.

In der Lebensmittelversorgung waren die Spanier von Anfang an autark, denn die einheimische Bevölkerung hielt sich Ziegen, Schafe und Schweine und baute Gerste an. Schon früh kamen Hühner und Rebstöcke hinzu. Auf bewässertem Land legte man Zuckerrohrkulturen an und preßte das Rohr in Mühlen, die im Winter vom fließenden Wasser des Guiniguada und in der übrigen Zeit des Jahres zunächst durch Pferde, dann durch Esel und Kamele betrieben wurden, die allesamt importiert werden mußten.

Der durch die Natur begünstigte wirtschaftliche Aufschwung wurde zudem durch die geographische Lage gefördert. Denn da der Archipel als Brückenkopf zwischen Europa und der Neuen Welt fast regelmäßig von der spanischen Amerika-Flotte zur Überholung und Proviantaufnahme angelaufen wurde, konnte er auch am Handel zwischen beiden Erdteilen teilnehmen. Dies sollte sich aber auch negativ auswirken, weil die oft mit Silber- und Goldladungen heimkehrenden Schiffe, nun fernab des Mutterlandes, auf den Kanaren leichter die Beute von Piraten und Kriegsgegnern werden konnten. So hatte sich im 16. Jahrhundert Gran Canaria – vor allem in Las Palmas – mehrerer Überfälle der mit Spanien im Kriege stehenden Franzosen, Engländer und Niederländer zu erwehren. Dabei nimmt die Zurückweisung des Angriffs des englischen Freibeuters und Weltumseglers Francis Drake eine besondere Stellung ein, die Lope de Vega (1562-1635) in seinem erzählenden Gedicht ›La Dragontea‹, ›Das Drachenmaul‹, recht detailliert beschreibt. Vier Tage lang beschoß der von den Spaniern ›Draque‹ genannte Admiral vom 6. Oktober 1595 an mehrmals von fünfzehn Schiffen aus erfolglos die Hafenbefestigungen und die etwa viertausend Ein-

Las Palmas de Gran Canaria – Altstadt

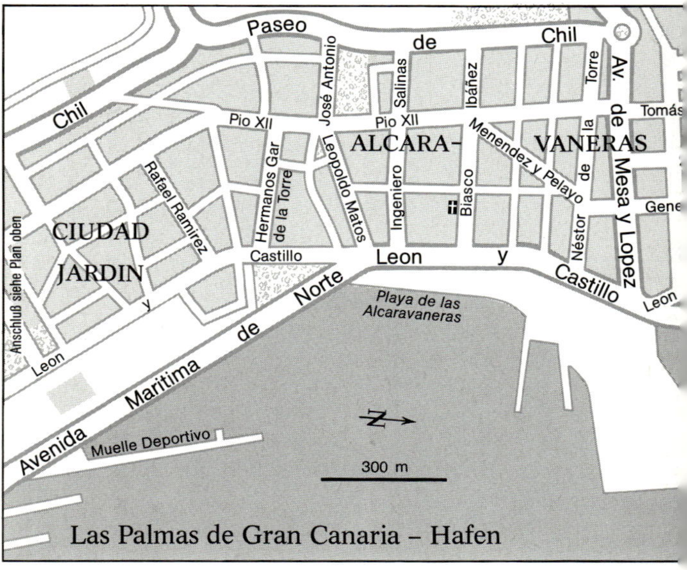

Las Palmas de Gran Canaria – Hafen

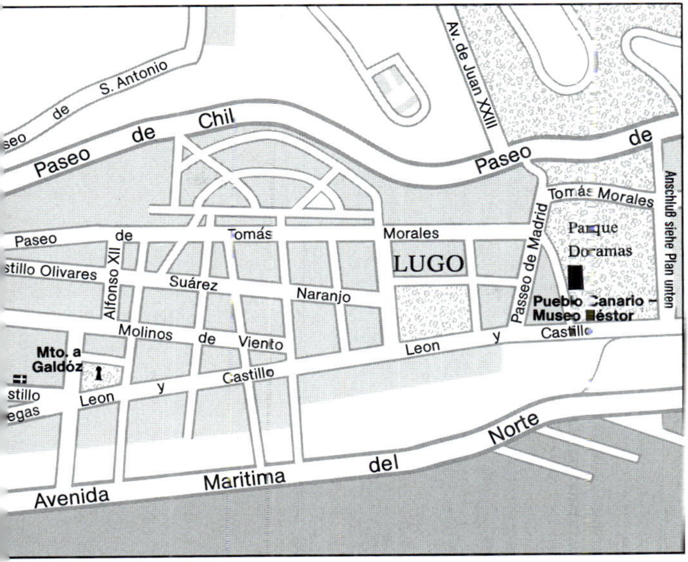
Paseo de S. Antonio
Paseo de Chil
Av. de Juan XXIII
Paseo de Tomás Morales
Anschluß siehe Plan unten
Paseo de Tomás Morales
Parque Doramas
LUGO
stillo Olivares
Alfonso XII
Suárez
Naranjo
Passeo de Madrid
Pueblo Canario – Museo Néstor
Molinos de Viento
Leon y Castillo
Mto. a Galdóz
Leon y Castillo
stillo
egas
Avenida Maritima del Norte

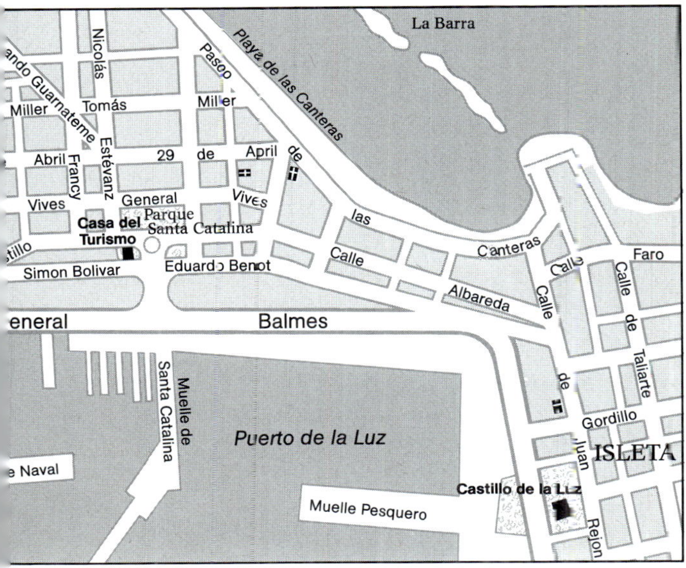
La Barra
ando Guanarteme
Nicolás
Paseo
Playa de las Canteras
Miller
Tomás
Miller
Abril
Francy
Estévanz
29 de April
Vives
General
Vives
Casa del Turismo
Parque Santa Catalina
stillo
Simon Bolivar
Eduardo Benot
las
Calle
Canteras
Albareda
Calle
Calle
Faro
Calle de Taliarte
eneral
Balmes
Calle de
Gordillo
Santa Catalina
Muelle de
Puerto de la Luz
e Naval
Juan
ISLETA
Castillo de la Luz
Muelle Pesquero
Rejon

wohner zählende Stadt und bemühte sich vergebens, vierzehnhundert Musketiere an Land zu bringen, während etwa zweitausendfünfhundert Mann auf dreizehn Schiffen außerhalb der Reichweite der Küstenbatterien in Reserve lagen.

Über die Motive für die Feindseligkeiten der Niederländer gibt ein Aufruf des Generalkapitäns Pieter van der Does vom 29. Juni 1599 an die Behörden der Inselhauptstadt und ihre Bevölkerung Aufschluß:

»Weil der König von Kastilien 30 Jahre lang und mehr nicht nur versucht hat, ... die ›Provincias Confederadas de la Baxa Alemania‹ ihrer ihnen rechtens zustehenden Privilegien zu berauben, sondern auch mit seiner grausamen Inquisition ... Personen der genannten Provinzen ... verbrannt und andere in die Galeeren gesteckt und ähnliche Grausamkeiten begangen hat, ... wollen die Herren der (General-)Staaten die ... Injurien und Grausamkeiten rächen ...«

Drei Tage zuvor hatte die aus 84 Schiffen bestehende holländische Flotte den Angriff auf die Stadt mit der Beschießung des am Hafen der Isleta stehenden Castillo de la Luz begonnen. Nachdem vier Invasionsversuche gescheitert waren, gelang es den Niederländern schließlich, mit mehreren tausend Marineinfanteristen an Land zu kommen. Nach zeitgenössischen Schätzungen mehrerer kanarischer Behörden waren es fünftausend bis achttausend Mann. Als die zahlenmäßig weit unterlegenen Verteidigungskräfte den Angreifern bei Tafira Alta und Santa Brígida empfindliche Verluste beigebracht hatten, verzichtete van der Does am 3. Juli darauf, die ganze Insel zu erobern und gab den Befehl, lediglich Las Palmas zu plündern und dann in Brand zu setzen.

Das erste Ziel der Invasionstruppen war die Kathedrale, in der sie noch kurz zuvor einen Dankgottesdienst abgehalten hatten. Hier bemächtigten sie sich vor allem der Turmuhr, der Glocken und der Juwelen und zerstörten Altäre und Orgeln sowie einen großen Teil des Chores. Dann wurde der Bischofspalast – eines der schönsten Bauwerke der Stadt – ausgeraubt und angezündet. Es folgten die Gebäude der Insel- und Stadtverwaltung und der Inquisition sowie mehrere Klöster und Kapellen und schließlich 32 Häuser notabler Persönlichkeiten. Die militärische Beute bestand aus 32 intakt gebliebenen Geschützen.

Vier Tage waren nötig, um die Schiffe wieder seetüchtig zu machen. Nachdem die Invasoren auf ihrer Fahrt nach La Gomera in Maspalomas die unterwegs ihren Verletzungen erlegenen Verwundeten bestattet hatten, betrug die Zahl ihrer Gefallenen nach eigenen Angaben 1440. Somit hatten bei diesem Überfall insgesamt 1490 Menschen ihr Leben hingeben müssen.

Im Gegensatz zu anderen Inseln des Archipels blieb Gran Canaria – und damit vor allem Las Palmas – im 17. Jahrhundert von größeren Überfällen verschont. Doch wüteten 1721, als die Stadt knapp zehntausend Einwohner zählte, die Pest und 1810 das Gelbfieber. Zwei Jahre später verwüsteten gewaltige Heuschreckenschwärme die Felder. Dann forderte 1851 die Cholera viele Opfer, und kaum zehn Jahre danach grassierte erneut das Gelbfieber.

Nur zwanzigtausend betrug die Zahl der Einwohner im Jahr 1887; knapp fünfzig Jahre später hatte sie sich verfünffacht. Innerhalb der nächsten zwanzig Jahre verdoppelte sie sich, und 1985, nur fünfundzwanzig Jahre danach, stieg sie auf fast vierhunderttausend an.

Regionalpolitisch ist nahezu das ganze 19. und der Beginn des 20. Jahrhunderts gekennzeichnet durch heftige Rivalitäten zwischen Santa Cruz de Tenerife und Las Palmas de Gran Canaria, wobei es vor allem um den Rang der Hauptstadt des kanarischen Archipels ging.

An der Isleta

Der historischen Ankerbucht schützend gegen den Nordost-Passat vorgelagert, liegt die 12 km² große *Isleta*, das »Inselchen«. Sie wurde erst im Quartär durch den 10 m mächtigen und an seiner schmalsten Stelle nur 400 m breiten Isthmus von Guanarteme mit Gran Canaria verbunden.

Zwischen der Fischerei-Mole und der nach dem Konquistador Juan Rejón benannten Straße steht das *Castillo de La Luz*. Das kleine quadratische Kastell wurde 1541 auf den Resten des 1494 von Rejón erbauten ältesten Außenforts der Stadt für elf Geschütze dreigeschossig neu hergerichtet. Nach größeren Reformen im Jahr 1595 brannte es 1599 während des niederländischen Überfalls unter dem Kommando des Admirals Pieter van

ISLAS DOS
GIJON

der Does völlig aus. In den folgenden Jahrhunderten blieb es unter den sechs intakten Castillos und den fünf bis sieben kleineren Artilleriestellungen das wichtigste Festungswerk in Las Palmas. Heute ist das Castillo de La Luz ein Zentrum für kulturelle Veranstaltungen.

Geht man die Calle de Juan Rejón mit ihren zahlreichen indischen und pakistanischen Geschäften nach Westen, so stößt man an den nördlichen Rand der *Playa de las Canteras*, ›Die Steinbrüche‹. Sie trägt diesen Namen, weil man jahrhundertelang den dort abgelagerten kalkverfestigten Sandstein als Baumaterial, unter anderem auch für die Kathedrale, verwendete. Doch immer noch schützt eine 200-300 m vom Land entfernte Kette flach aus dem Wasser ragender Riffe des gleichen Gesteins den nordöstlichen Hauptabschnitt des über 3 km langen goldgelben Sandstrandes. Parallel zur Playa, bis weit in die strandfernen Wohnviertel hinein, hat in den letzten zwanzig Jahren ein Häuserblock nach dem andern großen, luxuriösen Hotels weichen müssen.

Wendet man sich von dem nahen Touristentreffpunkt *Parque Santa Catalina* mit seinen Straßencafés und Gartenwirtschaften zehn Querstraßen nach Süden, gelangt man auf der Ostseite des Isthmus von Guanarteme zum zweiten Strand des Stadtgebietes. Wenngleich diese 500 m lange *Playa de Las Alcaravaneras* auch recht breit und feinsandig wie die von Las Canteras ist, so stören hier doch die nahen, nicht immer sauberen Hafenbecken und die stark befahrene Straße León y Castillo.

Ciudad Jardín

Nur fünf bis sieben Parallelstraßen haben auf dem 10-15 m über dem Meeresspiegel liegenden Geländestreifen Platz, der sich von der Playa de las Alcaravaneras verbreiternd nach Südwesten erstreckt. Im Osten wird er von Neuland begrenzt, das man seit 1960 in einer Breite von 100-200 m dem Meer abgerungen hat. Im Westen schließen ihn 80-100 m hohe fossilbelegte Steilhän-

Der Hafen von Las Palmas de Gran Canaria, in dem jährlich über 15 000 Schiffe anlegen

PEPSI
BAR

ge ab, an denen Leopold von Buch im Jahr 1825 die erste stratigraphische Datierung auf den Kanarischen Inseln durchführte.

Zwischen Meer und Terrassenlehne begann man vor wenigen Jahrzehnten, die *Ciudad Jardín*, die ›Gartenstadt‹, anzulegen. Keine der das ganze Jahr über in die Blütenpracht südländischer Blumen, Bäume, Sträucher und Kakteen eingebetteten Villen darf mehr als zwei Stockwerke aufweisen. Im zentralen Teil dieses eleganten Viertels, dessen Straßen zum größten Teil Namen bedeutender Musiker, Maler und Dichter tragen, steht die kleine englische Kirche. Am südlichen Rand befindet sich der schöne *Parque Doramas* mit vielen mittelgroßen Drachenbäumen und dem Folklore-Zentrum ›Pueblo Canario‹. Dieser von einem Restaurant, mehreren Andenkenlädchen und dem Néstor-Museum eingefaßte Innenhof wurde von dem in Las Palmas geborenen Maler Néstor Martín Fernández de la Torre (1887-1938) – der sich nach seinem Vornamen kurz ›Néstor‹ nannte – ein knappes Jahr vor seinem Tod entworfen. Zwei Jahre später begann sein Bruder, der Architekt Miguel, mit der Errichtung der ersten Baukörper. Mit der Einweihung des Museums konnte der Gesamtkomplex am 18. Juli 1956 der Öffentlichkeit übergeben werden.

Das *Néstor-Museum* enthält in elf kleinen Sälen Werke des Malers: In diesem Hause wird auch deutlich, daß Néstor zudem ein begehrter Bühnenbildner und Designer von Theaterkostümen war, nicht nur in Las Palmas, sondern vor allem in Madrid, Barcelona und Paris. Drei Räume dienen seit 1987 zur Ausstellung zeitgenössischer kanarischer Kunst.

Doch das, was alljährlich Hunderttausenden von Touristen aus aller Welt von seinen Schöpfungen am häufigsten bewundern – ohne zumeist von seiner Autorschaft zu wissen –, ist die schöne, auf der Basis der Volkstrachten entworfene Kleidung der Tänzer und Tänzerinnen, die unter den Palmen des Pueblo Canario zu den Klängen der fünfsaitigen gitarrenähnlichen Timples alte spanische Volkstänze darbieten.

Vorhergehende Doppelseite: Blick auf Gran Canarias Metropole, größte Stadt des Archipels; links die Türme der Kathedrale

Im alten Stadtteil Triana

Triana, der zweitälteste Stadtteil von Las Palmas, ist den meisten Besuchern lediglich wegen seiner Hauptgeschäftsstraße ein Begriff, der *Calle Mayor de Triana.* Dieses Viertel birgt jedoch fünf kulturgeschichtlich bedeutende Gebäude, deren Besuch man nicht versäumen sollte: die Ermita de San Telmo, das Geburtshaus von Benito Pérez Galdós und das nach ihm benannte Stadttheater, das Gabinete Literario und die Iglesia de San Francisco.

Das dem Patron der Seeleute geweihte einschiffige Kirchlein *Ermita de San Telmo* im Parque San Telmo wurde 1694 anstelle des 1599 von den Niederländern zerstörten Gotteshauses durch die Bruderschaft der Fischer errichtet. Es ist vor allem wegen der schönen portugiesischen Täfelwerkdecke über der Capilla Mayor und wegen des Alonso Cano (1601-1667) zugeschriebenen Bildwerkes der Inmaculada besuchenswert.

In der kleinen Straße Calle de Cano finden wir das *Museum Benito Pérez Galdós*, benannt nach dem Schriftsteller von internationalem Rang, der in diesem Haus als zehntes Kind eines Oberstleutnants am 10. Mai 1843 geboren wurde. Hier verbrachte er Kindheit und Jugend, bis er mit neunzehn Jahren zum Studium der Rechte nach Madrid ging, um nie wieder für längere Zeit nach Las Palmas zurückzukehren.

Las Palmas und sein größter Sohn

Benito Pérez Galdós – wegen des sehr verbreiteten Eigennamens seines Vaters meist nach dem baskischen Familiennamen seiner Mutter nur ›Galdós‹ genannt – wird gerne als Spaniens bedeutendster Romancier nach Cervantes bezeichnet. Von den zu seinen Lebzeiten veröffentlichten 33 Novelas Contemporáneas und den 46 Episodios Nacionales bezieht sich kein Band auf seine kanarische Heimat. Wenn man von dem nach seinem Tode entdeckten Manuskript der singspielähnlichen Zarzuela ›La Clavellina‹ absieht, befaßt sich auch keines der 22 Bühnenstükke mit den Kanarischen Inseln.

Las Palmas ehrte seinen großen Sohn, indem es nicht nur dem Stadttheater, einer Straße und einem Platz seinen Namen verlieh und internationale Galdós-Kongresse veranstaltet, sondern ihm auch steinerne Monumente setzte. Das erste, ein Werk des Bildhauers Victorio Macho

(1887-1966), der auch das Galdós-Denkmal im Madrider Retiro-Park schuf, stand auf der Mole von Las Palmas, unweit des Parque de San Telmo. Es mußte schon nach wenigen Jahren wegen des nicht witterungsbeständigen Gesteins wieder entfernt werden. Die neue wuchtige Plastik von Pablo Serrano (1910-1985), einem der bedeutendsten Bildhauer unserer Zeit, steht auf der durch den uruguayischen Architekten Leandro Silva neugestalteten Plaza del Ingeniero León y Castillo vor dem um die letzte Jahrhundertwende entstandenen neoklassizistischen Bau der Comandancia de Marina.

Zwei Häuserblocks westlich der Calle Mayor de Triana liegt ein kleiner verhältnismäßig ruhiger Platz, der nach dem Geistlichen Bartolomé Cairasco de Figueroa (1540-1610) benannt wurde. Miguel de Cervantes nahm diesen von Tasso und Ariosto beeinflußten Dichter in den ›Canto de Calíope‹, den ›Gesang der Kalliope‹ seiner ›Galatea‹ auf. In ihm läßt er die Muse der Poesie, Philosophie und Rhetorik achtzeilige Loblieder auf die Würdigsten seiner Zeit singen mit dem Wunsche, daß ihre »berühmten Namen tausend Jahrhunderte überdauern möchten«. An dieser Plaza de Cairasco steht das Gebäude des 1844 gegründeten *Gabinete Literario.* Dieser älteste kulturelle Club der Stadt hat immer wieder ihr geistiges Leben durch gehaltvolle Vorträge, Gemäldeausstellungen und Kammermusikabende bereichert und – neben der Förderung von Buchpublikationen und anderen Aktivitäten – 1866 auch entscheidend zur Gründung der Sociedad Filarmónica in Las Palmas beigetragen. Das im Jahre 1842 als Cairasco-Theater errichtete Gebäude mußte aus Geldmangel schon bald seine Funktion als erstes Bühnenhaus der Stadt aufgeben. Es wurde zunächst an das Gabinete Literario vermietet und 1894 – aus Anlaß des 50jährigen Bestehens des ›Literarischen Kabinetts‹ – von diesem käuflich erworben. Die ursprünglich klassizistische Fassade des Baues wurde nach dem Ersten Weltkrieg durch die gegenwärtige eklektizistische ersetzt.

Dem Gabinete gegenüber steht an der Plaza de Colón die *Iglesia de San Francisco de Asís.* Das erste Kirchengebäude – dreischiffig wie das heutige – war als Klosterkirche nach 1518 errichtet und 1599 durch die Mannen des Niederländers Pieter van der Does zum großen Teil zerstört worden. Im 17. Jahrhundert nur einschiffig wieder aufgebaut, wurde das Gotteshaus vor dreißig Jahren erneut auf drei Schiffe erweitert.

Gabinete Literario an der Plaza de Cairasco

Die Außenwände sind nach kanarischer Sitte weiß getüncht, bis auf die aus dunklen Hausteinen bestehenden Eckpilaster sowie die Tür- und Fenstereinfassungen. Das barocke Hauptportal an der Epistelseite mit Halbkreisbogen und Wandsäulenpaaren stammt aus dem Jahr 1683. Die in Sakralbauten des Archipels so populäre Mudéjar-Deckenkonstruktion aus dem harten Holz der kanarischen Pinie konnte im wesentlichen aus dem Bau des 17. Jahrhunderts übernommen werden.

Die Wandgemälde in der Capilla Mayor, die den Kalvarienberg und die vier Evangelisten wiedergeben, sind Werke des kanarischen Künstlers Jesús Arencibia (geb. 1912), der in ähnlicher Weise auch die große Golgatha-Darstellung in der San-Antonio-Kirche des Vorortes Tamaraceite und die ›Romería del Pino‹ im Hotel Santa Catalina schuf. Der Fußboden der Kirche ist mit Carrara-Marmor ausgelegt.

Von den Kunstschätzen sind beachtenswert die beiden Bildwerke von José Luján Pérez: ›El Señor del Huerto‹ (›Der Herr im Garten Gethsemane‹) und ›San Juan‹ sowie die Statue eines unbekannten Meisters ›El Señor de la Humildad y Paciencia‹.

Das bedeutendste Kunstwerk der Franziskuskirche aus religiöser und historischer Sicht ist die Marienstatue der *Virgen de la Soledad*, die im Volksmund auch ›Virgen de la Portería‹ genannt wird, weil sie früher in einer Kapelle am ›Eingang‹ des Klosters stand. Ihr schlichtes, edles Antlitz ähnelt dem der spanischen ›Katholischen Königin‹ Isabel von Kastilien. Da es damals Sitte war, einem Bildwerk die Gesichtszüge des Auftraggebers zu verleihen, nimmt man an, daß es von der Königin persönlich dem Franziskaner-Orden in Las Palmas übergeben wurde. Denn dieses Kloster war das erste, das nach der Bulle des Papstes Innozenz' VIII. vom 13. Dezember 1486 im Archipel errichtet worden war, in der den spanischen Königen die Fürsorge für alle im Königreich Granada und auf den Kanaren zu gründenden Klöster auferlegt wurde. Das Standbild wurde aufgrund der Bulle des Papstes Johann XXIII. 1964 kanonisch gekrönt und vom spanischen Staatschef mit dem Rang eines Generalkapitäns ausgezeichnet.

Das nach dem größten Sohn von Las Palmas benannte *Stadttheater Pérez Galdós* wurde nach einem verheerenden Brand am 20. Mai 1928 wieder seiner Bestimmung übergeben. Der von Miguel Martín Fernández de La Torre entworfene und von seinem berühmten Bruder Néstor innenarchitektonisch ausgestaltete Bau faßt im großen Theatersaal vierzehnhundert Sitzplätze. Nahezu ein halbes Jahrhundert lang stand das neue Gebäude – seines Namens, seiner Architektur und seiner Aufgabe würdig – frei und repräsentativ auf einem geräumigen Platz zwischen dem alten Stadtkern und dem Meer. Heute stört – nicht nur ästhetisch – die große Hochstraßenschleife zwischen der in den sechziger Jahren auf Neuland aus dem Meer errichteten Ciudad del Mar und der Schnellstraße in dem seiner Natürlichkeit beraubten Barranco de Guiniguada.

Hingegen hat das Innere des Hauses nichts von seiner vornehm-schlichten Atmosphäre verloren. Einen nachhaltigen Eindruck hinterlassen Néstors Wandgemälde im Foyer und im Salon zu Ehren des mit dem Theater eng verbundenen Komponisten Saint-Saëns (1835-1921). Sechsmal weilte der Franzose zwischen 1889 und 1900 für jeweils längere Zeit in Las Palmas.

Genutzt wird das Theater hauptsächlich von der renommierten *Sociedad Filarmónica*, der ältesten Philharmonischen Gesellschaft Spaniens, die 1966 unter Mitwirkung deutscher Künstler ihr hundertjähriges Bestehen festlich begehen konnte.

Vegueta – Las Palmas historisches Zentrum

Dieser älteste Teil der Inselhauptstadt ist seit je weltliches und kirchliches administratives Zentrum. Hier suchen wir die Ermita de San Antonio Abad auf, sodann das Columbus-Haus, die Kathedrale, das Rathaus, die Casa Regental sowie das Kanarische Museum. Dabei kommen wir durch immer noch relativ stille Seitenstraßen mit schönen kanarischen Balkonen an alten zweistöckigen Einfamilienhäusern, deren hohe Fenster und wuchtige Türen aus dem harten Holz der kanarischen Pinie von frühem Wohlstand zeugen.

Dort, wo im Nordosten des Stadtteils seit 1758 die *Ermita de San Antonio Abad* steht, wurde schon bald nach der Eroberung (1483) das erste christliche Gotteshaus der Insel errichtet, die alte Santa-Ana-Kirche. Sie hatte ab 1485, als der Sitz der Diözese von Lanzarote nach Las Palmas verlegt wurde, einige Jahre lang – bis zur Fertigstellung der ersten Santa-Ana-Kathedrale – die Funktion einer Bischofskirche.

Der weiß getünchte Eingangsgiebel des einschiffigen Ermita-Neubaues mit dem Hinweis, daß Columbus dort betete, wird an den Außenkanten durch dunkle Hausteine eingefaßt. Den unteren, aus den gleichen Natursteinen gestalteten Mittelteil der Fassade nimmt ein schlichtes Horizontalbogenportal ein, das im oberen Drittel von einer arabischen Arrabá gerahmt wird. Darüber öffnen sich eine flache Heraldik-Nische und ein kleines Rundbogenfenster. Ein nach barocker Manier gekurvter Glokkengiebel bekrönt diese Schauseite. Den oberen Abschluß des gepflegten Inneren bildet im Presbyterium eine achtflächige hölzerne Pyramidenstumpf-Decke nach Mudéjar-Art.

Nur wenige Schritte von der Ermita de San Antonio Abad entfernt steht die stattliche *Casa de Colón*, das sogenannte *Columbus-Haus*. Das schmucke Segmentbogenportal wird von ornamentierten und mit Plastiken besetzten Pilastern eingefaßt, auf denen ein breiter Eselsrückenblendbogen ruht. Er umschließt ein von einem gleichen Bogen gerahmtes Fenster auf einer in islamischen Kultbauten häufig verwendeten Arrabá. Das Baumaterial für dieses monumentale Portal ist ein grüner Naturstein von dem im Westen der Insel gelegenen Berg Tirma. Die linke obere Seite der Fassade zieren drei kanarische Fensterkastenbalkone, die rechte ein großer überdachter und zur Straße hin offener Balkon.

Von den drei Gebäuden, die ursprünglich auf dem Grundstück dieses wuchtigen Baus standen, war eins zu Columbus' Zeiten das Haus des Inselgouverneurs. Es wurde sehr wahrscheinlich durch die plündernden und brandschatzenden Invasionstruppen des niederländischen Admirals Pieter van der Does im Jahr 1599 zerstört, dann im 17. Jahrhundert wieder aufgebaut und in den fünfziger Jahren unserer Zeit mit den beiden Nachbarhäusern zu dem gegenwärtigen Gesamtkomplex harmonisch verbunden. Da man dabei auch Bauteile anderer Gebäude einfügte, finden wir hier – außer Nachahmungen – auch echte Zeugnisse verschiedener architektonischer Stilepochen. So kamen die monolithischen Säulen des Patio Principal – des Hauptinnenhofes – sowie die in geschnitzten Kapitellen endenden Galeriestützen des zweiten Innenhofes und auch große Teile der schönen Mudéjar-Decken in den Sälen 101, 106, 205 und 206 und über der Treppe zum zweiten Stockwerk aus dem ehemaligen Kloster Santo Domingo, die übrigen aus der früheren Kapelle des Dritten Ordens der Franziskaner. Das kleine Portal mit dem gotischen Eselsrückenbogen im Hauptinnenhof führte einst zum Obstgarten des ehemaligen Franziskanerklosters. Die steinerne Renaissance-Arkade unter der Galerie des gleichen Patios ist die einzige ihrer Art auf den Kanaren. Gotisch sind die Spitzbogenfenster über dem Portal des zweiten Innenhofes sowie die Brustlehne des ebenfalls aus dem ehemaligen Kloster Santo Domingo stammenden Ziehbrunnens. In der renovierten Krypta sehen wir einen Bogen aus der kanarischen romanisch-gotischen Übergangsperiode und einen anderen aus der Zeit zwischen Gotik und Renaissance.

Zu den besonders sehenswerten Ausstellungsstücken aus der Columbus-Zeit gehört in erster Linie die gotische *Statue der Santa Ana.* Sie stand 1492 in der damaligen gleichnamigen kleinen Kirche, auf deren Terrain sich die heutige Ermita de San

Antonio Abad befindet. Andere interessante Gegenstände sind Nachbildungen nautischer Instrumente des 16. Jahrhunderts und Modelle der ersten drei Amerika-Schiffe des Entdeckers. Das *Archivo Histórico Provincial* enthält vor allem Dokumente der Real Audiencia aus den ersten Jahrhunderten nach der Stadtgründung.

Des weiteren befindet sich in dem Gebäude die *Biblioteca Ballesteros* mit vielen Büchern über die frühe hispanoamerikanische Geschichte und das *Museo Provincial de Bellas Artes*. In diesem Provinzialmuseum der Schönen Künste sind vor allem Gemälde kanarischer Künstler unserer Zeit ausgestellt.

Seit 1955 gibt die Casa de Colón das renommierte kulturhistorische Jahrbuch ›Anuario de Estudios Atlánticos‹ heraus und verleiht drei Literaturpreise: für schöngeistige Prosa den Premio Pérez Galdós, für Poesie den Premio Tomás Morales und für historische Forschung den Premio Viera y Clavijo. Hier veranstalten auch die in vielen Ländern der Welt bestehenden akademischen Pérez-Galdós-Gesellschaften ihre regelmäßigen Forschungstagungen.

Columbus und Las Palmas

Es ist sehr wahrscheinlich, daß Columbus vor drei seiner Amerika-Fahrten, bei denen er Gran Canaria anlief, dem Gouverneur als höchstem Repräsentanten der spanischen Krone auf dieser Insel in dessen heute so gründlich verändertem Haus in Las Palmas seine Aufwartung gemacht hat, zumal dort bereits Schiffshandwerker in der Einwohnerliste verzeichnet waren. Einen sicheren dokumentarischen Beweis gibt es jedoch nicht, wenn man von der unzuverlässigen Aussage des Seemanns Juan Bivas absieht, die dieser im Jahre 1513 vor dem Amtsschreiber in Santo Domingo auf der damals Española genannten Insel Haiti abgegeben hatte, nach der er als Fünfzehnjähriger den Entdecker 21 Jahre zuvor im August 1492 in Las Palmas gesehen hätte.

In den von dem spanischen Indianer-Bischof Las Casas und dem Columbus-Sohn Fernando unterschiedlich abgefertigten Fassungen des verlorengegangenen Bordbuches werden wohl Gran Canaria oder – verkürzt – Canaria erwähnt, nicht aber Las Palmas oder die Isleta-Bucht. Hingegen schreibt Las Casas in seiner 1552-1561 entstandenen ›Historia de las Indias‹, daß Columbus im August 1492, als eines seiner Schiffe auf Gran Canaria repariert werden mußte, von La Gomera nach Gran Canaria zurückkehrte und bei Gando ankerte.

A
COLON
LAS PALMAS
DE
GRAN CANARIA

Die Kathedrale von Las Palmas

Santa Ana ist der einzige größere gotische Kirchenbau der Kanarischen Inseln: »Im Innern der Kathedrale hatte ich den Eindruck, als befände ich mich in einem Palmenwald« schrieb 1962 Carmen Laforet.

Nachdem Gran Canaria im Jahr 1483 endgültig erobert worden war, konnte zwei Jahre später die schon fünfzig Jahre zuvor geplante Verlegung des Bischofssitzes von Lanzarote nach der bedeutenderen, dem ganzen Archipel den Namen gebenden Insel endlich durchgeführt werden. Die am 20. November 1485 auf dem Terrain der heutigen Ermita de San Antonio Abad eingeweihte Pfarrkirche Santa Ana übernahm provisorisch die Aufgaben einer Kathedrale. Gleichzeitig begannen südlich des heutigen Columbus-Hauses die Arbeiten für eine neue Bischofskirche. Doch schon bald wurde das noch unfertige Gebäude für diesen Zweck nicht würdig befunden. So beauftragte man den wahrscheinlich aus Sevilla stammenden Architekten Diego Alonso Montaude – dem Wunsche der Königin Juana gemäß, in Las Palmas alles nach dem Vorbild der Stadt Sevilla einzurichten – mit dem Bau des neuen Gotteshauses. Er entwarf im Jahr 1500 den Grundriß, der vermutlich die Einbeziehung des alten Kirchenbaus – der von nun an ›Parroquia del Sagrario‹ oder ›Iglesia Vieja‹ genannt wurde – in die neue Kathedrale vorsah. Er legte die Fundamente für eine Basilika und begann mit der Errichtung der drei fast gleichhoch geplanten Schiffe. Sechs schlanke Bündelpfeiler, die wie steinerne Palmen das gotische Rippengewölbe des Mittelschiffes stützen und zehn Pilaster in den Seitenschiffen gehören zu seinen ausdrucksstärksten Arbeiten. Sind die das Kapitell ersetzenden Schaftringe ein Kennzeichen des portugiesisch-spätgotischen Emanuel-Stils, so demonstrieren die an ihnen und den Archivolten sichtbaren Kugelschnurornamente den gotischen Isabel- oder Reyes-Católicos-Stil, in welchem sich spanische und portugiesische Stilelemente miteinander vermengen.

Denkmal für Christoph Columbus in Las Palmas

Pfeiler und Säulen, Strebewerk und Gewölberippen ließ Montaude aus hartem, hellgrauem Trachyt des Steinbruchs von San Lorenzo anfertigen. Werkstoff für die sparsam angewandten Schmuckelemente waren goldgelber Sandstein aus der Badebucht Las Canteras und heimischer grünlich-gelber Tuff. Der Ausbau der Evangelienseite wird zu wesentlichen Teilen Pedro de Llerena zugeschrieben, der von 1504 bis 1518 an der Kathedrale arbeitete.

Um 1533 wurde Juan de Palacios der leitende Architekt. Er schuf nicht nur das schöne Sterngewölbe über der Capilla de San Fernando, sondern auch die damalige Hauptfassade.

Über den Fortschritt der Arbeiten nach 1540 gibt es keine Belege, bis 1554 Martín de Barea die Bauleitung übernahm, die er wahrscheinlich bis 1570 innehatte. Nun entstanden – außer dem ersten Gurtbogen – mehrere Dreistrahlgewölbe, die in den Kapellen der Epistelseite besonders wirkungsvoll hervortreten. Von schlichter Eleganz ist Bareas 1563 im Mittelschiff vor der Vierung geschaffenes Sterngewölbe, für das die Kathedrale von Sevilla Vorbild war.

Noch unvollendet, wurde die Kathedrale im Jahre 1570 geweiht. Für lange Zeit der letzte der bedeutenden Architekten dieser im wesentlichen gotischen Kirche – des einzigen größeren gotischen Baues auf den Kanarischen Inseln – war Pedro de Narea, der von 1573 bis 1577 an ihr wirkte. Zu den wenigen erhalten gebliebenen Zeugnissen seiner Arbeit gehört der schöne gewirtelte Bündelpfeiler in der von Barea begonnenen Capilla de Santa Teresa, die nach dem von der Kathedrale in Sevilla übernommenen Namen damals Capilla de Nuestra Señora de la Antigua hieß. 1635 entstanden die San-Franziskus-Kapelle und das von korinthischen Säulen eingefaßte Rundbogenportal zum umgestalteten Patio de los Naranjos. Der Kapitelsaal und einige kleinere Dependancen wurden damals begonnen. Dann blieb der Baukörper für mehr als ein Jahrhundert im wesentlichen unverändert.

Nachdem der in La Laguna auf Teneriffa geborene kunstsachverständige Kleriker irischer Herkunft Diego Nicolás Eduardo (Edwards) (1744-1798) im Jahr 1784 mit der weiteren Ausgestaltung der Santa-Ana-Kathedrale beauftragt worden war, begann ein neuer entscheidender Abschnitt in der langen Baugeschichte dieses interessanten Gotteshauses. Als erstes ließ Eduardo die Iglesia Vieja abreißen und das noch von Martín de Barea projektierte Presbyterium mit der lichteinlassenden Laterne über der Vierung zum Abschluß bringen, um dann mit dem Bau der rückwärtigen klassizistischen Fassade zu beginnen. Als er 1798 plötzlich starb, vollendete sein Schüler, der durch so viele barocke Skulpturen auf den Kanaren bekannte Bildhauer José Luján Pérez (1756-1815), die Capilla Mayor und die dreigeschossige Rückfront mit ihren Dreiecksgiebeln als Fensterbekrönung, ihren zylindrischen Türmchen zu beiden Seiten des Presbyteriums und ihren geriefelten Pilastern am Tambour. Er entwarf die klassizistische Hauptfassade und errichtete die nach außen offene Vorhalle mit den von Wandsäulen ionischer Ordnung eingefaßten Halbkreisbogenportalen, nachdem das aus dem Jahr 1589 stammende Renaissanceportal abgerissen worden war. Und er baute schließlich den dreigeschossigen quadratischen Nordturm, den er mit einem durch pseudokorinthische Pilaster verstärkten Glockenturm mit Kuppel und Laterne abschließen ließ.

Nach dem Tode Lujáns (1815) fand zwar die Gestaltung des südlichen Turmes – der 1857 beendet wurde – als Pendant zum nördlichen weiterhin die Billigung der Behörden, nicht jedoch die des zweiten Stockwerks der Hauptfassade. Erst nachdem die Bauarbeiten von 1821 bis 1851 erneut unterbrochen und die Pläne von drei Architekten verworfen worden waren, konnte das Obergeschoß 1859 nach den Vorstellungen des Baumeisters Laureano Arroyo Velasco aus Barcelona so zu Ende geführt werden, wie es sich uns heute darbietet: von Wandsäulen flankierte und mit Dreiecksgiebeln bekrönte hohe Rundbogenfenster über den beiden seitlichen Portalen und ein großes Radfenster über dem mittleren Hauptportal. Die zwischen den beiden Ecktürmen aufgesetzten drei Ädikulen sind Arbeiten des 20. Jahrhunderts von Fernando Navarro.

Außer den Glocken und der Turmuhr gingen Orgel, Chorgestühl, Kanzel, Altäre, Statuen und andere Kunstwerke durch Plünderung, mutwillige Zerstörung und Brand verloren, als mehrere tausend Niederländer unter Pieter van der Does im Jahre 1599 die Stadt überfielen. Zu den wenigen geretteten Kunstgegenständen gehört ein Kleinod spätgotischer Silberschmiedekunst, ein vergoldetes Prozessionskreuz, das unter dem Datum des 23. 12. 1526 als Donation in den Akten des Domkapitels eingetragen wurde.

Andere Kostbarkeiten sind ein Benvenuto Cellini (1500-1571) zugeschriebener Segenspender aus vergoldetem Silber, ein Gemälde von Luis de Morales (El Divino) – dem 1541 geborenen und 1614 verstorbenen Hauptvertreter des spanischen Manierismus vor El Greco – sowie ein Andachtsbild des Malers der Sevillaner Schule, Juan de las Roelas (1558-1625).

Barocke Schnitzwerke des großen heimischen Künstlers José Luján Pérez sind eine Dolorosa, El Cristo de la Sala Capitular, ein San José und eine Marienskulptur Nuestra Señora de la Antigua.

Der palmenumstandene rechteckige Fußgängerplatz *Plaza Mayor de Santa Ana* erstreckt sich in seiner Längsrichtung zwischen der Kathedrale und dem Rathaus. Außer diesen beiden bedeutsamsten Zeugnissen geistlicher und weltlicher Macht stehen hier mehrere andere repräsentative Gebäude verschiedenster architektonischer Stilepochen, wenn auch oftmals nur noch in wenigen Relikten. Zu ihnen gehört auch der mit seiner Hauptfront schräg rechts gegenüber der Kathedrale liegende *Palacio Episcopal*, der 1522 errichtet wurde, von dem aber nach mancherlei Umgestaltungen im Laufe der Jahrhunderte im wesentlichen nur ein von einer Arrabá gerahmtes gotisches Portal an den ursprünglichen Bau erinnert.

Die beiden kunstgeschichtlich interessantesten Bauwerke an diesem historischen Platz, der in unserer Zeit an Fronleichnamstagen ein einziger kunstvoller Blumenteppich ist, sind das Rathaus und die Casa Regental, die wir im folgenden eingehender betrachten wollen.

Nachdem das 1535 errichtete schöne Gebäude im März 1842 ein Opfer der Flammen geworden war, wurde im Oktober des gleichen Jahres der Grundstein für das heutige *Rathaus* gelegt. Doch Kompetenzstreitigkeiten und Geldmangel sowie die Gelbfieber- und Cholera-Epidemien der Jahre 1847 und 1851 verzögerten den Bau. So konnte am 29. April 1852 – zusammen mit der Installation von Petroleumlampen an Straßen und Plätzen – lediglich die Hauptfassade eingeweiht werden. Erst drei

Jahre später wurde das ganze Gebäude seiner Bestimmung übergeben.

Weil die Baupläne dem Zivilingenieur Juan Daura aus Cádiz zur Begutachtung vorgelegt worden waren, weist das Rathaus in Las Palmas manche Ähnlichkeit mit dem seiner Heimatstadt auf.

Den zentralen oberen Abschluß der Hauptfassade bildet eine geschlossene Brüstung mit dem in der Mitte aufragenden Stadtwappen. Sie wird rechts und links von Balustraden eingefaßt, auf deren Eckpfeilern vier Skulpturen Guanchen und Spanier symbolisieren.

Die früher über die Straße hinweg mit dem alten Rathaus verbundene *Casa Regental* – das Haus des Regente de la Audiencia, des obersten Richters des Archipels – wurde erstmals im Jahre 1589 einstöckig erbaut. Nachdem das Gebäude 1599 während des holländischen Überfalls durch die Truppen des Admirals van der Does zerstört worden war, wurde es zwischen 1640 und 1643 neu errichtet. Im Jahr 1805 begann man das klassizistische Obergeschoß aufzustocken.

Das *Museo Canario*, im Jahr 1879 von Dr. Chil gegründet und bedeutendstes Museum der Stadt, liegt in dem nach ihm und dem Anthropologen Dr. Verneau benannten Straßen. Außer geologischen, botanischen, zoologischen, archäologischen, historischen und anthropologischen Sammlungen hat es einen vielbenutzten Vortragssaal sowie eine reichhaltige wissenschaftliche *Kanarenbibliothek*. Alljährlich veröffentlicht die Verwaltung eine nach Sachgebieten geordnete Bibliographie kanarischer Themen aus Büchern, Zeitschriften und Zeitungen.

Jardín Botánico und Vico de Bandama

Der im Jahr 1952 von dem Schweden Eric Sventenius bei Tafira, dem sich mehrere Hundert Meter den Hang hinaufziehenden Villenvorort von Las Palmas de Gran Canaria gegründete Botanische Garten umfaßt ein Areal von 27 ha. Dort sind bis zum Jahr 1990 auf 15 ha mehr als 3500 Arten der auf den Kanaren wachsenden Gefäßpflanzen eingesetzt worden, darunter fast 75% der 520 kanarischen und der 120 makaronesischen Endemiten.

Die symbolhaft für charakteristische endemische Gewächse im schmiedeeisernen Eingangstor dargestellten Blüten gehören zu den extreme Trockenheit ertragenden Ceropegien.

Die im Botanischen Garten konzentrierte Vielfalt der Pflanzenwelt und die mit jeder Gartenarbeit verbundene Bewässerung haben wie kaum sonstwo auf der Insel zahlreiche Vögel verschiedenster Arten angezogen. Hier lebt der Vogel, dessen schönen Gesang man am häufigsten auf Gran Canaria hören kann, die zutrauliche Mönchsgrasmücke, SYLVIA ATRICAPILLA subsp. HEINEKEN. Auch Brillengrasmücken, SYLVIA CONSPICILLIATA ORBITALIS, gibt es hier und verhältnismäßig viele Kanarienvögel, SERINUS CANARIENSIS.

Im gleichen Vorort entsteht der große Campus der neuen Universität Las Palmas.

Eines der beliebtesten Ziele für einen Kurzausflug von Las Palmas aus ist der Pico und die sogenannte *Caldera de Bandama.* Im vorigen Jahrhundert noch ›Vandama‹ geschrieben, erhielten beide ihren Namen nach dem Niederländer Van Damme, der dort in dem von Lapilli bedeckten Gelände einen Weinberg besaß.

Unser Auto schraubt sich auf asphaltierter Landstraße die letzten 150 m bis zur Gaststätte auf dem kleinen Hochplateau hinauf. Immer wieder eröffnen sich Blicke in die 180-300 m tiefe Caldera. Auf ihrem ellipsenförmigen ebenen Boden mit 100 und 750 m langen Achsen liegt ein Bauernhof. Bis nach Las Palmas und zum zentralen Bergmassiv Gran Canarias genießen wir eine weite Aussicht über die abwechslungsreiche Landschaft.

Der Norden

Das erste Ziel auf unserer Fahrt durch die fruchtbarste und mit über tausend Einwohnern je km^2 bevölkerungsdichteste Region Gran Canarias ist die Mittelstadt *Arucas.* Sie liegt an dem nach ihr benannten 412 m hohen jungen Schichtvulkan.

Von dem auf dem Gipfel des Berges angelegten Parkrestaurant schweift der Blick über ausgedehnte Bananenplantagen des nördlichen Inselteils. Fast die Hälfte der gesamten Ernte dieses wichtigsten Ausfuhrguts Gran Canarias wird dort eingebracht.

Sie kann in guten Jahren bei Erträgen von 250 Doppelzentner je Hektar über 170 000 Tonnen betragen.

Die grüne Einförmigkeit des bis zu 300 m ansteigenden Geländes zwischen Meer und Gebirge wird immer wieder wohltuend unterbrochen durch weiße palmenumstandene Landhäuser und silbrig in der Sonne glitzernde Bewässerungsbassins. Kilometerweit hört man in der kurzen Abenddämmerung des Sommerhalbjahres das Quaken zahlreicher Laubfrösche.

Dieses Vorland der bis zu nahezu 2000 m hohen zentralen Berge profitiert vor allem von den sich vor ihnen stauenden Passatwolken. Monatelang mildern sie, insbesondere im Sommer, als sogenannter ›panza de burro‹ – ›Eselsbauch‹ – die Sonneneinstrahlung und fördern die auf der niederschlagsarmen Insel so nützliche Nachttaubildung.

Nachdem die Altkanarier-Siedlung Arehuc im Jahr 1479 durch die Spanier zerstört worden war, wurde Arucas 1503 erstmals als Pfarrort erwähnt. Heute wird die Stadt überragt von der 1909 bis 1977 aus schwarzem Lavagestein erbauten Iglesia de San Juan. Obwohl sie keine Bischofskirche ist, bezeichnet die einheimische Bevölkerung sie gerne als Kathedrale und nennt sie überdies das schönste neogotische spanische Gotteshaus des 20. Jahrhunderts.

In der näheren Umgebung des Ortes Arucas wird auf Plantagen Zuckerrohr angebaut. Der aus dem Zuckerrohr gewonnene Rum ist nicht nur in dieser Gegend ein beliebtes Getränk.

Nach einem 3 km langen Abstecher zu den bei Firgas gelegenen Quellen des schmackhaftesten kanarischen Mineralwassers kommen wir aus einer 13 km kurvenreich sich hinziehenden Berg-und-Tal-Strecke zu dem in der Luftlinie nur 6 km von Arucas entfernten *Moya.* In diesem schlichten Luftkurort wurde Tomás Morales (1885-1921), der bedeutendste kanarische Dichter der neueren Zeit, geboren.

Lorbeerwald Los Tilos

Was einen Besuch dieser Gegend besonders lohnend macht, sind die noch knapp 10 ha großen lichten Restbestände von dem einst ausgedehnten *Lorbeerwald Los Tilos.* Sie liegen etwa 4 km südwestlich des Ortszentrums im gleichnamigen Barranco oberhalb der Landstraße nach Guía.

Auf unserem Weg durch den geschichtsträchtigen Norden dieser interessantesten Kanareninsel kommen wir zunächst zum sogenannten *Cenobio de Valerón.* Es liegt in der Nähe der 1981 fertiggestellten, 128 m hohen Brücke – *Puente del Calabozo,* der ›Brücke des unterirdischen Kerkers‹. Etwa 45 m oberhalb der älteren Landstraße haben die Ureinwohner unter einer vorspringenden Basaltdecke in fünf und stellenweise in sechs und sieben Etagen an mehr als dreihundert Stellen den Tuff ausgekerbt. Aufgrund ihrer unterschiedlichen Ausmaße und der archäologischen Funde könnten einige größere Räume als Unterkünfte und einige kleinere als Grabstätten gedient haben, während die meisten wohl Kammern eines Gemeinschaftsgetreidesilos sind.

Einigen Chronisten zufolge soll die Anlage eine Art ›cenobio‹ – eine Art Kloster – für die Harimáguadas, vorchristliche Priesterinnen, dargestellt haben. Nach anderen zogen sich heiratswillige Mädchen gehobener sozialer Schichten dorthin zurück, um vor der Hochzeit an Gewicht zuzunehmen. Gomes Eanes de Zurara (Azurara), Hofschreiber Heinrich des Seefahrers (1394-1460), begründet eine solche Vorbereitung der Altkanarier auf die Ehe mit folgenden Worten:

»Eine dünne Jungfrau gibt nur halb so viel wie eine fette. Sie glauben nämlich, daß der ausgeweitete Bauch mehr Platz bietet, so daß ihm größere Söhne entwachsen können. Das Mädchen wird entkleidet und dem Häuptling vorgestellt. Er entscheidet, ob die Leibesfülle ihm ausreichend erscheint. Unter Aufsicht der Eltern nimmt das Mädchen dann täglich ein längeres Bad in der See, bis das Übergewicht verschwunden ist und die überdehnte Haut ihr über die Hüften hängt. Jetzt ist genügend Platz in ihrem Leib.«[19]

Links des rätselhaften Cenobio de Valerón führt ein schmaler Pfad zu einigen ehemaligen Wohnhöhlen, in denen man zahlrei-

Blick vom Montaña de Arucas auf die Ortschaft Arucas im Norden Gran Canarias; links die neogotische Kirche

che Haushaltsgegenstände aus Stein fand wie Äxte, Mörser, Mühl- und Poliersteine sowie hölzerne Haken und Bolzen, bunte polierte und durch geritzte Linien dekorierte Keramik in Okker, Braun und Schwarz und einen tönernen Farbstempel in der seltenen Form einer Raute.

Auf dem gleichen Berg liegt der kleine, von der Bevölkerung ›municipio‹ genannte *Tagóror del Gallego*, ein altkanarischer Ratsversammlungsplatz.

Die kleine Stadt *Gáldar*, Zentrum des nördlichen ehemaligen Altkanarier-Reiches, liegt am Südwestfuß des gleichnamigen, 425 m hohen Aschenkegels, eines graubraunen postmiozänen Stromboli-Typs. Als größter der Insel sieht er bei einem Neigungswinkel von 33° aus östlicher Richtung dem Pico del Teide sehr ähnlich.

Die südlich gelegene Lapilli-Ebene *Llano de las Quintanas* ist wegen der bereits verwitterten vulkanischen Auswurfmassen besonders fruchtbar. Da es zudem an den östlichen Berghängen mehrere reichhaltig Wasser führende Quellen gab, war das Gebiet um die altkanarische Königsstadt Agáldar vor der spanischen Eroberung wahrscheinlich die am dichtesten besiedelte Region Gran Canarias.

Zu den archäologisch fündigen Bereichen um das Kerngebiet der Stadt gehören *La Huerta del Rey* mit einst schwarz und ocker bemalten ehemaligen Wohnhöhlen sowie die bis in unser Jahrhundert hinein bewohnten Höhlen von *Marmolejo*, *Taya* und *Anzofé*.

Die Ruinen im Bezirk *Cabuco* nordwestlich der Montaña de Gáldar könnten Teile altkanarischer Wehrbauten gewesen sein.

Das heute zum großen Teil von Bananenplantagen eingenommene Höhlengebiet *›Barrio del Hospital‹* unweit der Landstraße von Gáldar nach Agaete trägt diesen Namen seit Generationen wegen mehrerer alkovenartiger Nischen und wandschrankähnlicher Auskerbungen in einer der in Gruppen zusammengefaßten Wohnhöhlen.

Von ganz besonderer kulturhistorischer Bedeutung sind die vier ehemaligen altkanarischen Steinblocksiedlungen im Distrikt El Agujero, der große Gemeinschaftstumulus La Guancha in der Küstenlandschaft gleichen Namens und die Cueva Pintada an der Straße nach Agaete.

Der Bezirk *El Agujero* liegt etwa 2 km vom Stadtzentum entfernt zwischen der Mündung des Barranco de Gáldar und dem Vorgebirge La Guancha. Das 5-10 m hohe, zum Meer hin leicht abschüssige Gelände dehnt sich über rund 75000 m² aus. Seine ursprüngliche natürliche Bewachsung bestand aus Xerophyten. Unter ihnen wurden schon von den Altkanariern das ›Soda‹-Kraut Barrilla, MESEMBRYANTHEMUM CRYSTALLINUM, als Seifenersatz gebraucht. Seine Früchte sowie die der mit ihm vergesellschafteten anderen Mittagsblume Cosco, MESEMBRYANTHEMUM NODIFLORUM, wurden in Notzeiten zu Mehl verarbeitet. Den milchigen Saft giftiger Euphorbien, insbesondere der EUPHORBIA REGIS-JUBAE, benutzte man seiner lähmenden Wirkung wegen zum Fischfang in Buchten und flachen Becken der nahen Lavaküste.

In dieser Gegend legte man im Jahr 1934 bei der Kultivierung des Bodens vier weilerartige Gruppen primitiver Häuser der prähispanischen Altkanarier frei. Die meisten der dickwandig aus Hausteinen bis zu 2 m hoch im Trockenbau errichteten Unterkünfte waren außen rund oder oval. Innen hatten sie oftmals die Form eines griechischen Kreuzes, wodurch alkovenartige Schlafstellen geschaffen wurden. Zwei bis drei Schrittstufen in den Boden eingelassen, betrug die Wohnfläche im allgemeinen 30-50 m².

Die Zweckbestimmung des sogenannten *Palacio de Justicia* im selben Bezirk kann aus seiner Anlage erschlossen werden. Der von dem seewärtigen Eingang aus gesehene rechte Teil war halbkreisförmig um eine dreistufige Tribüne angelegt worden. Der mittlere der sieben an ihrer Peripherie verankerten Sitzsteine mag der Platz des Richters gewesen sein, während die rechts und links am äußersten Rande liegenden wahrscheinlich Anklägern und Verteidigern vorbehalten waren.

In dem nahezu rechteckigen übrigen Bereich entdeckte man in der ebenen Bodenfläche einen pyramidenförmigen Stein, dem ein 44 cm langer sattelartiger Block angefügt worden war. Die Bedeutung dieses Gebildes ist ebenso unklar geblieben wie der Zweck der kleinen halbkreisförmigen Dependance am Scheitelpunkt der Rundmauer der Richtertribüne und der Sinn des gegenüberliegenden Annexes in der Form eines halben achtstufigen Amphitheaters. Befanden sich hier die Sitze der Notabeln, während das Volk Stehplätze in dem Bereich zwischen dem Gerichtsraum und der ihn sichelförmig umfassenden Schutzmauer vorgesehen waren?

Bei den Ausgrabungen des Tagóror legte man eine fast quadratische Anlage mit mehr als zwanzig steinernen Sitzen entlang ihrer Wände frei. Rechts des durch einen 2 m hohen Mauerbogen geschützten Eingangs wurde im Boden ein 1,35 m² großer Sockel sichtbar, an dessen Fuß zahlreiche Molluskenschalen lagen.

In der linken vorderen Raumecke kam ein behauener Felsenblock mit einer 65 cm² großen Oberfläche zutage. Er mag der Sitz des ›Faycag‹ oder ›Fayadcán‹ gewesen sein, des bevollmächtigten Vertreters des Guanarteme. Vielleicht handelte es sich aber auch um einen heiligen Stein, auf dem Pflanzen verbrannt wurden, um aus dem aufsteigenden Rauch zu weissagen. Oder sollte er der Richtblock für die zum Tode Verurteilten gewesen sein, auf den sich Torriani (1590) bezieht?

Einen Gemeinschaftstumulus, das wichtigste archäologische Monument des kanarischen Archipels, legte man im Jahr 1934 etwa 2 km nördlich des Stadtkerns auf dem Küstenvorsprung *La Guancha* frei, unweit anderer verfallener Tumuli und der Trümmer prähispanischer Steinhäuser der ehemaligen Großsiedlung El Agujero.

Um ein aus behauenen Steinen aufgeschichtetes Einzelgrab auf ellipsenförmiger Grundfläche mit 3,20 und 2,55 m langen Achsen erhob sich ein 2 m hoher, dreifach gestufter konischer Felsblockbau aus 1 m dicken Wänden. Unmittelbar daneben schloß sich um ein größeres Einzelgrab eine ähnliche Anlage mit Achsenlängen von 6 und 3,30 m an. Beide Ellipsen waren durch acht kurze, dicke Wände strahlenförmig mit der nach Süden offenen, 80 cm hohen Umfassungsmauer verbunden, wodurch sieben weitere Grabfelder entstanden. Die Hauptsache der gesamten ellipsenförmigen Anlage maß 20 und die Nebenachse 17,25 m. Einschließlich der parallel zur Außenseite der großen Ringmauer eingefügten Steingräber wurden hier 42 Grabstätten freigelegt, einige mit menschlichen Skeletteilen »stärkerer mediterraner Prägung«[43].

Tumulus-Begräbnisstätten werden der jüngsten vorspanischen Einwanderungswelle zugeordnet, das heißt »den ersten vorchristlichen Jahrhunderten«[43]. Die Radiokarbon-Datierung einer Holzprobe im Großtumulus La Guancha ergab als Altersbestimmung des Jahr 1082 n. Chr. mit einem Toleranzspielraum von ±60 Jahren. Solche Bestattungsanlagen – wie man sie in ähnlicher Art auch in der Sahara errichtete – wurden, wenngleich weniger gut erhalten, auch in anderen weit entfernten Teilen der Insel freigelegt.

Lohnend ist in jedem Fall der Besuch der *Cueva Pintada.* Die ›Bemalte Höhle‹ der Altkanarier liegt einige hundert Meter von der zentralen Plaza entfernt in dem rechts der Straße nach Agaete verlaufenden Barranco de Gáldar. Bei fast quadratischer Grundfläche in porösem Tuff neben sechs kleineren Kammern sorgfältig ausgearbeitet, ist sie etwa 27 m² groß und 3 m hoch. An der oberen Stirnseite befindet sich ein 1 m breiter, kunstvoll gemalter Fries aus gewundenen und gezackten Linien, Dreiekken und Vierecken, Spiralen und konzentrischen Kreisen in den Hauptfarben Rot, Schwarz und Weiß, die stellenweise zu Ocker und Grau verblaßt zu sein scheinen.

Die Höhle wurde im Jahr 1873 erstmals entdeckt, geriet aber bald wieder in Vergessenheit. Elf Jahre später fertigte man

Zeichnungen und Aquarelle des Frieses an. Sie konnten fast ein Jahrhundert danach, als die Höhle zum Monumento Nacional deklariert wurde, zu Hilfe genommen werden, um die Farben zu restaurieren, die durch eingedrungenes Wasser aus dem darüberliegenden Berieselungsfeld sowie durch die zweckentfremdete Nutzung dieses Kulturdenkmals als Dunggrube schadhaft geworden waren.

Da – wie Torriani (1590) berichtete – selbst die Angehörigen der unteren Schichten der Altkanarier die Wände ihrer Wohnhöhlen bunt bemalten, kann man vermuten, daß diese mit besonderer Intelligenz und Sorgfalt dekorierte geräumige Cueva Pintada die Unterkunft einer höhergestellten Persönlichkeit war. Die symmetrisch in den Fußboden eingelassenen und durch Rinnen verbundenen runden Vertiefungen mögen zur Aufstellung leichter Zwischenwände gedient haben. Sie könnten auch Mörser- und Knetmulden in einer Werkstatt zur Herstellung bemalter Keramik gewesen sein. Möglich wäre es auch, daß im 14. Jahrhundert gestrandete Katalanen und Mallorquiner Häuser bauten und die Wände bemalten.

In Gáldar herrschte zur Zeit der spanischen Eroberung als Guanarteme in königähnlicher Funktion Tenesor Semidán über das nördliche Inselreich der Altkanarier. Als Gefangener auf die Iberische Halbinsel gebracht, erhielt er bei der mit großem Pomp in der Kathedrale von Toledo zelebrierten christlichen Taufe den Namen seines Paten, des spanischen Königs Fernando. Nunmehr zum Überläufer geworden, trug er nach seiner Rückkehr entscheidend zum Sieg der Spanier über seine Landsleute bei, indem er »mit den Waffen kämpfend und mit der Zunge als christlicher Prediger die Kanarier zur Annahme des Glaubens brachte« (Leonardo Torriani, 1590.) Von dem bei Torriani erwähnten Guanarteme-Palast, der sich vor seiner Zerstörung auf dem heutigen Kirchplatz befand, gibt es eine detaillierte Zeichnung im Museo Canario von Las Palmas.

Die *Pfarrkirche Santiago de los Caballeros* in Gáldar ist das schönste klassizistische Bauwerk des kanarischen Archipels. Ihre Vorgeschichte beginnt im April 1483. Nach Beendigung der blutigen Kämpfe um den alten Hauptort Agáldar, der durch königlich-spanisches Dekret in ›Villa Real de Santiago de los Caballeros de Gáldar‹ umbenannt wurde, errichtete man dort das erste – heute nicht mehr vorhandene – christliche Gotteshaus. Es wurde dem Christus-Jünger Jakobus d. Ä. geweiht, dem der Legende nach in Compostela begrabenen Apostel, den oft in kriegerischer Pose auf einem feurigen Schimmel reitend dargestellten Patrón militar des Jahrhunderte hindurch gegen die nichtchristlichen Araber kämpfenden Spanien.

Die Kirche in ihrer heutigen Gestalt ist das gegen Ende des 18. Jahrhunderts fertiggestellte Werk der beiden im Bauwesen berufsfremden Brüder irischer Abstammung aus La Laguna, Antonio und Diego Nicolás Eduardo. Der Ausbau des dreischiffigen Inneren mag die Aufgabe Antonios gewesen sein, der Mitglied der Verteidigungsjunta war. Hier gibt es noch manche Gemeinsamkeiten mit kanarischen Kirchen des 16. und 17. Jahrhunderts, wenn auch die zu jener Zeit üblichen Mudéjar-Decken durch Tonnengewölbe ersetzt wurden und die Vierung mit einer Kuppel abschloß.

Dem Kleriker Diego Nicolás Eduardo, der 1781 maßgeblichen Anteil an der Gestaltung der Kathedrale von Las Palmas haben sollte, verdanken wir den schönsten Teil der Kirche: die klassizistische Eingangsfront. Als zweigeschossige Hauptschauseite zeichnet sie sich vor allem durch ihre wohlproportionierte Gliederung aus. Das zentrale rundbogenförmige Hauptportal wird von zwei scheitrechten Bogentüren und sechs ionischen Wandsäulen flankiert. Im Obergeschoß schließen sich sechs geriefelte Pilaster und drei hohe Fenster an, rechteckig das mittlere und oval die beiden äußeren. Die horizontale Linienführung wird durch einen breiten Fries mit wenig auffallenden klassischen Triglyphen und Metopen besonders hervorgehoben. Darüber ruht in der Mitte ein von je zwei Pilastern eingefaßter und von Vasen-Akroterien gerahmter und bekrönter Segmentgiebel.

Von schlichter Eleganz sind die äußeren Zwillingstürme, welche, die dominierenden Waagrechten der Fassade mildernd, wohl das Werk Antonios sind. Sie weisen – im Gegensatz zu anderen klassizistischen Kirchen des Archipels – keine kanari-

Die Kirche von Puerto de las Nieves im Nordwesten der Insel

schen Balkone oder andere regionale Besonderheiten auf. Ihre drei prismatischen Geschosse gehen in zylindrische, mit Kuppeln abschließende Glockentürme über. Als 1794 der zweite Turm errichtet worden war, fiel der Capitán Queseda, von der Schönheit der Fassade tief beeindruckt, vor Ergriffenheit tot um.

Zu den wertvollsten Kunstschätzen der Kirche gehören drei Skulpturen des bedeutendsten Bildhauers Gran Canarias, José Luján Pérez aus Guía: ›La Virgen del Rosario‹, ›La Encarnación‹ und ›La Dolorosa‹. Das Gemälde ›Die Heilige Familie‹ aus dem Jahr 1600 ist das Werk des Kanonikus Verde de Aguilar, eines Nachkommen des letzten Guanarteme des nördlichen Guanchen-Reiches. Eine weitere Reminiszenz an die Urbevölkerung ist die Pila Verde, der grüne Taufstein der Altkanarier. Bemerkenswert auch die Orgel, mit 4700 Pfeifen eine der größten des Archipels.

Der Westen

Nachdem wir auf der Landstraße von Gáldar nach Südwesten die Abzweigung zu dem vom Tourismus erst in den achtziger Jahren entdeckten Fischerdorf Sardina passiert haben, erreichen wir nach etwa 4 km den Gemeindebezirk *Agaete.*

Sechs Kilometer vor dem Ortszentrum liegen an der Wegegabelung zur Hoya de Pinada die *Cuevas de las Cruces.* Hier wurden von der vorspanischen Bevölkerung mit Wandschränken versehene Einzelräume und kleinere Wohneinheiten mit Oberlichtöffnungen in den weißlichen und rötlichen Tuff gemeißelt und durch schmale Gehsteige und Stufen miteinander verbunden.

Auch die Spanier hatten sich frühzeitig im Bereich der heutigen Gemeinde Agaete festgesetzt. Als sie drei Jahre nach der Landung auf Gran Canaria die Insel immer noch nicht erobert hatten, schufen sie sich mit der Errichtung eines Festungsturms im Jahre 1481 einen starken militärischen Stützpunkt gegen den Verwaltungssitz des Guanarteme im nahen Gáldar. Hier stand auch schon bald nach der Ankunft spanischer Siedler eine der ersten Zuckermühlen des Archipels.

Das schnelle Aufgehen der heidnischen Urbevölkerung im christlichen Spaniertum bei gleichzeitiger leicht abgewandelter

Wahrung vorspanischer Bräuche wird in Agaete beim örtlichen Patronatsfest deutlich. Alljährlich am 27. Juni steigen Einwohner zum Tamadaba-Wald hinauf, um am nächsten Tage, dem Vorabend des San-Pedro-Festes, nach überkommener Altkanarier-Sitte in strapaziösen Tanzsprüngen bei Schneckenhorn- und Timple-Musik wieder hinabzusteigen. Symbolisch böse Geister vertreibend und um Regen bittend, schwingen sie bei dieser ›Bajada de la Rama‹ – dem ›Abstieg des Zweiges‹ – das dort geschnittene Grün. Auf der Höhe der das Tal beherrschenden Montaña de Berbique, dort, wo die altkanarischen Priesterinnen, die Harimáguadas, ihrem einzigen Gott Alcorac Opfergaben dargebracht hatten, wird tanzend ein Zwischenhalt gemacht. An der christlichen Ermita endet dann der feierlich-fröhliche Abstieg, den die Urbewohner bis ans Meer fortsetzten, wo sie, beschwörend Regen erflehend, auf die Meereswellen schlugen.

Zwischen wild zerrissenen Lava-Klippen am Fischervorort *Puerto de las Nieves* ragt vor dem Steilufer ein schlanker Monolith, der *Roque Partido*, als ›Dedo de Dios‹, als warnender ›Finger Gottes‹, 48 m senkrecht in die Höhe. Der nahe kleine Fischerhafen in der Mündung des Barranco de Agaete verdankt seinen seltsamen Namen der Tatsache, daß man von hier im Winter den schneebedeckten Gipfel des Teide sehen kann.

Ein gotisches Triptychon in Agaete

In der kleinen *Ermita Virgen de las Nieves*, die auch wegen ihrer trogartigen Mudéjar-Deckenkonstruktion und dem schönen achtflächigen Pyramidenstumpf-Artesonado über dem Altar sehenswert ist, wird als kostbarstes Kunstwerk von Agaete eine dreiteilige Bildtafel aufbewahrt, die man dem um 1541 in Antwerpen verstorbenen flämischen Maler Joos van Cleve zuschreibt. Das mittlere – kleinere – Gemälde stellt Maria mit dem Kind unter einem Goldbrokatbaldachin in einem von zwei schmalen Fenstern schwach erhellten Raum sitzend dar. Durch ihr dunkles Kleid und das leuchtend-rote Tuch, das den Körper in weiten Falten locker umhüllt, kommen die wenigen unbekleideten Stellen um so stärker zur Wirkung: Ihr zartes, blasses Gesicht wendet sich liebevoll dem nackt und bloß auf ihrem Schoß sitzenden Kind zu. Während ihre linke schmale Hand es behutsam umfaßt, berührt die andere spielerisch sein Füßchen.

Der linke Flügel zeigt den über neunzigjährigen ägyptischen Eremiten Antonius (251-356), den ›Vater des Mönchtums‹, mit Umhang und Kapuze über der Kutte, wie er barfüßig weit ausschreitet. In der Rechten hält er einen T-förmigen Mönchsstab, der als Antonius-Kreuz zu einem ihm häufig beigegebenen Attribut wurde. Als Schutzheiliger der Haustiere führt er ein die Unkeuschheit und Völlerei symbolisierendes Schwein an der Kette.

Der rechte Flügel ist dem heiligen Franziskus gewidmet, der, in eine blaugraue, faltenreiche Kutte gekleidet, in Ekstase vor der Erscheinung des Gekreuzigten dargestellt ist. Außer den Gesichtszügen beeindrucken hier vor allem die in wundersamem Erschrecken angewinkelt erhobenen Arme, die abwehrend zurückgedrückten Hände und die starr gespreizten Finger.

Barranco de Agaete und der Tamadaba-Wald

Paläontologisch bedeutsam ist der Barranco, weil man in seinem Talschluß und 600 m oberhalb der bei Berrazales sprudelnden Thermalquellen mehrere versteinerte Baumstümpfe gefunden hat, deren Zellstrukturen die Glutwolken des etwa 10 km entfernten Vulkans vor rund vier Millionen Jahren nicht zu verkohlen vermochten. Das 23 °C warme radioaktive Mineralwasser wird nicht – wie vor Jahrzehnten geplant – an Ort und Stelle balneo-therapeutisch genutzt, sondern lediglich, in Flaschen abgefüllt, verkauft.

Eine kleine Sammlung kanarischer und makaronesischer Endemiten finden wir – zusammen mit Fremdelementen – im ›Huerto de las Flores‹, dem gemeindeeigenen ›Blumengarten‹.

15 *Dünen bei Maspalomas im Süden Gran Canarias*

16 *Nächste Doppelseite: Altkanarische Wohnhöhlen Cuevas de las Cruzes bei Agaete*

17 *Übernächste Doppelseite: in den grünen Tälern der Berge im Zentrum der Insel*

18 *Letzte Doppelseite: traditionelle Balkonbrüstungen an einem Hotelneubau auf Gran Canaria*

19 *Teil der spätgotisch-flämischen Altar-Holzschnitzerei in der Kirche San Juan Bautista in Telde, der zweitgrößten Stadt der Insel*

HOTEL SANTA CA

ALINA

Doch das, was den Barranco de Agaete vegetationskundlich in besonderem Maße von anderen Gegenden der Insel unterscheidet, ist die *Kultivierung tropischer Gewächse* in einer subtropisch-mediterranen Klimazone. Dazu haben – außer dem tiefgründigen, nährstoffreichen Boden und den für die notwendige Bewässerung relativ günstigen Grundwasserverhältnissen – vor allem drei klimabildende Faktoren beigetragen: der durch die hohen, das Tal einschließenden Felswände natürlich gespendete Windschutz, die Minderung der ausdörrenden Sonneneinstrahlung durch die Passatwolkenschicht und schließlich die dem Kanarenklima eigenen geringen jahreszeitlichen und täglichen Wärmeschwankungen. Diese Wachstumsbedingungen sind besonders günstig für den Anbau des baumartigen Kaffestrauches, COFFEA ARABICA. Sie gelten auch für den aus dem tropischen Amerika stammenden Papayo-Baum, CARICA PAPAYA

Die Protein, Fett, Mineralien und Vitamine enthaltenden Avocado-Birnen eines zu den Lorbeergewächsen gehörenden Tropenbaumes, PERSEA AMERICANA oder P. GRATISSIMA, der auch Avogado, Avocate und Aguacate genannt wird, reicht man gerne als wohlschmeckendes Nachtischgericht.

Roh gegessen oder frisch gepreßt getrunken werden die an Vitamin C und Provitamin A reichen Steinfrüchte des Mango-Baumes, MANGIFERA INDICA.

Besonders reich ist der Barranco de Agaete auch an *archäologischen Fundstätten.* Mehr als 1000 m Höhenunterschied haben wir bei unserer Bergwanderung zu überwinden, die zum Teil auf der Landstraße, meist aber auf verlassenen holprigen Maultierpfaden und gewundenen Fußsteigen durch eine der schönsten Gegenden der Insel führt. Nach 1 km haben wir den in eine üppige Vegetation eingebetteteten Weiler *El Sao* (580 m) erreicht.

Einen schweren Wasserkrug auf dem Kopf, schreitet eine Frau auf steilem Zickzackpfad zu ihren in den Fels gehauenen Wohnräumen. Die weiße gemauerte Eingangswand ist mit Tür und Fenstern versehen. Das Innere gleicht der Einrichtung freistehender Häuser. Wie in anderen entlegenen Gegenden ohne Leitungsanschluß, fehlen auch hier nicht die meist durch hölzerne Flechtgitter schrankartig abgeschlossenen, zwei- oder dreiteiligen Wasserfilter aus Sandstein oder gebranntem Ton. Eine Küche gibt es nicht. Herd und Backofen stehen draußen.

Vorbei an anderen Höhlenwohnungen und der kleinen Kirche an dem einzigen größeren Terrain von El Hornillo, geht es ständig weiter nach oben. Beim Embalse de Los Pérez, dem ersten der drei Stauseen im schluchtartigen Oberlauf des Barranco de Agaete, der in diesem Abschnitt Barranco de la Hoya – ›Talschlucht der Grube‹ – heißt, erreichen wir auf steilgewundenen Pfaden schließlich die Höhen des Tamadaba-Massivs.

Der schüttere *Pinar de Tamadaba* ist Gran Canarias besterhaltener Kiefernwald. Etwa 1125 ha umfaßt dieses Areal. Erst im Jahr 1945 begann man auf dieser Insel mit einer systematischen Wiederaufforstung größeren Stils. Bis 1990 wurden rund 11000 ha neu bepflanzt. Da die herabfallenden Nadeln auf dem nur zu 20% von Bäumen bewachsenen Boden häufig als Verpackungsmaterial beim Bananenversand und als Düngemittel gebraucht worden sind, gedeiht in der dünnen Humusschicht im wesentlichen nur ein spärlicher Cistus- und Micromeria-Unterwuchs.

Westliche Steilküste

Knapp 7 km südlich der Casas del Tamadaba gelangen wir auf der ohne Erlaubnisschein für den öffentlichen Verkehr gesperrten Forststraße zum Tempelberg der Ureinwohner, *Tirma* (844 m), dessen westliche Verlängerung, die Montaña Blanca (675 m), abrupt zum Meeresufer abbricht. Um der Schmach der Unfreiheit zu entgehen, flohen Altkanarier nach ihrer Niederlage »auf die ihnen heilige Berge Tirma und Amagro und stürzten sich von den Klippen hinunter« (Leonardo Torriani, 1590).

Einige hundert Meter hinter dem westlichen Forsthaus stoßen wir auf die öffentliche Landstraße, die von Puerto de las Nieves nach Puerto de la Aldea de San Nicolás führt. Über dem schroff zum Meer abfallenden Steilufer, das bei dem Aussichtspunkt *Andén Verde* (844 m) besonders eindrucksvoll ist, fliegen Kolkraben, CORVUS CORAX – die häufigsten der großen Landvögel Gran Canarias –, und über dem Wasser Silbermöven.

Während die westlichen Steilküsten aller übrigen Kanarischen Inseln maximale Höhen zwischen 400 und 800 m aufweisen, stürzen sie auf Gran Canaria stellenweise fast senkrecht mehr als 1000 m hinab. Als Hauptfaktoren bei der Bildung der aus nahezu horizontal aufeinanderliegenden Lavadecken unterschiedlicher Zusammensetzung und Mächtigkeit bestehenden Steilufer werden tektonische Abbrüche und Abrasion angesehen.

Rechts und links des engen 2 km langen Unterlaufs des einst ständig wasserführenden Barranco de la Aldea liegen in den Distrikten Marciega Alta und Marciega Baja drei der wichtigsten archäologischen Fundstätten Gran Canarias: La Caletilla, Los Caserones und El Barranquillo de Las Gambuesillas. Unter den neunzig Gebäuderuinen von *Los Caserones* – ›Die großen Häuser‹ – konnte man noch in der Mitte unseres Jahrhunderts die Ruinen eines Baus mit einem etwa 25 x 10 m großen Hauptraum und zwei kleineren kreuzförmigen Annexen erkennen, der als ein ›goror‹, ein altkanarischer Tempel, angesehen wurde. Inzwischen wurden die aufgeschichteten Steine zum großen Teil zur Befestigung von Feldterrassen entfernt, so daß man sich keine Vorstellung von den vorgeschichtlichen Bauten in dieser Gegend mehr machen kann. – Umfangreich waren die Funde steinerner Haushaltsgeräte.

Im Gegensatz zu anderen, höchstens 25 cm großen menschen- oder tierähnlichen Figuren aus Ton, war der hier gemachte Fund einer 54 cm hohen steinernen Statue eines in seinen Grundstrukturen dargestellten Menschen einmalig auf den Kanaren.

Das Fischerdörfchen unserer Zeit, *Puerto de la Aldea de San Nicolás*, liegt an dem 1 km langen Strand in der Mündung des Barranco de la Aldea, der mit zahlreichen Nebenarmen auf einer Fläche von 80 km² das größte Barranco-System des Archipels ist.

Die wegen der kurzen Strecken zwischen Hochgebirge und Meer tief eingeschnittenen Talausgänge meidend, führt die Landstraße nach Mogán nur 5-10 km von der Küste entfernt kurvenreich durch die Oberläufe der nach Südwesten gerichteten Barrancos Tasártico, Tasarte und Veneguera. Am Talschluß des Barranco de Tasarte biegen wir nach links ab, um den künftigen Naturpark Pajonales aufzusuchen.

Der Süden

Der künftige Naturpark Pajonales – ›Esparto-Grasfluren‹ – umfaßt im wesentlichen das Gebiet beiderseits der großen Wasserscheide zwischen dem nördlich liegenden Einzugsbereich des

Barranco de Tejeda – der nach der Mündung hin Barranco de la Aldea heißt – und den südlichen Barrancos de Soria, de Mogán und de Veneguera mit ihren Nebentälern. Sie besteht aus einer vom *Lomo de Almacenes* (1475 m) im Osten bis zur *Montaña del Horno* (1450 m) im Westen verlaufenden Bergkette, die, weil ohne offiziellen Namen, von Geologen ›Cordillera del Horno‹ genannt wird.

An den terrassenförmigen West- und Südwestflanken der *Montaña del Horno*, eines durch Erosion entstandenen Höhenzuges, kann man dreizehn Schichten verschiedener Laven und Tuffe in einer Mächtigkeit von etwa 800 m erkennen. Am Ostfuß des Berges fallen größere Stellen leicht verschweißter grünlicher Bimstuffe auf, die gerne als Material für Baudekor benutzt werden. Weit ist die Aussicht von seinem aus dem Gipfelplateau ragenden Phonolithfelsen, der Basis eines zur Landvermessung dienenden Triangulationspunktes.

Nach Osten schließt sich an die Montaña del Horno die breite Paßebene *Llano de las Brujas* an. Ihre feste Lavadecke ruht – wie an beiden Hangseiten sichtbar – auf rötlichem Tuff mit darunterliegender grünlicher Lava.

Auf der anderen Seite dieser ›Ebene der Hexen‹ liegt der festungsartige ›Berg der Nonnen‹, die ›Montaña de las Monjas‹ (1475 m).

Bis zu 800 m abfallende Steilhänge der Einsattelung Degollada del Agujero (1350 m) schließen sich östlich an. Es folgt die schmale Lavabergkette Montaña de las Yescas mit dem Paso de Palo (1500 m) und der Montaña de Sándara (1550 m), der höchsten Erhebung der Kordillere.

Von besonderem Interesse sind der *Morro de la Negra* (1489 m) und der *Morro de Pajonales* (1400 m). Sie fallen nach Norden außerordentlich steil ab. In beiden Vulkanbauten sind durch Erosion phonolithische Schlotfüllungen – Necks – freigelegt worden, deren grob 70 cm breite säulige Absonderungen auf dem dem Naturpark den Namen gebenden Morro de Pajonales außergewöhnlich beeindruckend sind.

Vor einigen Millionen Jahren muß das Klima im Süden Gran Canarias bedeutend milder gewesen sein; das bezeugen hier Abdruckfunde von spättertiären palm- und bambusähnlichen Pflanzen. Heute bestimmen Bergsteppengewächse und lichte

Pinienwälder mit relativ dichtem Micromeria-Unterwuchs die Vegetation.

Die oft fotografierte Leitpflanze dieser trockenen Vegetationsstufe ist das Wolfsmilchgewächs Cardón, die Kandelaber-Euphorbie, EUPHORBIA CANARIENSIS, welche sonst im allgemeinen nur in Höhenlagen bis zu 300 m anzutreffen ist.

Je weiter wir abwärts gehen, um so öfter stoßen wir auf verschiedene Arten wild wuchernder Agaven und Kakteen.

Zwei endemische Vogelarten gibt es hier: die Tabaiba-Euphorbien-Terrains bevorzugenden Kanarienpieper ANTHUS BERTHELOTII, und die in steilwandigen Barranco-Ufern kolonieweise nistenden einfarbigen Segler Vencejo unicolor, APUS UNICOLOR, die nur auf den Kanaren und auf Madeira heimisch sind.

In der Nähe der wenigen Siedlungen am Rande des Naturparks scheuchen unsere Schritte bis zu 80 cm große Eidechsen, GALLOTIA STEHLINII, auf. Diese auf Gran Canaria endemischen Tiere sind die größten Reptilien der Kanaren.

Auf Gran Canaria endemisch ist auch der bis zu 12 cm lange Gran-Canaria-Skink, CHALCIDES SEXLINEATUS, der nicht nur in Gärten und bewässerten Feldern, sondern auch hier in den Bergen unter Steinen und in Felsspalten lebt. Ein anderer Kanaren-Endemit ist die Unterart des bis zu 14 cm großen makaronesischen Mauergeckos, TARENTOLA DELALANDII BOETTGERI. Wenn dieser auch an beleuchteten Straßenlampen nach Insekten jagende Haftzeher sich morgens sonnt, wandelt sich seine kreideweiße nächtliche Färbung in ein fast schwarzes Grau.

Zum Schluß unserer Wanderung durch den Naturpark suchen wir den idyllisch in pinienbestandene Hänge eingebetteten Stausee *Embalse de Cueva de las Niñas* auf. Von seinem schattigen Rast- und Grillplatz aus kann man auf einsamen Wanderpfaden zu den nahen großen Stauseen *Soria* (32,8 hm^3) und *Chira* (5,2 hm^3) gelangen, die meist nur zu einem Bruchteil gefüllt sind.

Der Barranco de Mogán

Immer wieder stoßen wir auf unserem Abwärtsweg im Barranco de Mogán und auf holprigen Pfaden außerhalb des gewaltigen Tales auf Wolfsmilcharten.

In dem milden Klima des durch hohe Talhänge geschützten Barranco de Mogán reifen außer Mandeln und Zitrusfrüchten auch tropische Aguacates, PERSEA AMERICANA, Mangos, MANGIFERA INDICA, Paprika, CAPSICUM ANNUUM, und Kaffee, COFFEA ARABICA.

In den immer häufiger errichteten Gewächshäusern werden vor allem Gurken und Blumen für den Export gezogen.

Von alters her ist der Barranco de Mogán mit seinen Randzonen ein relativ dicht besiedeltes Gebiet. Davon zeugen aus der Vergangenheit mehrere ehemalige Höhlenwohnungen und vorspanische Steinhäuser-Siedlungen und Tumuli, wie sie uns schon von Gáldar und anderen Orten her bekannt sind.

Zu den vielen, uns von anderen Grabungsstätten vertrauten Funden kommen aus einer ehemaligen Siedlung der Urbevölkerung bei Mogán zwei Musterstücke altkanarischer Lederverarbeitung, die im Museo Canaria in Las Palmas zu sehen sind: kunstvoll genähte Schnürbeutel aus Ziegenleder. Der größere, 12 cm hoch und 9 cm breit, ist an seinem oberen Rand mit roten geometrischen Ornamenten versehen. Wie weit auch die Färbertechnik bei den steinzeitlichen Altkanariern bereits entwikkelt war, wird an diesem Lederbeutel deutlich: das intensive Gelb entstand beim Gerben, das Rot durch Einwirkung von feuchtem Gesteinsmehl.

Die Südküste ist Gran Canarias attraktivstes Touristengebiet. Am westlichen Abschnitt der seit den sechziger Jahren urbanisierten Badeküste – zwischen Puerto de Mogán und der Punta del Cometa – gibt es viele kleine Strände und Buchten für die Sonnenhungrigen. An dem kurzen steinigen Lavasandstrand in der Mündung des Barranco de Mogán liegt der vom Zentrum des Massentourismus an der Playa del Inglés am weitesten entfernte Ferienort *Puerto de Mogán.* Am Rande des neuen Yachthafens des noch vor wenigen Jahren recht armseligen Fischerdorfes ist inmitten schöner Gärten eine von Fußgängerwegen

Palmenwald in den Bergen Gran Canarias

durchzogene Reihenhaussiedlung entstanden. Noch ist Puerto de Mogán ein kleiner Ort idyllischer Stille.

Mit seinen geräumigen Yachthäfen und den in parkähnlichen Anlagen stehenden Hotels und Apartmentgebäuden ist der auf dem Terrain einer ehemaligen vorspanischen Siedlung liegende Fremdenverkehrsort *Puerto Rico* die erste Perle der sich über Maspalomas hinaus in den Südosten der Insel erstreckenden Kette luxuriöser Badeplätze an feinsandigen Stränden. Südöstlich der kleinen Touristenurbanisation *Patalavaca* folgt nach kurzer Fahrt auf der kurvenreichen Landstraße das geschichtsträchtige Dorf *Arguineguín* mit zahlreichen, heute kaum noch erkennbaren archäologischen Fundstätten.

In der Mündung des Barranco de Arguineguín fand im Jahr 1341 eine erfolglos gelandete portugiesische Invasionstruppe eine mauerbewehrte altkanarische Siedlung aus drei- bis vierhundert Steinhäusern vor, die sich um ein höheres Gebäude gruppierten. Mehrmals wurde der Ort in unterschiedlicher Schreibweise in der Chronik der Kaplane des in spanischen Diensten stehenden normannischen Eroberers von Lanzarote und Fuerteventura, Jean de Béthencourt, erwähnt, als dessen Mannen 1404, 79 Jahre vor der Eroberung der Insel, vergeblich versuchten, von dort ins Landesinnere vorzudringen.

Trotz der dem Fremdenverkehr recht abträglichen Zementfabrik sind bis 1990 an den kleinen dunklen und steinigen Strandbuchten Ferienhäuser und andere Touristenunterkünfte entstanden.

Nach etwa 7 km erreichen wir nördlich der Landspitze *Punta del Cometa* die Straßenkreuzung am Ende der vorläufig bis dort geplanten Autobahn. Nach links zweigt der Weg zur amerikanisch-spanischen *Satellitenkontrollstation* ab, die, mit den Raumschiffkapseln und dem Kennedy-Raumfahrtzentrum der NASA verbunden, im Herbst 1960 in Betrieb genommen wurde. Nach rechts gelangen wir zu dem neuen Sporthafen *Pasito Blanco.*

Je weiter wir von der zum großen Teil aus hellem Puzzolan bestehenden Montaña Blanca nach Osten kommen, um so mehr nimmt das nun flachgewellte Gelände an Höhe ab.

In der Mündung des Barranco de Fataga finden wir Relikte einer bis zu der in den siebziger Jahren unseres Jahrhunderts erfolgten Urbanisierung einzigartigen kanarischen Naturlandschaft, der *Oasis de Maspalomas*, eines Sumpfgebietes um eine verzweigte Brackwasserlagune, deren größter Teil 500 m lang und 50 m breit ist. Hier stehen Palmen, PHOENIX CANARIENSIS und PHOENIX DACTYLIFERA, Tamarisken, TAMARIX CANARIENSIS und TAMARIX AFRICANA, Schilfrohr, PHRAGMITES AUSTRALIS ssp. ALTISSIMUS und ARUNDO DONAX, und Binsen, JUNCUS ACUTUS und JUNCUS MARITIMUS. In dem sandigen Streifen zwischen Meer und Lagune wachsen gelb blühende endemische Salado-Sträucher, SCHIZOGYNE GLABERRIMA.

Diese schutzwürdige Kanarenlandschaft hat durch die Urbanisationen in hohem Maße gelitten. Einst war sie im Vergleich zu der relativ großen Vogelarmut in anderen Teilen des kanarischen Archipels ein Vogelparadies. Wenn auch der Reiher ARDEA CINEREA schon seit der Mitte unseres Jahrhunderts hier verschwunden ist, so wurden doch bis zur Urbanisierung dieses Gebietes des öfteren noch der Fischadler, PANDION HILIAETUS, der kanarische Turmfalke, FALCO TINNUNCULUS CANARIENSIS, und der Wanderfalke FALCO PEREGRINUS PELEGRINOIDES, gesehen. Seltener geworden sind nun auch der Kolkrabe, CORVUS CORAX TINGITANUS, der Wiedehopf, UPUPA EPOS PULCHRA, der Fahlsegler, APUS PALLIDUS BREHMORUM, der auf den Kanaren und Madeira endemische Pieper, ANTHUS BERTHELOTII, der Bluthänfling, ACANTHIS CANNABINA HATERTI, die Samtkopfgrasmücke, SYLVIA MELANOCEPHALA LEUCOGASTRA, der Seeregenpfeifer, CHARADRIUS ALEXANDRINUS, und der Rennvogel, CURSORIUS CURSOR BANNERMANI.

Östlich der Oase erstreckt sich eine etwa 8 km lange feinsandige Strandzone, an die sich ein 250 ha großes Gebiet mit langsam vorrückenden *Wanderdünen* anschließt. Die hellen, großenteils aus zerriebenen Schalen pleistozäner Foraminiferen und anderer Mollusken bestehenden Sande sind mit dunklen Basaltkörnchen durchsetzt. Bis zu 20 m hoch sind die zum Teil sichelförmig ausgeprägten Dünen, die langsam landeinwärts vorrükken. Besonders deutlich wird die Dünenbildung an den Standorten der etwa 50 cm großen Sukkulentenbüsche TRAGANUM MOQUINII, die sich massenweise an der Playa del Inglés finden, sonst aber im Archipel nur noch auf den Ostinseln vorkommen. Schon an dem dichten Zweig- und Blattwerk der Jungpflanzen wird der Treibsand zu kleinen Häufchen zusammengeweht. Neue,

schnell wachsende Schößlinge halten das Vordringen des Sandes auf und lassen die Düne größer werden, bis sie schließlich bei einer Höhe von 4 m und einem Umfang von 40 m mit einem Neigungswinkel von 35° ihr maximales Gefälle im Lee erreicht hat.

Während die bewegten oberen Dünenpartien meist vegetationslos sind, wachsen in den grundwassernahen Mulden und selbst auf 5 m hohen Sandrücken die mit tiefreichendem Wurzelwerk ausgestatteten Tamarisken, TAMARIX GALLICA var. CANARIENSIS. Außer Gräsern, unter denen die Hundshirse, CYNODON DACTYLON, und das Zyperngras CYPERUS MICRONATUS auffallen, stehen dort das von Unamuno auf Fuerteventura dichterisch beschriebene Lattichgewächs Aulaga, LAUNAEA ARBORESCENS, und der afrikanische Bocksdorn Espino del Mar, LYCIUM INTRICATUM SYN. AFRUM, aus dessen Zweigen Christi Dornenkrone angefertigt worden sein soll, wie sich aus den Reliquien in Rom und Turin ergebe.

Auf 46 °C können sich die der prallen Sonne ausgesetzten Dünen bei einer mittäglichen Lufttemperatur von 23 °C im Schatten an ihrer Oberfläche erwärmen. Diese Gegebenheiten macht sich ein therapeutisches Zentrum mit Sonne und Sand als Grundheilmittel zunutze. Fast 330 ha des Dünengebindes wurden zum Naturpark erklärt.

Nachdem 1963 in San Agustín die ersten Touristenunterkünfte im Süden Gran Canarias errichtet worden waren, verbrachten im Jahr 1989 mehr als eineinhalb Millionen Personen ihren Urlaub an den südlichen Küstenabschnitten der Insel.

Den nordöstlichen Abschluß der dunkelsandigen *Playa de San Agustín* bildet das an einer kleinen Strandbucht gelegene *Kap Morro Besudo*, das zum großen Teil aus grünlich-gelben Agglomeraten mit darüber ausgebreiteter trachytischer Lava besteht. Weiter nach Nordosten schließt sich die kurze *Playa del Aguila* mit der Urbanisation *Nueva Europa* an. Im Mittellauf des Barranco del Aguila befinden sich einige für Western-Vorführungen stehengebliebene Filmkulissen einer ›Sioux City‹. Etwa

Blick auf Playa del Inglés, das Touristenzentrum an der Südküste Gran Canarias

1 km barrancoaufwärts liegt ein Botanischer Garten. Zwischen der Barranco-Mündung und dem Sportflugplatz an der *Punta de Tarrajalillo* erstreckt sich der nach diesem Küstenvorsprung benannte Strand.

Der Osten

Am Rande des südlichen Abschnitts der sich von den Llanos de Juan Grande bis zur Halbinsel von Gando hinziehenden Küstenebene aus sanddurchsetztem Geröll, das mehrere einst stark wasserführende Flüsse dort ablagerten, liegt das *Castillo de Santa Cruz del Romeral.* Dieses ›Fort vom Heiligen Kreuz des Rosmarinfeldes‹, meist kurz Castillo del Romeral genannt, wurde 1770 zur Unterbringung von 200 Mann und zehn Geschützen erbaut. Es ersetzte das 1677 bis 1700 durch den portugiesischen Admiral in spanischen Diensten, Antonio Lorenzo de la Rocha, zum Schutze seiner Salinen errichtete fortartige Haus.

Barranco und Caldera de Tirajana

Da die seit dem Pliozän durch den Barranco geflossenen Wassermassen an der flachen Küste ein auf den Kanaren seltenes Delta bildeten, beginnt der eigentliche Barranco erst oberhalb des kleinen Ortes *Aldea Blanca*, des ›Weißen Weilers‹, wo früher helles Tosca-Kalkgestein zur Herstellung von Tür- und Fenstereinfassungen und Berieselungsrinnen gebrochen wurde. Von dort aus – 7 km von der Küste entfernt – wollen wir das an bizarren Naturschönheiten reiche, geologisch bedeutsame und historisch wichtige gigantische Kerbtal bis zu seinem gewaltigen Talschluß näher kennenlernen.

Knapp 1 km talaufwärts kommen wir südöstlich der kleinen Ortschaft *La Sorrueda* zu zwei Bergen aus braunem Tuff: der *Fortaleza Grande* (525 m) und der nur wenig niedrigeren *Fortaleza Chica.* Solche alten Forts ähnelnden Restberge fluviatiler Erosion werden in der deutschen geomorphologischen Literatur als ›Felsburgen‹ bezeichnet. Am linken Barranco-Hang gelegen, überragen diese Fortalezas die Talsohle um mehr als 200 m.

Oberhalb des kleinen Stausees Embalse de Tirajana liegt der Weiler *El Sitio*, wegen seiner beiden unterschiedlich hoch gelegenen Ortsteile auch ›Los Sitios‹ genannt. Das Dorf erstreckt sich in 450-500 m Höhe auf einer 750 m langen und 300 m breiten Geländestufe am steilen Nordosthang der über 1000 m hohen Wasserscheide zwischen dem Barranco de Tirajana und dem Barranco de Fataga. Dieser strategisch so günstig gelegene Ort könnte mit seiner näheren Umgebung das historische Ansite gewesen sein – letzter Stützpunkt der Altkanarier in ihrem verzweifelten Widerstand gegen die spanischen Eroberer. Eine besondere Bedeutung mag dabei die nahe Fortaleza de Ansite gehabt haben, in deren 40 m langen und durchschnittlich 8 m breiten Kult- und Versammlungshöhle man unter anderem ein kleines tönernes Idol in der Form eines mit einem Umhang bekleideten Menschen fand. Hier oder an der 50 m hohen Steilstufe von El Sitio de Abajo könnten sich die letzten führenden Persönlichkeiten der alteingesessenen Bevölkerung – der oberste Priester und der zum Schwiegersohn des abtrünnigen Herrschers des nördlichen Inselreiches ausersehene Bentejuí – mit dem Schrei »Atis Tirma!« – wohl eine Anrufung der Gottheit – in den Tod gestürzt haben, um einer schmachvollen Gefangenschaft zu entgehen.

Nach Bernáldez (1479) hatten die Kanarier eine Kultstätte, die sie Tirma nannten, deren Lage er aber nicht beschreibt. ›Tirma‹ könnte aber auch ›risco‹ – ›Steilabfall‹ – bedeuten[3]. Damit wäre der Todessturz der beiden führenden Kanarier am Ort ihrer Niederlage erfolgt und nicht an dem in der Luftlinie fast 30 km entfernten westlichen Berg Tirma, dessen Fortsetzung, die Montaña Blanca (675 m), abrupt zum Meer hin abbricht. Auf der oberhalb von Ansite gelegenen ›Ebene des Friedens‹ – ›Llano de la Paz‹ – überreichte die blonde kanarische Herrschertochter Guayarmine – Braut des in den Freitod gegangenen Kanarierführers Bentejuí, – am 29. April 1483 die Kapitulation der letzten autochthonen Widerstandskämpfer.

Nachdem die Inselverwaltung in den sechziger Jahren unseres Jahrhunderts eine asphaltierte Straße und einen Parkplatz in diesem geschichtsträchtigen Gelände angelegt und die lange Zeit als Ziegenstall benutzte Kulthöhle zu Gedenkstunden wieder hergerichtet hatte, wird hier alljährlich des Tages der Beendigung der Kampfhandlungen feierlich gedacht. Besondere Höhepunkte des Festaktes sind die von dem nahen Ort *Santa Lucía de Tirajana* ausgehende Mahnfeuerkette, das Blasen auf zahlreichen großen Meeresschneckengehäusen und die Verleihung des kanarischen Literaturpreises ›Ansite‹. Santa Lucía mit seinem kleinen Heimatmuseum ›La Fortaleza‹ liegt in 650-700 m Höhe, malerisch von schlanken Palmen überragt, nur wenige Kilometer nördlich der altkanarischen Kultstätte am linken Hang des Barranco de Tirajana.

Bis auf die breite Öffnung nach Südosten von 600-800 m schroff abfallenden Felswänden und steilen Hängen eingefaßt, dehnt sich vor uns ein gewaltiges, nahezu kesselartig erweitertes Tal aus, die *Caldera de Tirajana.* Gut 5 km beträgt der Durchmesser. Auf dem leicht gewellten und von kleinen Barrancos durchzogenen Grunde liegen Dörfchen und Felder, wo noch der etwa 10 cm große endemische Gran-Canaria-Skink, CHALCIDES SEXLINEATUS, heimisch ist.

Knapp 1 km unterhalb der Vereinigung der beiden alten Quellflüsse der Barrancos Los Lomillos und Risco Blanco zum Barranco de Tirajana erreichen wir die kleine Häuseransammlung *La Rosiana.* Sie ist mit ihrer näheren Umgebung des öfteren Schauplatz gewaltiger Erdrutsche gewesen.

Nur etwa 2 km beträgt die Luftlinienentfernung von Rosiana bis *San Bartolomé.* Mehr als das Doppelte brauchen wir in langen Kehren und vielen Kurven auf der Landstraße. Zwischen beiden Orten liegt eines der wenigen Olivenanbaugebiete der Insel. Bei San Bartolomé, dem Verwaltungssitz der flächengrößten Gemeinde Gran Canarias – zu der auch Maspalomas und die Playa del Inglés gehören –, haben wir einen besonders schönen Einblick in die Caldera de Tirajana.

In den Spalten der gewaltigen, stellenweise bizarr zersägten basaltischen Felswände leuchten schon von weither – vor allem in Höhen zwischen 900 und 1200 m – die rosa Blüten einer der schönsten Kanarenpflanzen, des 30-70 cm hohen Zwerghartlaubstrauches MICROMERIA HELIANTHEMIFOLIA. Von den 103 Lokalendemiten Gran Canarias sind eine ganze Reihe hier im Barranco de Tirajana beheimatet.

Die grandiose Schönheit der Caldera-Landschaft mit der höchsten Erhebung der Insel, dem 1951 m hohen *Pozo de las Nieves* – dem ›Schneebrunnen‹, in welchem früher in künstlichen Vertiefungen Winterschnee gesammelt wurde – an ihrem gewaltigen nördlichen Steilrand wollen wir nun auf festen Straßen, holprigen Landwegen, schmalen Maultierpfaden und steinigen Steigen in mannigfachem Auf und Ab wandernd erleben und dabei drei geomorphologischen Strukturen unsere besondere Aufmerksamkeit widmen.

Nachdem wir die Ortsteile Sequero und Agualatente passiert haben, kommen wir zu den *Caideros Altos* (1700 m). In diesen felsigen ›Hohen Fällen‹, von denen im Winter kaskadenartig das Wasser hinabstürzt, wechseln dunkle basaltische Tephritlavadecken mit mächtigen Bänken aus Roque-Nublo-Agglomeraten und dunklen Tuffschichten miteinander ab.

Nach etwa 8 km erreichen wir den am Nordost-Rand der Caldera südlich der kleinen Ortschaft La Culata gelegenen Felsen *Risco Blanco* (1050 m), den ›Weißen Steilabfall‹. Kontrastreich hebt sich seine weißliche Verwitterungskruste von den rötlichbraunen Roque-Nublo-Agglomeraten der Caldera-Wand ab. Dieser säulig abgesonderte phonolithische Pitón oder Neck – eine durch Erosion freigelegte Vulkanschlotfüllung – ist bei ellipsenförmigem Grundriß, mit Achsenlängen von 500 und 400 m, etwa 400 m hoch.

Nach wenigen Kilometern in südöstlicher Richtung stehen wir in 900 bis 1000 m Höhe am Rande einer gänzlich anderen Landschaftsform: der leicht zur Talsohle geneigten fächerförmigen Verebenungsfläche *Los Pajonales*.

Felsritzungen im Barranco de Balos

Gut 4 km südöstlich von Temisas liegt die Aussichtshöhe Roque Aguayro (580 m), ein aus alten Basalten und darüberlagernder sialischer Lava aufgebauter Erosionsrestberg. Von dort schweift unser Blick über den *Barranco de Balos*, so benannt nach dem bis zu 2 m hohen Balo-Strauch, PLOCAMA PENDULA, einem im Februar und März gelb blühenden endemischen Rötegewächs mit strähnig herabhängenden nadelförmigen Blättern.

Dieses Tal ist wegen des *Lomo de los Letreros*, des ›Bergrückens der Inschriften‹, von besonderer kulturgeschichtlicher Bedeutung. Auf der glatten Oberfläche einer Basaltfelsmauer hat sich aus eisenhaltigen Mineralien ein patinaartiger Überzug gebildet. In dieser wenig dauerhaften Schicht kann man – trotz der Zerstörung durch die Witterung und rücksichtslose Namenseinritzungen von Besuchern in unserer Zeit – in der Mittagssonne immer noch zahlreiche alte Gravuren verschiedenster Art erkennen. Hier finden wir stark stilisierte Darstellungen von Menschen, gitter- und rechenähnliche Gebilde, Spiralen und radiale Strahlen sowie in Kolumnen geordnete schriftähnliche Zeichen, Chiffren wie von einem anderen Stern.

Über die Bedeutung und die Herkunft der Felsritzungen haben die Archäologen bisher nur Vermutungen anstellen können. Die einen denken an die vor zwei bis drei Jahrtausenden eingewanderten cromagnoiden Urbewohner der Kanarischen Inseln. Andere halten eine Verbindung mit den Nubiern für möglich oder mit vorgeschichtlichen Völkern aus dem Nahen Osten, insbesondere aus dem alten Phönikien und dem kretisch-zyprischen Kulturkreis.

Die Gravuren wurden 1953 von der spanischen Regierung zum ›künstlerisch-historischen Monument‹ erklärt.

Felsbilder – Menschengestalten und eine Barke mit gekrümmtem Bug – aus dem Barranco de Balos

Unsere etwa 10 km lange Wanderung im Barranco de Guayadeque beginnt in dem in seinem Talschluß gelegenen, 50-75 m tiefen und grob 1600 m im Durchmesser messenden Explosionskrater Caldera de los Marteles und endet am Westrand des dort 4 km breiten Küstenvorlandes bei den durch ihn getrennten Orten Agüimes und Ingenio.

Mehrere hundert Meter tief hat sich das fließende Wasser stellenweise in die dunkle Lava und den hellen Tuff eingeschnitten. In den hohen Steilufern gab es – wie sonst nirgendwo in dieser Menge auf Gran Canaria – zahlreiche natürliche und künstliche Wohn- und Bestattungshöhlen, von denen viele durch spätere Erdrutsche und Bergstürze äußerst schwer zugänglich geworden sind. Zu den sichergestellten Gegenständen des altkanarischen Lebens gehören nicht nur Fragmente keramischer Eß- und Trinkgefäße, sowie eine Keule mit paralleler Zickzacklinienverzierung, sondern auch das seltene Fundstück eines Handschuhs. Der viereckig zugeschnittene und mit Lederriemen und Pflanzenfasern überwendlich genähte Rumpf aus Ziegenleder liegt mit vier noch erhaltenen Fingerlingen im Museo Canario in Las Palmas.

Von ganz besonderer ethnologischer Bedeutung sind die hier gefundenen Mumien, die auf geflochtenen Binsen- und Palmfasermatten lagen und mehrfach mit Hüllen aus kunstvoll in Wellen- und Schwertnähten zusammengefügten Ziegen- und Schweinslederstücken umwickelt waren; entstanden etwa um 547 ± 60 n. Chr. und 737 ± 60 n. Chr.

Auch in bezug auf die Pflanzen- und Tierwelt gehört der Barranco de Guayadeque zu den interessantesten Gebieten Gran Canarias. An seinen schwer zugänglichen Steilufern haben sich mehrere selten werdende Pflanzen erhalten. Hier sieht man unter anderem auffallend schöne Exemplare der Dickblattgewächse AEONIUM PERCARNEUM und AEONIUM MANRIQUEORUM mit rosa und goldgelben kegelförmigen Blütenständen oder die bis zu 3 m hohen endemischen Windengewächssträucher Guayadil, CONVOLVULUS FLORIDUS, mit ihren 30 cm langen Blütenrispen. Mehrere der über fünfzig einheimischen Arten wurden erst in den letzten Jahrzehnten klassifiziert.

In diesem Barranco haben sich in wenigen Exemplaren einige auf der Insel selten gewordene Vögel erhalten: der kanarische Turmfalke, FALCO TINNUNCULUS CANARIENSIS, der kanarische Mäusebussard, BUTEO BUTEO INSULARUM, und der vom Aussterben bedrohte Geier, NEOPHRON PERCNOPTERUS, von dem man hier wegen seines steilen Höhenfluges sagt, er bleibe im Himmel.

In der Nähe menschlicher Siedlungen kann man noch die bis zu 80 cm lange kanarische Rieseneidechse GALLOTIA STEHLINI sehen, die sich dort hauptsächlich von Küchenabfällen ernährt. Auch der Gecko, TARENTOLA DELALANDII VAR. BOETTGERI, sowie der als Spezies auf den Kanaren endemische Skink, CHALCIDES SEXLINEATUS, ist hier noch heimisch. In Bewässerungsanlagen leben die beiden einzigen auf Gran Canaria und den westlichen Inseln des Archipels vertretenen Amphibien: der unserem Teichfrosch ähnliche RANA PEREZI und der stark verbreitete Mittelmeerlaubfrosch, HYLA MERIDIONALIS.

Die Bucht von Gando

Bis zu einer Höhenlinie von 200 m hatte das Meer im Miozän das 2-3 km breite basaltische Küstenvorland entlang einer von Norden nach Süden verlaufenden Verwerfung überflutet. Kalkverfestigte Schotter und mehrere marine Terrassen zwischen 2 und 85 m zeugen von Niveauveränderungen von Land und Meer und der abtragenden Tätigkeit der Brandung. Schwemmkegel vor den Talaustritten und Schuttfächer künden von der Sedimentation der vom Zentralmassiv kommenden Flüsse, die noch vor wenigen Jahrhunderten im Winter reichlich Wasser führten.

Etwa 2,5 km schiebt sich die Landzunge mit der *Punta de Gando*, der Osthuk Gran Canarias, nach Südosten vor, wobei sie die so entstandene 7,5 km breite Meeresbucht gegen den Nordost-Passat abschirmt. Bei einer Entfernung von 85 km zur Nachbarinsel Fuerteventura ist die Bahía de Gando von dort aus die nächste Ankerbucht auf Gran Canaria.

In dem von E. Etienne (1844) übersetzten Bericht des arabischen Kapitäns Ben-Farroukh heißt es, dieser sei im Jahr 999 mit 130 Mann für kurze Zeit im Osten Gran Canarias in einer Bucht an Land gegangen, die die Araber Gando nannten. Nachdem mallorquinische Schiffe in den Jahren 1342, 1344, 1346 und 1352 an meist nicht exakt angegebenen Stellen des Archipels angelegt hatten, wurde als Ankerbucht einer mallorquinisch-aragonesischen Expedition des Jahres 1360 wiederum Gando genannt. Die Besatzungen der zwei Galeeren und fünf Franziskanermönche gerieten in Gefangenschaft, wobei sie Feigenbäume gepflanzt und der einheimischen Bevölkerung beim Hausbau geholfen haben sollen. Der Volksüberlieferung gemäß hätte man die Europäer nach einiger Zeit zum Tode verurteilt und vom Steilfelsen ins Meer gestürzt – eine Strafe, die bei Verrat und Ehebruch üblich war.

Zwischen 1457 und 1459 – ein Vierteljahrhundert vor der Eingliederung Gran Canarias in den spanischen Staat – ließ Diego García de Herrera, spanischer Herr von Lanzarote, Fuerteventura und Gomera, an der Bucht von Gando im Einvernehmen mit den Altkanariern ein Fort errichten. Diese Torre, wegen unzulänglicher dokumentarischer Angaben häufig mit dem zehn Jahre später im nahen Telde erbauten und nur kurze Zeit existierenden festungsartigen Bethaus verwechselt, wurde wegen ehrenrühriger Übergriffe der Besatzung öfter von der Bevölkerung angegriffen. Sie wird dennoch bis zum Abschluß der Eroberung der Insel intakt gewesen sein. Deshalb war Gando auch durch die Expeditionstruppen des 1478 von Kastilien entsandten Conquistadors Rejón zunächst als Ausgangspunkt des Eroberungsfeldzuges auf Gran Canaria ausersehen worden. Und auch Columbus soll hier gelandet sein, das ist aber nicht sicher. Doch schon bald nachdem die ersten spanischen Truppentransporter im Norden der Insel an der Isleta geankert hatten, begann Las Palmas die traditionelle Ankerbucht bei Gando als Anlegestelle abzulösen.

Heute liegt in der weiten Ebene von Gando der größte Flughafen der Provinz, auf dem im Jahr 1989 fast zweiundfünfzigtausend Maschinen landeten und starteten. Der von Naturschönheit verwöhnte Kanarenbesucher, der in Gando landet, wird vom ersten Eindruck dieses Küstenstreifens eher enttäuscht sein; denn hier fehlen die besonderen landschaftlichen Reize, und auch die karge Vegetation läßt kaum etwas davon ahnen, welche überwältigenden Eindrücke diese Insel sonst noch zu bieten hat.

Die meisten Zeugnisse einer frühen Kultur wurden durch Erdrutsche und Verwitterung sowie durch gedankenlose menschliche Eingriffe stark beschädigt. Hingegen wird die in der Nähe früherer altkanarischer Wohnhöhlen und Hütten liegende 7x17 m große und 2 m hohe Haupthöhle der *Montaña de las Cuatro Puertas* (321 m) – die wichtigste des ehemaligen östlichen Inselreiches – noch heute an geschichtlichen Gedenktagen als Feierraum genutzt. Der Berg erhielt seinen Namen wegen der etwa 20 m unterhalb des Gipfels schon von weither sichtbaren vier türartigen Höhlenöffnungen. Nach der Farbe des Tuffs heißt dieser erloschene quartäre Vulkan, dessen südliche Hälfte durch tektonische Bewegungen zusammengestürzt ist, auch ›Montaña Bermeja‹ – ›Rotbrauner Berg‹.

In der *Cueva de las Pilas* – der ›Höhle der Wassertröge‹ – könnten die unterschiedlich geformten größeren Eintiefungen mit jeweils mehreren auf sie zulaufenden Rinnen nicht nur bloße Regenwassersammelstellen, sondern Teile einer Kultstätte gewesen sein. Denn Gómez Escudero (ca. 1485) berichtete, daß die Hari-maguadas in solchen Aushöhlungen Milchopfer dargebracht hätten. Menschenopfer kannten die Altkanarier nicht.

Im Silva-Tal stieß man auf zwei Felsgravierungen, die phönizischen und inselgriechischen (Thera, Melos) Schriftformen ähnlich sind und sprachliche Gemeinsamkeiten mit Berberdialekten aufweisen.[26]

Seltene Steinblockhäuser, ähnlich denen von Gáldar, gab es auf dem Aussichtsberg *Atalaya de Taliarte* bei Melenara.

Die archäologischen Fundstätten auf der Halbinsel *Tufia* sind wegen ihrer relativ gut erhaltenen Grundmauern von Wohn- und Gerichtsbauten und Tumulus-Grabstätten zum Nationalmonument erklärt und mit einer Einfriedung geschützt worden. An den Steilküsten der Halbinsel gibt es noch bewohnte Höhlen.

Telde – Geschichte und Kunst

Die von dem kanarischen Historiker Tomás Marín y Cubas (1694) geäußerte Möglichkeit einer Verbindung mit dem marokkanischen Flur- und Ortsnamen Tell del Atlas oder Telda wird heute kaum noch geteilt. Man vermutet eher einen Zusammenhang mit dem altkanarischen Wort für Feigen, ›Telle‹, die der portugiesische Kapitän Juan de Castro schon 1415 im Osten Gran Canarias vorfand.

Zwar läßt die Fülle der gefundenen Keramikscherben auf eine dichte Besiedlung schließen, dennoch wird die von Torriani genannte Zahl der Häuser in den ehemaligen Ortschaften Tara und Cendro selbst trotz des später zwischen beiden freigelegten Wohngebietes Las Caserones von Historikern und Archäologen für unrealistisch übertrieben gehalten; denn es könnte dort auch besonders große Töpferwerkstätten gegeben haben.

In Tara fand man außer vielen steinernen Haushaltsgegenständen auch ein seltenes Idol: die 26 cm große tönerne Kultfigur einer sitzenden Frau.

Christlich-idealistisches Bekehrungsstreben und materielle Profitgier waren maßgebend für die Landung der europäischen Expeditionsschiffe, die im 14. Jahrhundert vor allem von Aragonien und Mallorca zu den Kanarischen Inseln ausliefen. Auf Gran Canaria mögen sie zumeist in der Bahía de Gando geankert haben, der geschützten Bucht am Rande des relativ dicht besiedelten Umlandes von Telde, dem Hauptort des östlichen Altkanarierreiches der Insel.

Um die Missionsarbeit durch ein administratives Zentrum zu stützen, ernannte Papst Clemens VI. in seiner am 7. November 1351 in Avignon veröffentlichten Bulle den Karmelitermönch Bernardo zum ersten Bischof des damals noch unabhängigen kanarischen Archipels mit der Maßgabe, den Amtssitz der Diözese selbst zu bestimmen, den Ort zur Stadt zu erheben und dort eine Kathedrale zu errichten. Wenn auch Bernardo in verschiedenen Dokumenten noch ohne exakte Ortsangabe als Bischof der ›Fortuna‹ bezeichnet wurde und sein durch Papst Innozenz VI. nach siebenjähriger Sedisvakanz im Jahr 1361 eingesetzter Nachfolger die gleichen Auflagen erhielt, so wurde doch nach wiederum sieben Jahren andauerndem Freistehen des bischöflichen Stuhls der von Urban V. im Jahre 1369 verpflichtete dritte Kanarenbischof ausdrücklich zum Bischof von Telde ernannt. Auch seine in der gleichen Bulle erwähnten Vorgänger wurden als ›episcopus Teldensis‹ bezeichnet. Nachdem Papst Clemens (VII.) am 1. Januar 1392 einen vierten Bischof von Telde eingesetzt hatte, wurden echte Missionierungsversuche auf Gran Canaria für fast ein Jahrhundert bis nach der Eroberung

Nächste Doppelseite: Tejeda liegt umgeben von Mandelbäumen am Fuß des Roque de Bentaiga im Inselzentrum.

der Insel eingestellt. Der nächste Diözesansitz war dann ab 1404 die zu dem ersten von Béthencourt auf Lanzarote errichteten Kastell Rubicón gehörenden Kapelle.

Mit drei Zuckermühlen besaß Telde im Jahre 1539 ein Viertel der Produktionsstätten der Insel. Während der Zuckerrohranbau später fast überall auf den Kanaren zugunsten der Bananenkultur aufgegeben wurde, gibt es ihn bei Telde als Grundlage für die dortige Rumdestillierung in geringem Maße noch heute.

In der Gegenwart sind die Telder Barrancos häufig trocken. Doch noch ist der Bananenanbau der wichtigste Zweig der Landwirtschaft, die nunmehr durch Handel und Industrie sowie durch den Fremdenverkehr in den Ortsteilen am Meer aus ihrer jahrhundertealten Spitzenstellung als Erwerbsgrundlage verdrängt worden ist. Immer weiter dehnt sich die Kernstadt aus. Und aus kleinen dörflichen Siedlungen – wie Melenara und Gando – sind wichtige Bezirke der Gesamtgemeinde geworden. Heute ist Telde mit über hunderttausend Einwohnern die zweitgrößte Stadt der Insel und der Provinz und – nach Las Palmas, Santa Cruz de Tenerife und La Laguna – die viertgrößte des Archipels. Die im Jahr 1523 bereits im Bau befindliche und 1551 durch den Bischof von Marokko eingeweihte *Iglesia de San Pedro Mártir* fiel im Jahr 1899 einem Erdrutsch zum Opfer. Dadurch wurde eines der auf Gran Canaria so seltenen Gotteshäuser mit mehreren spätgotischen Baugliedern fast völlig zerstört. Der noch erhaltene zentrale gedrückte Spitzbogen der kleinen einschiffigen Kirche ruht auf zwei mit Halsringen versehenen Pilastern, in deren Distelblattkapitelle auch Maskarone gemeißelt wurden.

Der Einfluß der aus der südwestspanischen Grenzprovinz Huelva stammenden Initiatoren der zu Anfang des 16. Jahrhunderts gegründeten *Iglesia de San Juan* wird an mehreren Baugliedern in drei großen Stilrichtungen und ihren Übergangsformen deutlich. Hier überschneiden sich der spanisch-maurische Mudéjar-Stil, der spätgotische spanische Reyes-Católicos- oder Isabel-Stil und der portugiesische Emanuel-Stil.

Um 1519 wurde mit dem Bau der dreischiffigen Kirche begonnen. Ab 1531 entstanden die Kapelle der Epistelseite und die Capilla Mayor, 1538 die der Evangelienseite, 1633 die Capilla de

Nuestra Señora del Rosario und 1696 die Capilla de San Ignacio de Loyola – die heutige Capilla de Nuestra Señora del Carmen, deren achteckige Mudéjar-Decke 1832 beim Einsturz des Mittelschiffs zerstört wurde. Aus dem 18. Jahrhundert stammt das Baptisterium. Im 19. Jahrhundert wurde das Mittelschiff erneuert. Etwa 3 m höher als die Seitenschiffe, erhält es Tageslicht durch zwölf Spitzbogenfenster aus rotem Tuff. Die Mudéjar-Deckenkonstruktionen wurden beim Wiederaufbau durch künstlerisch wertlose Rohrdecken ersetzt.

In den Jahren 1908 bis 1914 wurden – statt des ursprünglich in das Kirchengebäude einbezogenen ehemaligen Festungsturmes aus dem 15. Jahrhundert – zwei moderne Glockentürme errichtet, die in krassem Gegensatz zu dem gotischen Hauptportal stehen. Das schmale Gewände des Spitzbogeneingangs ist nicht nur reich mit den vornehmlich in der Gotik so beliebten Rankenmotiven disteláhnlicher Karden ornamentiert, sondern auch mit stilisierten gotischen Tier- und Ungeheuerplastiken. Hier sind dargestellt: zwei Pelikane, die den Opfertod Christi symbolisieren, eine Schlange als Sinnbild des Bösen sowie ein Minotaurus, eine Chimäre mit Kuhkopf und ein Vampir. Die kleinen Kapitelle der Rundstäbe des Portals zeigen – ebenso wie die Konsolen der rechtwinklig umfassenden perlenschnurartigen islamischen Arrabá – gotische Blattwerkmotive. An dem rechten dieser beiden kleinen Kragsteine erkennt man überdies die Skulptur eines Ungeheuers mit Vogelleib, Hundepfoten, Eidechsenschwanz und Menschenkopf. Oberhalb der Arrabá – oder des Alfiz – steht in einer Nische die im Jahr 1703 überarbeitete Statuette des namengebenden Johannes des Täufers. Das ebenfalls von einer Arrabá eingefaßte Spitzbogenportal der Nordseite ist, bis auf die schlicht mit Blattwerk ornamentierten Kapitelle, frei von Schmuckformen.

Im Inneren des Bauwerks herrschen die auf den Kanaren üblichen Halbkreisbögen vor. Doch verbinden gedrückte Spitzbögen das Presbyterium mit den Seitenschiffen. Die Säulen stehen in dieser Kirche nicht – wie in fast allen anderen Gotteshäusern des Archipels – auf quadratischen Basen, sondern den Säulen des Isabel- und Emanuel-Stils oder den Pfeilern des sevillanischen Mudéjar-Stils um 1500 entsprechend, auf oktogonalen und kubischen Piedestalen.

Das geschnitzte flämische Retabel

Das von Gerard Goris oder Joris signierte Retabel wurde vor 1515 gegen Lieferung von Rohrzucker in Flandern gekauft. Seine von 1752 bis 1753 durchgeführte Umkleidung mit barockem Bandelwerk paßt sich der geschwungenen gotischen Rahmung mit ihrer Erhöhung im Zentrum an. Auch der überwiegend in Gold gehaltene Farbüberzug des ursprünglich polychromen Kunstwerks wurde damals erneuert. Der Altaraufsatz ist 2,40 m breit und in der Mitte 2,90 m hoch.

Dreiflügelig konzipiert, stellt er auf je zwei übereinanderstehenden Tafeln, die mit reichen gotischen Baldachinen abschließen, sechs Begebenheiten aus dem Marienleben dar: links unten die Verlobung der Jungfrau, unten Mitte die Verkündigung an Maria, links oben Heimsuchung Mariens, oben Mitte Geburt Christi, rechts unten die Anbetung der Heiligen Drei Könige, rechts oben die Beschneidung Jesu.

Die 74 durchschnittlich 45 cm hohen Figuren sind fast alle in überlange wallende Gewänder gehüllt. Die in sanften S-Schwüngen tiefgehöhlten Faltenmassen lassen lediglich die schmalen Hände und die meist leicht geneigten Köpfe mit überwiegend ovalen Gesichtern frei. Im Hochrelief staffelartig aus dem Flächengrund wunderbar herausgearbeitet, erzielt das Schnitzwerk eine besonders starke perspektivische Wirkung.

Der formale Aufbau, die Darstellung der Personen, Spitzbögen und Treppengiebel und vor allem der kleinen, an einen Pfeiler gelehnten Statue der heiligen Gudula – der Patronin Brüssels – weisen auf die Entstehung dieses gotischen Retabels in der Hauptstadt des damals spanischen Flandern hin.

Über dem Retabel befindet sich ein wegen seines Materials äußerst seltenes Kunstwerk: eine lebensgroße fleischfarbene Christus-Statue, die kaum 7 kg wiegt. Indianer fertigten sie im 16. Jahrhundert aus Maiskolbenmark an. Ein zweites künstlerisch wertvolles Triptychon eines unbekannten flämischen Meisters des frühen 16. Jahrhunderts stellt in manieristischen Ölgemälden Mariä Verkündigung, Christi Geburt und die Epiphanie dar.

Das Gemälde ›Aparición de la Virgen a San Bernardo‹ – ›Erscheinung der Jungfrau vor dem heiligen Bernhard‹ – ist ein Werk von Vicente Carducho (1578-1638), das einzige des Florentiner Malers am spanischen Königshof, das sich auf den Kanarischen Inseln befindet.

Mehrere Plastiken in dieser kunstreichen Kirche stammen von dem schon oftmals erwähnten kanarischen Meister Luján:

San José, San Pedro Mártir, die Christus-Figur in der Sakristei, die Mater dolorosa, San Juan Evangelista und San Juan Bautista.

Im Gegensatz zu dem geschäftigen Treiben im Zentrum von Telde strahlt der auf der anderen Seite des Barranco gelegene alte Stadtteil *San Francisco* eher Beschaulichkeit aus: weiße, meist zweistöckige Häuser mit hohen Türen, Fenstern und Pinienholzbalkonen.

Namengebend war für dieses Viertel die gegen Ende des 15. Jahrhunderts erbaute Ermita de San Francisco. An ihrer Nordseite wurde nach 1622 ein im 19. Jahrhundert wieder aufgelöstes Franziskanerkloster errichtet. Über die Entstehung der nunmehr zweischiffigen *Kirche San Francisco* gibt es außer der am Glockengiebel vermerkten Jahreszahl 1759 keine exakten Daten. Im Stil der Renaissance ist die Rundbogenpforte; die Stützen der Bögen zwischen beiden Schiffen sind – ungewöhnlich auf dem kanarischen Archipel – polygonal, ähnlich der Mudéjar-Architektur Niederandalusiens. Auch die Deckenkonstruktionen sind moriskisch: kastenförmig über den Schiffen und oktogonal und kassettiert über dem wahrscheinlich gegen Ende des 17. Jahrhunderts entstandenen Presbyterium.

Das Inselzentrum

Das »versteinerte Ungewitter« der Caldera de Tejeda

Lassen wir im folgenden die dichterischen Worte eines der bedeutendsten spanischen Philosophen unseres Jahrhunderts, Miguel de Unamuno, auf uns wirken, wenn wir vom Cruz de Tejeda oder anderen Stellen in das gigantische Tejeda-Tal hinabblicken. Er schrieb 1909:

»Von steilen Pfaden an abrupten und jähen Klüften schauen wir auf das Tal von Tejeda.

Der Anblick ist überwältigend: All diese schwarzen Mauern der großen Caldera mit ihren noch aufragenden Felsen, mit Bergkämmen, die wie Zinnen wirken, erwecken den Eindruck einer dantesken Vision.

Nicht anders können die Calderen des Infernos gewesen sein, die der Florentiner besuchte: Ein fürchterlicher Tumult der Eingeweide der Erde! All dies gleicht einem versteinerten Ungewitter …

Ich wurde an eine Landschaft des großen katalanischen Dichters de Verdaguer erinnert. Als er in seinem ›Canigó‹ eine derartige Formation beschreibt, spricht er von gräßlichen Schreien, die die Erde in ihrer Jugend ausstoßen mußte, während sie ein solches Zackengebirge gebar in Tagen voll wilden inneren Aufruhrs, unruhigen Hin-und-Hers und in Nächten, erfüllt mit Stöhnen, bis diese feurigen Eingeweide zutage kamen und beim Kuß des tobenden Sturmes zu Gesteinsblöcken und zu gewaltigen Felsen wurden.« (Aus Verdaguer: La Maleida, Strophe 25)

Wir sitzen auf der Terrasse des 1936 von Miguel Martín Fernández de la Torre entworfenen und von seinem Bruder Néstor zum Teil dekorierten *Parador am Cruz de Tejeda.* Fast 1500 m über dem Meeresspiegel steht dieses geschmackvolle staatliche Hotel in der Einsattelung der grob 1600-1650 m hohen Wasserscheide zwischen den alten Flußgebieten der Barrancos von Tejeda und La Mina-Guiniguada.

Tief unterhalb dieser Paßhöhe liegt um das namengebende Dorf *Tejeda* die gewaltigste Caldera Gran Canarias. Die 500-600 m hohen Felswände und die bis zu 1000 m großen Höhenunterschiede zwischen den tief eingeschnittenen Talsohlen und dem oberen Caldera-Rand haben immer wieder Geologen aus aller Welt zu detaillierten Untersuchungen angeregt.

Besonders eindrucksvoll sind hier die von vulkanischen Gängen durchzogenen Steilufer des Barranco de la Culata. Von langer Dauer der gewaltigen fließenden Wassermassen zeugen bis zu 100 m mächtige Geröllablagerungen auf der Talsohle.

Auf der im Norden durch den Barranco de la Culata und im Süden durch den Barranco de Ayacate mauerartig verengten Meseta des südlichen Caldera-Randes stehen in etwa 1600 m Höhe einige Erosionsrestfelsen. Unter ihnen fallen zwei schon von weither besonders auf: der an einen kniend betenden Mönch errinnernde *Roque de San José* – deshalb meist ›El Fraile‹ genannt – und der seine Umgebung um fast 80 m überragende wuchtige Monolith *Roque Nublo*, vielfotografiertes und in Volksliedern vielbesungenes Wahrzeichen der Insel. Der Name dieses über der Passatwolkenzone liegenden ›Wolkenfelsens‹ ist wahr-

Gran Canaria bietet verschiedenartige Landschaftsformen: Bergwälder, fruchtbare Hügel, Barrancos, zerklüftete Felsen und Lavafelder.

scheinlich die verstümmelte Form seiner altkanarischen Benennung unbekannter Bedeutung: Nuro. Ein noch wuchtigerer, wenn auch mit 1300 m nicht so hoch gelegener Erosionsrestberg aus Roque-Nublo-Agglomerat ist der zwischen dem Barranco de Tejeda und dem Barranco de Chorrillo liegende *Roque de Bentayga*, der seine Basis um 50 m überragt.

Am Roque de Bentayga selbst und in seinen westlichen Ausläufern sind zwei Stellen von besonderem kulturhistorischem Interesse: An der durch einen kleinen Wall geschützten Ostseite liegt ein *Almogaren* – eine Kultstätte der Ureinwohner. Die 30-75 cm im Durchmesser großen Mulden und bis zu 10 cm tiefen Rinnen im offenen Felsgrund könnten die von Gómez Escudero (um 1485) ohne nähere Ortsangaben erwähnten kanarischen Anlagen für Milchopfer gewesen sein.

Westlich des Monolithen kommen wir zu der 11 x 7 m großen und 2,50 m hohen *Königshöhle*, in deren Boden man ähnliche Vertiefungen eingekerbt und deren Wände man mit abstrakten Figuren ornamentiert hatte. Die Altersbestimmung einer Holzprobe aus der Königshöhle ergab nach der C_{14}-Methode ein Datum von 292 ± 60 n. Chr.

Vor dem Steilhang der von lichtem Pinienwald bestandenen *Montaña de Alta Vista* (1375 m), deren von Lavabänken bedeckter Gipfel fast 1000 m oberhalb der Talsohle des Barranco de Tejeda liegt, stehen die schroffen Felswände der *Mesa de Acusa* (900-1000 m), die ihre Basis aus sialischen Laven um 200-300 m überragt. In der etwa 50 m mächtigen Roque-Nublo-Brekzienschicht dieses sonst hauptsächlich aus überlappten und in sich verkeilten Basalt- und Phonolith-Bänken bestehenden Erosionsrestberges hatten die Altkanarier zahlreiche Höhlenwohnungen ausgemeißelt, von denen viele noch bis in unsere Zeit hinein benutzt worden sind. Außer Keramikfragmenten und steinernen Haushaltsgegenständen sind vor allem Funde von Mumien mit Teilen von Särgen aus dem Holz oder der Rinde des Drachenbaumes sowie genähte rote Lederdecken und Pflanzenfasermatten, in die die Toten mehrmals eingewickelt wurden, bemerkenswert.

Wie ein riesiger Schiffsrumpf liegt der 500 m die Talsohle überragende Erosionsrestberg *Mesa de los Junquillos* (850 m) auf der Wasserscheide zwischen dem Barranco de Carrizal und dem

Barranco de Siberio, den linken Seitentälern des Barranco de Tejeda.

Hier, am südwestlichen Rande der Caldera, durchquert der Barranco de Tejeda, der von dieser Stelle an Barranco de la Aldea heißt, auf einer Strecke von 4 km das Gebirge, in das sich die aus der Caldera fließenden Wassermassen bei der nachmiozänen Hebung der Insel – der stärksten im Archipel – cañónartig eingeschnitten hatten.

Noch 1863 konnte K. v. Fritsch von dem heute meist trockenen Tal, in welchem nun kleine, oft leere Stauseen liegen, als einer »wildromantischen … tiefen Schlucht« sprechen, »wo oft das Bett des angeschwollenen Baches der alleinige Weg war«.

Artenara – Ein noch bewohntes Höhlendorf

Am nördlichen Rande der Caldera de Tejeda, 1251 m über dem Meeresspiegel, liegt Gran Canarias höchstes Dorf, *Artenara*. Von ihm konnte v. Fritsch 1867 noch berichten: »Nur die stark baufällige Kirche ist in Artenara ein gemauertes Gebäude.« Wenn auch danach so manches Wohnhaus errichtet wurde, wird Artenara auch heute noch gerne als typisches Beispiel einer traditionsgebundenen und zugleich modernen Höhlensiedlung gezeigt. Hinter weiß getünchten natürlichen oder gemauerten Fassaden des Steilhanges wurden geräumige Wohnungen aus dem rötlich-braunen Tuff herausgemeißelt, die sich mit ihren hölzernen Türen und blumengeschmückten Fenstern und ihrer Inneneinrichtung nicht von herkömmlichen Häusern unterscheiden.

Aus dem gleichen vulkanischen Material besteht auch die kleine Höhlenkapelle ›La Cuevita‹. Wenn auch ihr Alter nicht dokumentarisch belegt ist, scheint sie doch einige Jahrhunderte alt zu sein. Sie ist von außen an dem kleinen, aus dem Steilhang ragenden Glockengiebel und dem schmalen, aus Tuffquadern bestehenden Rundbogenportal erkenntlich.

Von der offenen Terrasse des von der Inselverwaltung eingerichteten Höhlenrestaurants ›Parador de la Silla‹ haben wir einen großartigen Blick über weite Geländepartien der Caldera de Tejeda.

Vor uns liegt, etwa 600 m über dem Meer, in einem weit gedehnten Talkessel das Landstädtchen Teror, ein mehrfach interessanter Ort. Hier wird noch Gofio in der Küche verwendet, das aus geröstetem Mehl zubereitete Hauptnahrungsmittel der Altkanarier. Terors Back- und Fleischwaren und sein mildes Mineralwasser genießen auch unter Fremden eine besondere Wertschätzung. Von vortrefflichen Kunsttischlern zeugen zahlreiche überdachte kanarische Balkone aus dem harten Holz der einheimischen Pinie. Doch vor allem ist Teror Gran Canarias religiöser Mittelpunkt. Hier steht die *Basilika Nuestra Señora del Pino* mit der Statue der hochverehrten Virgen del Pino, Patronin der Insel.

Der älteste Bauteil der Kirche ist der zwischen 1698 und 1708 an einer 1515 erstmals erwähnten einschiffigen Ermita angefügte Glockenturm. Archaisierend auf spätgotische Elemente des portugiesischen Emanuel-Stils zurückgreifend, ahmte man die beiden alten Türme der Kathedrale von Las Palmas nach, die vor der Errichtung der klassizistischen Giebelfront ihr Hauptportal einfaßten. Oktogonal im Grundriß, entstand so an der linken Seite der Basilika ein durch Gurtgesimse in acht übereinanderliegende Abschnitte gegliederter prismatischer Turm, bei dem man – den gotischen Höhendrang andeutend – vertikale Rundstäbe zu einem achtflächigen pyramidal verjüngenden Abschluß führte.

Die an Stelle der seit dem 16. Jahrhundert mehrmals veränderten Kapelle durch den kanarischen Architekten Antonio Lorenzo de la Rocha errichtete dreischiffige Basilika wurde im Jahre 1767 fertiggestellt. Trotz der dem Kunstempfinden der Zeit entsprechenden barocken Kurvungen ist die Haupteingangsfront in symmetrischer Ausgewogenheit im wesentlichen klassizistisch gradlinig gegliedert. Die drei Rundbogenportale der Schauseite mit den über ihnen liegenden Buntfenstern werden auf weiß getünchten Wandflächen von dunklen schlanken Pila-

Die neoklassizistische Basilika von Teror wurde in den sechziger Jahren des 18. Jahrhunderts von Antonio Lorenzo de la Rocha erbaut.

stern flankiert. Das Fenster über dem zentralen Hauptportal geht in einen kleinen Glockengiebel über, in dessen unterem Abschnitt eine Uhr eingebaut wurde. Aus der andalusisch-maurischen Mudéjar-Architektur weiterentwickelt sind die seit der spanischen Eroberung auf den Kanaren stark verbreiteten hölzernen Balkone und Deckenkonstruktionen. Den spätgotischen portugiesischen Emanuel-Stil kennzeichnen im Innern der Kirche die als Pfeilervorlagen seilartig gewundenen Taustäbe.

Das bedeutendste Kunstwerk der Kirche ist das barocke Schnitzwerk ›El Cristo de la Columna‹ von José Luján aus dem Jahr 1793. Ihr größter Schatz jedoch ist die *Virgen del Pino*, die Holzplastik eines unbekannten Meisters, der der Sevillaner Schule des 15. Jahrhunderts zugerechnet wird. Der Bischof Juan de Frías ließ die einigen Hirten erschienene Madonna im Jahre 1481 aus der Krone einer gewaltigen Pinie holen. In kostbare, mit Edelsteinen besetzte Gewänder gehüllt, steht sie als Patronin der Insel nun über dem Hauptaltar der Basilika. Sie wurde kanonisch gekrönt, mit dem Rang eines Generalkapitäns geehrt und mit mehreren hohen spanischen Orden ausgezeichnet. Spanische Staatsoberhäupter, Regierungschefs und Minister erwiesen ihr ihre Reverenz. Besatzungen ausländischer Kriegsschiffe legen Mützenbänder zu Füßen der Madonna nieder.

Zahlreich sind die Votivgaben an die »Trösterin der Kanarier in ihren häuslichen Kümmernissen« (Miguel de Unamuno, 1909). Hier gibt es nicht nur echte und künstliche Blumen in kostbaren Vasen oder Münzen und Medaillen aus Silber und aus Gold, sondern auch nicht mehr benötigte Krücken und Gipsmodelle geheilter Gliedmaßen. Alljährlich am 8. September wird die Statue in feierlicher Prozession durch die festlich geschmückten Straßen getragen, wozu Menschen aus allen Teilen der Insel zu Tausenden zusammenkommen.

Die Virgen del Pino (Schutzheilige Gran Canarias) in der Kirche Nuestra Señora del Pino in Teror. Am 8. September 1481 soll die Jungfrau Maria hier in einer Kiefer erschienen sein; seit dem findet zu dem etwa einundzwanzig Kilometer südwestlich von Las Palmas de Gran Canaria gelegenem Ort eine jährliche Wallfahrt statt.

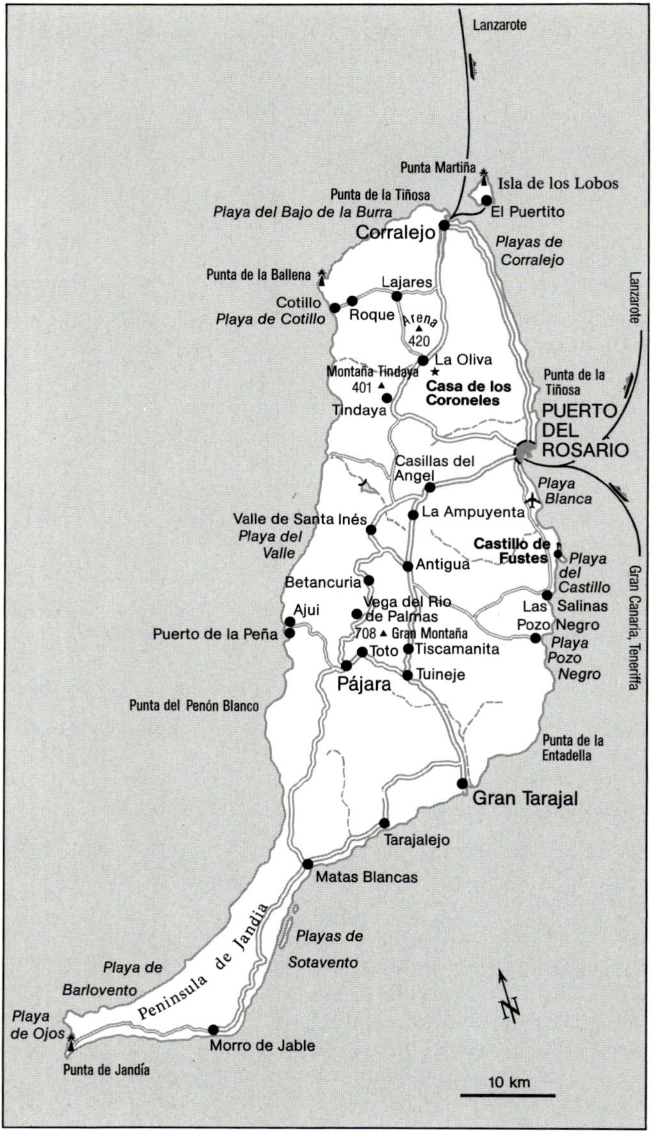
Lanzarote
Punta Martiña
Isla de los Lobos
El Puertito
Punta de la Tiñosa
Playa del Bajo de la Burra
Corralejo
Playas de Corralejo
Lanzarote
Punta de la Ballena
Lajares
Cotillo
Roque
Playa de Cotillo
Arena
420
La Oliva
Montaña Tindaya
401
Casa de los Coroneles
Tindaya
Punta de la Tiñosa
PUERTO DEL ROSARIO
Casillas del Angel
Playa Blanca
La Ampuyenta
Valle de Santa Inés
Playa del Valle
Castillo de Fustes
Playa del Castillo
Antigua
Betancuria
Vega del Rio de Palmas
Las Salinas
Ajui
Puerto de la Peña
708
Gran Montaña
Pozo Negro
Playa Pozo Negro
Toto
Tiscamanita
Tuineje
Pájara
Gran Canaria, Teneriffa
Punta del Penón Blanco
Punta de la Entadella
Gran Tarajal
Tarajalejo
Matas Blancas
Playas de Sotavento
Playa de Barlovento
Peninsula de Jandia
Playa de Ojos
Morro de Jable
Punta de Jandía
N
10 km

Fuerteventura –
Traumstrände und Tristesse

Etwa 45 Seemeilen beträgt die Entfernung von Gran Canaria auf ihrer kürzesten Strecke zwischen Gando und der Halbinsel Jandía. Doch mehr als zweimal so lang ist unsere Route von Hafen zu Hafen. Mehr als 2000 m tief ist der Atlantik westlich von Fuerteventura, doppelt so tief als auf der dem afrikanischen Festland zugewandten Seite, mit dem die beiden Ostinseln offensichtlich einst verbunden waren.

Verhältnismäßig ruhig ist heute das Meer. Dennoch beginnt der Bug des kleinen Schiffes sich schon bald merklich zu heben um dann wieder tief ins Wasser einzutauchen. Je weiter wir uns von Las Palmas entfernen, um so stärker bekommen wir den Nordost-Passat und den Kanarenstrom zu spüren, dessen Wassermassen mit einer zum Kontinent hin zunehmenden Geschwindigkeit von 10-20 cm/sec südwestwärts fließen. Wie ungewohnt der fast wolkenlose Himmel hier im Bereich des 28. Grades nördlicher Breite wirkt! Wir haben diesmal mehr Glück als Alexander von Humboldt, dem dichte Wolken öfters »das schöne Sternbild des Skorpions« verdeckten.

Im Lichtschein des Schiffes jagen fliegende Fische über das nun nicht mehr so stark bewegte Wasser, stoßen gegen die Aufbauten und fallen hilflos zappelnd auf die Planken. Langsam zieht im Osten die Morgendämmerung auf. Die dunkle Silhouette Fuerteventuras geht allmählich in ein düsteres Grau über, bis die Insel im fahlen Sonnenlicht rötlich-braun erscheint.

»Dieses Skelett aus Erde, felsige Eingeweide, die aus der Tiefe des Meeres emporstiegen, Vulkanruinen; dieses rötliche, vom Durst gepeinigte Gerippe! Und doch, welche Schönheit! Ja, Schönheit! Sichtbar für den, der das innere Geheimnis der Form zu suchen versteht, die Essenz des Stils in den klaren Linien des Skeletts; für den, der in einem kahlen Totenschädel die Schönheit seines Kopfes zu entdecken weiß« – Dies schrieb 1924 Miguel de Unamuno über die Insel mit dem rätselhaften Namen.

Auf der Karte des Katalanen Dulcert (1339) – der ersten des Mittelalters, die zweifelsfrei Kanareninseln enthält – erscheint Fuerteventura – in der Position zu den richtig gekennzeichneten Inseln Isla de Lobos und Lanzarote deutlich erkennbar – als ›La forte Ventura‹. Im Libro del Conoscimiento del Mundo, einem um 1345 verfaßten ›Weltkundebuch‹, wird eine der mittelatlantischen Inseln als ›Capraria‹ bezeichnet, während eine andere als ›Ventura‹ den halben künftigen Namen Fuerteventuras trägt und eine dritte ›Forteventura‹ heißt. ›Forte ventura‹ liest man auch im Medici-Atlas von 1351 sowie auf der katalanischen Weltkarte des Jahres 1375.

Als »Insel des starken Abenteuers« (»L'Isle de Forte auanture« oder »Isle de Forte-Aduanture«) kannten sie die beiden Geistlichen des französischen Eroberers der Insel, Bontier und Le Verrier (1402/06).

In Cadamostos (Ca da Mosto) Reisebeschreibungen des Jahres 1455 – ›Novus orbis regionum ac insularum‹ (1537) – heißt die Insel ›Magna sors‹, ›Großes Schicksal‹, so wie auch auf der 1540 herausgegebenen ›Mappa mundi‹ von Gemma-Frisio. Mit *ventura* im Sinne von ›Schicksal‹ und ›Glück‹ bringt auch Miguel de Unamuno in seinem Essay ›La Atlántida‹ (1924) den Namen Fuerteventura in Verbindung. Einige Historiker sehen seinen Ursprung in dem lateinischen Wort *ventus* – ›starker Wind‹ –, zwei Deutungsversuche, die in dem spanischen Adjektiv *venturoso* anklingen, das sowohl mit ›glücklich, vom Schicksal begünstigt‹, als auch – veraltet – mit ›stürmisch‹ übersetzt werden kann.

Eine karge, schwachbewohnte weite Ebene erstreckt sich vor einer kahlen Mittelgebirgslandschaft, welche die über 120 km lange und im Zentrum etwa 25 km breite Insel nahezu in ihrer ganzen Länge durchzieht, Rest eines gigantischen, durch Verwerfung zerstörten Schildvulkans, dessen westliches Drittel im Meer versank. Von Nordost und Südwest zur Mitte hin allmählich ansteigend, erreicht der Gebirgszug im zentralen Betancuria-Massiv im allgemeinen nur Höhen zwischen 500 und 700 m. Dadurch wird der Nordost-Passat, der über dem Meer noch eine relative Luftfeuchtigkeit von 70-80% besitzt, auf seinem Weg über den kahlen und trockenen Norden der Insel aber einen Teil seiner Feuchtigkeit verliert, nur wenig zum Aufsteigen und damit auch nur zu geringer Abkühlung und schwacher Nebelkonzentration gezwungen. Folglich ist die Vegetation selbst in diesem Gebiet – wenn auch etwas reicher als in den übrigen Regionen Fuerteventuras – im Vergleich zu Gran Canaria und den westlichen Inseln recht dürftig.

Alte Festungsanlagen und Swimmingpools in El Castillo; das im maurischen Stil erbaute moderne Feriendorf liegt südlich von der Inselhauptstadt Puerto del Rosario an der Ostküste Fuerteventuras.

Von dem kleinen zentralen Teil Jandías abgesehen, reichen die wenigen Erhebungen über 600 m außerhalb beider Gebirgsmassive wegen ihrer isolierten Lage zur Bildung größerer Nebelmassen nicht aus. Doch kann es dazu in den kurzen Quertälern kommen, wenn bei schwachen Passatwinden ein starker Luftdruck herrscht, eine klimatische Besonderheit, die die Einheimischen als ›blandura‹, das ›Milde, Weiche, Mollige‹ bezeichnen. Wie überall auf den Kanaren ist auch auf Fuerteventura der Passat nur selten Regenbringer. Die durchschnittlich recht spärlichen Niederschläge – mit 150-200 mm die geringsten im Archipel – fallen, nach Zeit und Menge äußerst unregelmäßig, vorwiegend in den Wintermonaten. Meistens aus Südwest kommend, können sie sich manchmal über zwei bis drei Tage hinziehen, wohingegen Winde aus anderen Himmelsrichtungen oft nur kleine Schauer, bisweilen aber auch heftige Sturzregen bringen.

So wie auf den übrigen Kanarischen Inseln war auch auf Fuerteventura die Wirtschaft bis in die Gegenwart hauptsächlich agrarisch bestimmt. Betrugen die jährlichen Niederschläge einmal mehr als die üblichen 150-200 mm, konnte man für die zwischen 1592 und dem Beginn des 19. Jahrhunderts nur langsam von zweitausend auf zwölftausend Einwohner anwachsende Bevölkerung nicht nur Weizen- und Gerstereserven anlegen, sondern sogar Getreide ausführen.

Andererseits kam es in kurzen Abständen immer wieder zu verheerenden Dürrezeiten. Mehrmals mußte man im Tausch gegen Ziegen, Schafe und Kamele Brotgetreide einführen und dennoch zahlreiche Bewohner nach Gran Canaria, Teneriffa und La Palma evakuieren. Fast dreitausend – nahezu ein Drittel der Bevölkerung Fuerteventuras – wurden zwischen 1721 und 1723 während der größten kanarischen Hungersnot nach Gran Canaria und weitere sechshundert nach Teneriffa gebracht. Dokumentarisch verbürgte Zahlen von Todesopfern gibt es nur von der in ähnlichem Maße betroffenen Nachbarinsel Lanzarote aus den Jahren 1770/71. Dort verhungerten damals mehr als tausend Menschen.

Da sowohl die Ureinwohner als auch die ersten französischen und spanischen Kolonisten fast ausschließlich Bauern waren, ließen sie sich zumeist fernab des besonders trockenen Küstenvorlandes nieder – eine Tendenz, die bis in das 18. Jahrhundert hinein aus Furcht vor Berbereinfällen begünstigt wurde. So hat der Fischfang von alters her nur eine sehr geringe Rolle gespielt. Die Eingeborenen fischten in flach überfluteten Lavabecken, »indem sie die Fische mit Stöcken totschlugen« (Torriani, 1590). Noch 1754 soll es kein größeres Fischerboot dort gegeben haben; über dreihundert gibt es im Jahr 1990.

Zum bedeutendsten Wirtschaftsfaktor hat sich in den letzten Jahrzehnten der Tourismus entwickelt. Nur 1105 Gäste waren 1967 auf Fuerteventura. Zehn Jahre später waren es bereits vierzigmal soviel. Mehr als 329 000 Touristen gab es 1989. Zwischen 1970 und 1989 stieg die Einwohnerzahl der Insel von 18 000 auf 38 000.

Puerto de Cabras, ›Ziegenhafen‹, war der ursprüngliche Name der jetzigen Inselhauptstadt. Schon bei den Ureinwohnern galt die Ziege als soziales Statussymbol. 1990 gibt es noch sechzigtausend Ziegen auf Fuerteventura.

Um 1790 war die Gegend fast völlig unbewohnt. Zwanzig Jahre später gab es erst zwanzig Häuser dort. Bis zum Jahr 1835 der Verwaltung des Dorfes Tetir unterstellt, wurde der aufstrebende Hafenort Sitz der Administration der aus sechzehn Ortsteilen geschaffenen Stadtgemeinde Puerto de Cabras, die sich über 300 km² von Küste zu Küste erstreckt und 1989 insgesamt 16755 Einwohner zählte, das heißt fast die Hälfte der gesamten Inselbevölkerung, im Kernort wohnten 11969.

Im Jahr 1860 war der Ort zur Inselhauptstadt erklärt und 1957 in Puerto del Rosario, ›Rosenkranzhafen‹, umbenannt worden. Namensgeber war die 1860 errichtete Pfarrkirche ›Nuestra Señora del Rosario‹, eine der wenigen kanarischen Kirchen, bei denen sich der Turm über dem Haupteingang erhebt.

In dem kleinen Hafen legten im Jahr 1989 nur 855 Schiffe an mit einem Bruttoraumgehalt von 121236 BRT.

Salz, Fisch, Tomaten, Hanf und Kalkstein sind die Hauptexportgüter, Fertigwaren aller Art die wichtigsten Importe.

Fast schnurgerade zieht sich die Landstraße zwischen Puerto del Rosario und dem etwa 20 km entfernten Betancuria-Massiv nach Westen. Sie führt zunächst durch das weite Flachland einer etwa fünfundzwanzigtausend Jahre alten marinen Abrasionsterrasse, die bis zu 200 m Höhe zum Inselzentrum ansteigt.

Im nahen *Barranco de Río Cabras* läuft eine Quelle, die trotz des starken Salzgehaltes von 6 g pro Liter lange Zeit zur Wasserversorgung der Inselhauptstadt beitragen mußte. Salzig ist auch das Brunnenwasser, mit dem man die Tomatenfelder berieselt. Meist schon nach zwei Ernten ist der Boden jedoch so stark mit Salz angereichert, daß die Pflanzungen auf noch nicht bewässertem Gelände neu angelegt werden müssen. Haushohe, bienenkorbähnliche Kornsilos mit Wandungen aus gestampftem Stroh, sogenannte ›pajeros‹, die oft schon seit mehreren Generationen im Gebrauch sind, zeugen von bescheidenem Getreidebau in dieser Gegend.

Das nach dem französisch-normannischen Eroberer Béthencourt benannte Mittelgebirge erstreckt sich segmentbogenförmig zwischen dem Barranco de los Molinos im Norden und Nordosten und dem Barranco de Chilegua im Süden bei einer Sehnenlänge von etwa 35 km. Es grenzt im Westen ans Meer, wo die Trockentäler der nördlichen Gebirgshälfte meist abrupt vor einer Kette von Kliffen enden, wohingegen sie südlich des Puerto de la Peña an mehreren Stellen in kleinen Stränden auslaufen.

Entlang der Ostflanke verläuft die Landstraße von Llanos de la Concepción über Antigua nach Tuineje und entlang des Westhanges über Pájara und Cortijo de Chilegua bis zum Isthmus de la Pared. Wenn auch im Vergleich zu den westlichen Kanaren nur spärlich bewachsen, ist der zentrale Abschnitt dieser von flachen Barrancos zerteilten Region – außer dem Jandía-Gebirge – nicht nur das vegetationsreichste, sondern auch das landschaftlich schönste Gebiet dieser kargen Insel.

Gavias – kleine trogartig ummauerte Ackerflächen, die vor und nach der Aussaat mehrmals unter Wasser gesetzt werden – kennzeichnen nicht nur den Barranco de Gavias bei Puerto del Rosario, sondern auch den Llanos de la Concepción im nordöstlichen Bereich des Betancuria-Gebirges.

In der nahen Talsiedlung *Valle de Santa Inés* wird brackiges Brunnenwasser zur Ackerlandberieselung stellenweise noch heute mit Hilfe von Windrädern und Kamelen durch Göpelwerke geschöpft. Da die vor einem halben Jahrtausend vom afrikanischen Kontinent eingeführten Tiere bei dieser Arbeit durch Elektromotoren und durch Traktoren ersetzt werden, gibt es auf Fuerteventura kaum noch mehr als dreißig Kamele.

Einige Kilometer südlich von Santa Inés blicken wir hinunter auf das weite Tal von *Betancuria*. Zahlreiche Ackerland- und Gemüsebauterrassen ziehen sich in dieser relativ feuchten Region die flachen rötlichen Hänge hinauf. Palmen, Akazien, Feigen- und Nußbäume stehen kräftig grün zwischen weißgetünchten Häusern, unter deren kurzen Ziegeldächern hin und wieder schmucke kanarische Balkone herauskragen.

Dort, wo heute die wuchtige *Iglesia Santa María de Betancuria* steht, stand vorher eine gotische Kirche, die Jean de Béthencourt, französischer Vasall des spanischen Königs, bald nach der Eroberung (1405) nach Vorbildern seiner normannischen Heimat errichten ließ: »... et ordonna qu'on appellast ›La Chapelle de nostre Dame de Bethencourt‹ ...« (Bontier/Le Verrier, um 1402/06). 1424 durch päpstliche Bulle Martins v. zur Kathedrale erklärt, wurde sie 1593 während des Piratenüberfalls des Algeriers Xabán Arráez zerstört.

Nur langsam ging der Aufbau der gegenwärtigen Kirche voran, in der der Spitzbogen zur Hauptkapelle ein Rest der zerstörten Kathedrale gewesen sein mag. Vor 1633 muß aufgrund der von jenem Zeitpunkt an vorhandenen Rechnungsbücher mit der Arbeit begonnen worden sein. Nach 1640 entstanden die auf Säulen toskanischer Ordnung ruhenden Rundbögen. Bis 1678 waren die wichtigsten Bauteile fertiggestellt. Ungeklärt ist das Alter der gotischen Elemente im unteren Gewölbe des Turmes, der erst 1691 errichtet wurde. Größere Restaurationen und kleinere bauliche Veränderungen in den Jahren 1718, 1753 und 1757 führten schließlich zu der heutigen Gestalt der mit kanarischen Balkonen versehenen dreischiffigen Kirche, die als die schönste Fuerteventuras gilt.

Besonders kunstvoll gearbeitet ist die trogartige Mudéjar-Decke über der rechteckigen Sakristei. Die schräg aufziehenden Deckenfelder bestehen aus quadratischen Kassetten, die, mit Renaissance-Rosetten und -rankenwerk ornamentiert, zu acht Trapezen zusammengefaßt sind. Sie enden in einem länglichen horizontalen Oktogon, von dem fünf traubenförmige Stalaktiten herunterhängen.

Von dem ebenfalls nach dem Piratenüberfall des Jahres 1593 verändert wiederaufgebauten Franziskanerkloster *San Buenaventura* – errichtet zwischen 1414 und 1416 – finden sich noch restaurierte Ruinen der ehemaligen Klosterkirche sowie die im 17. Jahrhundert zu einer schlichten zweischiffigen Kirche umgestaltete *Ermita de San Diego de Alcalá*. Beide Bauwerke stehen in den *Jardines Conquistador García de Herrera*. Diego García de Herrera, der 1461 und 1464 vergeblich versuchte, Gran Canaria und Teneriffa zu erobern, ließ jedoch Kloster und Kapelle errichten, nachdem er 1454 die Herrschaft über die Insel über-

nommen hatte, die nach dem Tode Jean de Béthencourts (1425) für jeweils kurze Zeit in den verschiedensten Händen gelegen hatte.

Weitere kulturgeschichtlich interessante Zeugnisse birgt das kleine *Inselmuseum* der ›Villa Histórica‹, als welche sich die Gemeinde auf dem Ortsschild stolz bezeichnet. Besonders eindrucksvoll ist die Aufstellung der vielen Ruinen prähispanischer Wohn- und Kultstätten, die Fuerteventura nach Gran Canaria zur archäologisch wichtigsten Insel des Archipels machen.

1405 als Hauptort Fuerteventuras gegründet, soll Betancuria gegen Ende des 16. Jahrhunderts »150 unregelmäßig verteilte grobe Häuser« gehabt haben (Torriani, 1590). Zweihundert soll es zwei Jahrhunderte später in dieser »wichtigsten Stadt der Insel« (George Glas, 1764) gegeben haben. Nach der Zählung des Jahres 1989 hat der Kernort der aus mehreren kilometerweit voneinander entfernten Ortsteilen bestehenden Gemeinde nicht mehr als 182 Einwohner.

Auf gut ausgebauter Landstraße erreicht man von Betancuria nach wenigen Kilometern Fahrt durch ein eintöniges Gelände die oasenhafte *Vega Río de Palmas*. Ein kleiner, etwas salzhaltiger Bach auf dieser Insel mit »wenig Wasser und wenig Bäumen, außer in einem reizenden Tal voller wilder Palmen« (Torriani, 1590) gab dem Ort den klangvollen Namen ›Palmenfluß-Vega‹. Mit ihren Palmen, Feigen-, Nuß- und Mandelbäumen am Rande zahlreicher kleiner Bewässerungsfelder ist diese fruchtbare Aue zusammen mit dem sich anschließenden *Barranco de Ajuí* nicht nur eine der wichtigsten Zonen der bescheidenen Wirtschaft der Insel, sondern für die Einheimischen auch ihr landschaftlich schönster Teil.

Auch kulturhistorisch sind das Tal und seine Umgebung recht interessant. Da sind zunächst die Ruinen einer alten prähispanischen Terrassensiedlung auf den Höhen des Risco del Carnicero. Sie war wegen ihres einzigen schmalen Zugangs nicht nur für lange Zeit unbezwingbar, sondern gewährte zudem einen strategisch vorteilhaften Einblick in die Vega.

Betancuria im Inselzentrum Fuerteventuras wurde von Jean de Béthencourt als Residenz- und Hauptstadt gegründet.

Dort, wo sich das Tal unter der Bezeichnung ›Barranco de las Peñitas‹ nach Nordwesten wendet, liegt an einem der wenigen kleinen Stauseen Fuerteventuras die für das kirchliche Leben der Insel so bedeutsame *Ermita de la Peña* mit der Statue der Inselpatronin, die der ›Felskapelle‹ ihren Namen gab.

Das schlichte Renaissance-Frontispiz und die kuppelartige achteckige Mudéjar-Decke über der quadratischen Hauptkapelle unterscheidet dieses kleine einschiffige Bauwerk kaum von anderen kanarischen Kirchen. Ungewöhnlich sind jedoch die Säulenschäfte des Rundbogens zum Presbyterium. In der unteren Hälfte wulstig und in der oberen gewunden, ähneln sie denen der etwa zur gleichen Zeit erbauten Ermita de San Diego de Alcalá im nahen Betancuria.

Diego de Alcalá, der erste Abt des dortigen Klosters, wurde später nicht nur der einzige Heilige der Kanaren, sondern ging auch durch eine nach ihm benannte Komödie Lope de Vegas in die Weltliteratur ein. Da, wo das Tal sich zu einer tiefen Schlucht verengt, in der »die Schalen der glatten Felsen ... wie Uhrgläser« übereinanderliegen, »ähnlich den Felsbuckeln am Urner Loch und an der Grimsel« (Karl von Fritsch, 1867), meint man den Abdruck eines Fußes im Gestein zu erkennen. Dort, am Malpaso, soll Diego gestanden haben, als er die Stelle anwies, wo die 30 cm große Alabasterstatue aus dem Fels herausgeschlagen werden sollte.

Der Legende nach sei die Madonna während der langen Dunkelheit erblindet. Nach einer anderen Version habe sie die Augen geschlossen, um nicht die Leiden mitansehen zu müssen, die Diego während berberischer Piratenüberfälle erdulden mußte.

Vor dem Auffinden der Statue hätten Hirten in der Frühjahrsnacht »eine große Menge Lichter« am Himmel beobachtet, »darunter eines wie ein glänzender Stern, der sich schnell in Richtung Malpaso oder Río de Palmas fortbewegte« (Viera y Clavijo, 1783).

Diese Himmelserscheinung mag ihre Erklärung in den ›rayos en bola‹ finden. Solche ›Strahlenkugeln‹, die in manchem den in den Tropen vorkommenden Feuerkugeln ähneln, kann man im-

Kirchenportal in Pájara, südlich von Betancuria

mer wieder vor allem in dem großen Längstal zwischen La Oliva und Antigua wahrnehmen. Meistens zunächst bläulich-weiß, dann rötlich-golden, jagen sie in gleißender Helligkeit im Winter über die Insel, gelegentlich auch in anderen Monaten, und zwar sowohl in trockenen als auch in relativ niederschlagsreichen Jahren, bei wolkenlosem oder bedecktem Himmel und unabhängig von den verschiedenen Phasen des Mondes.

Auf unserem Abstecher von der Ermita de la Peña zum Meer wandern wir durch ein Gebiet, dem zwar der landschaftliche Reiz der relativ üppigen Vegetation der Vega de Río de Palmas fehlt, das dafür aber interessante Zeugnisse vorgeschichtlicher Besiedlung aufweist – wie die Ruinen der ›Casa del Rey‹, das ›Haus des Königs‹, einen Obelisken, einen steinernen Opfertisch, Begräbnisstätten und von Steinwällen umgebene Versammlungsplätze.

Bei der von einzelnen Palmen überragten kleinen Ortschaft *Ajuí* werden Kalksteine abgebaut, die mit nur 0,5% Fremdstoffen zu den reinsten der Insel gehören.

An der nahen Meeresbucht, die den normannischen Eroberern als Schiffsanlegestelle diente, als Betancuria noch Inselhauptstadt war, liegt das Fischerdörfchen *Puerto de la Peña*, der ›Felsenhafen‹. An seiner *Playa de los Muertos*, am ›Strand der Toten‹, der an die schweren Zeiten der Piratenüberfälle erinnert, interessieren uns die tiefen Grotten, welche die Brandung in die Steilküste genagt hat, die in 10-12 m Höhe in einer Plattform mit verfestigten Dünensanden ausläuft – ein anschauliches Beispiel dafür, daß sich die Inseln im Laufe ihrer geologischen Geschichte mehrmals gehoben und gesenkt haben.

20 *Fuerteventuras Steilküste auf der Halbinsel Jandía*

21 *Schafherde im Zentrum Fuerteventuras*

22 *Im maurischen Stil erbaute Hotelanlage in Corralejo*

23 *Der weitläufige Sandstrand von Corralejo. Das ehemalige Fischerdorf ist das touristische Zentrum des Insel-Nordens.*

In dem südöstlich von Puerto de la Peña in einem weiten wüstenähnlichen Becken gelegenen blumengeschmückten Dorf Fájara befindet sich der ehemals wasserreichste Brunnen der Insel, der ›Pozo de la Virgen‹. In der Umgebung liegen Ruinen primitiver, in den Boden gelassener Wohnstätten aus der Zeit vor der Eroberung. Doch das, was den Besuch Pájaras besonders lohnenswert macht, ist die in ihrer Art auf den Kanaren einmalige Kirche, die vor 1687 erbaute *Iglesia de Nuestra Señora de la Regla*. Nicht ihre Innenausstattung mit Rundbögen, moriskischer Deckenkonstruktion, einzelnen Renaissance-Schmuckelementen oder den barocken Altären findet hier unser besonderes Interesse, sondern die fremdartig ornamentierte dunkle Basaltfassade über dem Portal des Hauptschiffes.

Auf den beiden schlanken Doppelpilastern, die das in der Laibung schlicht ornamentierte Rundbogenportal flankieren, ruht der dreifach gegliederte Architrav. Neben pflanzlichen Motiven bestimmen vor allem geometrische Figuren das Bild der Bogenzwickel. Im Mittelpunkt des darüberliegenden Reliefrieses sind zwei sich kreisrund krümmende Schlangen mit weit aufgerissenen Mäulern dargestellt. Sie werden von je vier gleichartigen, bisher noch nicht gedeuteten gefiederähnlichen Ornamenten eingefaßt. Das schöne Radfenster in dem sich oben anschließenden gesprengten Giebeldreieck wird rechts und links von je zwei großen Trapezen und zwölf kleinen Quadraten gerahmt. Je ein Puma läuft auf den beiden oberen Dreieckschenkeln auf drei federbuschbewehrte Indianer zu. Der geflügelte mittlere steht über einem Strahlenkranz in der Spitze des oben offenen Dreiecks. Rechts und links unter der Traufe befinden sich pflanzliche, tierische und sonnenähnliche Schmuckelemente.

Nachdem wir das Dörfchen *Toto* mit seinen weißen Häusern an den kleinen Getreide-, Gemüse- und Tomatenfeldern durchfahren haben, geht es ziemlich steil bergan. Von der Höhe der kahlen Mittelgebirgskette blicken wir hinab in den tektonischen Graben des zentralen Längstals an der Ostabdachung des Betancuria-Massivs. Auf Ackerbauoasen inmitten des wüstensteppenartigen Geländes intensiv bearbeitet, ist seine südliche Hälfte seit je die am dichtesten besiedelte Region der Insel.

In *Tuineje* stoßen wir auf die Landstraße, die die beiden großen Touristenzentren im Norden um Corralejo und im Süden auf der Halbinsel Jandía miteinander verbindet. Wir wenden uns nach Norden. Bei dem Dörfchen *Tiscamanita* schlug die Bevölkerung im Jahr 1740 hinter der schützenden Reihe vorwärtsstürmender Kamele einen Angriff englischer Korsaren zurück.

Nachdem wir die kleinen Dörfer Agua de Bueyes – ›Ochsenwasser‹ – und Valles de Ortega – ›Haselhuhntäler‹ – hinter uns gelassen haben, nähern wir uns den weißen Häusern von *Antigua*, dem größten Ort dieses relativ dichten Siedlungsgebietes, der nach Betancuria und La Oliva einst Hauptstadt der Insel war. In dem nahen Dorf *La Ampuyenta* erinnert die um die Kirche errichtete Mauer an die schweren Berbereinfälle, unter denen diese Insel besonders zu leiden hatte.

Nach knapp 3 km erreichen wir wieder die alte West-Ost-Landstraße, die uns über Casillas del Àngel nach Puerto del Rosario zurückführt.

Zwischen Corralejo und der Jandía-Halbinsel

Die in ihrer nördlichen Hälfte ziemlich flache und in ihrem südlichen Abschnitt von zahlreichen tief ins Land eingreifenden steinigen Buchten durchsetzte Ostküste zwischen Corralejo und dem Leuchtturm auf dem Kap Punta de la Entallada ist bisher vom Tourismus kaum berührt worden. So ist auch die bei dem 5 km südlich der Inselhauptstadt gelegenen Parador geplante Urbanisation an der *Playa Blanca*, die Unamuno so schätzte, bis zum Jahr 1990 über ein unbeträchtliches Anfangsstadium nicht hinausgekommen. Die Nähe des Flugplatzes, auf dem im Jahr 1989 8674 Maschinen starteten und landeten, mag mit zu diesem Stop beigetragen haben, zumal es im Norden und Süden größere und schönere Strände gibt.

Ein kleiner Ferienhäuserkomplex liegt geschützt an dem kurzen Strand der Rundbucht *Caleta de Fustes*. Auf der schmalen, sie im Osten abgrenzenden Landzunge steht ein wuchtiger runder Wachtturm, der zwischen 1741 und 1743 zum Schutz gegen Piratenüberfälle errichtet wurde.

Etwa 6 km weiter südlich wurden bei dem vom Tourismus noch frei gebliebenen Fischerdörfchen *La Torre* – ›Der Turm‹ – nicht nur die Ruinen eines anderen Festungsturmes freigelegt, sondern auch die Reste einer Altkanariersiedlung. Dabei fand man unter den Schwemmsanden Steinäxte, Tongefäße und kleinere Haushaltsgegenstände der Ureinwohner sowie metallene Degenspitzen, Nägel, Hufeisen, Glas und eine Münze aus der Zeit Enriques III. von Kastilien (1390-1406).

Die ersten kleinen touristischen Urbanisationen an der Südküste Fuerteventuras entstehen zwischen dem Leuchtturm auf dem Kap Punta de la Entallada und dem Fischerdorf *Gran Tarajal.* Der noch wenig auf Fremdenverkehr eingestellte Ort erhielt seinen Namen nach den hier einst stark verbreiteten Tamarisken, TAMARIX AFRICANA und T. CANARIENSIS. Eine andere botanische Besonderheit auf dieser vegetationsarmen Insel ist eine kleine Palmenoase, PHOENIX DACTILIFERA, in dem breiten Tal des fast ständig wasserlosen Río de Gran Tarajal. Der kleine Hafen – der zweitwichtigste Fuerteventuras – dient hauptsächlich der Ausfuhr von Tomaten, Fischen und Kalkstein.

Auch das von Gran Tarajal durch eine 300-400 m hohe Bergkette getrennte Dorf *Tarajalejo* ist trotz seines Lavasandstrandes noch frei von internationalem Tourismus, der erst auf der 10 km entfernten Halbinsel Jandía voll zur Entfaltung kommt.

Die Halbinsel Jandía

An der Playa des sich zu einem bemerkenswerten Touristenzentrum entwickelnden Fischerdörfchens *Matas Blancas* – ›Weiße Büsche‹ – beginnen wir die Erkundung der Halbinsel Jandía, des besonders interessanten, vielbesuchten südlichen Ausläufers von Fuerteventura. Hier am *Istmo de la Pared,* der etwa 6 km breiten, 8 km langen und 60 m hohen ›Landenge der Mauer‹, die die Halbinsel Jandía mit der Hauptmasse Fuerteventuras verbindet, trennte zu Beginn des Tertiär eine Meeresenge beide Teile voneinander. Marine Treibsande von der nördlichen Barlovento-Küste – der ›Seite, von der der Wind kommt‹ – haben hier zusammen mit fossilbelegten Kalksanden (HELIX und PUPA) in einer Ausdehnung von rund 45 km² das größte Dünengelände der Insel geschaffen.

Am östlichen Rand der Landenge erstrecken sich von Küste zu Küste die Ruinen einer aus Lavasteinen aufgeschichteten ›Wand‹ – *La Pared* –, die dem Isthmus den Namen gab und bis zur normannisch-spanischen Eroberung zwei große Herrschaftsbereiche voneinander trennte: die Halbinsel Jandía und das den Hauptteil Fuerteventuras umfassende Mahorata (Maxorata, Majorata).

Im Kanarenbericht von Torriani (1590) – der ältesten Quelle über diesen Inselnamen – hießen Lanzarote und Fuerteventura ›maoh‹ (›mach‹) genauso wie die dort getragenen Ziegenfellschuhe. Ihre Bewohner wurden ›mahoreri‹ oder ›mahoreros‹ genannt. Und ›majoreros‹ heißen noch heute die Bürger Fuerteventuras und ›majos‹ die Lanzarotes.

Am südwestlichen Ende der Landenge beginnt hinter dem breiten Landvorsprung der Punta de los Molinillos die gegen den Nordost-Passat und westliche Winde geschützte *Playa de Sotavento*, der 20 km lange Strand ›unterhalb des Windes‹. Auch hier kommen die feinen Sande zum großen Teil von der im Nordwesten der Halbinsel gelegenen Barlovento-Küste.

An dem stellenweise über 200 m breiten Teilstück bis zum Valle de Pecanescal liegen, fernab jeder größeren Ortschaft, die ständig weiter wachsenden Touristenzentren *Costa Calma* und *Playa Esmeralda*. Relativ stark konzentriert sich der wachsende Tourismus zu beiden Seiten der Punta del Matorral – des ›Kaps des Gestrüpps‹ – von der *Playa de Butihondo* im Nordosten bis zum *Morro del Jable* – dem ›Sandrücken‹ – im Nordwesten. Zu ›jable‹ verstümmelten die frühen spanischen Siedler das von den normannischen Eroberern gebrauchte französische Wort ›sable‹. ›Jable‹ ist bis heute auf Fuerteventura und Lanzarote die übliche Bezeichnung für marine Sande geblieben, während das spanische Wort ›arena‹ dort im allgemeinen für feinkörnige vulkanische Auswurfmassen gebraucht wird. Bei der Ortschaft Morro del Jable stehen, ebenmäßig verzweigt und reich bestachelt, bis zu 80 cm hohe endemische Wolfsmilchgewächse, nach der alten Schreibweise der Jandía-Halbinsel EUPHORBIA HANDIENSIS benannt.

Von Morro del Jable aus gehen wir den *Barranco Valle del Ciervo* talaufwärts und erreichen nach einer recht anstrengenden Wanderung den bemoosten Kamm des Jandía-Gebirges mit mehreren über 700 m hohen Erhebungen, darunter Fuerteventuras höchster Berg, Pico de la Zarza

Die Fischer holen ihre Netze ein.

(807 m), der »Dornbusch-Gipfel«. Bis zu mehr als 400 m tief fällt die sichelförmige Bergkette, Rest eines riesigen Vulkans, schroff nach Norden und Nordwesten zum schmalen Küstenvorland ab. An ihren Hängen stehen vereinzelte Exemplare mehrere Lorbeerwaldgattungen und einige Lokalendemiten, unter ihnen das schöne blau blühende ECHIUM HANDIENSE. Allein zwei Drittel der neunzehn Fuerteventura-Endemiten wachsen auf der Jandía-Halbinsel.

Von Morro del Jable aus setzen wir unseren Weg nach Westen fort. Wir nehmen die etwa 20 km lange Landstraße, die entlang des Fußes des Jandía-Massivs führt. Vorbei an einsamen Stränden in schmalen Barranco-Mündungen und an einer alten Landepiste kommen wir schließlich zur letzten steinigen Badebucht an der Südwestküste zwischen der Häuseransammlung Puerto de la Cruz und dem Leuchtturm auf dem kleinen Kap *Punta de Jandía*. Nur knapp 4 km lang ist der Pfad entlang der niedrigen westlichen Steilküste von diesem südlichen Landvorsprung bis zu der sie im Norden abschließenden *Punta Pesebre*. Beide Kaps heißen im Volksmund ›orejas de asno‹, ›Eselsohren‹.

Der Plan, das sich segmentbogenförmig vor dem steil nach Norden abfallenden Jandía-Gebirge ausbreitende Flachland in das touristische Urbanisationsprogramm aufzunehmen, ließ sich an dieser *Costa de Barlovento* – der ›Küste des Luvs‹ – des Windes wegen nicht verwirklichen. Der Versuch, am nördlichen Rand des Isthmus de la Pared an dem gleichnamigen Strand und an der Playa del Viejo Rey ein Urlauberzentrum zu schaffen, blieb im Ansatz stecken. Der Name des großangelegten Projekts, ›Costa Venturosa‹, ist doppeldeutig: Er bedeutet nicht nur ›Glückliche Küste‹, sondern – veraltet – auch ›Windige Küste‹.

Der Norden

Karg wie das Gelände zwischen Puerto del Rosario und Betancuria ist auch die Natur- und Kulturlandschaft zwischen der Inselhauptstadt und der knapp 18 km nordwestlich gelegenen *Montaña Quemada* (378 m). Auf diesem von spärlichem Regen zerfurchten quartären Aschenkegel – dem ›Verbrannten Berg‹ – steht ein Denkmal zu Ehren von *Miguel de Unamuno*, der 1924 nach Fuerteventura verbannt worden war. Er soll übrigens gerne auf einem der damals als Tragtiere verwendeten Kamele geritten sein.

Nach Südosten blicken wir – wie einst Unamuno – in das Tal von La Matilla zwischen den aus basaltischer Lava, Tuff und Brekzien aufgebauten Bergen *Montaña de la Muda* (689 m) und *Montaña Aceitunal* (686 m), wo rötlich-braune Lapilli-Schichten Hanfagaven vor der Ausdürrung schützten. Nach Süden schauen wir über eine mit hellem Tosca-Kalkgestein durchsetzte Ebene auf plumpe Windmühlen und hohe Windräder am Rande des zentralen Längstales der Insel. Westlich des Berges wandern wir im Geiste Unamunos zu den cañyonartig eingeschnittenen Lavamassen, die sich einst von der Montaña Quemada in den Barranco del Jarubio gewälzt hatten. Im Norden interessiert uns die *Montaña de Tindaya* (397 m), ein geomorphologisch nicht eindeutig zu bestimmender Felsen, der isoliert aus der großenteils basaltischen Verwitterungsebene emporragt. An der Westflanke beeindruckt die schöne rötliche Maserung des Gesteins, eines von Bildhauern gern benutzten Werkstoffes. Weiter nordwärts dehnt sich ein großes Malpaís mit grobem vulkanischen Geröll und hellen gelben Dünen aus.

Wie an der Playa Blanca und vielen anderen Stellen der Insel sah Unamuno auch in diesem Bereich die von ihm so meisterhaft beschriebenen afrikanischen Steppenpflanzen Aulaga, LAUNAEA ARBORESCENS. Nur für kurze Zeit entfalten diese anspruchslosen, wirr verflochtenen Lattichgewächse im Frühjahr ihre 1-2 cm großen gelben Blüten. Wenn dann auch die kleinen lanzettförmigen blaugrünen Blätter trocknen, spitzen Dornen gewichen sind, bleibt »nichts weiter als das Skelett einer Dornenpflanze«, »Sinnbild des Lebensdurstes und der Unsterblichkeit«, »vollkommenster Ausdruck der Insel selbst« (Miguel de Unamuno in seinem Essay ›La aulaga majorera‹, 1924).

Hier auf der Montaña Quemada oder an der Playa Blanca wollte er einst begraben werden, in der »heiligen und gesegneten Erde« Fuerteventuras, wenn es ihm nicht vergönnt sein sollte, in Bilbao oder Salamanca zu sterben.

Grob 3 km nordöstlich der Montaña de Tindaya liegt *La Oliva*, die wichtigste Ortschaft des nördlichen Inselteiles, etwa 200 m über dem Meeresspiegel, von sanft gerundeten Bergen umgeben. Zu ihnen gehören die *Montaña de Escanfraga* (531 m) – der höchste Vulkankegel Fuerteventuras – und die *Montaña de la*

Arena (420 m), an der Lapilli – hier Picón genannt – abgebaut werden, um sie auf den nahen Feldern in etwa 10 cm starken verdunstungshemmenden Schichten auszubreiten.

Der schon in vorfranzösischer Zeit besiedelte Ort selbst ist nur klein. Sein Gemeindebezirk umfaßt jedoch den ganzen Norden von Fuerteventura. Drei Gebäude verdienen in La Oliva unsere besondere Aufmerksamkeit: das ›Haus der Obersten‹, die Pfarrkirche und das ›Haus des Kaplans‹:

Die für die Militärgouverneure der Insel im 18. Jahrhundert erbaute *Casa de los Coroneles* wurde 1990 restauriert. Acht barokke Balkone mit kunstvoll gedrechselten Balustern kragen aus der von zwei wuchtigen viereckigen Türmen flankierten Vorderfront heraus. Der Anzahl der Tage eines Jahres entsprechend, sollen 365 Fensterscheiben verarbeitet worden sein – zu einer Zeit, als Glas für viele Einwohner ein unerschwinglicher Luxus war!

Eine für kanarische Kirchen ungewöhnliche äußere Form zeigt die vor 1711 errichtete *Iglesia de Nuestra Señora de Candelaria.* Jedes ihrer 33 bzw. 28 m langen drei Schiffe trägt ein eigenes Satteldach. An das rechte Seitenschiff schließt sich als selbständiger Baukörper der wuchtige quadratische Glockenturm an, der, nach niederandalusischem Vorbild errichtet, zugleich als Wachtturm zur Abwehr der sich bis weit ins 18. Jahrhundert erstreckenden Piratenüberfälle diente. Kontrastvoll heben sich die dunklen unverputzten Natursteine des Turmes und des mit einem Renaissance-Fronton geschmückten Hauptportals im Mittelschiff von den weißgetünchten übrigen Gebäudeteilen ab. Weitere Renaissance-Elemente sind die Rundbögen über den seitlichen Eingängen sowie die auf toskanischen Säulen mit quadratischer Basis ruhenden Halbkreisbögen im Innern der Kirche, wohingegen die Deckenkonstruktion moriskische Einflüsse zeigt.

Kunstgeschichtlich interessant ist auch die in herkömmlichem andalusischem Stil erbaute *Casa del Caplán.* Türsturz und Türlaibung, mit Pflanzenmotiven ornamentiert, weisen platereske Züge auf, während die Einfassung eines Fensters Einflüsse bolivianischer Indianerkunst zu zeigen scheint.

In La Oliva haben wir Gelegenheit, den Darbietungen der Folklore-Gruppe gleichen Namens beizuwohnen. Sie bringt nicht nur heimische Volksmusik – in der moriskische Wesenszüge deutlich spürbar sind –, sondern auch die zu beliebten Volkstänzen abgewandelten ›polcas majoreras‹ und deren Varianten El Chotis und El Siote. Auch eine in der Casa de los Coroneles gern getanzte Abart der Polka, die Berlina, steht auf dem Programm. In ihr verbinden sich alte kultische Gebräuche mit dem im 19. Jahrhundert in Europa beliebten Tanz, wobei ein Solist improvisierend ein für ihn und seine Zuhörer bedeutendes Ereignis besingt. Die auf Schallplatten und Tonbänder aufgenommenen Darbietungen kann man an Ort und Stelle kaufen.

In La Oliva verlassen wir die zentrale Landstraße und folgen der Nebenstraße zur Nordwestküste.

Bei dem Dörfchen *Lajares*, dem Zentrum der kunstvollen Calados-Handarbeiten auf Fuerteventura, blicken wir von einer der wuchtigen Windmühlen über das sich von der Ost- bis zur Westküste über 10 km² erstreckende *Malpaís del Norte*, das man nach dem erloschenen Vulkan bei Corralejo auch ›Malpaís de Bayuyo‹ oder wegen der nahen Meerenge auch ›Malpaís de la Bocaina‹ nennt. Dieses vulkanische Umland umfaßt ein etwa 40 km² großes Areal von ›Jable‹, Sanden maritimen Ursprungs aus dem Alluvium, als die Nordküste noch 4-7 km weiter südlich entlang der Linie Tostón–Lajares–Atalaya de Huriamen verlief.

Bei Cotillo steht das dem wuchtigen Wachtturm von Fustes ähnelnde *Castillo Rico Roque*. Zwischen 1741 und 1743 errichtet, trägt es den Namen eines der beiden von den französischen Eroberern auf Fuerteventura erbauten Forts. Die Annahme, die nach einem ihrer Schiffe benannte ›forteresse Richeroque‹ habe bei Tostón gestanden, ist allerdings fragwürdig. Denn in dem Bericht der Bethencourt begleitenden Geistlichen ist lediglich die Rede von einer »Festung an einem großen Berghang« und »einer sprudelnden Quelle unweit des Meeres« (Bontier/Le Verrier, 1404/06). Da es aber eine sprudelnde Quelle in der näheren und weiteren Umgebung nicht gibt – und, soweit bisher bekannt, auch im 15. Jahrhundert nicht gegeben hat –, hat man den Standort des Forts an mehreren anderen Stellen der Insel vermutet, so am Paso de las Peñitas bei Río de Palmas oder an den Torres de Lara bei Betancuria oder nahe der Mündung des Barranco de la Torre oder bei Pozo Negro.

Über Lajares geht es weiter nach *Corralejo*, dem großen Touristenzentrum an der östlichen Nordküste. Das kleine alte Dorf mit seinen niedrigen weißgetünchten Häusern, in denen noch bis vor wenigen Jahren hauptsächlich Fische zum Transport gesalzen oder getrocknet wurden, entwickelt sich heute mehr und mehr zu einer großen Baustelle. An den Badebuchten im Ortskern selbst sowie in seiner unmittelbaren Nähe und an dem 8 km langen und stellenweise mehrere hundert Meter breiten Sandstrand der nördlichen Ostküste stehen mit großem Komfort ausgestattete Hotels, Apartmenthäuser und Bungalows und versperren da und dort den Blick auf die Nachbarinseln Isla de Lobos und Lanzarote. Doch sind vorsorglich mehr als zweitausend ha Dünengelände durch die Schaffung eines Naturparks vor der Zersiedelung geschützt worden.

Sonntags singen und tanzen in Corralejo Trachtengruppen nach den Klängen der Timples. Hier stellt man auch die für die Ostinseln so charakteristischen breitkrempigen Strohhüte her, die besonders viel Schatten spenden. Seitdem im 15. und 17. Jahrhundert die Zahl der Berbersklaven immer größer geworden war und zeitweise die der Kanarier sogar übertraf, sind die einheimischen Frauen immer sehr bedacht darauf gewesen, sich in der Hautfarbe deutlich von den Fremden zu unterscheiden. Selbst heute, da die verschiedenen Volksgruppen schon längst zu einer vorurteilsfreien Gemeinschaft geworden sind, trägt noch manche stolze Majorera bei der Feldarbeit lange Handschuhe zum Schutz gegen die Sonne.

Zur Isla de Lobos

Von Corralejo aus blickt man nach Norden über die 10-12 km breite *Meerenge La Bocaina*, die Fuerteventura von Lanzarote trennt. Nur an wenigen Stellen, vor allem an ihren westlichen und östlichen Zugängen, ist sie tiefer als 30-50 m. Zwischen Fuerteventura und der Insel Lobos, in der 2 km breiten Meerenge El Río, braucht man nicht mehr als 10 m zu tauchen, um den Meeresboden zu erreichen. Deutlich kann man auf den hellen

Kandelaber-Euphorbien bei Cofete auf der Halbinsel Jandía

THE
AERMOTOR
Co.
CHICAGO.

Sanden die feinen Rippeln erkennen, die die West-Ost-Strömung mit einer Geschwindigkeit von 2-3 km/h geschaffen hat.

Zahlreiche Fische huschen über die weiten Seegraswiesen und über die mit Algen bewachsenen Basaltfelsen. Wenn es auch aufgrund der verhältnismäßig niedrigen Wassertemperaturen von durchschnittlich 22 °C im Sommer und 18 °C im Winter in den kanarischen Gewässern keine Korallenriffe gibt, so wurden doch »östlich von Lobos ... unterhalb 10 m Tiefe ... Lederkorallen, ALCYNORIA, und Seefedern, PENNATULARIA, beobachtet«[15]. Kaum mehr als eine Viertelstunde braucht das Motorboot von Corralejo zur *Isla de Lobos*, dem quartären Lava-Eiland in der Meerenge Bocaina. Zahlreiche Vulkankegel – von denen der höchste, die Caldera, die auch einfach ›La Montaña‹ genannt wird, kaum 120 m übersteigt – ausgedehnte Blocklavafelder, stark salzhaltige Lagunen, tief eingeschnittene winklige Meeresarme und kleine Strände aus feinem Flugsand bestimmen das Landschaftsbild dieser wenig mehr als 6 km² großen Insel. Etwa 4 km trennen den Leuchtturm am Basaltfelsen *Punta Martiño* im Norden von dem *Puertito*, einem kleinen, durch Lavariffe geschützten Meeresbecken im Süden. Eine steil abfallende Lavazunge dient hier den Fischern als Kai. Mehrere winzige, nur 10-12 m breite Strände säumen die zackigen Verästelungen dieser natürlichen Hafenbucht. Windgeschützt liegt am Rande eines schmalen verfestigten Jable-Geländes auch die helle *Playa de la Calera*, der ›Kalkbruch-Strand‹.

Bereits auf der Dulcert-Karte von 1339 erscheint die Isla de Lobos als ›Vecchi marini‹, als Insel der ›Meergreise‹, wie man die Seemönch-Robben, MONACHUS ALBIVENTER, volkstümlich im Italienischen bezeichnete. Als Gadifer, einer der führenden Männer des Expeditionskorps Béthencourts, von Lanzarote aus hier anlegte, um sich Robbenfelle – »peaux de loups marins« – zur Herstellung von Schuhen zu besorgen, nannte man dieses Eiland ›Isle de Loups‹, woraus im Spanischen ›Isla de Lobos‹ wurde. Im 16. Jahrhundert diente die strategisch günstige unbewohnte Insel Piraten (z. B. Francis Drake) als Schlupfwinkel. Die Pläne, das Eiland für den Tourismus zu erschließen, hat man aufgegeben.

Amerikanisches Windrad bei einem kleinen Bauernhof auf Fuerteventura

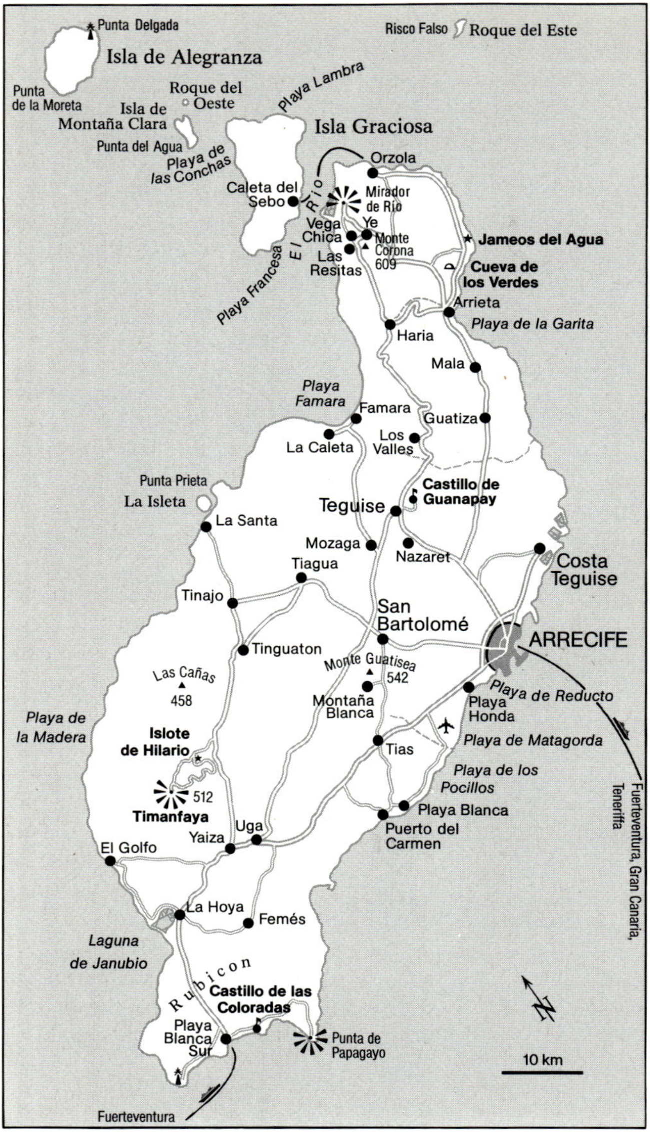

Punta Delgada
Isla de Alegranza
Punta de la Moreta
Roque del Oeste
Isla de Montaña Clara
Punta del Agua
Playa Lambra
Isla Graciosa
Playa de las Conchas
Caleta del Sebo
Playa Francesa
El Rio
Risco Falso
Roque del Este
Orzola
Mirador de Rio
Ye
Vega Chica
Monte Corona 609
Las Resitas
Jameos del Agua
Cueva de los Verdes
Arrieta
Playa de la Garita
Haria
Mala
Playa Famara
Famara
Guatiza
La Caleta
Los Valles
Punta Prieta
La Isleta
Castillo de Guanapay
Teguise
La Santa
Mozaga
Nazaret
Tiagua
Costa Teguise
Tinajo
San Bartolomé
ARRECIFE
Tinguaton
Monte Guatisea 542
Las Cañas 458
Montaña Blanca
Playa de Reducto
Playa Honda
Playa de la Madera
Islote de Hilario
Tias
Playa de Matagorda
Playa de los Pocillos
512
Timanfaya
Playa Blanca
Puerto del Carmen
Uga
Yaiza
El Golfo
Fuerteventura, Gran Canaria, Teneriffa
La Hoya
Femés
Laguna de Janubio
Rubicon
Castillo de las Coloradas
Playa Blanca Sur
Punta de Papagayo
N
10 km
Fuerteventura

Lanzarote – Die Feuerinsel

Keine andere der Kanarischen Inseln hat zum zweitenmal innerhalb der letzten zwei Jahrhunderte so grundlegende Wandlungen über sich ergehen lassen müssen wie Lanzarote. Im 18. Jahrhundert versank im Verlauf von sechs Jahren ein Viertel der Insel unter vulkanischen Auswurfmassen. Im 20. Jahrhundert brachte der Tourismus innerhalb weniger Jahre eine grundlegende Veränderung großer Abschnitte des östlichen Küstenstreifens und, damit einhergehend, eine tiefgreifende Umwälzung des Wirtschafts- und Sozialgefüges sowie eine radikale Änderung des Lebensstils. Holte man das kostbare Trink- und Gebrauchswasser bisher für die ganze Insel in Tankschiffen aus Las Palmas, so kommt es in den östlichen Küstengebieten heute zum Teil auch aus den für den Tourismus errichteten Meerwasser-Aufbereitungsanlagen.

Die aus Regenmangel mühsam unter dünner Lapilli-Bedekkung und windgeschützt hinter Mäuerchen oder schütteren Streifen niedrigen Getreides angebauten Zwiebeln und Melonen kauft man heute preiswerter im Urlaubersupermarkt. Aber die Rebstöcke ducken sich wie eh und je windschutzsuchend in dunklen Lapilli-Mulden. Unverändert geblieben ist auch das Verwirrspiel der Berge, die unter dem durch die vorüberziehenden Passatwolken ständig anders einfallenden Licht in Minutenfolge geheimnisvoll ihre Farben wechseln; geblieben auch der Gluthauch des Erdinneren, der auf den Feuerbergen an die Oberfläche dringt, trockenes Reisig entzündet und dem Campesino die eingescharrten Süßkartoffeln gart.

Weitgehend unberührt blieben bisher die sonnigen Sandstrände an der windigen Westküste. An der windgeschützten Ostseite dagegen hat der Tourismus schon unverwischbare Spuren hinterlassen; doch ist man dort dem großen Sohn der Insel, César Manrique, gefolgt und hat im wesentlichen der Landschaft angepaßte Bebauungsformen gefunden. In jüngster Zeit entstehen jedoch auch hier die üblichen Zweckbauten.

Zwischen dem 13. und 14. Grad westlicher Länge und zu beiden Seiten des 29. Grades nördlicher Breite gelegen, ist Lanzarote die östlichste und zugleich nördlichste der sieben Kanarischen Hauptinseln. Bei einer Länge von 60 km, einer maximalen Breite von 21 km, einem Umfang von 169 km und bei einer Flächenausdehnung von 796 km^2 ist sie die viertgrößte Insel des Archipels.

Nach Lage, geologischem Aufbau und Oberflächengestaltung und somit auch nach Klima und Vegetation gleicht sie der Nachbarinsel Fuerteventura. Dem im allgemeinen nur wenige hundert Meter hohen alten Relief, dem niedrigsten unter den sieben großen Inseln, sitzen – mehr als anderswo auf den Kanaren – zahlreiche vulkanische Kegel auf. Lediglich im nördlichen Famara-Guatifay-Bergland und im südwestlichen Macizo de Los Ajaches gibt es Höhen über 600 m.

Analog zu den Verhältnissen auf Fuerteventura, genügen die wenigen höheren Einzelerhebungen, wie die Peñas del Chache (771 m) und der Monte Corona (609 m) im Norden sowie die Atalaya de Femés (608 m) und die Montaña de Guardilama (603 m) im Süden wegen ihrer geringen Anzahl und ihrer kleinen Volumen im allgemeinen nicht, um den über dem Meer mit Feuchtigkeit angereicherten Nordost-Passat zum abkühlenden Aufsteigen und damit zu ausreichenden Niederschlägen zu zwingen. Wenig durch das flache Relief behindert, streicht er hier mit größerer Intensität (Windstärken 3-4 und mehr) als auf den übrigen Kanaren vor allem im Frühjahr und Sommer über die Insel, besonders dann, wenn am Tage Seewind und Passat aus der gleichen Richtung kommen.

Der knappe Regen, der meist nur an wenigen Tagen des Spätherbstes und Winters fällt, kommt – von gelegentlichen durch Nordwest-Zyklone und andere klimatische Bedingungen verursachten Niederschlägen abgesehen – hauptsächlich aus Südwesten. Dabei treten in der Zahl der Regentage und -mengen oft beträchtliche Schwankungen auf. Durchschnittlich einhundertvierzig Regentagen in Deutschland stehen im allgemeinen nur zwanzig bis vierzig auf Lanzarote gegenüber. Während die Niederschläge im nördlichen Famara-Guatifay-Bergland sowie im südwestlichen Ajaches-Massiv oftmals nur 200 mm betragen – das heißt nur etwa ein Drittel der Durchschnittswerte Mitteleuropas – liegen sie im Großteil der Insel häufig noch erheblich darunter. Zudem ist es keine Seltenheit, wenn jahrelang überhaupt kein nennenswerter Regen fällt, wodurch es in den vergangenen Jahrhunderten wie auf Fuerteventura zu verheerenden Hungersnöten kam. Erschwerend für die bis zum Aufkommen des organisierten Tourismus in der Mitte der sechziger Jahre grundlegend wichtige *Landwirtschaft* sind die relativ hohen Temperaturen. Wenn auch die starke Wärmeausstrahlung der nur etwa 120 km entfernten vegetationsarmen Sahara-Platte durch eine mehrere hundert Meter mächtige Kaltlufthaut über dem von Norden kommenden und durch Auftriebswasser zusätzlich abgekühlten Kanarenstrom abgemildert wird, so liegen die Durchschnittstemperaturen auf dieser afrikanahen Insel dennoch einige Grade über denen der gleichen Höhenlagen der westlichen Kanaren. Dabei können die maximalen Wärmewerte in manchen Jahren, wenn der Wind als ›tiempo del sur‹, als ›Südwetter‹, intensiver und länger als die üblichen drei bis vier Tage vom afrikanischen Kontinent kommt, die durchschnittliche sommerliche Höchsttemperatur von 28 bis 29 Grad noch um 10 bis 15 Werte übersteigen, wie zum Beispiel während der letzten Juli-Woche des Jahres 1978, als große Teile einer vielversprechenden Ernte vernichtet wurden.

Einen gewissen Ausgleich für das pflanzliche Wachstum schafft die verhältnismäßig hohe Luftfeuchtigkeit, die, von den in unregelmäßigen Abständen einsetzenden Trockenperioden abgesehen, im Jahresmittel der Teneriffas sehr ähnlich ist, wenn auch auf Lanzarote – ebenso wie auf Fuerteventura – im Verlauf des Tages beträchtliche Schwankungen auftreten. So kann man hier um sieben Uhr morgens oftmals eine relative Luftfeuchtigkeit von 80% und mehr messen, während sie auf Teneriffa zur gleichen Zeit 70% und weniger beträgt. Da der Himmel über den Ostinseln im Durchschnitt lediglich an fünfundvierzig Tagen stark bedeckt, an zweihundertvierzig aber nur leicht bewölkt und an achtzig Tagen nahezu völlig wolkenlos ist, vermindert sich die Luftfeuchtigkeit im Laufe des Vor- und Nachmittags hier schneller als auf den übrigen Inseln. In der Nacht führt das Fehlen einer kompakten Wolkendecke zu einer raschen Abkühlung des Bodens und damit zur Bildung von Tau, der das Ackerland unter der darüber ausgebreiteten Lapilli-Schicht weitgehend vor dem Austrocknen bewahrt. Diese Lapilli-Schichten ermöglichen gerade hier ein Vielfaches an Erträgen.

Der kühle Kanarenstrom bestimmt in erheblichem Maße auch den *Fischfang*, den zweiten bedeutenden Wirtschaftszweig der Insel bis zur großen durch den Tourismus hervorgerufenen radikalen Umschichtung der Bevölkerungsstruktur. Denn das als Ausgleichsströmung für das durch Erdrotation und Passatwind von der westafrikanischen Küste abgedrängte Oberflächenwasser aufsteigende Tiefenwasser ist wegen seiner abgesunkenen Organismen und größerer Mengen an Mineralien besonders nährstoffreich. Es bietet somit in einer langen Nahrungskette den jeweils größeren Meerestieren günstige Lebensgrundlagen. Das kleine Arrecife wurde dadurch zum drittwichtigsten Fischereihafen der Kanarischen Inseln. Rund 110542200 kg Fische, Garnelen, Kopffüßler und andere ›mariscos‹ wurden 1987 von fast tausend Fischern eingebracht. Darunter waren im gleichen Jahr 103323500 kg Sardinen, hauptsächlich aus den besonders reichen Fanggründen der nahen Sahara-Bank. Mit diesem Ertrag, der fast die Hälfte des gesamten kanarischen Sardinenfangs ausmacht, ist Arrecife der bedeutendste Sardinenhafen des Archipels. Die mit dem Fischfang verbundene Verarbeitungsindustrie in Arrecife und der Absatz in Hotels und Restaurants der Touristenzentren stellen nach einer 1989 veröffentlichten Untersuchung des kanarischen Wirtschaftsministeriums 35% des Wirtschaftsvolumens von Lanzarote dar.

Unter allen Kanarischen Inseln ist Lanzarote am häufigsten von *Piraten* heimgesucht worden. 1448 hatte Maciot de Béthencourt – obwohl als Stellvertreter seines Onkels Jean de Béthencourt staatsrechtlich Vasall der spanischen Krone – Lanzarote nach achtzehnjähriger Herrschaft an Heinrich den Seefahrer übergeben, der die Insel durch seinen Amtsschreiber verwalten ließ, bis sich 1450 die Einwohner erhoben und die Portugiesen zwangen, das Land zu verlassen. Dreimal landeten daraufhin – im gleichen und darauffolgenden Jahr – portugiesische Seeräuber und leiteten damit eine lange, sich bis 1762 hinziehende Reihe verheerender Überfälle berberischer, algerischer, türkischer, französischer und englischer Seeräuber ein. Während Gran Canaria und die westlichen Inseln hauptsächlich deswegen angegriffen wurden, weil die aus Amerika zum spanischen Festland zurückkehrenden Gold- und Silberschiffe dort oftmals einen Zwischenhalt einlegten, waren drei Faktoren für Lanzarote besonders verhängnisvoll: zum einen seine exponierte Lage als die

Die alte Zugbrücke Las Bolas vor dem Castillo de San Gabriel in der Inselhauptstadt Arrecife (»Felsriff«)

dem afrikanischen und europäischen Kontinent am nächsten gelegenen Insel; zum andern die Tatsache, daß Lanzarote in niederschlagsreicheren Jahren lange Zeit hindurch ein Getreideüberschußgebiet und damit eine günstige Proviantierungsbasis für die Piraten war; schließlich die von der afrikanischen Insel besonders häufig unternommenen Sklavenzüge in das Land der Berber, auf die diese mit verstärkten Überfällen auf Lanzarote reagierten. Dabei wurden nach oft wochenlangen Plünderungen und systematischen Verwüstungen mehrmals hunderte von Einwohnern verschleppt, während zahlreiche andere wegen der Vernichtung der Erntevorräte nach Gran Canaria und den westlichen Inseln emigrierten. Um die Lücken in der Bevölkerungsstruktur, die durch Abwanderung und Hungertod während der häufigen Dürreperioden noch größer wurden, wieder aufzufüllen, holte man immer mehr Berber ins Land, so daß deren Zahl die der übrigen Einwohner in der zweiten Hälfte des 16. Jahrhunderts beträchtlich übertraf.

Von der Landung der vierhundert Berber-Piraten am 30. Oktober 1749 in der Bucht von Las Coloradas abgesehen, nahmen die zahlreichen größeren Überfälle im Zeitraum zwischen 1537 und 1762 in Arrecife ihren Ausgang. Nur wenige Male gelang es, die Invasionstruppen, die öfters mehrere hundert Mann stark waren – am 1. Mai 1618 kamen sogar viertausend Algerier und Türken auf sechsunddreißig Schiffen –, gleich im Hafengelände zurückzuschlagen. Während sich die Korsaren meistens der damaligen Inselhauptstadt Teguise bemächtigen konnten, versuchte die Bevölkerung, in Höhlen – vor allem in der riesigen Cueva de los Verdes – Zuflucht zu finden.

Arrecife

Unser Schiff legt an der 1960 errichteten Mole des Passagier- und Handelshafens an, der wegen eines dort untergegangenen Schiffes, das Marmor geladen hatte, *Puerto de Los Marmoles* genannt wird. Hier, einige Kilometer außerhalb des Stadtkerns, stehen in der Nähe großer Salinen mehrere Fischverarbeitungsfabriken.

Das auf halbem Wege zum Ortszentrum liegende *Castillo de San José*, das heute Ausstellungen internationaler Gegenwartskunst sowie ein modernes Restaurant beherbergt, wurde 1779 in erster Linie aus sozialökonomischen Gründen erbaut, um nach der verheerenden Dürreperiode der Jahre 1769-1771 – bei der von siebeneinhalbtausend Einwohnern der Insel mehr als fünfzehnhundert verhungerten – Arbeit zu schaffen. Deshalb wird dieses kleine Festungswerk auch ›Castillo de Hambre‹, ›Hunger-Kastell‹, genannt. Von kleinen Felseilanden (›islotes‹) und Riffen (›arrecifes‹) gegen das offene Meer geschützt, liegen die beiden anderen Hafenbuchten: der *Puerto de Naos* für die Hochseeflotte und der *Puerto de Arrecife* für die Boote der Küstenfischerei.

Auf dem Islote de Los Ingleses steht das *Castillo de San Gabriel* – heute Museum –, das mit der Stadt durch einen Damm und eine Zugbrücke verbunden ist, die man wegen der beiden großen Steinkugeln auf ihren Torpfeilern ›Puente de Bolas‹ nennt. Dieses in der zweiten Hälfte des 17. Jahrhunderts, vor 1686 errichtete Fort ersetzte die kleine Festung auf dem Nachbarinselchen El Quemado, die bei dem algerischen Piratenüberfall im Jahr 1586 ausgebrannt (›quemado‹) war. Fünfhundert Mann plünderten damals den Hafen und die alte Hauptstadt Teguise unter Anführung des albanischen Renegaten Morato Arráez, ›des Großen‹, der als einer der drei berüchtigten, in algerischen Diensten stehenden Seeräuber gleichen Namens in die Weltliteratur einging: in Miguel de Cervantes' ›La gran sultana doña Catalina de Oviedo‹ und ›Los baños de Argel‹ und Lope de Vegas ›La nueva victoria del Marqués de Santa Cruz‹ und ›El desposorio encubierto‹.

Dort, wo gegen Ende des 16. Jahrhunderts kaum mehr als ein halbes Dutzend Fischerhäuser stand, erstreckt sich heute hinter einer Reihe eleganter Hotels an der nach Entwürfen von César Manrique angelegten Uferpromenade die kleine aufstrebende neue Inselhauptstadt mit 37653 Einwohnern im Jahr 1989. Niedrige Fischerhäuser mit hohen, die grelle Sonne mildernden Muschrabije-Fenstergittern drängen sich um die tief ins Land eingreifende flache *Lagune ›El Charco‹*, deren Umgebung ebenfalls von César Manrique neu gestaltet wurde. Auf dem von Arkaden eingefaßten Markt bieten Landfrauen – leider nicht mehr in schmucken Trachten – Süßkartoffeln, Kichererbsen, Zwiebeln, Küchengemüse, Melonen, Feigen und andere Früchte der Insel an.

Die nahe *Kirche San Ginés* wurde um 1630, zu einer Zeit, als Teguise noch Inselhauptstadt war, als kleine Kapelle errichtet. 1798 zur Pfarrkirche bestimmt, ist sie in den nächsten Jahrzehnten erheblich erweitert worden: Von 1798 bis 1802 wurde das jetzige Mittelschiff vergrößert, 1804 die Evangelien- und 1826 die Epistelseite angefügt und 1824 schließlich der schlanke Turm errichtet. Wie in so vielen neueren kanarischen Kirchen bestimmen pseudo-moriskische Stilelemente auch hier die Innenarchitektur.

Eine Woche lang dauern die Festlichkeiten im August zu Ehren des Patrons der Kirche. Religiöse Veranstaltungen wechseln ab mit folkloristischen Darbietungen und sportlichen Wettkämpfen aller Art, insbesondere mit Fußballspielen und kanarischen Ringkämpfen, an denen auch Vereine anderer Kanareninseln teilnehmen. Bunt gefärbtes Salz, zu kunstvollen Mustern ausgebreitet, ersetzt auf dieser regenarmen Insel die auf den westlichen Kanaren am Fronleichnamstag in kirchennahen Straßen angelegten Blumenteppiche.

Gleich zwei nach Art und Zeit so unterschiedliche und dennoch einander so ähnelnde architektonische Formen stellen sich uns auf unserem Wege zur alten Inselhauptstadt schon nach wenigen Kilometern bei der kleinen Ortschaft *Tahiche.* In den Grundzügen den ›casas hondas‹, den ›tiefen Häusern‹ der Ureinwohner entsprechend, hat hier Lanzarotes größter Sohn der Gegenwart, César Manrique, 1970 sein modernes Wohnhaus inmitten der Lavamassen errichtet, indem er, Natur und Kunst harmonisch und zweckmäßig verbindend, die von der Lava vorgebildeten Formen in die Wohnräume mit einbezog.

An den Hängen des nach dem um 1377 lebenden einheimischen Herrscher Zonzamas benannten, 325 m hohen Berges liegen mehrere bis zu 4 m lange Basaltblöcke, Ruinen eines primitiven Festungswerks aus der Zeit vor Béthencourt. Ein Felsstein an der brunnenartigen Vertiefung trägt kreisförmige Gravuren. In einem anderen scheinen die Umrisse eines unbekannten Tieres eingemeißelt zu sein. Andere Überreste befinden sich im Museum des Castillo de San Gabriel in Arrecife. Aus der Umgebung des *Castillo de Zonzamas* stammen auch Fragmente einer schlichten ornamentierten prähistorischen Keramik, von der es auf Lanzarote nur wenige komplette Exemplare gibt.

Eine weitere Besonderheit dieser Gegend, die man nur noch im Malpaís de Los Jameos antrifft, sind die *queseras,* ›Käsekammern‹, genannten vorgeschichtlichen Steinmetzarbeiten auf waagerecht behauenem basaltischem Untergrund: schmale, flache Gräben, die sich, senkrecht ausgemeißelt, parallel laufend über mehrere Meter erstrecken. Ihre Bedeutung ist bisher noch nicht zweifelsfrei geklärt.

Teguise – Die königliche Stadt

Nachdem wir die Urbanisation *Las Cabreras* und die kleine Ortschaft *Nazaret* mit ihrer modernen Bungalow-Siedlung Oasis passiert haben, kommen wir nach *San Miguel de Teguise.* Von Maciot de Béthencourt, dem Neffen des französischen Eroberers in spanischen Diensten, kurz nach 1406 gegründet, war Teguise bis 1852 die Hauptstadt der Insel. Maciot, der für seinen nach Frankreich zurückgekehrten Onkel die Herrschaft über die beiden östlichen Inseln und El Hierro übernommen hatte, gab der neuen Gründung – nach Telde, El Rubicón und Betancuria der viertältesten auf den Kanaren – den Namen seiner einheimischen Ehefrau, deren Mutter mit großer Wahrscheinlichkeit das außereheliche Kind eines in Seenot nach Lanzarote verschlagenen spanischen Kapitäns und der Gemahlin des Königs Zonzamas war.

Wenn der Gemeindebezirk, der sich über 265 km² von Küste zu Küste erstreckt und selbst die fernen Inseln Graciosa, Alegranza und Montaña Clara umfaßt, auch insgesamt 8150 (1989) Einwohner zählt, so ist der eigentliche Kernort mit knapp 1500 Seelen nur ein stilles, verträumtes Städtchen, das von seinem ›puerto‹, wie man das vor mehr als einem Jahrhundert zur neuen Inselhauptstadt erklärte Arrecife immer noch gerne nennt, längst überflügelt worden ist. Doch seine alte herrschaftliche Würde hat sich Teguise bis in die Gegenwart hinein in seinen Bauwerken, alten vornehmen Bürgerhäusern, Kirchen und Klöstern sowie in seinem tratitionsreichen Kastell, stolz bewahrt.

An der Plaza in Teguise steht der für den genuesischen Handelsherrn Spinola errichtete *Palacio de Espinola*, ein schlichter langgestreckter einstöckiger Bau mit wuchtiger Kassettentür und kunstvoll gearbeiteten Muschrabije-Fensterverkleidungen – Formenelemente, wie sie immer wieder auf den Kanaren zu finden sind. Die hohen Räume des Hauses bieten einen angemessenen Rahmen für Konzerte, Vorträge und Kunstausstellungen.

Von der ursprünglichen Gestalt der unter Maciot de Béthencourt zu Anfang des 15. Jahrhunderts errichteten *Pfarrkirche Nuestra Señora de Guadalupe* ist durch Um- und Zubauten nach mehreren schweren Piratenüberfällen zwischen 1569 und 1618 nur noch der quadratische Grundriß des Turmes geblieben. Die pseudoklassischen Säulen sowie das in kanarischen Kirchen ungewöhnliche Gewölbe wurden erst nach dem großen Brand des Jahres 1909 eingefügt.

Die von 1588 bis nach 1590 erstmals errichtete Kirche des im 19. Jahrhundert aufgelösten Franziskanerklosters, die *Iglesia de Nuestra Señora de Miraflores*, wurde nach 1618, als algerisch-türkische Piraten zerstörend in die Stadt einfielen, großenteils im herkömmlichen niederandalusischen Mudéjar-Stil neu aufgebaut. Besonders beachtenswert sind die Kassettendecken über der Hauptkapelle und der Evangelienseite sowie die für Teguise so charakteristischen Spiralornamente über dem Hauptportal. Dieses Gotteshaus diente 1715 dem Dominikanerorden in groben Zügen als Modell für seine *Iglesia de Santo Domingo.* Unter den Abweichungen fallen die barocken Ornamente mit ihren geschwungenen Linien, Kugeln und Pyramiden an der Hauptfassade auf sowie die achteckige Mudéjar-Deckenkonstruktion mit Pflanzenornamenten über der rechteckigen Kapelle der Evangelienseite.

»Im Osten, fast eine Meile (von Teguise) entfernt, gibt es einen Berg, Guanapai geheißen, der in alten Zeiten ein Vulkan war, welcher auf dem Gipfel eine sehr große Eintiefung hat …

Auf dem der Stadt zugewandten Rand liegt das Fort, das nach dem Berge seinen Namen hat.«

Der so von Torriani (1590) beschriebene, an seinen nördlichen und nordwestlichen Flanken von rötlicher Lava bedeckte Vulkanberg erhebt sich 435 m über dem Meeresspiegel und 135 m über der Plaza von Teguise. In den heute noch eindrucksvollen wuchtigen Ruinen seines wahrscheinlich im 15. Jahrhundert erbauten und im 16.-18. Jahrhundert umgestalteten und dann *Castillo de Santa Bárbara* genannten Kastells wurde damals zur Behebung der größten Trinkwassernot eine große Zisterne angelegt.

In Teguise wurde 1726 *José Clavijo y Fajardo,* Goethes Clavigo, geboren. Weniger durch seinen Ruf, einer der bedeutendsten spanischen Gelehrten seiner Zeit gewesen zu sein, als vielmehr durch einen Skandal, mit dem er in die Weltliteratur einging, blieb sein Name der Nachwelt erhalten. Als nämlich Clavijo ein von Beaumarchais 1764 ehrenrührig erzwungenes Eheversprechen gegenüber dessen nicht mehr ganz jugendlicher und etwas leichtlebiger Schwester Marie-Louise nicht einlö-

Die Pfarrkirche San Miguel in Teguise im Inselzentrum

ste, rächte sich der Bruder durch ein die Tatsachen entstellendes Drama ›Eugénie‹, was den jungen Goethe wiederum zu seinem die Fakten noch stärker verändernden Trauerspiel ›Clavigo‹ (1774) anregte.

Mehr noch als kulturhistorisch bedeutsame Bauwerke und geschichtliche Persönlichkeiten sind es die *Timples*, die kleinen in Teguise hergestellten gitarrenähnlichen Musikinstrumente, die die Kanarier mit dem Namen der alten Hauptstadt Lanzarotes verbinden. Die Herkunft dieses seit Jahrhunderten für die Kanarischen Inseln so charakteristischen fünfsaitigen – auf Teneriffa auch viersaitigen – Zupfinstruments, das es in ähnlicher Art auch auf der Iberischen Halbinsel, in Nord- und Westafrika sowie – unter der Bezeichnung ›tiple‹ – in Süd- und Mittelamerika gibt, ist nicht zweifelsfrei gesichert, wenngleich als kanarisches Ursprungsgebiet die beiden östlichen Inseln angesehen werden.

Im Flugsandgebiet El Jable

Westlich von Teguise ändert sich das Landschaftsbild. Statt dürftiger Weiden und von dunklen Lapilli-Schichten bedeckter Gemüse- und Kartoffelfelder dehnt sich vor uns eine weite gelblich-weiße Ebene aus. Wir sind im Gebiet des Jable, wie die marinen Ablagerungen nach dem französischen Wort ›sable‹ seit der spanischen Besiedlung auf den Ostinseln genannt werden. Jahrtausende hindurch hat der Wind die feinen kalkhaltigen Sande mit Fragmenten von Seemuschelschalen und Foraminiferen in einem durchschnittlich 3 km breiten Streifen von der Bahía de Penedo bis zur gegenüberliegenden Küste getrieben. Weiter landeinwärts haben travertine Kalke, vulkanische Massenteilchen und anderes Material die wandernden Dünen grau bis rötlich-braun getönt. Erst in jüngster Zeit ist es gelungen, die Sande durch Anpflanzungen, vor allem von Opuntien und Agaven, fast völlig zum Stillstand zu bringen.

Wo die Jable-Decke über altem Verwitterungsboden nicht mächtiger als 40 cm ist, hat sich der Mensch selbst diese Sandzone zum großen Teil landwirtschaftlich nutzbar gemacht. In der Wirkung dem älteren Enarenado-System ähnlich, braucht hier jedoch die regenwasserdurchlässige und feuchtigkeitskonservierende Schutzschicht vor der Aussaat nicht entfernt zu werden. Man wälzt lediglich den Sand mit schaufelartigen, öfters noch von Kamelen gezogenen Pflügen um und sät unmittelbar in ihn hinein, weil die Wurzeln bis in den darunterliegenden Boden hindurchzudringen vermögen. Gepflanzt wird hingegen in vorgedüngten Furchen und kleinen Gruben, die nachher wieder sorgfältig geschlossen werden.

Zum Schutz gegen den austrocknenden Wind und den vordringenden Sand säumen schmale Gerstestreifen die Äcker, auf denen im allgemeinen die gleichen Feldfrüchte wie auf den Enarenado-Nutzflächen angebaut werden.

Als geschätzte Spezialität von *Soo*, wo der Jable-Trockenfeldbau auf Lanzarote vor rund hundert Jahren erstmals angewendet wurde, gelten die saftigen Wassermelonen, die bis zu 25 kg schwer werden können. Zur Straße hin fensterlose Häuser und verhüllte Frauen geben dem kleinen Dorf inmitten weiter Sandflächen ein maurisches Gepräge. Welch ein Kontrast zu den nahen Touristensiedlungen im Jable-Gebiet!

Von Soo wandern wir auf gewundenen Pfaden über Blocklava und Schlackenfelder durch die weite Ebene eines alten ›Malpaís‹, die in ihrer Unwirklichkeit diese Bezeichnung als ›schlechtes Land‹ durchaus verdient, nach Nordwesten zur *Halbinsel und Isleta del Río*, auch kurz *La Isleta* genannt. Die östliche Bucht, *La Caleta del Caballo*, wird bei der Häuseransammlung *La Costa* gerne von Unterwasserfischern aufgesucht. Das Gebiet zwischen der Halbinsel und La Santa wird ebenso wie die Isleta großzügig für den Fremdenverkehr erschlossen.

Das runde ›Inselchen‹, dessen Durchmesser etwa 800 m beträgt, wird im Süden und Osten von einem schmalen flachen Meeresarm, dem ›Río‹, umgeben. In ihm fischte man, wie Viera y Clavijo (1771) berichtet, seit den Zeiten der Ureinwohner, indem man bei beginnender Ebbe den Fischen durch kleine Dämme den Zugang zum offenen Meer versperrte und sie dann durch den ins Wasser geschütteten Saft des Kandelaber-Wolfmilchgewächses ›cardón‹, EUPHORBIA CANARIENSIS L., betäubte.

Die Vulkanausbrüche von 1824

Die jüngsten Vulkanausbrüche auf Lanzarote gab es 1824 auf einer etwa 14 km langen Ost-West-Strecke zwischen dem Jable-Gebiet und den Feuerbergen. Sie begannen am 31. Juli bei dem zwischen den Dörfern

Tao und Tiagua gelegenen *Volcán del Clérigo Duarte*. Am westlichen Ende der Eruptionslinie wälzte sich vom 29. September bis zum 4. Oktober aus der *Montaña del Cuervo* – auch *Volcán Nuevo del Fuego* genannt – ein 6 km langer Lavastrom bei der Punta del Cochino ins Meer. Mit der vom 16. bis 23. Oktober währenden Eruptionen des *Volcán Nuevo*, der nach dem von den Lavamassen des 18. Jahrhunderts zerstörten Ort auch *Volcán de Tinguatón* heißt, endete die jüngste vulkanische Tätigkeit mit einem chaotischen Inferno von Rauch und Feuer, von heißen Dämpfen und zischend herausgeschleuderten Wassermassen, Lapilli und Asche, glühenden Gesteinsbrocken und zähflüssigem Magma.

Wo dieser letzte der Lavaströme des Jahres 1824, die insgesamt ein Gebiet von grob 3 km^2 zerstörend überzogen hatten, bei der Ortschaft *Mancha Blanca* zum Stillstand kam, errichteten die von Angst und Bangen befreiten Bewohner der Umgebung die *Ermita Nuestra Señora de los Volcanes*, die man auch *Virgen de los Dolores* – ›Jungfrau der Schmerzen‹ – nennt.

Parque Nacional de Timanfaya – Land der Feuerberge

Am Fuß der *Montaña del Fuego*, eines der vier Krater, die in einer 20 km^2 großen Zone die *Montañas del Fuego de Timanfaya* bilden, stehen Kamele bereit, um eine Reisegesellschaft auf die Höhen der Berge zu bringen. Unter Scherzworten fachmännisch abwägend, verteilen die Führer die Touristen nach deren Körperfülle, um die beidseitig angebrachten Sitze möglichst im Gleichgewicht zu halten. Wer zu Fuß gehen will, braucht festes Schuhzeug, denn der lockere Lapilliboden rutscht an den steilen Hängen leicht unter den Füßen weg. Knöcheltief sinken wir oft ein und erreichen mühsam den 510 m hohen Gipfel.

Welch eindrucksvolles Bild bietet sich von hier oben! Zahllos scheinen die Vulkane aus älterer und jüngster geologischer Zeit zu sein, die sich in einem 9 km langen und 3 km breiten Streifen von Nordosten nach Südwesten unter uns erstrecken. Spielerisch ändern sich immer wieder die Farbnuancen, wenn helle oder dunkle Wolken vorüberziehen. Hier sind die Hänge rötlich- oder gelblich-braun, dort violett oder weißlich-grau. Dunkel heben sich an ihren unteren Rändern hoch aufgetürmte Lavamassen ab, die sich, aus fünfundzwanzig bis dreißig Kratern ausgestoßen, in den Schreckensjahren 1730 bis 1736 über ein Viertel der Insel wälzten.

Anschaulich schildert der damalige Pfarrer von Yaiza die ersten beiden Jahre des Geschehens in einem tagebuchartigen Bericht, den Leopold von Buch – zumindest in langen Auszügen in deutscher Übersetzung in seine ›Physicalische Beschreibung der canarischen Inseln‹ (1825) eingefügt hat, heute das einzige schriftliche Zeugnis jener gewaltigen Naturkatastrophe, da das Original verlorengegangen ist und spanische Abschriften nicht vorhanden sind.

»Am 1. September 1730 … zwischen 9 und 10 Uhr in der Nacht, brach plötzlich die Erde auf, zwei Stunden von Yaisa bei Chimanfaya. Schon in der ersten Nacht hatte sich ein beträchtlich hoher Berg gebildet. Flammen brachen hervor und brannten neunzehn Tage unaufhörlich fort. Wenige Tage später öffnete sich ein neuer Schlund, wahrscheinlich am Fuße des neugebildeten Eruptionskegels, und eine wüthende Lava stürzte sich hervor auf Chimanfaya, auf Rodeo und auf

Timanfaya-Figuren – Töpferarbeiten aus Teguise – symbolisieren das Land der Feuerberge im Parque Nacional de Timanfaya.

einen Theil der Mancha blanca. Dieser erste Ausbruch war also östlich von der Montaña de Fuego etwa auf halbem Wege von diesem Berge gegen Subaco hin. Die Lava lief über die Dörfer hin, gegen Norden, anfangs schnell wie Wasser, dann schwer und langsam wie Honig. Aber am 17. September erhob sich mit gewaltigem Donner und Lärm ein ungeheurer Fels aus der Tiefe und zwang den Lavastrom, statt nach Norden nun den Weg gegen Nord-West und West-Nord-West hin zu ändern. Die Lava erreichte jetzt und zerstörte mit großer Schnelle die Dörfer Macetas und St. Catalina im Thale.«

Wo die Lavamassen die Küste erreichten, stürzten sie sich »als ein feuriger Cataract mit gräßlichem Lärm ins Meer«; die Fische trieben »in unbeschreiblicher Menge todt auf der Oberfläche des Wassers«.

Über eine Woche und länger zogen sich solche Ausbrüche hin, während neue Eruptionen an anderen Stellen einsetzten und dabei früher entstandene Vulkane »mit unglaublichem Gepolter« in sich zusammenstürzen ließen und gleichzeitig neue Berge aufwölbten. Immer wieder kam es nach kurzen Ruhepausen, die oft nur wenige Tage dauerten, zu weiteren Ausbrüchen.

Untermeerische Eruptionen kamen hinzu: »... am Ende des Juni 1731 bedeckten sich die Gestade und Ufer der Insel auf dem westlichen Theile mit einer unglaublichen Menge von sterbenden Fischen, von den verschiedenartigsten, und einige von noch nie gesehenen Formen. Gegen Nord-West hin (von Yaiza) sah man aus dem Meere viel Rauch hervorsteigen und viele Flammen mit fürchterlichen Detonationen, und am ganzen Meere des Rubicon, das ist an der westlichen Küste, bemerkte man dasselbe.«

Als am 25. und 28. Dezember 1731 »das stärkste von allen Erdbeben seit zwei, in so heftigem Aufruhr und Unruhe verlebten Jahren« ausbrach, »verloren die Menschen alle Hoffnungen, daß die Insel je wieder zur Ruhe kommen könnte. Sie flohen mit ihrem Pfarrer nach Gran Canaria.«

»In der That«, fügt Leopold von Buch hinzu, »dauerten auch die Bewegungen ohne Unterbrechung noch volle fünf Jahre fort, und erst am 16. April 1736 hörten alle Ausbrüche auf.«

Mindestens 8 000 000 m^3 Lava müssen sich auf der Insel ausgebreitet haben. 150 km^2 fruchtbaren Bodens wurden von ihren Massen bedeckt, 30 weitere km^2 von Lapilli, Aschen und anderen vulkanischen Auswurfprodukten, das sind insgesamt fast ein Viertel der ganzen Inselfläche, wodurch das größte Malpaís des Archipels entstand. Zehn von der Lava überflutete und dreizehn durch Lapilli-Massen verwüstete Dörfer mit dreihundertfünfzig zerstörten Häusern werden in dem Bericht des Bischofs Dávila erwähnt, der die Insel 1736 nach dem Ende der schweren Eruptionen aufsuchte.

An der vulkanischen Küste bei den Papagayos-Stränden im Südosten

Die Zone der geothermischen Anomalien umfaßt in einer Ausdehnung von etwa 4 km² die Region der Feuerberge und den von den Eruptionen des 18. und 19. Jahrhunderts nicht betroffenen und von ihren Lavaströmen inselartig umflossenen alten Vulkan *Islote de Hilario.* In diesem Bereich ist die Erdwärme so stark, daß sich Reisig an windgeschützten Stellen von selbst entzündet und spatentief in den Boden gegrabene Eier in wenigen Minuten hartgekocht sind.

Bis zu 425 °C kann man in nur wenige Meter tiefen Gruben im Sattelpaß zwischen dem Islote de Hilario und dem Zentralkomplex der Feuerberge messen. Auf dem ›Lomo de Azufre‹, ›Schwefelbergrücken‹ genannten westlichen Rand des Hauptkraters der Montañas del Fuego wurden in einem 27 m tiefen Bohrloch nahezu 700 °C registriert. Während man sich in der Berggaststätte die Erdwärme dienstbar machen konnte, mußten im Jahr 1978 die großangelegten Vorarbeiten für eine umfassende wirtschaftliche Nutzung dieser natürlichen Energiequelle ergebnislos abgebrochen werden. Auf einer gut ausgebauten Landstraße kann man heute einen kleinen Abschnitt der 5107 ha der grandiosen toten Lavalandschaft kennenlernen, die im Jahre 1974 zum achten der neun Nationalparks in Spanien erklärt wurde.

Überwältigend ist der Eindruck, den man auf holprigen Wegen gewinnt, auf denen sich nur selten zwei Fahrzeuge begegnen können; noch nachhaltiger ist er natürlich zu Fuß querfeldein. Chaotisch durcheinandergewälzt, türmen sich vor uns gewaltige Massen erstarrter Lava auf; großflächig ausgebreitet und von tiefen meterbreiten Spalten zerrissen, liegen sie an anderen Stellen. Hohl klingen unsere Schritte auf glatten, leicht gewölbten Lavastreifen, unter denen sich ein Vierteljahrhundert zuvor magmatische Schmelzflüsse zum Meer hin schoben. Steil ragen vereinzelt kleine, 6-15 m hohe und 1-4 m breite, riesigen Bienenkörben ähnelnde Erhebungen aus den Lavaströmen heraus, die man ›hornitos‹ nennt, da sie an die ›hornos‹, die Außenbacköfen, erinnern. Alexander von Humboldt, der solche durch vulkanische Gase emporgewölbten Ausbruchsöffnungen in Mexiko kennengelernt hatte, führte die Bezeichnung als Terminus technicus in die wissenschaftliche Literatur ein. Gasarm hingegen war die bei verlangsamter Fließgeschwindigkeit entstandene saure Strick- oder Seillava mit ihren skurrilen Formen.

24 *Das Fruchtbarkeitsdenkmal »Monumento al Campesino« bei Mozaga (geographischer Mittelpunkt der Insel) von dem Bildhauer, Maler und Architekten César Manrique*

25 *Nächste Doppelseite: Lavafelsen an der Westküste bei El Golfo*

26 *Übernächste Doppelseite: blühender Mandelbaum im schwarzen Lavasand; im Hintergrund steinumfriedeter Weinanbau*

27 *Letzte Doppelseite: Kamelkarawane in der Lavalandschaft der Montañas del Fuego im Nationalpark Timanfaya*

29 *Grotten an der Vulkangesteinsküste in der Nähe von El Golfo*

Inmitten ausgedehnter Flächen grober Schlacken liegen dünenartige Anwehungen von Aschen und feinsten Lapilli-Teilchen. Dürftig ist die Vegetation in diesem Gebiet. Von den zum Teil landwirtschaftlich genutzten Islotes abgesehen, zeigen lediglich die dem feuchten Nordost-Passat zugewandten Flanken der jüngsten Erhebungen einen spärlichen Bewuchs. Den gelblichweißen Krustenkalken an älteren Hängen ähnlich, sind sie von hellgrauen Teppichen anspruchsloser Moose und Flechten überzogen, den ersten Pflanzen, die sich in Malpaíses ansiedeln.

Das alte Lavagebiet *El Islote de la Vieja* erstreckt sich nördlich der Salinen von Janubio in etwa 6 km Länge und 2-3 km Breite von Osten nach Westen. Dieses Malpaís – in der Caldera de la Vieja Gabriela 226 m hoch – wurde von den Lavamassen des 18. Jahrhunderts inselhaft umflossen. Auf dem mit Blocklava und feinkörnig verwitterten Schlacken bedeckten Boden sieht man nicht nur zahlreiche Euphorbien, sondern auch alte Getreidefelder. Wildromantisch greifen zackenreiche Grotten tief in die zwischen 1730 und 1736 entstandene bizarre Lavaküste ein. An ihren von Säulenbasalt flankierten Eingängen brechen sich, hoch aufspritzend, die Wellen. *Los Hervideros*, ›die heftig Aufwallenden‹, nennen sie die Einheimischen.

Ein Arm junger Lava aus dem 18. Jahrhundert trennt die *Montaña del Golfo* vom Hauptgebiet des Islote de la Vieja. Von den zwei Kratern übt der westliche in seiner seltsam-herben Naturschönheit immer wieder einen besonderen Reiz auf die Besucher aus. Zur Hälfte von der Brandung zerstört, hat sich hinter einem flachen Wall aus vulkanischen und marinen Sanden Meerwasser in seinem verbliebenen östlichen Teil angesammelt. 150 m lang, 30-40 m breit und bis zu 3 m tief ist diese kleine, stark salzhaltige Lagune. Ständig scheint sich das Wasser durch die Sandbarriere hindurch und bei stürmischer See auch über sie hinweg zu erneuern. Gelblich-grün schimmert es über dem in seinen tieferen Stellen bewachsenen Untergrund. Relativ reichhaltig ist die Fauna hier an Mollusken, Krustentieren und Stachelhäutern. Die den Golfo im Halbrund umgebende Kraterwand ist aus bräunlich-orangen, rötlichen und dunkelgrauen Tuff- und Ascheschichten aufgebaut.

Unser nächstes Ziel im Islote de la Vieja gilt der nahen *Montaña Quemada* (165 m), die man auch *La Montaña de Juan Perdomo* nennt. Nicht ihre drei Krater finden hier unser besonderes Interesse, sondern der an ihrem westlichen Fuß aus einem Schlakkenstrom herausragende *Hornito Quemado*. Von außen erinnert diese Aufwölbung an einen riesigen Bienenkorb. Das Innere, das zeitweise als Schlafstelle benutzt wurde, besteht aus einem 4 m hohen, schwarz-grauen glasig glänzenden Schlot, dessen Wandungen von zahlreichen, durch magmatische Gase hervorgerufenen Blasenhohlräumen zersetzt sind. Glasig ausgebildet sind auch die Höhlenwände der 9 m langen und bis zu 4 m hohen *Cueva Grande*, die sich auf der gleichen Seite des Berges befindet.

Im Lapilli-Gebiet von La Geria

Über Yaiza und Uga am Südrand des vegetationsarmen Nationalparks mit seinen ausgedehnten toten Lavafeldern kommen wir nun in eine dem Auge wohltuende belebte Landschaft. An den unteren Hängen der sanft ansteigenden Berge erstreckt sich, weit auseinandergezogen, das Dorf La Geria mit weißen flachen Häusern, die da und dort von hohen Palmen überragt werden. Auf den schwarzen Lapilli-Feldern sind Frauen bei der Zwiebelernte. Die verheirateten tragen breitkrempige Strohhüte, die unverheirateten weit über Stirn und Wangen vorgezogene Hauben, die das Gesicht noch wirkungsvoller vor der Sonne schützen, während die Männer sich unterschiedslos mit schlichten modernen Stroh- oder Filzhüten begnügen. Obwohl die verheerenden Berbereinfälle bereits zwei Jahrhunderte zurückliegen und die auf der Insel verbliebenen Moriskos längst rassisch und psychologisch eingegliedert sind, widerstrebt es dennoch fraulicher Eitelkeit, den Nordafrikanern auch nur in der Hautfarbe ähnlich zu sein. Diese Haltung kommt in Volksliedern und -tänzen, die sich – neben der ›lucha canaria‹ (Ringkampf) – in Uga besonderer Beliebtheit erfreuen, immer wieder deutlich zum Ausdruck; so in einer Saranda (Erntetanz):

Campesina, campesina, no te quites la sombrera, porque el sol de Lanzarote pone tu cara morena.	Bäuerin, nimm dir nicht den Hut ab, weil die Sonne von Lanzarote Dein Gesicht bräunt.

Kilometerweit erstrecken sich entlang dem südlichen Rand des großen Malpaís die natürlichen Lapilli-Ablagerungen, hier ›picón‹ genannt, in denen hauptsächlich Reben oder Feigen-, Aprikosen-, Orangen-, Apfel- oder Birnbäumchen stehen. *Enarenado natural*, ›natürliche Besandung‹, nennen die Einheimischen diese Pflanz- und Ackerbaumethode – im Gegensatz zum ›enarenado artificial‹, der landwirtschaftlichen Nutzung des oft von weither herbeigeschafften vulkanischen Auswurfmaterials.

In runden oder halbkreisförmigen 1 bis 2 m tiefen Gruben hat man den unter der Picón-Decke liegenden fruchtbaren Boden freigelegt, ihn mit Reben oder Fruchtbäumchen bepflanzt und ihn dann wieder mit einer etwa 10 cm dicken Lapilli-Schicht bedeckt. Diese regenwasserdurchlässige Schutzschicht absorbiert die nächtliche Luftfeuchtigkeit, hemmt die Verdunstung und schwächt die Wärmeeinstrahlung ab. Mühsam und kostspielig ist die Anlage und Pflege der trichterförmigen Pflanzgruben, die es nur hier auf Lanzarote gibt, während die Methode der Lapilli-Abdeckung auch auf anderen Kanareninseln Eingang fand. Zweihundertfünfzig bis dreihundertfünfzig solcher Gruben werden im allgemeinen je Hektar ausgehoben, bei geringerer Mächtigkeit der Lapilli-Schichten gar bis zu achthundert. Bis zur Mitte des 18. Jahrhunderts sind zeitgenössische Berichte über diese Anbaumethode nicht bekannt. Deshalb gilt es als sehr wahrscheinlich, daß damit erst nach den Eruptionen der Jahre 1730-1736 begonnen wurde.

Bisweilen reichen jedoch selbst solche sorgfältigen Schutzmaßnahmen nicht aus, wenn nämlich das alljährlich einige Tage andauernde, vom afrikanischen Kontinent herüberkommende ›tiempo del sur‹, das ›Südwetter‹, länger anhält und Temperaturen über 40° erreicht. In solchen Jahren wird die gesamte Traubenernte vernichtet.

Vor unserer Weiterfahrt probieren wir den köstlichen Malvasía-Wein, den bereits Shakespeare mit beredten Worten gepriesen hat (siehe Seite 40f.). Dieser auf den Kanaren heute vor allem auf Lanzarote gekelterte schwere Dessertwein mit einem Alkoholgehalt von 15 bis 20%, von dem man gerne sagt, er habe das Feuer der Vulkane in sich, mundet besonders gut, wenn er sieben bis acht Jahre gelagert worden ist, bevor er in Flaschen abgefüllt wird.

Cueva de los Naturalistas

Bei km 12 der Landstraße von La Geria nach Mozaga gehen wir etwa 1000 m nach links in das Malpaís de Tizalaya. Durch eine Vertiefung im Lavafeld steigen wir über Felsbrocken hinweg in den gewaltigen tunnelartigen Hohlraum der ›Höhle der Naturforscher‹. Auf der Sohlenmitte erstreckt sich, leicht gewölbt, ein erstarrter Lavafluß. Auf 20-40 cm hohen Stufen ziehen sich zu beiden Seiten zwei parallel laufende glatte Lavastreifen von etwa 1 m Breite hin, die uns als Gehsteige dienen.

In ihrem schönsten Abschnitt hat die mehrere hundert Meter lange Höhle die Form ein Ellipse, die in der Hauptachse 10 und in der Nebenachse 5 m mißt. Von den leicht gekrümmten Rändern der Decke und entlang der Wände hängen 10-25 cm lange, bleistiftdicke Stalaktiten herab, wie sie sich nur selten beim Erkalten der Lava bilden. Einige haben hier Ähnlichkeit mit geflochtenen Peitschenschnüren, andere sehen wie lange, dünne Tabakspfeifen aus. Deutlich erkennt man die Lavatropfen auf den darunterstehenden Stalagmiten, die, 8-12 cm hoch und 2-4 cm dick, zylindrisch oder leicht konisch aufwachsen. Solche Höhlen bildeten sich, als der Lavazufluß sich verlangsamte und dabei zunächst die der offenen Luft ausgesetzten Ränder und die Oberfläche erkalteten, während die übrige Lava, bis auf einen geringen Rest, auslief.

Bauern und Brauchtum

Bei *Mozaga* steht am östlichen Rand der zentralen Lapilli-Ackerbauzone das der harten Arbeit des Landmanns gewidmete abstrakte *Monument der Fruchtbarkeit* von César Manrique. Ist es angesichts dieser verdienten Ehrung nicht von untergeordneter Bedeutung, ob das Wort ›magos‹, mit dem man die kanarischen Bauern so gerne benennt, lediglich eine Verstümmelung der alten Bezeichnung für die bäuerliche Urbevölkerung von Fuerteventura und Lanzarote, die ›mahos‹ oder ›majos‹, ist, oder ob man es mit dem späteren spanischen Wort ›mago‹, ›Zauberer‹,

Weinanbaugebiet bei Uga, im Süden zwischen Macher und Yaiza

gleichsetzen sollte? Ähnelt nicht derjenige einem Zauberer, der trotz der Ungunst eines extrem-trockenen Klimas den Ackerboden auf so ungewöhnliche Weise wirkungsvoll zu nützen versteht?

Das im südlichen Abschnitt des Jable-Streifens gelegene *San Bartolomé*, Fundort vieler Scherben einer reich ornamentierten Keramik der Ureinwohner, gilt als das Hauptzentrum der Pflege heimischer Folklore auf Lanzarote. Außer den auf allen Kanarischen Inseln so beliebten Isas und Folías, tanzt man auf Lanzarote noch gerne die *Seguidillas*, alte Paartänze, die wahrscheinlich aus dem Gebiet von Hochandalusien, Estremadura und Neukastilien stammen. Ein beliebter Schunkeltanz ist der dem andalusischen Zorengo ähnelnde *Sorondongo*, ein populärer Erntetanz, der nach dem Kornsieb ›zaranda‹ benannte Saranda.

Ein beliebter Brauch auf Lanzarote, der vor allem in San Bartolomé und Teguise gepflegt wird, ist der *Rancho de Pascuas*. Ähnlich der zu Weihnachten in der Kirche gesungenen biblischen Geschichte singt man auf der Straße eine verkürzte Variante, die von vielerlei Instrumenten wie Timples, Gitarren, Mandolinen, Lauten, Tamburinen, Triangeln und Kastagnetten begleitet wird.

Der Süden

Nur 10% der Küsten Lanzarotes sind feinsandige flache Sandstrände. Die größten – 1-2 km lang – liegen, durch Steilabfälle und Lavazungen voneinander getrennt, westlich von Arrecife innerhalb eines kaum mehr als 10 km breiten Abschnitts, der zum Teil aus Treibsanden des die Insel von Norden nach Süden durchquerenden Jable-Streifens besteht: bei Arrecife die *Playa del Reducto* und die *Playa Honda;* in der Nähe des Flugplatzes die *Playa Matagorda* und die *Playa de Guacimeta;* und bei dem Dorf *Puerto del Carmen*, das vor dem Touristenboom noch ›La Tiñosa‹ – ›Die Grindige‹ – hieß, die beiden wichtigsten Strände, die *Playa del los Pocillos* und die *Playa Blanca.* Innerhalb weniger Jahre sind hier immer weiter sich ausdehnende Touristenurbanisationen mit erstklassigen Hotels, Apartmenthäusern, Ferienwohnparks, Restaurants und Supermärkten entstanden, die sich durch den maßgeblichen Einfluß des Malers und Architekten César

Manrique meist wohltuend von den außerhalb Lanzarotes üblichen Betonklotzbauten abheben.

Von Puerto del Carmen führt uns unser Weg, bis zu 260 m ansteigend, bei Tías auf die Landstraße Arrecife – Uga. Nördlich erstreckt sich eine Reihe alter Vulkane, unter denen die *Montaña Blanca* (596 m) besonders hervorragt. Die zu 30-40° geneigten Tuffhänge des wohlgeformten Kegels sind mit weißlich-grauen Flechten bewachsen. Dieser Bergkette bewahrte fast das ganze südliche Küstengebiet vor den Lavamassen der schweren Eruptionen der Jahre 1730 bis 1736. Lediglich östlich der Montaña Asomada gelang ihnen in einem schmalen Streifen ein Durchbruch nach Süden.

Im Ajaches-Bergland

Einige hundert Meter vor Uga biegen wir nach links ab. Wir stehen vor den *Ajaches*, dem südlichen der beiden tertiären Bergländer Lanzarotes, die die Geologen stets in besonders starkem Maße beschäftigt haben. Wir fahren durch das große Tal von Femés, dessen Ausgang im Nordosten durch Lateralkrater der Caldera Riscada (425 m) und der Caldera Gritana (337 m) stark blockiert wird, zum Fuß der höchsten Erhebung des Gebirgsmassivs, zur *Atalaya de Femés* (608 m). Etwa 200 m überragt dieser ›Luginsland‹ das Dorf, dessen Namen er trägt, und 100 m die Bergkette, die sich in 4-5 km Breite in leicht gekrümmtem Bogen je 6 km nach Norden und Süden erstreckt.

Der Aufstieg über die nur wenig verfestigten dunklen Lapilli- und Aschenhänge dieses wuchtigen erloschenen Vulkans ist bei der starken Neigung von fast 40° recht mühsam. Doch lohnend ist die Aussicht von dem kleinen rötlichen Aschenkegel zwischen den beiden Gipfelkratern. 200 m im oberen Durchmesser und 30 m tief ist der nördliche, fast 500 m von Rand zu Rand und etwa 60 m tief der südliche. Weit schweift der Blick über ein Gewirr von kahlen Bergrücken und tiefen Schluchten. Nach Osten hin weiten sich die großen Barrancos zu Tälern, die sich, kurz bevor sie den Atlantik erreichen, cañyonartig in eine 15 m über dem Meeresspiegel liegende Felsterrasse einkerben.

Wenn die seltenen, doch heftigen winterlichen Regengüsse auch die steilen Hänge des Gebirges weitgehend von ihrer Bodenkrume entblößt haben, so ermöglichen sie doch – zusammen mit gelegentlichen Sommernebeln – eine landwirtschaftliche Nutzung des in den Tälern abgelagerten fruchtbaren vulkanischen Verwitterungsschuttes. Im Trockenfeldbau und in ›gavias‹, kleinen ummauerten Rieselfeldern, wie wir sie bereits auf Fuerteventura kennengelernt haben, werden hier Getreide, Erbsen und Linsen sowie Kartoffeln und Zwiebeln angebaut. Hier stehen Weinreben und Obstbäumchen, Pinien, Kasuarinen, falsche indische Lorbeerbäume und Palmen aus Europas größtem Palmenhain bei der südspanischen Stadt Elche. Auch amerikanische Agaven und die zur Fasergewinnung auf den beiden Ostinseln so sehr geschätzten Yukatan-Sisalagaven gedeihen hier gut.

Doch das, was die Ajaches, trotz der für mitteleuropäische Verhältnisse so spärlichen Vegetation, nach dem Famara-Bergland zum floristisch interessantesten Gebiet Lanzarotes macht, sind ihre *wild wachsenden Pflanzen.* Hier finden wir unter anderem nicht nur verschiedene Aeonien und andere Sukkulenten, mehrere Euphorbien-Arten sowie das Lattichgewächs Aulaga, LAUNAEA ARBORESCENS, den ägyptischen Salbei, SALVIA AEGYPTIACA, und die hier strauchige Gänsedistel, SONCHUS PINNATIFIDUS, sondern auch die beiden endemischen Gewächse RESEDA CRYSTALLINA und LOTUS LANCEROTTENSIS.

Die Rubicón-Ebene und ihre Buchten

Der Name dieses rötlichen Inselteils wird von dem alten französischen Wort ›rubicond‹ (rot) abgeleitet. Als ›farbig‹, ›hochrot‹ wurde diese Landschaft schon von der Urbevölkerung bezeichnet, wie Bontier und Le Verrier, die Geistlichen des Eroberers Béthencourt, zu Anfang des 15. Jahrhunderts berichten:

»... die Insel des Lancelot, die in ihrer Sprache Titerogakaet heißt.« Den rötlichen Aspekt der Gegend – deren Namen die beiden Chronisten auf die ganze Insel übertrugen – kennzeichnen auch die *Playa de las Coloradas*, die *Costa Roja* und die *Montaña Roja.*

Am südlichen Rand dieser Region, strategisch günstig gegenüber Fuerteventura gelegen, soll Béthencourt bald nach seiner Landung – 1402 – sein erstes Kastell errichtet haben, »un chastel, qui s'appelle Rubicum«. Im Jahr 1960 konnten etwa 600 m nördlich der Wüstung Papagayo die Grundmauern an den flachen Hängen des Barranco de los Pozos, des ›Barranco der Brunnen‹, freigelegt werden. Dabei fand man unter anderem viele Nägel aus Eisen, das den Ureinwohnern noch nicht bekannt war. Das leicht salzige Wasser der seit undenklichen Zeiten genutzten Brunnen wird auch heute noch von Fischern und Ziegenhirten getrunken. Als man 1868 die Lage der zum Kastell gehörenden ehemaligen Kapelle wiederentdeckte, markierte man sie durch ein großes Kreuz. Benannt nach dem Cluniazenserkloster Saint Martial von Limoges, war das kleine Gotteshaus durch eine Bulle des Gegenpapstes Benedikt XIII. in Avignon am 7. Juli 1404 zur Bischofskirche bestimmt worden.

Unweit der seit Mitte unseres Jahrhunderts verlassenen kleinen Ortschaft Papagayo stehen am südlichsten Punkt Lanzarotes, der *Punta de Papagayo*, Touristenbungalows. Man badet dort entweder in von aufgeschüttetem Sand umgebenen Meerwasserschwimmbecken inmitten bizarrer Lavamassen oder an feinsandigen Badebuchten zu beiden Seiten der steilen dunklen Landspitze, die von grünlich, gelblich-braun oder rötlich getönten basaltischen Gängen durchzogen wird.

Im Zentrum der Südküste steht an der ebenfalls von farbigen basaltischen Gängen durchsetzten Steilküste der *Punta del Aguila* der wuchtige Rundturm gleichen Namens, den man auch *Castillo de las Coloradas* nennt. 1741 begann man mit dem Bau. Schon acht Jahre später wurde er von algerischen Piraten, die damals mit vierhundert Mann im Süden der Insel gelandet waren, wieder zerstört und 1769 in der heutigen Form neu errichtet. Etwa 2 km westlich der Punta del Aguila liegt windgeschützt der kleine natürliche Sandstrand des Fischerdörfchens *Playa Blanca*, wo der Wellenschlag nur halb so stark wie an der gegenüberliegenden Küste Fuerteventuras ist. Die großzügig angelegten Touristenurbanisationen erstrecken sich bereits bis zum Kap *Punta de Limones*, an dessen Westseite ein ins Meer führender Damm den an der Lavaküste aufgeschütteten Sand vor dem Wegspülen schützt.

Die einförmige Weite der mit zerfallener Blocklava, rötlichen Lapilli und kalkzementierten Sanden bedeckten Rubicón-Ebene wird zwischen der Punta de Limones und dem auf der äußersten Südwestspitze der Insel stehenden Leuchtturm auffallend durch die *Montaña Roja* (194 m) unterbrochen. Der im Durchmesser 850 m messende südlichste Vulkankegel Lanzarotes überragt seine Umgebung um 100-150 m.

Am Nordrand der Rubicón-Halbinsel, südlich des Nationalparks, besuchen wir die Lagune *El Charco de Janubio.* Diese ›Pfütze‹ ist die größte der an der Westküste von den Vulkanausbrüchen der Jahre 1730-1736 lagunenartig abgeschnürten Meeresbuchten. Hinter dem etwa 1 km langen grobkörnigen, dunklen Lavasandstrand – dem ausgedehntesten der Insel – liegt Lanzarotes bedeutendste *Saline.* Dort werden auf einer Fläche von 305000 m^2 jährlich um die 370000 t Salz gewonnen. Einst war der Charco ein Wildentenparadies.

Der Norden

Das 3-5 km breite *Famara-Guatifay-Bergland* – neben den Ajaches das älteste Gebirgsmassiv Lanzarotes – erstreckt sich in einer Länge von 25 km von Teguise bis zur Nordspitze der Insel. Von Teguise aus allmählich ansteigend, durchquert die Landstraße im Bereich der Ortschaft *Los Valles* mehrere Nebenarme des längsten Barrancos Lanzarotes, La Espoleta, und erreicht dann die *Meseta de Famara.*

Tiefe Scharten bilden die Talanfänge an der Ostseite dieser durch Verwerfung entstandenen 3 km langen und 1 km breiten Hochebene. Steilwandig ist im Westen die Bruchstufe des Risco de Famara, zu dessen Füßen an der feinsandigen *Playa de Famara* eine große Touristensiedlung entstanden ist. Nur wenig überragt die höchste Inselerhebung, die *Peñas del Chache* (671 m), das Plateau, von dem bei günstiger Sicht über 100 km hinweg Gran Canaria und manchmal sogar die Spitze des 160 km entfernten Teide zu sehen ist.

Wie in den Kondensationszonen der Wolken auf Gran Canaria und den westlichen Inseln, standen auch auf dieser Höhenstufe einst tertiäre Lorbeergewächse.

Noch heute ist das Famara-Guatifay-Bergland – mit den geringen Werten von jährlich 200-250 mm das niederschlagsreichste

Salzgewinnung auf Lanzarote

Gebiet von Lanzarote – die Zone des stärksten natürlichen Bewuchses auf dieser ohne menschliches Zutun so vegetationsarmen Insel, wo etwa 90% aller auf Lanzarote vorkommenden Pflanzenarten zu suchen sind.[38]

Auf dem schmalen Kamm *Filo del Cuchillo* – der ›Schneide des Messers‹ – der die Montaña Aganada (585 m) und die Montaña Faja (449 m) miteinander verbindet, bietet sich uns ein für Lanzarote ungewohntes Bild: Wir blicken in das weite ›Tal der tausend Palmen‹, PHOENIX CANARIENSIS, von Haría und Máguez. Schmucke weiße Häuser, umgeben von Bäumen, Sträuchern und Blumen, stehen hier am Rande dunkler, mit Lapilli bedeckter Ackerflächen, auf denen Gerste, Mais, Erbsen, Bohnen, Linsen, Kartoffeln, Zwiebeln, Tabak und Weinreben gedeihen.

Halblinks vor uns liegt die *Vulkangruppe Los Helechos*, ›Die Farne‹, die, 450-550 m hoch, aus zwei nach Norden hin abgeschrägten 55 und 108 m tiefen Kratern besteht, von denen eine kleinere erstarrte Lavazunge nach Westen und eine größere nach Osten ausläuft.

Nach Süden schließen sich die fast kreisrunde *Explosionscaldera La Quemada*, ›die Verbrannte‹ (562 m) und der ehemalige Vulkan *Los Helechos* (581 m) an. Die westlich gelegene Steilwand des *Risco* (548 m) wird gerne von Bergsteigern aufgesucht.

Nur wenige Kilometer nordöstlich der Helechos liegt der wohl schönste der erloschenen Vulkane Lanzarotes, *La Corona* (608 m). Schon aus der Ferne fällt der wuchtige Kegelstumpf auf, der seine Umgebung um mehr als 300 m überragt. Etwa 400 m beträgt der Durchmesser der kronenartig gezackten oberen Krateröffnung. Mehr als 190 m tief blickt man von der 30-40° steilen Umwallung auf den Kratergrund. Gewaltig waren die Mengen an Lava, Lapilli und Aschen und anderen vulkanischen Auswurfprodukten, die in jüngerer geologischer Zeit aus der Corona und ihren Nebenkratern ausgestoßen wurden. Ein Arm der Lava erreichte im Nordwesten das Meer; die Masse wälzte sich nach Osten, füllte dabei alte Täler auf und schuf zusammen mit den Ergüssen anderer Vulkane das große Malpaís im Nordosten der Insel, das wir auf unserem Rückweg nach Arrecife aufsuchen wollen.

Westlich der Montaña Corona liegt am Steilabfall des stellenweise von einer Kalkkruste – tosca blanca – überzogenen Basaltplateaus die *Loma Guatifay*, eine wenig auffallende Anhöhe, deren Name auf den ganzen Nordteil des Berglandes übertragen wurde.

Über die am Fuß der Corona gelegenen Streusiedlungen *Las Rositas, Vega Chica, Yé* und *Tefía*, wo in geschützten Tälern Wein gezogen wird, wenden wir uns nun zu dem nur wenige Kilometer entfernten *Mirador del Río*. Mit dem 1974 für mehr als eine halbe Million Dollar errichteten Restaurant an diesem wohl schönsten Aussichtspunkt der Insel, der auch als ›Balcón de la Batería‹ bekannt ist, hat César Manrique in Zusammenarbeit mit anderen Architekten eines der eindrucksvollsten Beispiele seiner eigenwilligen Baukunst geschaffen.

Halblinks unter uns blicken wir 400 m tief hinunter auf die auf einer schmalen Strandplattform liegenden zahlreichen flachen Becken der großen Salinen, die schon George Glas (1764) in seiner Beschreibung der Kanarischen Inseln erwähnt. Über die an ihrer schmalsten Stelle nur 1 km breite Meerenge El Río schauen wir auf die goldgelben Sandebenen und die dunklen Berge der Insel La Graciosa sowie auf die Felseneilande Montaña Clara und Alegranza und die Roques del Oeste und del Este.

Der Ortskern von *Orzola* mit seinem Ausgangshafen für Fahrten zur Insel La Graciosa ist uninteressant, nicht aber die nähere und weitere Umgebung. Die dortigen Küstengewässer und die nahe Meerenge werden gerne von Unterwasserfischern aufgesucht.

Geologisch bedeutsam sind die beiden Täler *Valle Chico* und *Valle Grande*. Nachdem im Kalksteinbruch des Valle Chico bereits Fossilien verschiedener kleiner Landlebewesen gefunden worden waren, machte der Geologe Rothe 1964 eine noch größere Entdeckung: Er fand in den jungtertiären Kalksandstein-Einlagerungen in beiden Tälern nicht nur zahllose winzige Muscheln und andere, meist marine Mikrofossilien, sondern neben Schalenresten auch zwei recht gut erhaltene fossile Eier von 15 x 12 x 7 cm und 15 x 11,5 cm Größe, die ausgestorbenen Straußenvögeln zugeordnet werden. Aus diesen Funden sowie aus der Entdeckung von Quarzsandstein-Einschlüssen in den Basalten der beiden großen Ostinseln leitet Rothe eine mögliche Landverbindung mit Afrika vor rund 12 Millionen Jahren ab.

Südlich von Orzola dehnt sich über fast 30 km² ein junges Lavafeld aus. Inmitten der hier abgelagerten Auswurfmassen der großen Vulkane Los Helechos, La Corona und La Quemada fallen vor allem im Gebiet der *Piedras Hendidas*, der ›Gespaltenen Steine‹, die gewaltigen basaltischen Felsblöcke auf, die, von Lavaströmen transportiert, wie Findlinge hier liegenblieben. Durch Explosionen wild durcheinandergewühlt ist das Malpaís an anderen Stellen. Große Abschnitte sind von Aschen und feinen vulkanischen und marinen Flugsanden bedeckt. Durch mühsame Abräumungs- und Aufschüttungsarbeiten hat man an den Rändern Äcker und Weinberge angelegt, die sich über mehrere Quadratkilometer erstrecken. Sonst bestimmen Flechten, Euphorbien, vor allem die balsamische Tabaiba dulce, EUPHORBIA BALSAMIFERA, der Hauswurz Bejeque lanzaroteño, AEONIUM LANCEROTENSE, und andere anspruchslose Gewächse das Pflanzenbild dieses Gebietes.

Nachdem wir von der am Westrand des Malpaís entlangführenden Straße in dessen südlichen Zipfel abgebogen sind, kommen wir nach wenigen hundert Metern zu dem *Jameo de la Puerta falsa*, einer der rundlichen Einsturzöffnungen in der Wölbung einer riesigen, fast 8 km langen tunnelartigen Lavahöhle.

Ohne Wegweiser wäre die *Cueva de los Verdes*, die größte Höhle des Archipels, in dem dunklen Lava- und Schlackenfeld schwer zu finden. Etwa 3 km lang, in großen Teilen 6-15 m breit, 8-10 m hoch und stellenweise in zwei und drei Stockwerke gegliedert, bot sie in den Jahrhunderten der Piratenüberfälle bis zu tausend geflüchteten Einwohnern Schutz.

Etwa 300 m von der Küste entfernt liegt der elliptisch gewölbte 60 m lange, 20 m breite und 20 m hohe Höhlentrakt *Los Jameos del Agua*, in dem nach Entwürfen von César Manrique eine Konzerthalle mit Restauration eingerichtet wurde. Symbolhaft für die vom Menschen genutzte Landschaft am Meer steht als Wegweiser das Fragment einer weiß getünchten Hauswand mit dem Positionslicht eines Schiffes. Palmen und Agaven, blühende Sträucher und Blumen an dunklen Lavafelsen und Schlackenwegen säumen das in Form und Farbe ungewöhnliche

In den Weinfeldern bei Máguez im Norden Lanzarotes

helle Schwimmbecken unterhalb des in die Felsen eingelassenen Restaurants. Auf einer rustikalen Lavatreppe steigen wir hinab. Von einer mit Tischen und Stühlen bestellten Plattform blicken wir über eine als Steingarten angelegte Felstrümmerhalde auf einen kleinen Salzwasserhöhlensee, dessen Spiegel mit den Gezeiten steigt und fällt, obwohl er etwa 300 m vom Meer entfernt liegt. In dem klaren Wasser leben 3 cm lange blinde Albino-Tiefseekrebse, MUNIDOPSIS POLYMORPHA. Durch eine mehrere Meter große runde Öffnung dringt Tageslicht durch das Gewölbe. Ein riesiger Lavapfropfen, der nach Form und Größe das Loch zu schließen vermöchte, liegt oben im Malpaís daneben.

An den Salinen der Punta de Mujeres vorbei, kommen wir zu dem Fischerdörfchen *Arrieta* mit seiner kleinen Mole und dem *Strand La Garita*, einem Ort, der gerne von Sportfischern und Tauchern aufgesucht wird. In seiner Umgebung wurde ein besonders gut erhaltenes Exemplar schlichter prähispanischer Keramik gefunden. Das Gefäß steht heute im Museo Canario in Las Palmas.

Über 2 km führt die Straße dicht am Meer entlang. Bei *Mala* verbreitert sich die Küstenterrasse. Große Teile der weiten Ebene am Fuß des Gebirgsmassivs werden landwirtschaftlich genutzt. Wenn der auf Lanzarote meist so spärliche Regen in manchen Jahren etwas kräftiger fällt, sammelt man hier das Wasser in einem kleinen Stausee und betreibt den Ackerbau in überfluteten ›gavias‹, die wir bereits auf Fuerteventura kennengelernt haben. Überdies hat sich in dieser Gegend in geringem Umfang auch die Zucht der Cochenille-Schildlaus gehalten, die die Wirtschaft des Archipels im 19. Jahrhundert jahrzehntelang entscheidend mitbestimmte.

Nach 3 km sind wir in dem von malerischen Windmühlen umgebenen Dorf *Guatiza* mit einer von César Manrique entworfenen Kakteenanlage, den Touristensiedlungen *Anac* und *Los Cocoteros* und den Stränden *Playa del Tío Joaquín* und *Playa de la Tía Vicenta.*

Südlich der nahen Caldera (325 m) biegen wir nach links ab und erreichen auf unbefestigtem Wege, an der zweiten Montaña Corona (235 m) vorbei, nach etwa 7 km den *Strand und die Salinen Los Charcos* mit den *Playas de las Cucharas und Bastián.* Dieser Küstenabschnitt, der verwaltungsmäßig zu Teguise gehört, soll als *Costa Teguise* zur größten Touristenurbanisation Lanzarotes werden. Die etwa 8 km nordöstlich der Inselhauptstadt von César Manrique entworfenen Ferienanlagen liegen inmitten parkartiger, der Landschaft angepaßter Grünflächen mit künstlichen Seen und Wasserläufen, breit aufgeschütteter Strände und einer großen, vom offenen Meer abgeschirmten Badebucht.

Im Fischerboot durch den Archipel der Isletas

Mit Lanzarote und Fuerteventura auf dem gleichen Schelf liegend, bildet der kleine Archipel der Isletas mit den beiden großen Ostinseln nicht nur geologisch eine Einheit, sondern ist ihnen auf den entsprechenden Höhenstufen auch in der Flora und Fauna sehr ähnlich.

In weitem Bogen um die Punta Fariones, die Nordspitze Lanzarotes, geht es schräg durch die Meerenge El Río. Nicht mehr als 10 m tief und an ihrer schmalsten Stelle 1 km breit ist dieser Abschnitt des großen vulkano-tektonischen Grabens, der sich entlang des Steilrandes des Famara-Guatifay-Massivs nach Südwesten erstreckt.

La Graciosa

»La Graciosa … erscheint dem Blick besonders reizvoll«, schwärmte Leonardo Torriani im Jahr 1590 über das 27 km^2 große Eiland vor Lanzarote, »sowohl durch ihre Gestalt wie durch ihre Lage und wurde deshalb von Letancurt (Béthencourt) so genannt … In diese Insel versetzte Torquato Tasso den von der Königin Armida verzauberten Reinaldo.«

An der kleinen Mole von *Caleta del Sebo* legen wir an. Über mehr als 1 km ziehen sich die weiß getünchten niedrigen Häuser entlang der flachen, meist feinsandigen Küste hin. Die etwa siebenhundert Einwohner leben hauptsächlich vom Fischfang. Nur selten führt der spärliche Regen zu einer ausreichenden Ernte: Vor allem Gerste, Weizen, Zwiebeln und Erbsen werden hier angebaut. Kapelle, Schule, Bibliothek, Laienspielgruppen und Tanzorchester kennzeichnen das kulturelle Leben auf der administrativ zu Teguise gehörenden Insel.

Unser Weg führt uns zunächst durch die weite, nur wenige Meter über dem Meeresspiegel liegende Ebene *Jable del Salado*, den ›Seesand des Salzkrautes‹, zur *Montaña Amarilla*, dem ›Gelben Berg‹. Der an seinem Fuß von der Brandung stark angegriffene Kraterwall dieses südlichsten der vier großen alten Vulkane der Insel hat einen Umfang von mehr als 1 km und ist, nach Norden hin leicht eingesenkt, 172 m hoch.

Zu beiden Seiten der *Punta de Marrajos*, des südlichsten Punktes von Graciosa, liegen zwei für großzügige Urbanisationsprojekte vorgesehene Badestrände: im Westen die *Playa de la Cocina* und im Osten die *Playa Francesa*.

Unser Weg nach Nordosten führt wiederum über eine weite, von Flugsanden bedeckte Ebene. Ziel ist die *Montaña del Mojón*, ein 188 m hoher erloschener Vulkan mit einem 70 m tiefen Krater. Mehrere unterschiedlich hohe Bergspitzen mit eigenen Namen hat der älteste und höchste der vier ehemaligen großen Vulkane der Insel, die *Montaña de Pedro Barba* (266 m), die südwestlich der gleichlautenden Wüstung liegt. Berg und Ortschaft sowie das östlichste Kap Graciosas wurden nach einem in Cervantes' ›Don Quijote‹ erwähnten spanischen Admiral benannt.

Durch den *Llano de la Mareta*, die ›Ebene des Wasserreservoirs‹, wo man an den seltenen Regentagen die Niederschläge sammelt, gelangen wir in nordwestlicher Richtung zu einem rotbraunen Tuffkegel, der *Montaña Bermeja* (157 m). Westlich dieses ›rötlichen Berges‹ liegt einer der schönsten Strände der Insel, die *Playa de las Conchas*, der ›Strand der Muscheln‹.

Von der *Playa del Ambar*, einer breiten Bucht im Norden, durch die Flugsande bis ins Inselinnere getrieben werden, berichtete George Glas 1764, daß dort bei stürmischer See manchmal »ambergris« an Land gespült wurde, und zwar »in einer birnenähnlichen Form und im allgemeinen mit einem kleinen Stiel, so daß man meinen könnte, sie wachse unter dem Wasser zwischen den Felsen«. Funde dieser grauen Pottwal-Ambra, die in der Seifen- und Parfumherstellung einst sehr geschätzt war

Das Fischerdorf Caleta del Sebo auf La Graciosa, vom Mirador del Río, dem »Erkerfenster« am Nordkap Lanzarotes, aus photographiert

und die vor allem in der pharmazeutischen Industrie auch heute noch verwendet wird, sind aus der Gegenwart hier nicht bekannt.

Die Pflanzenwelt ist, wenn auch nach Art und Dichte wesentlichen geringer, den küstennahen südlichen Gebieten von Teneriffa und Gran Canaria ähnlich.

Montaña Clara

Eine 1750 m breite und kaum 20 m tiefe Meerenge trennt das 1 km² große unbewohnte Eiland von der größeren Insel La Graciosa, mit der es wohl zu Beginn des Quartärs noch verbunden war.

Der Name der Insel mag von der hellen Kliffküste im Westen abgeleitet sein. Treffend verdeutlichen Landschaftsbezeichnungen auch Geländeformen sowie Beispiele aus der Flora und Fauna und dem Wirken des sporadisch auf Montaña Clara anlegenden Menschen in anderen Teilgebieten der kleinen Felseninsel, wobei bei der Vegetationsarmut die Farben des Gesteins und des Meeres eine besondere Rolle spielen. So gibt es an der Südküste die *Cuevas Coloradas*, die ›Roten Höhlen‹, dann im Südosten das *Kap El Veril*, den ›Rand einer Untiefe‹, und nördlich davon die Bootsanlegestelle *Puerto Viejo*. Südwestlich der kleinen Bucht breitet sich das Flachland des *Llano del Aljibe* aus, die ›Ebene des Regenwasserreservoirs‹. Steil fällt das Land am westlichen Kliff *El Bermejo*, dem ›Rötlich-Gelben‹, ab. Schwärzlich-blau ist das Meerwasser im *Caletón Obscuro*, der ›Dunklen Bucht‹, im nördlichen Abschnitt der schroffen, zum Teil überhängenden Westküste. Mehr als 200 m blickt man von dem von vertikalen vulkanischen Gängen durchzogenen Steilabfall *La Capilla*, der ›Kapelle‹, auf das Meer hinunter. Mit großer Wucht brechen sich im Norden die vom Passat getriebenen Wellen in dem zu einem Viertel zum Atlantik hin offenen Krater *La Caldera*.

Nido del Guincho, ›Nest des Fischadlers‹, wird im Nordosten ein Teil der unwirtlichen Felsküste genannt. Östlich der höchsten Erhebung der Insel, *La Mariana* (256 m), erstreckt sich über einen halben Kilometer der Geländestreifen *Las Tabaibitas*, wo zwischen den Tabaibas, EUPHORBIA OBTUSIFOLIA und EUPHORBIA BALSAMIFERA, die atlantische Eidechse GALLOTIA ATLANTICA, lebt.

Roque del Oeste

Über 225 m zieht sich das 42 m hohe, von dunklen Schlacken bedeckte und von basaltischen Gängen durchzogene 0,06 km² große Felseiland hin, das auch ›Roque del Infierno‹ genannt wird. Atlantische Silbermöwen, LARUS ARGENTATUS ATLANTIS, und aschfarbene Gelbschnabel-Sturmtaucher, PUFFINUS DIOMEDA BOREALIS, haben sich hier niedergelassen. Auch Wanderfalken, FALCO PEREGRINUS PELEGRINOIDES, Turmfalken, FALCO TINNUNCULUS DACOTIAE, und Fischadler, PANDION HALIAETUS, kann man dort entdecken.

Roque del Este

Etwa 12 km nordöstlich von Orzola liegt der 0,07 km² große Roque del Este. Zu dem 575 m langen steilwandigen ›Fels des Ostens‹, dem kleine, nur wenige Meter hohe Felsplatten vorgelagert sind, gibt es bei ruhigem Wetter bei der Cueva an der Südküste des nördlichen Inselteils den einzigen Zugang zu der etwa 40 m hoch gelegenen Einsattelung zwischen der höchsten Erhebung (84 m) und dem *Risco Falso* (63 m).

Der hauptsächlich aus verfestigten Aschen und Lapilli mit Einschlüssen aus fossilbelegtem marmorisiertem Kalk bestehende Überrest eines zerstörten Vulkanbaues wird von vertikalen Olivinbasaltgängen durchzogen. Zu ihnen gehört das an einen Glockengiebel erinnernde 57 m hohe Kliff *El Campanario.*

Alegranza

Die Insel Alegranza, die ›Freude‹, ist die nördlichste des kanarischen Archipels und somit die erste, die man, von Europa kommend, im Atlantik sichtet. Nach Torriani (1590) wurde sie von Béthencourt so genannt »wegen der Freude, die ihn ergriff, als er das ersehnte Land erblickte«.

Etwa 10 km ist die knapp 12 km² große Insel, die administrativ zu Teguise gehört, von La Graciosa entfernt. In ihrem ruhigsten Küstenabschnitt, einer windgeschützten Bucht der Südküste, gehen wir westlich der schwarzen *Playa del Trabuco* am Vorgebirge des *Veril* an Land. Von dort ist es nicht weit zum südlichsten

Punkt der Insel, zur *Punta de la Mareta* – eine Bezeichnung, die sowohl ›Kap des leichten Seegangs‹ als auch ›Kap des Wasserreservoirs‹ bedeuten kann. Die nahe *Grotte El Jameo*, oft auch nur schlicht ›La Cueva‹, ›Die Höhle‹, genannt, läßt sich meist gefahrlos mit dem Boot durchqueren.

Auf unserem Weg nach Nordosten kommen wir an dem einzigen Bauerngehöft Alegranzas vorbei, zu dem notwendigerweise auch eine Zisterne gehört. Nach etwa 1 km besteigen wir von der ersten Gabelung aus auf einem gewundenen Pfad den höchsten Berg der Insel, *La Caldera* (289 m), der, relativ gut erhalten, gerne als Musterbeispiel einer Explosionscaldera angeführt wird. Etwa 500 m hoch soll sie gewesen sein, bevor ihr oberster Teil hinweggesprengt wurde und breitflächige Wallränder – die *Meseta de Concheta* im Norden und die *Meseta de las Vacas* im Süden – zurückblieben. Über 1200 m beträgt der obere Durchmesser der Caldera; rund 600 m mißt er auf dem von Trümmermaterial bedeckten, 238 m tiefen Grund, auf dem sich ein fast ständig leeres Speicherbecken für Regenwasser befindet. Steilabfälle von mehr als 250 m kennzeichnen die durch die Brandung zu einem Viertel zerstörte Westflanke des hauptsächlich aus geschichteten schwarzen Lapilli mit vulkanischen Bomben und kleinen Lavabrocken aufgebauten Kegels. Treffende, teils unheimliche Namen tragen die Küstenformen hier. *La Moribunda*, ›Die Sterbende‹, heißt ein Überhang an der Kliffküste; *Las Capillas*, ›Die Kapellen‹, nennt man die an ein Kirchenschiff erinnernden vulkanischen Gänge in einem anderen Teilstück; als *Cueva del Infierno*, ›Höhle der Hölle‹, bezeichnet man die Grotte an der Westseite, in der sich tosend die Meereswellen brechen.

Östlich der Caldera dehnt sich die Vega aus, wenngleich keine ›fruchtbare Bewässerungsaue‹, wie der Name besagt, so doch eine weite Ebene mit oft brachliegenden Ackerflächen, die im Norden durch den nur wenige Meter hohen *Morro de la Vega*, den ›Vega-Bergrücken‹, und im Osten durch den *Morro Lobos* (220 m) und den *Morro de las Atalayas* (200 m) – die Bergrücken der ›Seehunde‹ und der ›Aussichtspunkte‹ – begrenzt wird.

Nach Nordosten schließt sich ein letzter größerer Vulkanstumpf an, der mit Lavaschichten durchsetzte Rest des Lapilli- und Schlackenkegels *Morro Rapadura* (130 m), dessen östliche Hälfte der Brandung zum Opfer gefallen ist. Knapp 1 km nordöstlich dieses ›Bergrückens des Scherens‹, der an die hier zum Weiden hergebrachten Schafe denken läßt, steht auf einem gewaltigen Lavablock der *Punta Delgada*, dem ›schmalen Kap‹, der nördlichste Leuchtturm des Archipels.

Nach Westen erstreckt sich nahezu über die ganze nördliche Inselhälfte ein 50-80 m hohes Plateau, ein altes Malpaís mit einzelnen trockenen Feldern und umfriedeten Weiden. Nach etwa 2,5 km kommen wir zu dem *Jablillo*, einer 500 m langen und 100 m breiten Fläche hellen kalkhaltigen marinen Sandes, den Wellen und Wind hier landeinwärts abgelagert haben.

Die spärliche Trockenlandvegetation gleicht im wesentlichen der Graciosas, und wie dort und auf Montaña Clara trifft man auch hier auf Wildkaninchen, die atlantischen Eidechsen GALLOTIA ATLANTICA und die auf Lanzarote und Fuerteventura nicht heimischen Mauergeckos, TARENTOLA MAURITANICA.

Von besonderer Bedeutung ist die abgelegene unbesiedelte Insel für die *Vogelwelt*. Mit zwanzig Arten und Unterarten steht Alegranza an der Spitze innerhalb des kleinen Archipels der Isletas und Roques[42].

Weinanbaugruben
bei La Geria
im Zentrum Lanzarotes

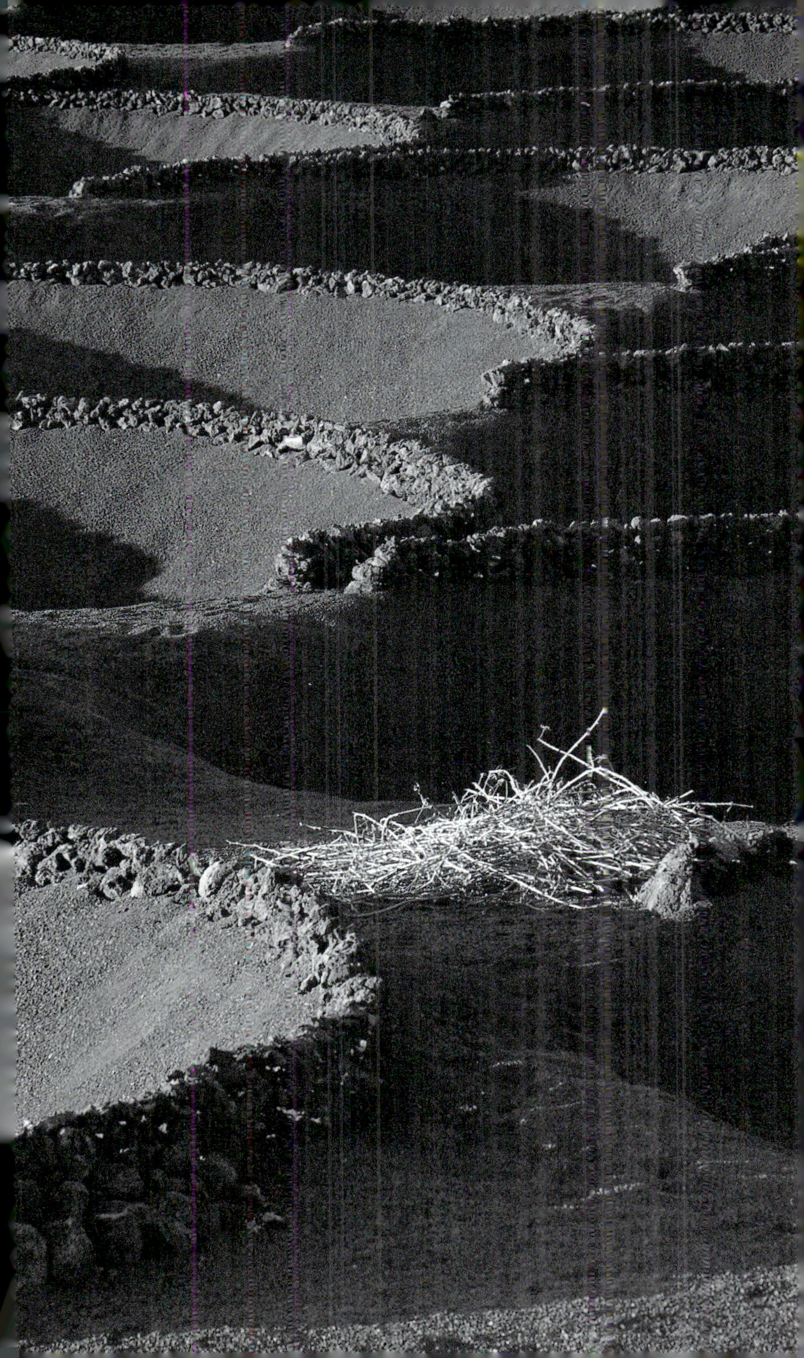

Schlagwortverzeichnis

Anhang

Inhalt

Reisehinweise

Allgemeine und praktische Informationen

■ **Anreise:** Die Kanarischen Inseln sind ein klassisches Flugziel. Die wichtigsten *Flughäfen* auf den Kanaren sind Las Palmas/Gran Canaria und Santa Cruz/Teneriffa sowie (die allerdings kleineren) Airports von Lanzarote, Fuerteventura, La Palma und El Hierro. Die Anreise mit dem eigenen Auto ist möglich: Zwischen dem südspanischen Cádiz und den kanarischen Häfen Santa Cruz bzw. Las Palmas verkehrt eine *Autofähre*, auf den Inseln reicht der nationale Führerschein.
Bahnreisende müssen bis zum Hafen nach Cádiz fahren (von der Bundesrepublik rund 30 Stunden Fahrzeit) und auf eine der Fähren umsteigen.

■ **Auskunft** erteilen folgende Büros des *Spanischen Fremdenverkehrsamtes:*
in 6000 Frankfurt a. M., Myliusstraße 14, Tel. (069) 72 50 33/38;
in 8000 München 2, Oberanger 6, Tel. (089) 2 60 95 70;
in Österreich: 1010 Wien, Rotenturmstraße 27, Tel. (01) 5 33 14 25, 5 35 31 91;
in der Schweiz: 8008 Zürich, Seefeldstraße 10, Tel. (01) 2 52 79 30/31.

Wer auf den Inseln Informationen und Hilfe braucht, wendet sich am besten an die »Oficinas del Turismo«, die in den größeren Städten zu finden sind. Die vier wichtigsten Adressen:
Fuerteventura – Patronato de Turismo, Calle Uno de Mayo 33, Puerto del Rosario, Tel. 85 05 04;
Gran Canaria – Patronato de Turismo, Calle León y Castillo 17, Las Palmas de Gran Canaria, Tel. 36 24 22;
Lanzarote – Oficina de Información y Turismo, Parque Municipal, Arrecife, Tel. 81 18 60;
Teneriffa – Oficina de Información y Turismo, Palacio Insular, Santa Cruz de Tenerife, Tel. 24 22 27.

■ **Essen und Trinken:** Wie in ganz Spanien, so gilt auch auf den Kanarischen Inseln: Am besten (und typisch spanisch) beginnt man mit »tapas canarios«, verschiedenen Vorspeisen. Dazu (zu jeder Tageszeit) »gofio«, geröstetes Gersten- oder Weizenmehl. Wer es scharf mag: »mojo«, eine Sauce mit Knoblauch und Paprika. Sie wird gern zum Fisch gegessen, der aber am besten als »cazuela« schmeckt, einem Eintopf aus Fisch und verschiedenen Gemüsesorten. Zum Fisch werden außerdem die »papas arrugadas« (Kartoffeln) gereicht. Die kanarische Spezialität ist »sancocho«: Fisch (»cherne«) mit gekochten »papas arrugadas« und abgebrühtem »gofio«. Fleischgerichte bestehen sehr häufig aus Ziegenfleisch oder aber auch aus Kaninchen. Zum Essen wird generell ein guter (meist kanarischer) Wein getrunken. Außerdem lieben die Kanarier zum Abschluß eines guten Essens einen Likör und ein (süßes) Dessert.

- **Geld:** Auch auf den Kanarischen Inseln ist die Währungseinheit, wie auf dem spanischen Festland, die Pesete (Münzen zu 1, 5, 25, 50, 100, 200 und 500 Ptas.; Scheine zu 100, 200, 500, 1000, 2000, 5000 und 10000 Ptas.). Wechselstuben findet man in den größeren Orten.

- **Kleidung:** Hier gibt es eigentlich keine großen Unterschiede zu hiesigen Verhältnissen. Besucher von Kirchen und Klöstern sollten diese generell nicht mit kurzen Hosen betreten. Für Wandertouren empfehlen sich atmungsaktive Materialien, regenfeste Kleidung für den Notfall, feste Schuhe und ein dicker Pullover – mit Temperaturschwankungen muß immer gerechnet werden!

- **Konsulate** gibt es in Las Palmas auf Gran Canaria. *Bundesrepublik Deutschland:* Calle José Franchy y Roca 5, 2. Stock; Tel. 275700/04. *Österreich:* Calle Luis Morote 6, 4. Stock; Tel. 261100/04. *Schweiz:* Calle El Cid 40, Tel. 274544.

- **Öffnungszeiten:** Südländische Mentalität gibt auf den Kanarischen Inseln den Ton an. Wichtiger Teil des Lebens ist also die »Siesta«. Offizielle *Geschäftszeiten* sind von 9.00 bis 13.00 Uhr und von 16.00 bis 20.00 Uhr. Über Mittag rührt sich so gut wie nichts, vor allem in den warmen Sommermonaten wird man schnell Verständnis dafür finden. Samstags sind Geschäfte von 9.00 bis 13.00 Uhr geöffnet. Ausnahmen bestätigen eher die Regel. – Wichtig: *Banken* und *Postämter* halten ihre Schalter nur in den Morgenstunden zwischen 9.00 und 13.00 bzw. 14.00 Uhr geöffnet.

- **Reisen zwischen den Inseln:** Sechs der Kanarischen Inseln sind durch *Fluglinien* miteinander verbunden. Nur auf La Gomera sucht man vergeblich einen Flughafen. Die meisten Flugstrecken werden mehrmals täglich angeboten. Häufigstes Verkehrsmittel zwischen den Inseln sind jedoch die zahlreichen *Fährverbindungen*. Die wichtigsten Strecken: Las Palmas/G. C.–Santa Cruz/T. (3 Std.); Teneriffa–Santa Cruz/P. (8 Std.); Las Palmas/G. C.–Puerto Rosario/F. (7 Std.); Santa Cruz/T.–San Sebastián/G. (4 Std.) und Puerto Rosario/F.–Arrecife/L. (3 Std.).

- **Souvenirs:** Für das begehrteste Mitbringsel besteht mittlerweile ein Ausfuhrverbot: Lavasteine von verschiedenen kanarischen Vulkanen dürfen nicht mehr mitgenommen werden! Es gibt aber lohnende und schöne Alternativen: handgewebte Teppiche von Teneriffa, Gebäck und Wein von El Hierro, handgedrehte Zigarren von La Palma und von jeder Insel Töpferwaren, Stickereien, ziselierter Schmuck und Lederwaren.

Die Inseln sind zollfreies Gebiet; es lohnt sich also, die Preise für Luxuswaren, Alkohol und Tabak zu vergleichen.

- **Sport:** Für alle Wassersportarten sind die Kanarischen Inseln ein ideales Revier. Segeln, Windsurfen, Tauchen, Wasserski oder Drachenfliegen sind an verschiedenen Küsten aller Inseln möglich. Im Inselinneren bieten sich meist sehr schöne Bergwanderungen (vor allem auf La Gomera) und Bergtouren zu den verschiedenen Vulkanen an. Golfplätze befinden sich auf Gran Canaria in Tafira und bei Maspalomas und auf Teneriffa. Zentrum des Hochseefischens ist Puerto Rico/G. C., von wo aus Tagestouren angeboten werden.

- **Uhrzeit:** Der Unterschied zwischen der Mitteleuropäischen Zeit (MEZ) und der Zeit auf den Kanarischen Inseln beträgt eine Stunde (Frankfurt a. M. 12.00 Uhr; Gran Canaria 11.00 Uhr).

- **Unterkunft:** Probleme beim Übernachten kann es auf den Kanarischen Inseln kaum geben: Von der einfachen Pension bis zum teuren Luxushotel findet man in allen Kategorien ein breites Angebot. Zu beachten ist, daß sich die Preise nach den Jahres- bzw. Reisezeiten staffeln (die teuere Hochsaison ist zwischen November und April, also in den begehrten Wintermonaten).
Die *Spanischen Fremdenverkehrsämter* geben *zwei Broschüren* (jeweils für die Provinzen Las Palmas und Santa Cruz de Tenerife) heraus, in denen das gesamte Zimmerangebot mit Preisen und den wichtigsten Daten zusammengefaßt sind. Besonders schöne Atmosphäre, weil oft in historischen Häusern untergebracht, und guten Service findet man in den Paradores-Hotels (auf El Hierro, La Gomera, La Palma, Teneriffa, Gran Canaria und Fuerteventura).

Die sieben Inseln im Überblick

Rundfahrten und Ausflüge

■ **El Hierro** (Karte S. 154)
El Hierro (Beiname »Die vergessene Insel«) ist mit 278 km² die kleinste und auch gleichzeitig die westlichste der Kanareninseln. El Hierro liegt selbst für kanarische Verhältnisse recht abseits und läßt sich nur schwer erreichen: am besten mit den Fährverbindungen von Teneriffa und La Palma aus oder mit dem Flugzeug, das auf dem kleinen Flugplatz bei *Tamaduste* landet. Der höchste Punkt ist der *Malpaso* (1500 m).
Christoph Columbus (S. *180*, *218*) notierte während seiner 2. Amerikareise am 3. Oktober 1493: »Punta de Orchilla, das letzte sichtbare Zeichen der europäischen Welt.«
Zentren der Insel sind der Hafenort *Puerto de la Estaca* und *Valverde* etwas westlicher im Inselinneren. In diesem Gebiet soll sich bis zum 7. April 1612 auch der wundersame »Wasserbaum« befunden haben (S. *13*, 162). Von ihm wurde berichtet, daß von seinen Blättern täglich mehr als 1000 l Wasser abgetropft seien, ehe er durch einen Wirbelsturm entwurzelt wurde. Die Geschichte gewinnt an Bedeutung, wenn man berücksichtigt, daß El Hierro wegen seines durchlässigen Schlackenbodens schon immer unter extremer Wasserknappheit gelitten hat. – Den Baum gibt es nicht mehr, geblieben sind aber die Wassersorgen: Touristen sollten daran denken und äußerst sparsam mit dem »kostbaren Naß« umgehen. Berühmt ist auch die *Kapelle Nuestra Señora de los Reyes* (S. *169*). Hier findet alle vier Jahre »der Abstieg« statt, eine Prozession zu Ehren der Heiligen Jungfrau. – Die schönste Bucht ist *El Golfo* (S. *156*, 164 ff.) an der Westküste. Vom *Mirador de la Peña* (S. *156*) kann man die Landschaft herrlich überblicken und gut die Halbmondform der Bucht erkennen. Interessant nicht nur für Biologen: Gegenüber den Roques de Salmor sollen noch einige Exemplare seltener Rieseneidechsen leben (s. a. S. 33). Fast überall fällt die Küste von El Hierro steil ab; es gibt nur wenige Buchten mit Playas.

■ **Fuerteventura** (Karte S. 280)
Fuerteventura liegt im Südosten der Kanaren. Die nahezu ebene Insel (höchste Erbebung ist mit 800 m die Hügelkette von Jandía) ist 1725 km² groß und wird von rund 31 000 Menschen bewohnt. Hauptstadt und Zentrum der Insel mit Flughafen ist Puerto del Rosario mit 14 000 Einwohnern (S. 285).
Das Klima der Insel ist sehr ausgeglichen, der Nordost-Passat Alisio sorgt dafür. Weht allerdings der ›Tiempo del Sur‹, dann

spürt jeder Besucher die nahe Lage zu Afrika mit feinen Sandwolken und hohen Temperaturen hautnah, und man vermißt den seltenen Regen noch mehr.
Fuerteventura wurde in alten Zeiten Herbaria genannt. 1404 kam die Insel nach dem Einfall der Truppen von Juan de Béthencourt (S. *10*) und seines Statthalters Gadifer de la Salle endgültig unter den Einfluß abendländischer Kultur.
Touristische Zentren der Insel sind *Corralejo* im Norden und die Halbinsel *Jandía* im Süden (S. 298 ff.). Attraktionen sind vor allem die zahlreichen Sandstrände (S. *17*), die sich an über 50% der Küste entlangziehen.
Die Insel läßt sich am besten auf drei Routen entdecken:

1. Die *Nordroute* (S. 302 ff.) führt von Puerto del Rosario über Tetir und Matilla nach *La Oliva*, wo die ›Casa de los Coroneles‹ und die Kirche sehenswert sind, dann über El Cotillo nach Lajares, von wo aus man die weiten Sandflächen der *Dunas de Corralejo* oder die *Isla de Lobos* mit der Fähre besuchen kann (S. 307 ff.).

2. Die Strecke durch das Inselinnere (S. 286 ff.) passiert die Orte *Antigua*, *Tuineje* und *Gran Tarajal* mit einem langen, schwarzen Sandstrand. Auf dem Rückweg lohnt ein Stop in *Pájara* (S. *280*), dessen Kirchenfassade sehenswert ist. In der Nähe des kleinen Ortes *Betancuria* (S. *289*) steht die Kirche der Schutzheiligen der Insel, die Kapelle Virgen de la Peña.

3. Entlang der *Südroute* (von *Puerto del Rosario* bis *Punta de Jandía*) dreht sich alles um Strände, Buchten, Meer und Baden. Egal auf welcher Strecke man unterwegs ist, am unabhängigsten ist man im Mietwagen und am flexibelsten für mögliche Abstecher in einem gemieteten Jeep.

■ **Gran Canaria** (Karte S. 198)
Gran Canaria (Beiname »Die runde Insel«) ist mit 1543 km^2 die drittgrößte Insel der Kanaren; der Name übertreibt also etwas. Doch ist die Hauptstadt *Las Palmas de Gran Canaria* (rund 400 000 Einwohner) unumstrittenes wirtschaftliches Zentrum der gesamten Kanaren (Karte S. 202; S. 200 ff., S. *207*, *210*, *213*, *218*). Gegründet wurde die Stadt am 23. Juni 1478 von Juan Rejón, der am Barranco de Guinguiniguada – in der Nähe des heutigen Theaters – ein erstes Lager errichtete. Es dauerte aber noch weitere fünf Jahre bis die Insel tatsächlich fest unter der Herrschaft der spanischen Krone stand.
Sieht man einmal von dem rund 3 km langen Strand von *Las Canteras* ab, an dem sich das meiste touristische Leben abspielt, dann sind sicherlich die *Kathedrale Santa Ana* mit dem Diözesanmuseum für Kirchenkunst (erbaut in der Zeit zwischen 1497 und 1570, mit Um- und Zubauten bis ins 20. Jh. hinein; S. *210*), die beiden ältesten Stadtteile Vegueta und Triana sowie das Castillo de la Luz die interessantesten Sehenswürdigkeiten.

In der Altstadt von Las Palmas steht das *Columbus-Haus* (mit einer Sammlung wertvoller Gegenstände und Dokumente aus dem 15. Jahrhundert sowie mit Modellen der drei von Columbus benutzen Karavellen).
Ebenfalls sehenswert: Das *Kanarische Museum* verschafft einen Überblick über die Ureinwohner, Geschichte, Bräuche und Sitten der Kanarischen Inseln, angeschlossen ist eine Bibliothek mit über 50000 Bänden und das Museum des bekannten spanischen Romanciers Benito Pérez Galdós, das in seinem ehemaligen Wohnhaus untergebracht ist. Die Kunstakademie trägt den Namen des größten kanarischen Bildhauers: José Luján Pérez. Der 1756 geborene Landarbeitersohn ist mit seinen ausdrucksstarken Plastiken in vielen Kirchen des Archipels vertreten.
Wer nach der Hektik der Großstadt und einem umfangreichen Besichtigungsprogramm etwas Ruhe sucht: Der *Park Santa Catalina* ist ein beliebter Treffpunkt.
Die Insel selbst läßt sich vor allem über drei wichtige Touristenstrecken entdecken:

1. Die *nördliche Route* (S. 224ff.) führt von Las Palmas durch weite Bananenplantagen nach *Arucas* (neogotische Kirche; S. 227; Rumfabrik und Bananenanbaugebiet), weiter nach *Moya* (Geburtsort des Dichters Tomás Morales und in der Nähe der Lorbeerwald Los Tilos), zur Barockstadt *Santa María de Guía* (S. 236) (probieren Sie mal den Queso de Flor, einen Käse aus Schafsmilch und Wilddistelblüten) und über Agaete (tropische Gewächse im fruchtbaren Barranco und in der Nähe von Puerto de las Nieves (S. 232) mit der gleichnamigen Kirche) bis in das rund 90 km entfernte San Nicolás de Tolentino.

2. Die *mittlere Route* (S. 271 ff.) führt in das Inselinnere und erschließt eine atemberaubende Szenerie mit prächtigen Gipfeln und wilder Landschaft. Statt des strahlenden Gelbs der Strände herrscht hier das satte Grün einer üppigen Vegetation vor. Es liegen Orte wie *Santa Brígida*, das schon lange wegen seiner Keramik und typisch-kanarischen Bauten geschätzt wird, und *San Mateo*, hier findet samstags und sonntags ein Obst- und Gemüsemarkt statt, an der Strecke. Später passiert man *Cruz de Tejeda* mit einem Parador zum Übernachten. Von hier hat man einen weiten Blick auf den 1803 m hohen *Roque Nublo* sowie bei klarem Wetter bis nach Teneriffa (S. 2). Nicht nur für Kinder lohnt sich ein Abstecher in das nahe Dorf *Tejeda:* Es ist für sein Marzipan aus Mandeln und Honig sowie für andere Süßigkeiten weit und breit bekannt.
So gestärkt kommt die Pause bei Valleseco gerade recht, außerdem hat man vom nahen Balcón de Zamora einen schönen Blick, ehe man *Teror* (S. 276, 276 ff.), das religiöse Zentrum der Insel mit der *Basilika* (S. 278) der Schutzpatronin der Insel, Nuestra Señora del Pino (Fest jedes Jahr am 8. September) erreicht und nach einer schönen Fahrt wieder in die Hauptstadt zurückkehrt.

3. Die *südliche Route* (S. 247 ff.) führt immer an der Küste entlang bis nach Puerto de Mogán; hier sind vor allem *die* Strände Gran Canarias. Die schönsten sind die *Playa de San Agustín*, *Playa del Inglés* (S. 255) und die *Playa de Maspalomas* (S. *236*), die sich alle drei aneinander reihen. Etwas abseits, aber auch einen Besuch wert, ist die *Playa de Puerto Rico.* Auf dem Rückweg kann man bei Maspalomas ins Inselinnere abbiegen und durch die weiten Mandel-, Obst- und Olivenplantagen in Richtung des architektonisch-interessanten *Telde* (S. *236*, 264 ff.) fahren, ehe man wieder im Ausgangsort Las Palmas eintrifft.

■ **La Gomera** (Karte S. 176)
Diese kleine Insel liegt rund 30 km westlich von Teneriffa. Auf dem 378 km² großen Eiland (S. *8*, *20*) leben rund 20000 Einwohner. Tiefe Barrancos, an deren Hängen terrassenförmige Felder angelegt worden sind, bestimmen die Küste, und im südlichen Teil der Insel erhebt sich mit dem 1478 m hohen *Alto de Garajonay* der höchste Punkt im gleichnamigen Nationalpark (S. *184*, 194), ein ideales Revier für Wanderer und Naturfreunde, ebenso lädt das Gebiet von *El Cedro* (S. 195 f.) zu erlebnisreichen Wanderungen ein.
Die Insel steht im krassen Kontrast zur großen Nachbarin Teneriffa, auf der sich der Tourismus mit Hotelburgen ständig weiter ausbreitet. Da La Gomera keinen Flughafen besitzt, kann man die Insel nur mit der *Fähre* von *Los Cristianos* auf Teneriffa erreichen. La Gomera präsentiert sich als ein Eiland für Individualisten, zumal offiziell nur knapp 2000 Unterkunftsbetten zur Verfügung stehen.
Der Name der Insel kann auch aus dem Portugiesischen – »Gomeiro« bedeutet darin »Eingeborener von Gomera« – abgeleitet werden. Die beschauliche Hauptstadt ist *San Sebastián de la Gomera.* 1492 wurde hier ein Stück Weltgeschichte geschrieben, denn von hier aus legte Christoph Columbus (S. *180*, 180 ff., 219) zu seiner Entdeckungsreise auf der Suche nach Westindien ab; bekanntlich kam er dort nie an … Eine Gedenktafel auf dem Brunnen im alten Zollhaus verkündet stolz: »Mit diesem Wasser wurde Amerika getauft!« Sehenswert ist auch der Turm des Grafen von Gomera aus dem 15. Jahrhundert am Hafen. Kleine Orte verstecken sich in den engen Tälern. Da bleibt für Strände kaum noch Platz. Ausnahme sind u. a. die *Playa de Santiago* im Süden der Insel und Badebuchten im *Valle Gran Rey.*

■ **Lanzarote** (Karte S. 310)
Im Nordosten der Kanaren liegt Lanzarote, das mit einer Größe von 795 km² die viertgrößte der gesamten Inselgruppe ist; 60000 Menschen leben hier, rund die Hälfte davon in der Hauptstadt *Arrecife* (S. *315*, 316 f.).
An der 140 km langen Küste wechseln vor allem Klippen und

Felsen, nur selten von Stränden unterbrochen. Die höchste Erhebung sind die *Peñas del Chache* im Famara-Massiv mit 671 m. Die geringe Entfernung zum afrikanischen Kontinent (110 km) und die niedrigen Berge erklären das trokkene Klima der Insel: es ist sonnig und das ganze Jahr über herrschen relativ konstante durchschnittliche Mindesttemperaturen von 15 °C (im Winter) und 25 °C (im Sommer). Für diesen klimatischen Ausgleich sorgen auch die Passatwinde.

Der Namensursprung ist ungeklärt: Vielleicht war es der genuesische Seefahrer Lanceloto Malocello, der während einer Expedition im Jahre 1312 hier landete. Vielleicht war es aber auch Jean de Béthencourt, der nach der Inbesitznahme seine Lanze zerbrochen und die Stücke vor Freude in die Luft geworfen haben soll, begleitet mit dem Ausruf: »Lanza rota!« – »Die Lanze ist zerbrochen!«

Ein Blick über die Landschaft von Lanzarote: Das vulkanische Bild prägen schwarze Lava, von dunklen Lapilli bedeckte Felder, buntscheckige durch vorüberziehende Wolken die Farben wechselnde Schlackenberge und bizarre Felsen. Nur ein kleiner Teil der Küste läßt sich in die Kategorie »Feiner Sandstrand« einordnen. Trotzdem sind die wenigen Strände noch nicht überfüllt. Lanzarote ist das Ziel für Individualisten, die sich auch von der teilweise unwirtlichen, ja abweisenden Landschaft nicht abschrecken lassen: rund ein Drittel ist reine Lavalandschaft mit fast 300 erloschenen Vulkanen. – Dennoch: Immer wieder fallen die erfolgreichen Bemühungen ins Auge, auf der Insel Landwirtschaft zu betreiben: Weinberge, Tomatenfelder und Gemüserabatten bilden bunte Farbtupfer im schwarzen Tuffgestein.

Touristisch sind vor allem folgende Regionen interessant:

Im *Süden* der Hauptstadt (S. 316 ff.) befinden sich mit *Playa del Reducto*, *Playa de Matagorda*, *Playa de los Pocillos* und *Playa Blanca* (stark im touristischen und baulichen Aufwind) und nördlich von Arrecife das großzügig sich entwickelnde Touristenzentrum *Costa de Teguise*. Aushängeschild der Insel ist hingegen der *Nationalpark Timanfaya* (S. 342 ff., *325*, *328*). Dieses »Inferno der Feuerberge« (rund 200 km^2 groß) läßt sich kein Tourist entgehen. Berühmt sind die hier angebotenen Kamelritte entlang der schwarzen Lavahänge (Farbtafel S. 328); die »Vulkanroute« ist etwa 10 km lang. Beim »Islote de Hilario« kann der Besucher dann auch hautnah spüren, wie jung die Erde auf Lanzarote noch immer ist: In 10 m Tiefe herrscht eine Temperatur von 400 °C!

Weitere Attraktionen der Insel: die *Jameos del Agua* (über 20 m hohe Höhlen, in deren Mitte sich eine Lagune befindet) und die *Cueva de los Verdes* (künstlerische Klang- und Farbenspiele sorgen in diesem unterirdischen Tunnel für eine besondere Atmosphäre). Interessant ist auch das *Weinanbaugebiet* bei *La Geria* (S. 338,

340). Und natürlich die *Salinen* (S. *347*) von *Janubio* sowie die vom Meer herausgewaschenen Höhlen von *Los Hervideros* und *El Golfo*, in denen das Wasser in fantastischen Farben schimmert.
Wer einen besonders schönen Blick genießen möchte, der sollte den *Mirador del Río* im Norden (S. 347 ff., *355*) besuchen, und wer etwas erleben will, der sollte nach *Puerto del Carmen* fahren.
Tips: Einkaufen und in Ruhe einen Kaffee genießen kann man im Zentrum *El Almacén* in Arrecife. Oder aber (allerdings weniger ruhig) an Sonn- und Feiertagen auf dem »Volksmarkt« in Teguise.
Im August wird in Arrecife das Fest des Heiligen Ginés und im September in Tinajo das Fest der »Heiligen Jungfrau der Vulkane« gefeiert. Nicht nur zu diesen beiden Gelegenheiten hört man das typische Instrument der Insel: die Timple, eine Art Gitarre mit vier oder fünf Saiten.

■ **La Palma** (Karte S. 110)
Die Insel La Palma (Beiname »Die grüne Insel«) liegt im Nordwesten der Kanaren und ist 728 km^2 groß. Von den rund 85 000 Einwohnern leben die meisten in der Hauptstadt Santa Cruz de La Palma. Die Landschaft wird durch den *Nationalpark Caldera de Taburiente* (S. *112*, 134 ff., *135*) bestimmt, in dessen Mittelpunkt der *Roque de los Muchachos* (S. *146*) liegt. Hier steht seit 1987 eines der bedeutendsten internationalen astrophysikalischen Observatorien der Welt. Empfehlenswert ist eine Maultierexkursion durch die Caldera.
Am 29. September 1492 landeten die Spanier auf der Insel, die neben dem Tourismus vor allem von der Landwirtschaft (Bananen, Tabak und Wein) lebt. Über den Namensursprung gibt es, wie auch bei vielen anderen Inseln, unterschiedliche Versionen: Wahrscheinlich haben die zahlreichen Palmen auf der Insel die Namensfindung mit beeinflußt.
In *Santa Cruz de La Palma* (S. 117 ff., *118*, *125*) sind das Rathaus (von 1563), die Kirche San Salvador (16. Jahrhundert) und die Plaza de España sehenswert sowie die rund 4 km außerhalb liegende *Ermita de Nuestra Señora de las Nieves* (S. *131*). Hier befindet sich ein reich geschmücktes Standbild der Schutzheiligen der Insel, zu deren Ehren alle fünf Jahre ein großes Fest gefeiert wird. Dann wird das Standbild in einer großen Prozession zum Hafen hinunter getragen; Palmeros aus der ganzen Welt kommen zwischen dem 28. Juni und 5. August dafür zurück auf ihre Heimatinsel.
Wer die Natur sucht, wird sie auf La Palma – trotz verstärkten Tourismus' – noch immer finden. Die wenigen Strände sind zwar grau, verschaffen aber trotzdem Abstand zum »grauen Alltag« daheim: Sie liegen bei *Puerto de Naos* (S. *132*) und bei *Puerto de Tazacorte* (S. *148*). Südlich der Hauptstadt Santa Cruz liegt die *Playa los Cancajo*, leider direkt an der belebten Küstenstraße.

■ **Teneriffa** (Karte S. 22)
Mit 269 km Küstenlänge und 2058 km² Fläche ist Teneriffa die größte der Kanarischen Inseln und mit rund 650000 Einwohnern nach Gran Canaria die zweitvolkreichste. Etwa 80 km beträgt die Entfernung zwischen dem östlichsten Punkt der Insel, *Punta de Anaga*, und ihrem westlichsten, *Punta de Teno;* und fast die gleichen Ausmaße hat sie von der Punta de Anaga bis zum äußersten Süden, *Punta de la Rasca.* Auf der Landkarte ist Teneriffa leicht an ihrer dreieckigen Form zu erkennen.
Ein Bergkamm, in dessen Zentrum mit dem *Pico del Teide* (3718 m) der höchste Berg ganz Spaniens liegt, durchzieht die Insel und teilt sie in zwei unterschiedliche Hälften. Der Norden ist fruchtbar, feucht und wasserreich. Der Süden ist dagegen okkerfarben, wasserarm und fast wüstenartig. So ist es kein Wunder, daß die Insel eine Welt für sich ist: Innerhalb von 2 Stunden kann man im Winter im Atlantik baden und in den Bergen im Schnee »frieren«, um wenig später schon wieder durch üppige Bananenplantagen zu wandern …
Wer die Insel erkunden will, kann sich an vier Routen orientieren:

1. Die *nördliche Route* (S. 86 ff.): Auf rund 75 km durchfährt man einen sehr fruchtbaren, flachen Küstenstreifen und passiert die meisten Baudenkmäler und die wichtigsten Tourismuszentren der Insel. Man startet in *Santa Cruz de Tenerife* (Karte 98; 98 ff., *100*); der Hauptstadt (200000 Einwohner); sehenswert: die Kirche La Concepción aus dem 16. Jahrhundert, das Fort Paso Alto, der Palast de los Carta aus dem 18. Jahrhundert, die Kirche San Francisco und das Archäologische Museum; siehe auch S. 103 ff.). Nur rund 10 km entfernt liegt *La Laguna* (S. *76*, 76 ff.), eine Großstadt, geprägt von kleinstädtischer Beschaulichkeit in ihrem historischen Ortskern; besuchen sollte man die Kathedrale, das Bischöfliche Palais, die Kirche La Concepción sowie das Kloster San Francisco. In La Laguna befindet sich auch die älteste Universität der Kanaren.
Fährt man weiter Richtung Süden, ist es in *Puerto de la Cruz* (S. *33*, *49*) erst einmal mit der Beschaulichkeit vorbei: Hier hat sich in den vergangenen Jahren eines der bedeutenden Touristenzentren der Insel entwickelt. Ein wenig Ruhe findet man allerdings im üppigen Botanischen Garten (Jardín de Aclimatación; S. *32*). Südlich liegt der Ort *La Orotava* (S. *44*, 44 ff., *57*), mit seinen schönen Adelshäusern und den reich verzierten Balkonen. Es folgen mit Los Realejos, San Juan de la Rambla und *Icod de los Vinos* (bekannt für seine guten Rebsorten und dem mehrere tausend Jahre alten Drachenbaum; S. *41*). Orte, die ebenfalls alle einen Stop und eine Besichtigung verdienen. Die Route endet in San Marcos, das sich in einer kleinen Bucht unterhalb von Icod am Meer duckt (S. 36 ff., *41*, *87*).

2. Die *südliche Route* (S. 21 ff.): Fährt man von Santa Cruz de Tenerife entlang der Küste Richtung Süden, dann erlebt man die trokkene und braune Seite der Insel. Hier läßt Afrika bereits grüßen. Die 24 km entfernte Stadt *Candelaria* (S. 59 ff., *106*, *109*) lohnt vor allem jedes Jahr am 14. und 15. August einen Besuch; dann wird hier das Fest zu Ehren der Virgen de Candelaria gefeiert, der Schutzpatronin der Insel. Festlich geht es auch im nahen *Guímar* während der Wallfahrt zu Ehren der Virgen del Socorro zu. Erreicht man wieder die Küste, so dreht sich alles um die Strände von *Los Cristianos* und *Las Américas* im Südwesten. Kontrastreich dazu präsentiert sich der nahe *Barranco del Infierno*. Die »Höllenschlucht« gehört zu den tiefsten der Insel, an dessen Rändern Wasserfälle in die Tiefe stürzen und dessen Boden von riesigen Farnkräutern bedeckt wird. Imposant ist auch die Steilküste *Los Gigantes* in der Nähe des Hafens von Santiago. Fährt man von hier aus weiter nach Norden, so führt die Straße durch den Ort Santiago del Teide und stößt bei Icod de los Vinos auf die bereits beschriebene nördliche Route.

3. Die *Anaga-Halbinsel* (S. 88 ff): Nur die wenigsten Touristen fahren in den Norden Teneriffas. Ein Fehler, wie der sympathische Ort *San Andrés* (S. *91*) bereits wenige km hinter der Hauptstadt beweist. Daß die Insel nicht nur das Klima vom afrikanischen Kontinent hat, belegt der anschließende Strand von *Las Teresitas* (S. *33*, *91*), für den man den nötigen Sand aus der Sahara herangeschafft hat. – Bestimmt wird die Region allerdings vom Bergmassiv *Anaga* (S. *91*, *101*), an dessen Ausläufern sich kleine Buchten verstecken (u. a. Playa Antequera). Von der *Montaña El Bailadero* hat man den besten Überblick und erkennt im Tal den Ort *Taganana* (S. 94 ff.). Die Besonderheit hier: Die Einwohner sind überwiegend blond. Der Norden bietet vor allem Natur pur in einer wilden Landschaft, weitab von der Hektik des Massentourismus – ein ideales Gebiet für stille Wanderungen.

4. Die *Routen zum Teide* (S. 66 ff.): Der Nationalpark Las Cañadas del Teide, in dessen Mitte der Pico del Teide liegt, schützt eine zum Teil einzigartige Flora und gehört zum Pflichtprogramm auf Teneriffa. So viele verschiedene Ansichten (S. *2*, *8/20*, *24*, *66*, *71*, *184*) der alles bestimmende Pico del Teide zeigt, (fast) so viele verschiedene Aufstiegsrouten bietet er an. Man kann von La Laguna die Landstraße zum Bosque de la Esperanza nehmen (59 km). Sie führt die meiste Zeit auf dem Höhenrücken *Cumbre Dorsal* mit mehreren schönen Aussichtspunkten entlang, bevor sie den Zugang zu den Cañadas, El Portillo, erreicht. Später gelangt man von hier aus zur *Teide-Seilbahn*. So kann jedermann auf den imposanten Gipfel gelangen. Alternativ bietet sich die Straße von *Orotava* an (47 km), die in der Nähe von

Puerto de la Cruz in die Berge aufsteigt. Oder man nimmt eine der beiden südlichen Routen: entweder von Guía de Isora oder von Vilaflor aus. So unterschiedlich die Anfahrtsrichtungen auch sind, die Seilbahn ist für alle der gemeinsame Endpunkt. Selbstverständlich ziehen Wanderer den Fußmarsch auf den Gipfel vor …

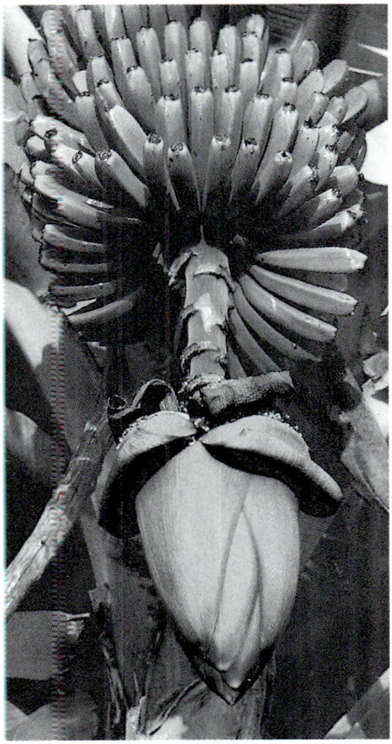

Bananenstaude – Fruchtstand, darunter die Blüte. Bananen werden auf den Inseln Teneriffa, La Palma, La Gomera, El Hierro und auf Gran Canaria angebaut.

Die Kanaren in Stichworten

■ **Afrika:** Der »schwarze Kontinent« liegt zum Greifen nahe und kann in Tages- oder Zwei-Tages-Touren von den Inseln aus besucht werden. Verschiedene Veranstalter auf Gran Canaria und Teneriffa bieten Ausflüge nach Marrakesch/Marokko und nach Gambia an.

■ **Blumen:** Die Artenvielfalt der Pflanzenwelt auf den Kanarischen Inseln ist beeindruckend und für viele Inselbesucher überraschend. Vor allem auf Teneriffa blühen die Blumen in üppiger Pracht und sind beliebte Souvenirs (siehe auch *Vegetation*).

■ **Columbus:** Der Entdecker Christoph Columbus (spanisch Cristóbal Colón) machte die Kanarischen Inseln zu seinem Sprungbrett in die Neue Welt. Am 9. August 1492 kam er zum ersten Male nach Gran Canaria, um Proviant aufzunehmen und die Schiffe zu überholen. Wenig später legte er auch auf La Gomera an, ehe er am 6. September 1492 Richtung Westindien aufbrach. Es war die günstige Lage der Kanarischen Inseln, weshalb Columbus in den kommenden Jahren aus diesem Zwischenstop eine Gewohnheit machte: Er setzte auch auf seinen Reisen in den Jahren 1493, 1498 und 1502 den Anker vor Gran Canaria und La Gomera (S. 180, 180ff., 217ff., 219).

■ **Feste:** Daß die Kanarier keine »Kinder von Traurigkeit« sind, zeigen sie gern und oft. Neben den kirchlichen Festtagen sind die Feiern zu Ehren der jeweiligen Inselpatronin, insbesondere das große Fest zu Ehren der Virgen de Candelaria, Schutzpatronin des gesamten Archipels, am 14. und 15. August in *Candelaria*, südlich von Santa Cruz de Tenerife, von Bedeutung. Viele Wallfahrten haben einen überaus festlichen Rahmen. Die großen Inseln aber scheinen während der Karnevalszeit im Februar aus den Fugen zu geraten (vor allem Teneriffa); so stimmungsvoll wie der Karneval in Brasilien, behaupten die Kanarier.

■ **Folklore:** Der Volkstanz *Canario* der Guanchen – graziöse Sprünge der Tänzer, die aus zwei gegenüberstehenden Reihen aufeinander zu kommen – war im 16. bis 19. Jahrhundert ein beliebter Gesellschaftstanz an europäischen Fürstenhöfen. Zu den heute noch gepflegten Tänzen gehören unter anderen: *Isa*, *Folía*, *Malagueña*, *Seguidillas*, *Tanganillos*, *Robadas* und die *Saltonas*. Auch die modernen, von Trachtengruppen nach alter Tradition vorgeführten Tänze werden meist von *Timple* und Gesang begleitet.

■ **Geographie:** Die sieben Hauptinseln, eine bewohnte und drei unbewohnte Nebeninseln, zwei Eilande und mehrere Felsen erstrecken sich insgesamt über eine Fläche von 7500 km² zwischen 27° 37′ und 29° 23′ nördlicher Breite und zwischen 18° 16′ westlicher Länge: etwa 100 km von der afrikanischen Küste entfernt.

■ **Geologie:** Neuere Forschungen haben ergeben, daß Lanzarote und Fuerteventura mit ihren Nebeninseln dem afrikanischen Kontinentalrand aufsitzen; Gran Canaria und der Westen des Archipels sind hingegen ozeanischen Ursprungs. (Die geologischen Besonderheiten werden in dem jeweiligen Inselporträt im Haupttext passim charakterisiert; Literaturhinweise S. 383 ff.)

■ **Klima:** Die Kanarischen Inseln haben das ausgeglichenste milde Klima der Welt. Mit Ausnahme des alljährlich nur wenige Spätsommertage andauernden sogenannten Südwetters (›tiempo del sur‹) mit Temperaturen bis zu 40 °C und mehr wird es in den Küstengebieten das ganze Jahr hindurch nicht heiß und nicht kalt (16 °C–22 °C), ein ideales ganzjähriges Badewetter! Doch wer klimatische Abwechslung sucht, kann im Winter auf Teneriffa, La Palma und Gran Canaria in zwei Autostunden vier Jahreszeiten erleben, indem er die Berge hinauffährt: Baden im sommerlichen Meer, üppige Frühlingsblütenpracht auf den unteren Höhen, herbstlich fallende Blätter in den mittleren Lagen und winterliches Wetter im Hochgebirge mit Rodelfreuden am Pico del Teide. Welch eine wundersame Welt!

■ **Lucha Canaria** (Kanarischer Ringkampf): Diese »archaische« Form des Ringens kannten schon die Guanchen; er begeistert noch immer die Inselbewohner. Gekämpft wird dreimal drei Minuten. Zum Sieger wird derjenige erklärt, der den Gegner zweimal auf die Schultern gelegt hat. Obwohl nur immer zwei Kämpfer gegeneinander antreten, ist die Lucha Canaria ein Mannschaftssport. (Informationen: Federación Tinerfeña de Lucha; San Juan 39, La Laguna T.; Tel. 25 72 55.)

■ **César Manrique:** Maler, Bildhauer und Architekt, geb. 1917 in Arrecife, Lanzarote. Hauptaufgabe: landschaftsgemäße Architektur auf den Kanaren. Ausstellungen auch in Deutschland. Mehrere Auszeichnungen, in Deutschland auch für »Kunst und Umwelt«.

■ **Mythologie:** In der Antike bedeuteten die Inseln das mythische Ende der damals bekannten Welt. Waren es die Elysischen Gefilde des Homer im 8. Jahrhundert vor Christus? Oder sind es Herodots (um 290-425/420 v. Chr.) Gärten der Hesperiden. Oder waren die Inseln gar Platons versunkenes Atlantis (427-347 v. Chr.)? – Zur Geschichte des Archipels siehe die historische Einleitung (S. 8 ff.).

■ **Passat:** Nahezu das ganze Jahr hindurch, vor allem in den Monaten Mai bis November, weht der sogenannte Nordost-Passat über die Kanarischen Inseln. Dieser gleichmäßige Wind (beständig zwischen Windstärke vier und fünf) sorgt für angenehme Abkühlung, kann jedoch in den engen Tälern der Insel auch Sturmstärke erreichen.

■ **Silbo:** Eine Pfeifsprache, mit der sich die Bewohner Gomeras über weite Talschluchten hinweg verständigten. Sie wird heute von wenigen Könnern fast nur noch Touristen vorgeführt.

■ **Tourismus:** Seit 1963 entwickelte sich der Tourismus auf dem Archipel zum wichtigsten Wirtschaftsfaktor. Ein paar Zahlen: 1965 besuchten 280000 Urlauber die Inseln, 1976 waren es bereits mehr als zwei und Ende der achtziger Jahre weit über fünf Millionen. Der Besucheransturm konzentriert sich in erster Linie auf *Gran Canaria* und *Teneriffa;* in letzter Zeit kommen immer mehr Individualtouristen auch nach *Lanzarote* und *Fuerteventura*. Die Gefahren eines ungebremsten Ausbaus sind erkannt. Einer der prominentesten Warner und engagiertesten Umweltschützer ist der Maler und Architekt César Manrique, der auf Lanzarote geboren wurde. Seine Bauten gelten als Musterbeispiele für landschaftsgerechte Architektur.

■ **Vegetation:** Alexander von Humboldt fand eine andere Vegetationsform vor als wir heute. Er gliederte die kanarischen Landschaften 1799 nach ihrer ursprünglichen Vegetation in fünf Höhenstufen: in die trocken-warme Rebenzone; in die ausgedehnte Sukkulentenzone mit ihren zahlreichen wasserspeichernden fleischigen Pflanzen; es folgt dann die feucht-temperierte Wolkenregion; dann die Pinienwaldregion und anschließend die über den Wolken liegende trocken-kalte Hochgebirgszone. Über die reichhaltige und vielfältige Flora auf den Kanaren, die im einzelnen bei den Exkursionen in den sieben Hauptkapiteln beschrieben werden, gibt es umfangreiche Spezialliteratur (siehe Literaturliste Nr. 30, 40, 37 und 38 sowie die weiterführenden Hinweise S. 384f.).

■ **Verwaltung:** 1823 erhielt der Archipel den Status einer spanischen Provinz, Santa Cruz de Tenerife wurde Hauptstadt; 1927 kam es nach jahrzehntelangen Auseinandersetzungen zwischen den beiden größten Inseln zu einer Aufteilung in zwei Provinzen: in die östliche (Gran Canaria, Fuerteventura und Lanzarote) und in die westliche (Teneriffa, La Palma, La Gomera und El Hierro).

■ **Vulkane:** Vulkanausbrüche gab es in geschichtlicher Zeit auf drei Inseln: zehn auf Teneriffa, den ersten 1393 und den bisher letzten 1909; auf La Palma sechs, den ersten 1585 und den bisher letzten 1971 sowie acht auf Lanzarote, 1730 den ersten und 1824 den letzten (S. 325ff.).

Glossare

Kleines Botanik-Glossar

Endemit – Pflanzenart, die nur in einem bestimmten geographischen Gebiet auftritt

Halophyt – an salzreichen Boden gebundene Pflanze

Sukkulente – Pflanzen mit wasserspeichernden Geweben, die in Regionen mit extremer Trockenheit wachsen

Xerophyten – an trockene Standorte angepaßte Pflanzen

Kleines Geographie- und Geologie-Glossar

Abrasion – Erosion durch die Meeresbrandung

Abtragung – a) Sammelbegriff für jede Art von Wegführung von Verwitterungsmaterial; b) im englischen Sprachraum Erosion

Acantilado – Steilabfall

Barranco – tiefes Tal, durch Senkung des Meeresspiegels und Hebung der Inseln entstanden

Caidero – Wasserfall in Barrancos

Cala – Rundbucht

Caleta – kleine Rundbucht

Cañada – das obere steile Ende eines kleinen Barrancos; im weiteren Sinn jeder kleine Barranco

Cuesta – großer flach auslaufender Barranco-Hang

Degollada – Durchgang zwischen zwei benachbarten Tälern

Embalse – Stausee

Enarenado – Trockenfeldbau mit einer 5–10 cm starken Lapilli-Decke

Fortaleza – eine in einer kleinen Meseta auslaufende Vulkanschlotfüllung, die die abgetragene Umgebung festungsähnlich überragt

Gang – Spaltenfüllung aus Mineralien oder Gesteinen in älteren Gesteinen

Garganta – siehe *Degollada*

Gavia (oder *Gabia*) – niedrig ummauertes oder von kleinen Erdwällen umgrenztes Berieselungsfeld

Kissenlava oder Pillow Lava – unter Wasser geförderte Lava von kissenartiger Struktur mit einem Meter Durchmesser

Llanillo – im allgemeinen eine kleine Terrasse an den Barranco-Hängen

Lomo – leicht zum Meer hin geneigter Bergrücken zwischen zwei Barrancos

Lapilli – hasel- bis walnußgroßes vulkanisches Auswurfmaterial

Malpaís – spanisch: schlechtes Land; vegetationsarmes Lavagelände

Meseta – ausgedehnte Hochebene

Morro – Berg, der nach einer Seite steil abfällt

Pozzolan – nach dem Fundort Puzzuoli am Vesuv benanntes helles und poröses bimssteinartiges vulkanisches Auswurfmaterial

Presa – spanisch: Staumauer; doch häufig auch Stausee

Punta – Kap

Risco – Steilhang

Roque – eine mehr oder weniger spitz auslaufende Vulkanschlotfüllung, die die abgetragene Umgebung als wuchtiger Fels überragt

Roßbreiten – ursprünglich nur der windschwache Hochdruckgürtel um 30 Grad nördlicher Breite, wo viele im 15. und 16. Jahrhundert von Spanien nach Amerika transportierten Pferde aus Trinkwassermangel starben, weil die Segelschiffe wegen der lang andauernden Flauten nicht vorwärtskamen. Später wurde der Ausdruck auch auf das entsprechende Gebiet südlich des Äquators bezogen

Schildvulkan – sein Auswurf ist ausschließlich dünnflüssige Lava

Schlotfüllung – die im Eruptionskanal eines Vulkans erstarrte Gesteinsschmelze

Stalagmit – von unten nach oben wachsender Tropfstein

Stalaktit – von oben nach unten wachsender Tropfstein

Tektonik – Lehre vom Bau der Erdkruste und ihrer inneren Bewegungen, wie z. B. Brüche, Gebirgsbildungen und Erdbeben

Tuff – verfestigtes vulkanisches Lockermaterial

Valle – muldenförmiges Tal

Verwerfung – großräumige Verschiebung zweier Gesteinsschollen

Vega – fruchtbare bewässerte Gartenbauebene

Kleines Geschichts-Glossar

Guanarteme – unabhängiger altkanarischer Fürst

Guanchen – altkanarisches Wort, das »Söhne Teneriffas« bedeutet, doch oft fälschlich auf alle Altkanarier des Archipels bezogen wurde

Morisken – christlich getaufte Mauren, die nach der Reconquista in Spanien blieben

Moriskisch – seit 1930 auch kunsthistorischer Ausdruck für Mudéjar

Tagóror – runder altkanarischer Ratsversammlungsplatz mit Sitzsteinen

Kleines Kunst-Glossar

Ädikula – tempelförmige Umrahmung einer Nische

Akanthus – Blattornament, ähnlich der distelförmigen gleichnamigen Pflanze, die im Mittelmeerraum beheimatet ist

Akroter (Akroterion) – griechisch: äußerste Spitze; Zierelement auf Giebeln

Alfiz – siehe Arrabá

Arabeske – ornamentales Ranken- und Blattwerk

Architrav – waagrechter Tragbalken über Säulen oder Pfeilern

Archivolte – a) bandartig gestaltete Stirn- und Innenseite eines Rundbogens; b) häufig mit Skulpturen besetzter profilierter Bogenlauf im schräg nach innen geführten Mauereinschnitt (Gewände) romanischer und gotischer Portale

Arrabá – arabisch: Viereck, Rahmen; nach unten offenes Rechteck über einem Bogen; Synonym: Alfiz

Artesonado – maurische Kassetten- oder Täfelwerkdecke

Azulejos – seit 1490 gebräuchliches Wort für bunte, insbesondere blaue Fliesen

Basis – ausladender Fuß einer Säule oder eines Pfeilers zwischen Bodenplatte (Plinthe) und Schaft

Deckenspiegel – das zentrale gerahmte Feld einer Raumdecke

Dienste – kleine stabförmige Viertel- bis Dreiviertelsäulen, die um einen Pfeilerkern gebündelt sich in den Gurten oder auch in Rippen eines Kreuzgewölbes fortsetzen

Enkaustik – Maltechnik, bei der die durch Wachs gebundene Farben entweder warm aufgetragen oder mit einem heißen Spachtel mit dem Untergrund verbunden werden

Epistelseite – die rechte Seite im Kircheninneren (Männerseite)

Ermita – freistehende Kapelle

Evangelienseite – die linke Seite im Kircheninneren (Frauenseite)

Frontispiz – Frontgiebel eines Gebäudes, über einem Gebäudevorsprung aber auch über Türen und Fenstern errichteter Dreiecksgiebel, auch Fronton genannt

Karnies – griechisch koronis: das Gekrümmte; Zierleiste an Gesimsen und Pfeilern, die aus einem konvexen Teil (Stab) und einem konkaven Teil (Hohlkehle) besteht, also eine s-förmige Kontur hat

Kehlbalken – waagerechter Balken zwischen zwei Sparren

Korbbogen – eingedrückter Halbkreisbogen

Laterne – kleiner turmartiger Aufbau mit lichtdurchlässigen Durchbrücken im Scheitel einer Kuppel

Lisene – schwach aus der Mauerfläche vertikal heraustretende Verstärkung ohne Basis und Kapitell

Maureske – stark stilisiertes flächenfüllendes Blattrankenornament

Metope – nahezu quadratische senkrechte Platte zwischen den häufig verzierten Triglyphen eines dorischen Tempels

Mozarabischer Stil – Mozárabe: Christ im maurischen Spanien; romanisch-maurischer Mischstil

Parador – staatliches Hotel

Patio – blumengeschmückter Innenhof

Pendentif – Hängezwickel in Form eines sphärischen Dreiecks zwischen dem quadratischen Bodengrundriß und dem Fußkreis der Kuppel

Piedestal – siehe Postament

Pilaster – Wandpfeiler

Presbyterium – der um einige Stufen erhöhte Bereich des Priesters am Hochaltar

Rundbogen – Halbkreisbogen

Salomonische Säule – Säule mit gewundenem Schaft

Schlußstein – keilförmiger Stein im Scheitel eines Bogens oder Gewölbes, auch als künstlerisch gestalteter Abhängling ausgebildet

Sparren – die schräg ansteigenden Hölzer eines Dachstuhls

Sgraffito – Kratzputz, bei dem die oberste Farbschicht auf einer Wand stellenweise so abgekratzt wird, daß ein buntes Dekorationsmuster entsteht

Tambour – trommelförmiges oder polygonales Zwischenglied zwischen Kuppel und Unterbau

Trommel – Unterbau einer Kuppel (Tambour)

Triglyphen – dreifach senkrecht gekerbte Platte, die den Fries über dem Architrav eines dorischen Tempels gliedert

Volute – schneckenförmig eingerolltes Architekturglied an Giebel, Konsolen und Kapitellen

Quellen und Literaturhinweise

Literatur zur Geologie

1 Abdel-Monem, A. / Watkins, N. / Gast, P.: Postassium-Argon Ages, Volcanic Stratigraphy on Geomagnetic Polarity History of the Canary Islands: Tenerife, La Palma and Hierro. In: American Journal of Science 272 (1972), S. 805-825

2 Arana, V.: Litología y Estructura del Edificio Cañadas, Tenerife (Islas Canarias). In: Estudios Geológicos 27 (1971), S. 95-135

3 Benítez Padilla, S.: Gran Canaria y sus obras hidraulicas. Las Palmas 1958

4 Blumenthal, M.: Über vulkanische Bergpfade auf den Canaren. In: Die Alpen. Quartalheft Nr. 2 (1960)

5 Blumenthal, M.M.: Rasgos principales de la Geología de las Islas Canarias con datos sobre Madeira. In: Bolletin del Instituto Geológico y Minero de España 82 (1961)

6 Bravo, T.: Estudio geológico y petregráfico de la Isla Gomera (Diss.). In: Estudios Geológicos 20 (1964), S. 1-21

7 Gastesi, P. / Hernández-Pacheco, A. / Muñoz, M.: Las Rocas holocristalinas de la Caldera de Taburiente, Isla de la Palma (Canarias). In: Estudios Geológicos 22 (1966)

8 Hausen, H.: Las Calderas canarias. In: Anuario de Estudios Atlánticos 6 (1960), S. 133-194

9 Ders.: Algunos Aspectos geológicos de la Isla de la Gomera. In: Anuario de Estudios Atlánticos 14 (1968)

10 Ders.: Outlines of the Geology of Hierro. Helsinki 1973

11 Klug, H.: Wissenschaftliche Ergebnisse meiner Kanarenreise 1962. In: Jahrbuch des Vereins der Freunde der Universität Mainz. Mainz 1963, S. 39-65

12 Knebel, W. v.: Studien zur Oberflächengestaltung der Inseln Palma und Hierro. In: Globus 90, Nr. 20 (1906)

13 Lyell, Ch.: A Manual of Elementary Geology. London 1855

14 Mitchell-Thomé: Geology of the Middle Atlantic Islands. Berlin/Stuttgart 1976

15 Müller, J.: Mineralogisch-sedimentpetrographische Untersuchungen an Karbonat-sedimenten aus dem Schelfbereich um Fuerteventura und Lanzarote. (Diss.) Heidelberg 1969, S. 99

16 Rothe, P.: Canary Islands – Origin and Evolution. In: Naturwissenschaften. (1974), Nr. 61

17 Schmincke, H.-U.: The Geology of the Canary Islands. In: Biogeography and Ecology in the Canary Islands, Den Haag 1976

Literatur zur Geschichte

18 Alamo, N.: El Almirante de la Mar Oceana en Gran Canaria. Sevilla 1956

19 Born, A.: Hinaus über das Ende der Welt. Wien/München 1980

20 Biedermann, H.: Wölfels Westkultur und das archäologische Faktenmaterial Nordwestafrikas. In: Almogaren 4 (1975)

21 Diego / Cuscoy, L. D.: Paleontología de las Islas Canarias 1954

22 Hennig, R.: Terrae incognitae. I-IV. Leiden 1936-1956

23 Herm, G.: Die Phönizer – Das Purpurreich der Antike. Reinbek 1976

24 Hernández Pérez, M.: Contribución a la Carta arqueológica de La Palma. In: Anuario de Estudios Atlánticos 18 (1972)

25 Kiepert, H.: Lehrbuch der alten Geographie. Berlin 1878

26 Kraus: Zwei prähistorische Felsinschriften im Barranco de Silva (Telde) von Gran Canaria. Monte Carlo 1964

27 Kretschmer, K.: Die Entdekkung Amerikas in ihrer Bedeutung für die Geschichte des Weltbildes. 1892

28 Krüss, J.: The Names of the Canary Islands and their Verification. In: G. Kunkel (Hrsg.): Biogeography and Ecology in the Canary Islands. Den Haag 1976

29 Marcy, G.: Nota sobre algunos Topónimos y Nombres antiguos de Tribus Bereberes en las Islas Canarias. 1942

30 Matznetter, J.: Die Kanarischen Inseln. Wirtschaftsgeschichte und Agrargeographie. Gotha 1958 (Ergänzungsheft Nr. 266 zu Petermanns Geographischen Mitteilungen)

31 Pericot / García / Lino: Algunos nuevos aspectos de las Problemas de la Prehistoria Canaria. In: Anuario de Estudios Atlánticos 1 (1955), S. 579-620

32 Schulten, A.: Die Insel der Seligen. In: Geographische Zeitschrift, Jg. 32 (1926)

33 Schulten, A. In: Hennig, R. (Hrsg.): Abhandlungen zur Geschichte der Schiffahrt. Jena 1928

34 Tejera Gaspar, A.: Neue Ergebnisse der Altkanarier – Forschung 1980-1985. In: Almogaren 18/19 (1989)

35 Veaufrey, R.: L' âge des spirales de l'art rupestre nord-africain. In: Bull. Coc. Préhist. Franc. (1936), S. 624-638

36 Wölfel, D. J.: Eurafrikanische Wortschichten als Kulturschichten. In: Acta Salmanticensia, Filosofía y Letras IX (1955)

Literatur zur Botanik

37 Kämmerer, F.: The Influence of Man on the Vegetation of the Island of Hierro. In: G. Kunkel (Hrsg.): Biogeography and Ecology in the Canary Islands. Den Haag 1976

38 Kunkel, G.: Die Kanarischen Inseln und ihre Pflanzenwelt. Stuttgart/New York 1980

39 Mägdefrau, K.: Das Alter der Drachenbäume auf Teneriffa. In: Flora (1975), Nr. 164, S. 347-357

40 Sundig, P.: The Vegetation of Gran Canaria. Oslo 1972

41 Symon, D. E.: The Growth of Dracaena draco, Dragon's Blood Tree. In: Journal Arnold Arboretum (1974), Nr. 55, S. 51-58

Literatur anderer Sachgebiete

42 Pérez Padrón, F.: Las Aves de Canarias, II. A., 1978

43 Schwidetzky, I.: Die vorspanische Bevölkerung der kanarischen Inseln. Anthropologische Untersuchungen. Göttingen 1963

Weiterführende Literatur zur Geologie

Bravo, T.: Geografía General de las Islas Canarias. 2 Bände. Santa Cruz de Teneriffe 1954/64

Buch, L. v.: Physicalische Beschreibung der Canarischen Inseln. Berlin 1825

Gagel, C.: Die mittelatlantische Vulkaninseln. Handbuch der regionalen Geologie. Band VII, Abt. 10. Heidelberg 1910

Hausen, H.: Contributions to the Geology of Tenerife. Helsinki 1956

Ders.: On the Geology of Fuerteventura (Canary Islands). Helsinki 1958

Ders.: On the Geology of Lanzarote. Helsinki 1959

Ders.: New Contributions to the Geology of Gran Canary. Helsinki 1962

Ders.: Some Contributions to the Geology of la Palma. Helsinki 1969

Hernández-Pacheco, A.: Nota previa sobre el Complejo basal de la Isla de La Palma (Canarias). In: Estudios Geológicos 27 (1971), S. 255-265

Klug, H.: Die Talgeneration der Kanarischen Inseln. In: Deutscher Geographentag Bad Godesberg. Wiesbaden 1967, S. 369-381

Rothe, P. / Schmincke, H.-U.: Fossile Straußeneier auf Lanzarote. In: Natur und Museum (1964), Nr. 94, S. 175-187

Rothe, P.: Zum Alter des Vulkanismus auf den östlichen Kanaren. Diss. Frankfurt a. M./Helsinki 1966

Sapper, K.: Katalog der geschichtlichen Vulkanausbrüche. Straßburg 1917

Weiterführende Literatur zur Geschichte

Baeza Betancort, F.: Ensayo de Organización de la Región Canaria. Las Palmas 1978

Bontier, P. / Le Verrier, J.: Le Canarien – The Canarian or Book of the Conquest and Conversion of the Canarians in the Year 1402. London 1872

Dies.: Le Canarien (franz. Originaltexte in den Versionen von Juan de Béthencourt und Gadifer de la Salle, mit spanischer Übersetzung und Kommentar von Alejandroo Cioranescu und Elias Serra Rafols). In: Fontes Rerum Canarium 8 (1959)

Cruz Jiménez / María de la Tejera, A. / Lorenzo, M.: Carta: Arqueológica de Tenerife. Santa Cruz de Tenerife 1973

Glas, G.: The History of the Discovery and Conquest of the Canary Islands: Translated from a Spanish Manuscript, lately found in the Island of La Palma. – With an Inquiry into the Origin of the Ancient Inhabitants. To which is added, A Description of the Canary Islands, including the Modern History of the Inhabitants, And an Accout of their Manners, Customs, Trade etc. London 1764 (Span. Ausgabe: Descripción de las Islas Canarias, 1764. La Laguna 1976)

Ders.: Entdeckung der Kanarischen Inseln. Leipzig 1777

Mercer, J.: The Canary Islaners – Their Prehistory Conquest and Survival. London 1980

Millares Torres, A.: Historia General de las Islas Canarias (1883-1895). Las Palmas 1975

Nowak, H.: Die Felsgravierungen der Insel La Palma. 1989

Ders.: Die Felsgravierungen der Insel El Hierro. 1989

Ders.: Iberische Inschriften auf den Kanarischen Inseln. In: I.C. – Nachrichten, Informationsbulletin des Institutum Canarium. Hallein (1990), Nr. 63

Torriani, L. (Ed. Wölfel): Die Kanarischen Inseln und ihre Urbewohner. Eine unbekannte Bilderhandschrift vom Jahre 1590. (...) Leipzig 1940

Viera y Clavijo, J.: Noticias de la Historia general de las Islas Canarias. 3 Bände. 1772/73. Ausgabe von Alejandro Cioranescu, Santa Cruz de Tenerife 1951

Wölfel, J.: Monumenta Linguae Canariae. Die kanarischen Sprachdenkmäler. Eine Studie zur Vor- und Frühgeschichte Weißafrikas. Graz 1965

Weiterführende Literatur zur Botanik

Barker-Webb, P. / Berthelot, S.: Histoire naturelle des Iles Canaries. Paris 1835-1849

Bramwell, D.: Wild Flowers of the Canary Islands. Santa Cruz de Tenerife 1974

Evers, H.: Das Entstehungsproblem der makronesischen Inseln und dessen Bedeutung für die Artenentstehung. In: Entomologische Blätter (1964), Nr. 55, S. 81-88

Hausen, A. / Sunding, P.: Flora of Macaronesia. Checklist of Vascular Plants. In: Bot. Gard. U. Mus. Univ. Oslo, 1979

Möller, H.: Kanarische Pflanzenwelt. 2 Bände. Santa Cruz de Tenerife 1967/71

Schaeffer, H. H.: Pflanzen der Kanarischen Inseln. Ratzeburg 1967

Weiterführende Literatur zur Klimatologie

Fernandopullé, D.: Climatic Characteristics of the Canary Islands. In: G. Kunkel (Hrsg.): Biogeography and Ecology in the Canary Islands. Den Haag 1976

Ficker, H. v.: Die meteorologischen Verhältnisse der Insel Teneriffa. In: Abhandlungen der Preussischen Akademie der Wissenschaften, Jg. 1930, S. 1-105

Font Tullot, I.: El clima de las Islas Canarias. In: Anuario de Estudios Atlánticos 5a (1959), S. 57-103

Huetz de Lemps, A.: Le climat des Iles Canarias. Paris 1969

Weiterführende Literatur zur Kunst

Fraga González, M. de C.: Arquitectura neoclásica en Canarias. Santa Cruz de Tenerife 1976

Ders.: La Arquitectura mudéjar en Canarias. Santa Cruz de Tenerife 1977

Ders.: Arte Baroco en Canarias. Santa Cruz de Tenerife 1980

Giese, W.: Notas sobre los balcones de las Islas Canarias. In: Revista de Dialectología y Tradiciones Populares 13 (1957)

Fogel, W. / Sack, M.: César Manrique, Maler und Bildhauer und Architekt. Heidelberg 1987

Hernández Perera, J.: Los arquitectos de la Catedral de Las Palmas. In: El Museo Canario 21 (1960)

Pérez Vidal, J.: El balcón de celosía y la ventana de guillotina. In: Revista de Dialectología y Tradiciones populares 19 (1963), Mad. 4

Trujillo Rodríguez, A.: Vision artistica de la Villa de La Orotava. La Orotava 1976

Ders.: Arte gótico en Canarias. Santa Cruz de Tenerife 1976

Ders.: El retablo barroco en Canarias. Las Palmas 1977

Allgemeine Literatur zu anderen Sachgebieten

Bacallado, J.: Notas sobre la distribución y evolución de la avifauna canaria. In: G. Kunkel (Hrsg.): Biogeograhy and Ecology in the Canary Islands. Den Haag 1976

Hernández-Hernández, P. (Hrsg.): Natura y Cultura de las Islas Canarias. Las Palmas 1978

Manrique, C.: Lanzarote. Stuttgart/Zürich 1979/1982

Manrique, C. / Schüppel, H.: Lanzarote. Oliven und Lavawein. Stuttgart 1986

Manrique, C.: Lanzarote arquitectura inédita. Arrecife 1988

Siemens Hernández, L.: La Musica en Canarias. Las Palmas 1977

Register

Kursive Ziffern verweisen auf die Bildlegenden, halbfette auf die Hauptnennung

Abkürzungen: CG = Gran Canaria; F = Fuerteventura; G = La Gomera; H = El Hierro; L = Lanzarote; P = La Palma; T = Teneriffa

Personenregister

Orts- und Sachregister

Dank

Der Autor möchte allen Institutionen, die an der Entstehung dieses Buches Anteil hatten, herzlich danken. Stellvertretend für alle seien genannt: die beiden Spanischen Fremdenverkehrsämter in Frankfurt und München, Dª. Olga Carmona, Directora General de Relaciones Informativas bei der kanarischen Regierung, D. Guillermo García Alcalde, Director de la Prensa Canaria, und vor allem der langjährige Freund des Autors, D. Felipe Baeza Betancort.

Abbildungsnachweis

Gunda Amberg, Gröbenzell Farbabbildungen: Nr. 5 (S. 32), Nr. 28 (S. 332); Schwarzweißabbildungen: S. 40, 56, 92/93, 100, 107, 128, 133, 149, 206, 315, 321, 325, 346

Bayerische Staatsbibliothek: Vorsatz

Emanuel Gronau, München Farbabbildungen: Umschlagvorderseite, Nr. 2 (S. 26/27), Nr. 6 (S. 113), Nr. 7 (S. 114/115), Nr. 8 (S. 116), Nr. 9 (S. 157), Nr. 10 (S. 158/159), Nr. 11 (S. 160), Nr. 12 (S. 185), Nr. 13 (S. 186/187), Nr. 14 (S. 188), Nr. 15 (S. 237), Nr. 19 (S. 244), Nr. 20 (S. 293), Nr. 21 (S. 294), Nr. 24 (S. 329), Nr. 25 (S. 330/331), Nr. 26 (S. 332/333), Nr. 27 (S. 334/335); Schwarzweißabbildungen: S. 19, 45, 60/61, 67, 74/75, 119, 124, 130, 136/137, 143, 149, 226, 279, 291, 301, 316, 340, 350, 357, 361

Michael Pasdzior, Hamburg Farbabbildungen: Umschlag-Rücken, Nr. 1 (S. 25), Nr. 3 (S. 28/29), Nr. 4 (S. 30/31), Nr. 16 (S. 238/239), Nr. 17 (S. 240/241), Nr. 18 (S. 242/243), Nr. 22 (S. 295), Nr. 23 (S. 296); Schwarzweißabbildungen: S. 49, 70, 77, 85, 109, 208/209, 213, 218, 251, 254, 266/267, 273, 277, 283, 288, 308, 327

Prestel-Archiv, München S. 9, 11

Spanisches Fremdenverkehrsamt, München: S. 17, 74/75, 87, 233

Kartographie: Astrid Fischer, München;
Felix Halbgewachs, München

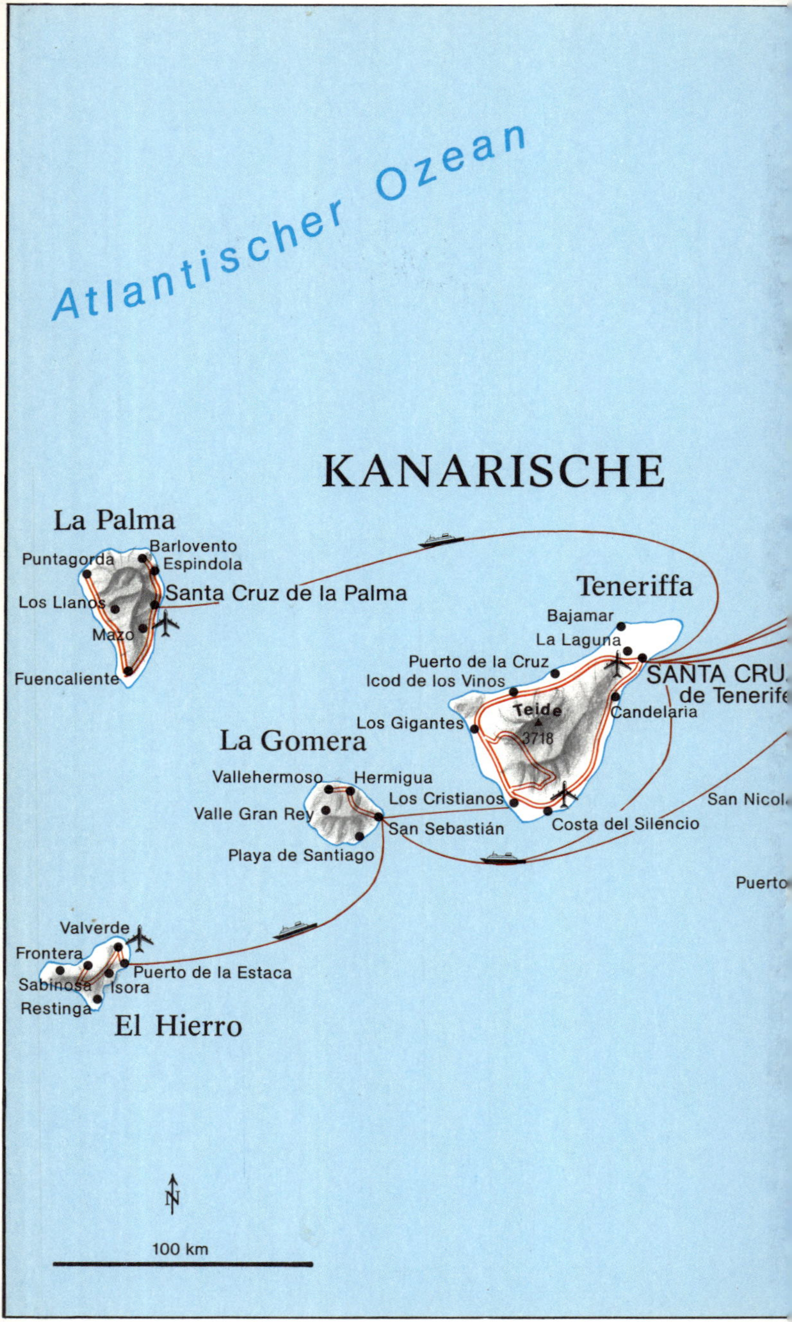

Atlantischer Ozean
KANARISCHE
La Palma
Barlovento
Puntagorda
Espindola
Santa Cruz de la Palma
Los Llanos
Mazo
Fuencaliente
Teneriffa
Bajamar
La Laguna
Puerto de la Cruz
Icod de los Vinos
SANTA CRU
de Tenerif
Teide
3718
Candelaria
Los Gigantes
La Gomera
Vallehermoso
Hermigua
Los Cristianos
Valle Gran Rey
San Sebastián
Costa del Silencio
San Nicol
Playa de Santiago
Puerto
Valverde
Frontera
Puerto de la Estaca
Sabinosa
Isora
Restinga
El Hierro
N
100 km